織物に見るシルクロードの文化交流
トゥルファン出土染織資料――錦綾を中心に

坂本 和子

凡例

・本稿では棉はわたを意味し，綿は真綿を意味する．
・本文中の中国出土染織資料の名称は中国の発表に従う．但し，漢字は変える場合がある．
　例えば文様の紋は文に統一し，聯珠は連珠としている．
・史料用語は括弧に入れ，「・・・」で示している．
・筆者の造語や強調が必要なとき括弧に入れ，「・・・」で示している．
・筆者が染織用語その他を解説・補足する場合には丸括弧に入れ（・・・）で示している．
・引用文は原文のまま記している．
・図における矢印 → は織物の経方向を示している．

目 次

はじめに　1

第1編　シルクロードと染織研究　5

第1章　シルクロードにおける織物文化とトゥルファン　5

第1節　シルクロードと絹織物　5
1. 絹織物の起源と発展　5
2. シルクロードにおける絹織物の役割　5

第2節　ユーラシアの三大織物文化圏　6
1. 毛織物文化圏とその織物の特徴　7
2. 絹織物文化圏とその織物の特徴　7
3. 棉織物文化圏とその織物の特徴　9

第3節　毛織物文化と絹織物文化の遭遇
　　　　——シルクロードにおける織物文化隆盛への道　10
1. 絹織物の毛織物文化圏への伝播——とくに経錦の西伝　10
2. 緯錦の成立とその東漸　12

第4節　トゥルファンの位置づけ　14
1. 地理的・歴史的な位置づけ　14
2. トゥルファン出土染織資料の研究意義　15

第2章　トゥルファン出土染織資料の概観　16

第1節　中央アジア探検隊によるトゥルファン調査
　　　　——19世紀末から20世紀初　16
1. イギリス調査隊——スタイン　16
2. ドイツ調査隊——グリュンヴェーデルとル＝コック　17
3. 日本——大谷探検隊　18

第2節　中国による発掘調査
　　　　——20世紀後半から　19
1. カラホージャ・アスターナ墓群の発掘調査　19

第3章　染織資料調査，研究法の確立と発展　22

第1節　19世紀末—20世紀初めの発掘資料の到来と
　　　　近代的研究の幕開け　22
1. 伝統的な伝世資料の研究　22
2. 発掘資料の到来　22
3. 国際学会——CIETAの設立　23

i

第2節　トゥルファン以外の重要出土遺跡と染織資料の研究　24
　　　1. 西アジア・アフリカ出土染織資料　24
　　　2. 北コーカサス出土染織資料　25
　　　3. 中国西北出土染織資料　26
　　　4. 中央アジアの壁画　27
　　　5. ペルシア錦　27
　　　6. ソグド錦　28
　　第3節　文字資料による染織研究　31
　　　1. 文献史料の活用　31
　　　2. 出土文書の活用　32

第2編　カラホージャ・アスターナ出土染織資料　35

第1章　錦に関する諸問題 …………………………………………… 35
　　第1節　連珠円内単独文錦と連珠円内対称文錦　35
　　第2節　出土錦の生産地判定に際しての着目点　35
　　　1. 生産地判定における諸問題——特に錦について　35
　　　2. 生産地の東西の決定要素　35
　　　3. タリム盆地周辺における生産の問題　36

第2章　連珠円内単独文錦 ………………………………………… 39
　　第1節　先行研究による分析と生産地をめぐる議論　40
　　　1. イラン文化圏生産説　40
　　　2. 中国文化圏生産説　43
　　　3. 問題の所在　44
　　第2節　経錦・緯錦の判定と生産地の考察　45
　　　1. 経耳・緯耳・房耳　45
　　　2. 点線現象　46
　　　3. 糸質　48
　　　4. イラン文化圏所在の遺跡・遺物の文様と連珠円内単独文との類似　49
　　　5. 「ペルシア錦」・「ソグド錦」と連珠円内単独文錦との類似　51
　　　6. 「ペルシア錦」・「ソグド錦」を取り巻く歴史的状況　56

第3章　連珠円内対称文錦 ………………………………………… 60
　　第1節　先行研究による分析と生産地の確定　61
　　　1. 対称文様の織技　61
　　　2. 文献史料および織技による生産地の確定　64
　　第2節　資料における東西織物文化の伝播と融合の考察　66
　　　1. 文様にみる東西の要素　66

2. 織技にみる東西の要素　68
　　　3. 文献史料にみる技術の伝播と東西の融合　68
　第4章　吐魯番文書に現れる各種の錦の実体について ················ 71
　　第1節「丘慈錦」「疏勒錦」について　71
　　　1. 吐魯番文書中の「丘慈錦」「疏勒錦」　71
　　　2.「丘慈錦」「疏勒錦」の実体と生産地をめぐる議論　71
　　第2節「波斯錦」について　75
　　　1.「波斯錦」の実体と生産地をめぐる議論　75
　　　2. 生産地の検討　77
　　　3.「波斯錦」とは　79

第3編　カラホージャ・アスターナ以降の出土染織資料　81
　第1章　大谷探検隊将来三日月文錦 ················ 81
　　第1節　文様　82
　　　1. 三日月文と連珠円の歴史的変化　82
　　　2. 織り出された文字について　82
　　第2節　史料に現れるティラーズ　83
　　　1. ティラーズとは　83
　　　2. ティラーズの歴史的変化　84
　　　3. 三日月文錦における文字とティラーズ　84
　　第3節　織技　85
　　　1. 織の組織と跳び杼の使用　85
　　　2. 二色錦における東西の技術の差異　86
　　第4節　生産地と年代比定　87
　　　1. 生産地　87
　　　2. 三日月文錦付帯文書　88
　　　3. 年代比定　88
　第2章　ドイツ隊発見の棉ベルベット ················ 89
　　第1節　本資料の分析　89
　　　1. 外観と織技　89
　　第2節　史料に現れるベルベットとその生産地　89
　　　1. "maxmur"　89
　　　2.「剪絨」と「倭緞」　90
　　　3. 史料にみる棉ベルベットの原産地　91
　　　4. トゥルファンにおける棉ベルベットの生産　93
　　第3節　年代比定　94

		1. 幡における装飾法と年代比定　94
	第3章　ドイツ隊発見の金襴 ……………………………………… 96
		第1節　本資料の分析　96
			1. 外観と織技　96
		第2節　史料に現れる金襴とその生産地　97
			1. ヘラートからビシュバリクへ──織工の移動　97
			2. 「ナシチ」・「納失失」・"nasj"とは　97
			3. 「納失失」の金糸　98
			4. 「納赤_傷」・「荅_舌児荅思」・「納_中忽_傷」とは，その交流　99

第4編　トゥルファン出土染織資料に見る織物の発展史　103

第1章　トゥルファン出土染織資料に見る織技術史 ……………… 103
	第1節　古代考古資料・文字資料による織物組織とその発展　106
		1. 考古資料と文字資料　106
	第2節　トゥルファン出土染織資料に確認できる組織とその編年　108
		1. トゥルファン出土染織資料の織組織と文字資料との対応　108
		2. トゥルファン出土染織資料にみる織組織の発展　110
	第3節　錦・綾の織技発達史と東西の技術的交流　112
		1. 綾　112
		2. 錦　116
	第4節　綺と綾　118
		1. 「綺」・「綾」に関する種々の見解　118
		2. 「綺」・「綾」と組織　119
		3. 「綺」と「綾」の関係　123

第2章　トゥルファン出土染織資料に見る文様史 …………………… 125
	第1節　4-8世紀出土資料の文様における東西交流と発展　125
		1. 漢文様から円文へ　129
		2. 西方錦の到来　131
		3. 西方錦の影響による中国錦とその発展　131
		4. 副文の独立と花文錦　132
		5. 段文錦のいろいろ　134
	第2節　9-14世紀出土資料の文様における東西交流と発展　136
		1. 中国における文様の発展　136
		2. 西方における文様と中国への影響　138
		3. 金糸装飾の発展　140

目 次

おわりに　145
あとがき　148
文献および文献略号　151
シルクロード出土染織資料調査報告　170
 1.　モシチェヴァヤ＝バルカ（Мощевая=балка）出土資料　170
 2.　ムグ（Myr）山城址出土資料　180
 3.　東トルキスタンドイツ隊発見資料　182
 4.　バブロフスキー（Бобровский）墓地出土資料　190
 5.　敦煌（Dun-huang）出土資料　191
表1.　トゥルファン出土染織資料　Stein 発掘アスターナ出土染織資料　197
表2.　トゥルファン出土染織資料　カラホージャ・アスターナ出土錦　アスターナ出土綺・綾　200
表3.　トゥルファン出土染織資料（年代順）カラホージャ・アスターナ出土錦　アスターナ出土綺・綾　215
英文要旨　230
索引　233
染織用語解説　237
図1-121　251
地図1.　三世紀までの三大織物文化圏　297
地図2.　経錦・平地綾の西漸　298
地図3.　シルクロード染織関係主要遺跡図　299

図表目次

挿図1.　トゥルファン地域　17
挿図2.　大谷探検隊将来三日月文錦のアラビア文字　85
挿図3.　二色錦の中国と日本の織り方　86
挿図4.　二色錦の西方の織り方　87
挿図5.　高昌出土金襴　ランパ組織　96

挿表1.　古代の織物文化圏における特徴　10
挿表2.　ソグド錦（ユイ，ノートルダム教会所蔵）　51
挿表3.　カラホージャ・アスターナ出土連珠円内単独文錦　52-53
挿表4.　「ペルシア錦」・「ソグド錦」　54-55
挿表5.　カラホージャ・アスターナ出土連珠円内対称文錦　62-63
挿表6.　考古資料と文字資料　107
挿表7.　トゥルファン出土染織資料にみる織組織の出現　110
挿表8.　ドイツ隊収集資料に見る織組織の発展　111
挿表9.　綾の種類とその発展　114
挿表10.　錦の種類とその発展　117

図1. アスターナ出土 動物雲気文錦（ヴィクトリア・アルバート美術館蔵 Ast. vi. 1. 03）
図2. アンティノエ出土 連珠天馬文錦（リヨン織物美術館蔵 897.III. 5）
図3. アスターナ出土 猪頭文錦（インド国立美術館蔵 Ast. i,5.03）
図4. モシチェヴァヤ＝バルカ出土 シムルグ文錦カフタン（エルミタージュ美術館蔵 Kz 6584-a）
図5. 聖ルー シムルグ文錦（パリ装飾美術館蔵 no.16364）
図6. 対羊（鹿）文錦（ユイ ノートルダム寺院蔵）
図7. 対獅錦（Sens, Cathedral Treasury）
図8. モシチェヴァヤ＝バルカ出土 ダブルアクス文錦（モスクワ考古学研究所蔵 МБ-469, 3497）
図9. アスターナ出土 大連珠立鳥文錦（新疆博物館蔵：新疆維吾尔自治区博物館（以下同） TAM 42）
図10. アスターナ出土 大連珠鹿文錦（新疆博物館蔵 TAM 332:5）
図11. アスターナ出土 連珠猪頭文錦（新疆博物館蔵 TAM 138:9/2-1）
図12. アスターナ出土 猪頭文錦（新疆博物館蔵 TAM 325:1）
図13. 尼雅出土「延年益寿大宜子孫」錦（新疆博物館蔵）
図14. アスターナ出土 鳥獣条文錦（新疆博物館蔵 TAM 306:10）
図15. アスターナ出土 連珠対馬錦（新疆博物館蔵 TAM 302:22）
図16. アスターナ出土 樹文錦（新疆博物館蔵 TAM 170:38）
図17. アスターナ出土 棋文錦（新疆博物館蔵 TAM 139:1）
図18. アスターナ出土 亀甲「王」字文錦（新疆博物館蔵 TAM 44:23）
図19. アスターナ出土 倣獅文錦（新疆博物館蔵 TAM 313:12）
図20. ダムガン猪頭文ストゥッコ（テヘラン考古博物館蔵）
図21. アフラシアブの壁画
図22. モシチェヴァヤ＝バルカ出土 連珠重八弁花文錦（モスクワ考古学研究所蔵 МБ-Г-Н-(3), 1036）
図23. アスターナ出土 連珠対鵲文錦（新疆博物館蔵 TAM 206:48/1）
図24. アスターナ出土 朱紅地連珠孔雀文錦（新疆博物館蔵 TAM 169:34）
図25. アスターナ出土 連珠対孔雀「貴」字文錦（新疆博物館蔵 TAM 48:6）
図26. アスターナ出土 紅地連珠対馬錦（新疆博物館蔵 TAM 151:17）
図27. アスターナ出土 双龍連珠円文綺（新疆博物館蔵 TAM 221:12）
図28. アスターナ出土 双龍文綺（新疆博物館蔵 TAM 226:16）
図29-a. アスターナ出土 騎士文錦（新疆博物館蔵 TAM 322/22/1）
図29-b. アスターナ出土 騎士文錦副本（新疆博物館蔵 TAM 322/22/1）
図30. アスターナ出土 連珠天馬騎士文錦（新疆博物館蔵 TAM 77:6）
図31. アスターナ出土 連珠小花錦（新疆博物館蔵 TAM 323:13/3）
図32. 都蘭熱水郷血渭吐蕃墓出土 紅地波斯婆羅鉢文字錦
図33. 大谷探検隊収集三日月文錦（龍谷大学大宮図書館蔵）
図34. キジル十六帯剣者窟の寄進者（ベルリン，アジア美術館蔵）
図35. キジル最大窟の連珠鴨文（ベルリン，アジア美術館蔵）
図36. St. Josseの聖遺骸布（ルーブル美術館蔵）
図37. 三日月文錦（ヴィクトリア・アルバート美術館蔵）
図38. 大谷探検隊収集三日月文錦 裏面（龍谷大学大宮図書館蔵）
図39. スイパン出土 蝶形棉ベルベット（ベルリン，アジア美術館蔵 MIK Ⅲ 6194）
図40. 高昌故城出土 花唐草金襴（ベルリン，アジア美術館蔵 MIK Ⅲ 6222）
図41. ジュフタ出土龍文金襴
図42. ノヴォパヴロフスキイ出土牡丹文金襴
図43. アスターナ出土 藏青地禽獣文錦（新疆博物館蔵 TAM 177:48 (1)）
図44. アスターナ出土 盤条「貴」字団花綺（新疆博物館蔵 TAM 48:14）
図45. アスターナ出土 藍地対鶏対羊灯樹文錦（新疆博物館蔵 TAM 151:21）
図46. アスターナ出土 「胡王」錦（新疆博物館蔵 TAM 169:14）
図47. アスターナ出土 盤条騎士狩猟文錦（新疆博物館蔵 TAM 101:5）
図48. アスターナ出土 海藍地宝相花文（新疆博物館蔵 TAM 188:29）
図49. アスターナ出土 宝相団花錦（新疆博物館蔵 TAM 214:114）
図50. アスターナ出土 深紅牡丹鳳文錦（新疆博物館蔵 TAM 381）
図51. アスターナ出土 連珠対鳥文錦（新疆博物館蔵 TAM 134:1）
図52. アスターナ出土 対鹿文錦（新疆博物館蔵 TAM 330:60）
図53. 耶律羽之墓出土 花樹獅鳥文綾（中国絲綢博物館蔵）
図54. 高昌故城出土 牡丹文刺繍（ベルリン，アジア美術館蔵 MIK Ⅲ 4908,4909）
図55. トヨク出土の幡（ベルリン，アジア美術館蔵 MIK Ⅲ 6639）

目 次

図 56. 龍円文金襴 （AEDTA 蔵 no. 3270）
図 57. 鳳凰文金襴 （AEDTA 蔵 no. 3086）
図 58. 連珠雲気鳥文錦 （ベルリン, アジア美術館蔵 MIK Ⅲ 7606）
図 59. 七宝繋ぎ地四弁花錦 （ベルリン, アジア美術館蔵 MIK Ⅲ 532）
図 60. 高昌故城出土 菱繋ぎ四弁花文綾 （ベルリン, アジア美術館蔵 MIK Ⅲ 7755）
図 61. 高昌故城出土 象文錦 （ベルリン, アジア美術館蔵 MIK Ⅲ 6200）
図 62. 花鳥文錦 （ベルリン, アジア美術館蔵 MIK Ⅲ 162）
図 63. 高昌故城出土 唐草地童子花文錦 （ベルリン, アジア美術館蔵 MIK Ⅲ 6992）
図 64. 刺繍小袋 （韓国国立中央博物館蔵）
図 65. 高昌故城出土 生命の樹錦 （ベルリン, アジア美術館蔵 MIK Ⅲ 4926A）
図 66. 高昌故城出土 天馬文錦 （ベルリン, アジア美術館蔵 MIK Ⅲ 6991）
図 67. ペンジケント壁画の衣服の文様
図 68. モシチェヴァヤ＝バルカ出土 ライオン錦 （モスクワ考古学研究所蔵 СК-82-Л МБ-422, 2846）
図 69. モシチェヴァヤ＝バルカ出土 グリフォン錦 （エルミタージュ美術館蔵 Kz 6762, 6587）
図 70. 対向するライオン錦 （マーストリヒト, St. Servatius 寺院蔵）
図 71. モシチェヴァヤ＝バルカ出土 対孔雀文錦 （エルミタージュ美術館蔵 Kz 5075）
図 72. 対獅文錦 （アベック財団蔵 no. 4863a）
図 73. 内蒙古元集寧路遺址出土 亀甲地グリフォン錦 （内蒙古博物館蔵）
図 74. クルトカ出土 円文地絡み金襴 （ベルリン, アジア美術館蔵 MIK Ⅲ 7443）
図 75. 高昌故城出土 龍文刻絲 （ベルリン, アジア美術館蔵 MIK Ⅲ 535）
図 76. モシチェヴァヤ＝バルカ出土 動物唐草大円文錦 （モスクワ考古学研究所蔵 СК-80-Л МБ-А-43, 906）
図 77. モシチェヴァヤ＝バルカ出土 対馬文錦 （モスクワ考古学研究所蔵 СК-81-Л МБ-В-129, 725）
図 78. モシチェヴァヤ＝バルカ出土 対小鳥連珠円文錦 （モスクワ考古学研究所蔵 СК-82-Л МБ-323～325, 1358）
図 79. モシチェヴァヤ＝バルカ出土 花卉文錦 （モスクワ考古学研究所蔵 СК-82-Л МБ-374, 2243）
図 80. モシチェヴァヤ＝バルカ出土 唐花文錦 （モスクワ考古学研究所蔵 СК-82-Л МБ-375, 2469）
図 81. モシチェヴァヤ＝バルカ出土 対動物連珠円文錦 （モスクワ考古学研究所蔵 СК-82-Л МБ-443, 3047）
図 82. モシチェヴァヤ＝バルカ出土 対孔雀文錦 （モスクワ考古学研究所蔵 СК-82-Л МБ-469, 3491）
図 83. モシチェヴァヤ＝バルカ出土 四葉花連珠円文錦 （モスクワ考古学研究所蔵 СК-82-Л МБ-480, 3734）
図 84. モシチェヴァヤ＝バルカ出土 蕾付き四弁花円文錦 （モスクワ考古学研究所蔵 СК-82-Л МБ-486, 3732）
図 85. モシチェヴァヤ＝バルカ出土 菱格子内小円文錦 （モスクワ考古学研究所蔵 СК-82-Л МБ-Д～Г/от, 515）
図 86. モシチェヴァヤ＝バルカ出土 菱格子内八稜星四弁花文錦 （モスクワ考古学研究所蔵 СК-82-Л МБ-Г～Н（В）отв, 919）
図 87. モシチェヴァヤ＝バルカ出土 植物大文様錦 （モスクワ考古学研究所蔵 СК-82-Л МБ-Г-469, 3522）
図 88. モシチェヴァヤ＝バルカ出土 厚地綾入り平織 （モスクワ考古学研究所蔵 СК-82-Л МБ-Г～С（з）, 560）
図 89. モシチェヴァヤ＝バルカ出土 連珠円錦アップリケ方形布 （モスクワ考古学研究所蔵 СК-82-Л МБ-В～Г,отв, 355）
図 90. モシチェヴァヤ＝バルカ出土 菱格子内菱文錦小袋 （モスクワ考古学研究所蔵 СК-82-Л МБ-435, 2929）
図 91. モシチェヴァヤ＝バルカ出土 入り子菱綾 （モスクワ考古学研究所蔵 СК-82-Л МБ-Г-443, 3052）
図 92. モシチェヴァヤ＝バルカ出土 絹棉交織縞 （モスクワ考古学研究所蔵 СК-82-Л МБ-359, 1776）
図 93. モシチェヴァヤ＝バルカ出土 絹棉交織縞 （モスクワ考古学研究所蔵 СК-82-Л МБ-469, 3513）
図 94. モシチェヴァヤ＝バルカ出土 苧麻横縞 （モスクワ考古学研究所蔵 СК-82-Л МБ-380, 2567）
図 95. ムグ出土 蓮花連珠円文錦 （エルミタージュ美術館蔵 CA9169）
図 96. ムグ出土 八稜星四弁花錦 （エルミタージュ美術館蔵 CA9173）
図 97. ムグ出土 双龍連珠円文綾 （エルミタージュ美術館蔵 CA9168）
図 98. ムグ出土 植物文二色綾 （エルミタージュ美術館蔵 CA9171）
図 99. 高昌故城出土 植物文錦 （ベルリン, アジア美術館蔵 MIK Ⅲ 4919）
図 100. 高昌故城出土 地文入り円文錦 （ベルリン, アジア美術館蔵 MIK Ⅲ 6199）
図 101. 変形連珠円錦 （ベルリン, アジア美術館蔵 MIK Ⅲ 6262）

図 102. クムトラ出土　菱形小花文錦（ベルリン，アジア美術館蔵 MIK Ⅲ 8062）
図 103. トヨク出土　植物葉文錦（ベルリン，アジア美術館蔵 MIK Ⅲ 6209）
図 104. 菱地文金襴（ベルリン，アジア美術館蔵 MIK Ⅲ 145）
図 105. 八弁花文円花文綾（ベルリン，アジア美術館蔵 MIK Ⅲ 4922）
図 106. パブロフスキー出土　唐花文錦（エルミタージュ美術館蔵）
図 107. 敦煌出土　菱格花卉文幡（エルミタージュ美術館蔵 ДX52）
図 108. 敦煌出土　対鹿花樹連珠文幡（エルミタージュ美術館蔵 ДX55）
図 109. 敦煌出土　宝相花文幡（エルミタージュ美術館蔵 ДX202）
図 110. 敦煌出土　菊花文幡（エルミタージュ美術館蔵 ДX56,203a,6,208）
図 111. 敦煌出土　唐花文錦（エルミタージュ美術館蔵 ДX91）
図 112. 敦煌出土　牡丹文幡（エルミタージュ美術館蔵 ДX292）
図 113. 敦煌出土　奉の字幡（エルミタージュ美術館蔵 ДX170）
図 114. 敦煌出土　菱文綾（エルミタージュ美術館蔵 ДX 45）
図 115. 敦煌出土　花鳥連珠円染め幡（エルミタージュ美術館蔵 ДX 51）
図 116. 敦煌出土　羅（エルミタージュ美術館蔵 ДX 152）
図 117. 敦煌出土　懸緒あるいは舌（エルミタージュ美術館蔵 ДX 170）
図 118. 敦煌出土　幡頭縁（エルミタージュ美術館蔵 ДX 185）
図 119. 敦煌出土　花卉文綾（エルミタージュ美術館蔵 ДX 287）
図 120. 敦煌出土　花鳥錦（エルミタージュ美術館蔵 ДX 288）
図 121. 敦煌出土　赤繻子（エルミタージュ美術館蔵 ДX 301）

はじめに

　現代に生きるわれわれは，織物を衣服や寝具やインテリア用品として，日常的に何気なく使用している．われわれは，無意識に織物の着心地の良さや美しさにひかれ，苦労することなく織物を手に入れている．なぜなら近代の織物が産業革命とともに機械化され，大量生産が可能となったからである．

　織物が人の手によってのみ生み出されていた頃は，たとえ多くの人が織物を織ることに従事してはいても，その生産には限りがあった．この様な状況のもとでは織物，とりわけ，絹織物は現代の人には考えも及ばないほど貴重なものであった．一般庶民はもちろんのこと，絹織物生産国以外の人々にとって，簡単に手に入るものではなかった．このため，絹をめぐって政治・経済・文化といった各分野においてさまざまな地域，民族間の交渉が生まれることとなったのである．その大舞台こそがシルクロード[1]と呼ばれる地域であった．

　シルクロードには，草原の道・オアシスの道・海の道があって，ユーラシアの東西間を結び，各々の道の間には南北をつなぐ道が走っていた．とくにその陸路は，貿易のメインルートが海路に移ってゆく近代以前には，常に東西交流の大動脈でありつづけた．本稿が取り扱うのも，この前近代のシルクロードの陸路であり，それに沿う地域である[2]．

　前近代のシルクロード地域においては絹織物が東西南北に移動しているのであるが，具体的にどのような絹がどこからどこへ移動したのかといった実態は様々な論議が交わされてはいるものの，すべて明らかにされたとはいえない．

　そこで本稿では，特に錦や綾などの高級絹織物を中心とした織物文化の交流に焦点を当て，トゥルファン地域からの出土染織資料[3]を研究の主軸に据え，その様相の解明に取り組む．

　トゥルファン出土染織資料とは，20世紀初頭以降に行われた各国の考古学的調査の結果として，中国新疆維吾尓自治区トゥルファン盆地内の各地からもたらされた資料である．具体的にはイギリスのスタイン（Sir Aurel Stein）隊や中国隊の発掘によるカラホージャ・アスターナ出土資料[4]，ドイツ隊による高昌故城・トヨク・スイパン出土資料[5]，日本の大谷

---

1 シルクロードとはドイツの地理学者リヒトホーフェンがその著Chinaでザイデンシュトラーセン（Seidenstrassen）という語を使ったのに始まる．シルクロードは「絹の路」と訳されるが，単に絹が運ばれた東西を結ぶ道ではなく，多様な文化交流のネットワークである．
2 本稿において対象とするシルクロード地域については，ペルシア・中央アジア・南シベリア・内外モンゴリア・中国北西部を主として想定している．「中央アジア」について，本稿ではタリム盆地周辺・ソグディアナ・アフガニスタン一帯を指すこととする．すなわち，東西両トルキスタンにアフガン＝トルキスタンを加えたトルキスタン全域のことである．また場合によっては，ペルシア本土とソグディアナを併せ含めた概念として別途「イラン文化圏」を想定する．
3 染織研究分野において「織物」と「染織」という用語の厳密な使い分けが特になされているわけではないが，繊維製品全体を指す一般的な呼称として，あるいは織成行為が意識される表現においては「織物」，織と染め両方が意識される繊維製品については「染織」という表現が使われる傾向にある．本稿ではこれにのっとり「織物」「染織」の語を適宜使用していく．
4 Stein 1928, pp. 587-718. 中国隊発掘染織資料は第1・2編で詳述する．
5 Le Coq 1913, pp. 49-52; 勒柯克 1998, pp. 138-142; Bhattachrya-Haesner 2003; Sakamoto 2004b, pp. 17-43.

探検隊によるカラホージャ・アスターナ出土資料を含むトゥルファン収集資料[6]といったものを指す．

スタイン隊や中国隊発掘のカラホージャ・アスターナ出土資料は 4-8 世紀に属する資料群であり，これによって，その年代の織物の技術，文様の歴史を捉えることができる．それに対して，大谷探検隊収集資料の一部ならびにドイツ隊発掘資料にはカラホージャ・アスターナ以外の遺跡から発掘された 7-10 世紀，および 7-14 世紀にそれぞれ年代付けられる資料が含まれている[7]．それゆえ，ドイツ隊発見資料や大谷探検隊収集資料は，4-8 世紀に編年されるカラホージャ・アスターナ出土資料に続くものであり，これによって，9-14 世紀の織物の新たな交流と織物の技術，文様の歴史を明らかにすることが出来る．

以下の第 1 編ではまず，後に続く各編の検討に先立ち，織物の交流史と織物自体の研究にとって必要な背景を説明する．具体的には，先ずシルクロードにおける絹織物の役割を述べる．次いでユーラシアにおける織物文化圏を，繊維素材に基づき三つにわけて設定し，各織物文化圏の特徴と各文化圏の間の初期的交流過程を明らかにする．また，トゥルファンが歴史的にどのような立場にあったか，トゥルファンがどの織物文化圏に属し，地理的にどのような位置にあったかを示す．最後に，トゥルファンから出土した染織資料の全体像と，第 2 編以下の論述に関連するトゥルファン以外の地から出土した重要な染織資料を概観し，染織調査，研究法の確立と発展を概説する．

次に第 2 編では 4-8 世紀に属するトゥルファン地区のカラホージャ・アスターナ両墓群出土資料を主として扱い，それらのうち，特徴的な連珠円内に文様が表された二つのタイプの錦群を取り上げ，東西交流の様相を示す．その際，東西交流を示す上で重要な生産地を確定するために，生産地に関連する経錦か緯錦かという問題を検討する．次に上述の連珠円内に文様が表された錦の一つのタイプはイラン文化圏と密接に関連し，もう一つのタイプは中国と関連していることを論じる．更に「波斯錦」など史料用語について検討し，史料用語と実物資料の対照を試みる．

第 3 編ではトゥルファン出土染織資料のうち，カラホージャ・アスターナの染織資料より後の年代に属し，文様・織技において異なる特徴を持っている重要な資料のうち 3 資料を取り上げ，それらの由来に焦点を当て，9-14 世紀における織物の交流を詳述する．

以上の第 2・3 編での議論を踏まえ，第 4 編ではトゥルファン出土の染織資料を中心に 4-14 世紀のシルクロード地域における織物技術史と文様史を再構築し，提示する．ただし，織物技術史に関しては紀元前 3500 年に遡り，その起源から順を追って言及する．また，中心となる議論に際しては，織物の伴出墓誌や文書や他地域出土資料なども併せて考察の対象に加える．第 4 編は第 2・3 編の発展的なまとめとなるものであり，本論文の終編に

---

6 龍村 1963, pp. 25-44; 横張 1990, pp. 257-281; 1995, pp. 177-195；坂本 1996a, pp. 65-109．大谷探検隊はトゥルファンにおいてはトヨク・カラホージャ・アスターナで染織品を発掘しているが，個々の染織資料については具体的出土地点が明白でない場合も多く，注意を要する．

7 これは筆者の調査により判明している．（坂本 1996a, pp. 77-79; Sakamoto 2004b, pp. 17-43）

はじめに

あたる.

　なお，本稿の議論では染織に関する術語が頻出するが，行論の妨げとならぬよう本文中においてはその説明は必要最小限にとどめた．その替わりに，巻末に染織用語解説を付したので，適宜参照いただきたい．

第1編　シルクロードと染織研究

第1章　シルクロードにおける織物文化とトゥルファン

第1節　シルクロードと絹織物

1．絹織物の起源と発展

　シルクロードに関わる地域において最も古く絹織物が作られたのは中国であり，紀元前3500年に遡る．その絹織物は平織や羅のような透かし目のある織物であった[8]．それから幾世紀か経つうちに織物技術は発達し，平織は勿論のこと，綾や錦も織り出されるようになった．

　絹織物は中国では古くより穀物と並んで徴税の対象となり，国に上納された．例えば，本論と特に関わりの深い唐代においては，絹・綾・羅・紗・錦などが諸州の貢によって中央に集められ，また官営工房によって織られ内庫（王室財政）に収められた[9]．一方，庸調として徴収された絹は国庫（国家財政）に入れられた．国庫に集められた絹織物は官吏の禄に当てられた．その他，絹織物は不動産の取引や奴隷・馬などの高額商品の売買に使用され，金銭と同じ役割を持っていた[10]．

　この様な絹織物は，生産地である中国内部で消費されたのはもちろんのことであるが，その一方でかなりの量が何らかの経路を経て四方（主に西方と北方）へと流れていった[11]．

2．シルクロードにおける絹織物の役割

　絹織物の流出の形態については朝貢貿易，互市貿易，歳幣といったものが挙げられるが，例えば漢代には匈奴に対する懐柔策として中国の絹織物が大量に贈られたことはよく知られている[12]．唐代には突厥・ウイグルといった北方遊牧民にも大量の絹が渡った．とりわけ，唐とウイグルの間にはウイグル馬の朝貢とそれに対する唐からの回賜という名目のもと官貿易が成立し，極めて大量の絹織物が「馬価絹」としてウイグルの手に渡った[13]．

　遊牧民が絹織物を熱望していたのは自らの消費のためというよりもむしろ，これらの絹織物の大部分を西方へ再輸出するためであったが，その再輸出の際に活躍したのがソグド

8　朱 1992, p. 4.
9　石見 2005, p. 79, p. 83.
10　加藤 1944, p. 129; 池田 1968, p. 41; Trombert 1996, p. 110.
11　石見 2001, p. 24.『唐律疏議』衛禁律「越度縁辺関塞」条は，唐代に化外との交易が法律で禁止しなければならないほど盛んであったことを物語っている．絹も交易の対象に含まれたに違いない．
12　このような絹織物については史料上に記述が見られる外に，漢代のものについては出土資料からも確認することができる（地図2）．出土資料および遺跡については本章第3節および第3章第2節で取り扱う．
13　松田 1986, p. 170.

商人である[14]．ソグド人はソグディアナを本拠地としつつ，タリム盆地周辺や河西地域から中国内地，あるいは北方草原地帯などにも広く交易ネットワークを有する国際商人として名高く，その東方への交易活動は紀元前後にまで遡る．彼らは前述の朝貢貿易や互市貿易にも関わる一方で，私的な交易にも携わった[15]．交易品としての絹織物はかれらのネットワークにのって，前記の遊牧民を経由するルートのほか，中国内地からタリム盆地のオアシス諸都市やさらにパミール高原を越えて西方へ運ばれる例もあった[16]．また唐の西域防備のため軍資金として中国内地からタリム盆地へ運ばれた布帛も，8世紀以降になるとソグド人の手を経るものが少なくなかったとされる[17]．さらに，養蚕技術の伝播の後，イラン文化圏で織り出された絹織物が6-7世紀にはいって逆に中国に流入する際にも，ソグド人は大きな役割を果たしたと考えられる．

11世紀以降になると，それまでのソグド人の商業ネットワークは仏教徒ウイグル人やイスラム化したトルコ人・ペルシア人に継承され，モンゴル時代には有名なオルトク商人による遠隔地商業が繰り広げられるが[18]，ユーラシア大陸の東西南北を行き来する物流の中には当然，絹織物も含まれていた[19]．一部，下賜品として絹織物が直接持ち帰られ，西方で売られた例もあった[20]．その一方で「納失失」（後述）と呼ばれる金糸を織り込んだ西方起源の錦が中国において一世を風靡したことも，よく知られるところである．

このように，中国で生まれた絹は，衣服としての用途のほか，納税や売買などに際して金銭的役割をもって用いられた．それは中国国内のみならず，遊牧民対策として北方へ，更に，シルクロードの交易網にのってユーラシア各地へ運ばれ，歴史を通じて価値の高い産品として常に重要な役割を担っていた．

第2節　ユーラシアの三大織物文化圏

シルクロードに関わる地域を織物文化の観点から眺めると，大きく毛織物文化圏，絹織物文化圏，棉織物文化圏に分けられる（地図1）[21]．これらの文化圏は，それぞれの土地固有の繊維生産状況から発展してきたものであるが，各文化圏の設定にあたって筆者は，各文化圏間の伝播・交流等の活動が活発化して融合や変容が始まる以前の時代を念頭に置いている[22]．以下では各文化圏の特徴などについて，本論文に関係する範囲で記述する．

14　内藤1988, p. 377, p. 382, Iersalimskaja 1996, pp. 292-205に北コーカサスで発見された7-9世紀の多数の中国絹が見られる．
15　荒川1997, pp. 171-204；森安2007, pp. 100-101.
16　Hinds 1990, pp. 136-137；荒川1997, p. 191；森安2007, p. 337.
17　荒川1992, pp. 217-218；
18　森安1997, pp. 93-119.
19　森安1988, pp. 417-441.
20　護1988, p. 232. ルブルクの通訳が下賜された金襴をキプロスで売り払ったという記録はその好例である．
21　この織物文化圏という概念は，道明1981で毛織物の衣服の特徴を述べる際に「毛織物文化圏」という言葉によって提唱されたのが初めであるが，筆者は絹と棉を加え三つの織物圏を設定した．坂本2004b, p. 1.
22　その時期については，第1編第3章および注33で述べるような出土物などの諸条件から，およそ3世紀以前であると筆者は考える．

第1章　シルクロードにおける織物文化とトゥルファン

1. 毛織物文化圏とその織物の特徴

　毛織物文化圏は東地中海周辺・西アジアから中央アジア・南シベリアに至る遊牧・牧畜地域に一致し，羊・山羊・ラクダの飼育が盛んである．従って主として飼育動物から得られる繊維でもって織物を織った．文献に現れるのは紀元前18-17世紀のバビロニヤのハンムラビ法典で，羊毛がバビロンの重要な産物であると記載されている[23]．

　考古学的発掘によって発見された毛織物の出土地は，毛織物文化圏にちょうど重なっている．出土資料を見ると単色織物では平織（平組織の織物）あるいは斜文織（斜文［綾］組織の織物）で織られたものがあり，一方，多色文織物[24]では綴織（平組織）が主要な織物である．なお，綴織は単層で文様がモチーフごとに色違いで表された織物である．織りの組織（織物の糸の交錯の仕方）に関しては，上記組織のうち斜文組織（＝綾組織）は，他の織物文化圏に比べると2000年以上早くから毛織物文化圏で発達した．この点はこの文化圏の重要な特徴のひとつに挙げられよう[25]．

　織物の材料となった羊・山羊・ラクダの毛は短繊維であるため，糸にするには「撚り」をかけなければならない．繊維は，Z撚り・S撚りと一般に呼ばれる左あるいは右方向に撚りをかけた方式で紡がれ，糸にされる．（Z，Sについては用語解説を参照されたい．）撚られた糸の表面には繊維の末端が細かな毛羽となって多数立ち上がっている．そこで，織物を織る時には毛羽と毛羽が引っかかり合って糸が互いに絡まないように，経糸はやや間隔を取って機（はた）に架けられる．経糸に間隔があるので緯糸が密に入りやすく，その結果，毛織物においては緯糸の密度が経糸に対して同等であるか，あるいは緯糸密度の方が高い．

　特に毛織物文化圏で発達した独特の多色文織物である綴織もまた緯糸の密度が非常に高く，経糸をほぼ完全に隠して織り上げる技法である．綴織とは緯糸を布の端から端まで通さず，文様に応じて緯糸を繰り返して引き返し，文様を織り出すといった織り方によるものである．

　毛織物文化圏の古代の衣服は貫頭衣のチュニックや巻衣で，その巻衣を床や地上に広げて敷物に応用したりする．そのため，広い幅の大きい布を1枚ずつ製作して4辺をコードや房で飾ることが多い．そこで「耳」（織物の両端で緯糸が返る部分）を作るとき，2-3本の経糸を集めて太くしたり，別糸を加えたりして，耳を厚く強くする手法や，房あるいは色違いの糸で飾る手法がある[26]．また，耳用の太い経糸は両端で機上の張力に耐え，短繊維で作られた糸の張力に対する弱さを補う役目をなしている．

2. 絹織物文化圏とその織物の特徴

　絹織物文化圏はユーラシア東南部の農耕地帯にあり，中国本土や日本がそれに属し，比

23　Rider 1983, pp. 93-94.
24　本論ではモチーフごとに色違いで織り文様が表された織物をこのように呼ぶこととする．
25　Barber 1991, pp. 126-214.
26　Fujii, Sakamoto and Ichihashi 1989, pp. 115-116;『コプト織』1998, p. 20.

第1編　シルクロードと染織研究

較的温和な気候である．絹織物文化圏には照葉樹林帯が通り，桑が自生する．桑に生息する桑蚕（くわこ）を飼育し，養蚕と繭から糸を繰る方法を開発したのは中国で，先に述べたように紀元前3500年にはすでに平織が出現している[27]．紀元前2500年頃の銭山漾の遺跡からは2本引き揃えの糸を用いた平織が出土し[28]，また，殷代の鉞に平地綾が銹着しているのが発見されている[29]．また，殷代の甲骨文字に蚕・桑・絲の文字が見られ，周代の金文に帛の字が見られることから，当時すでに養蚕や絹織物が普及していたことが窺われる[30]．日本にも中国から養蚕の技術が伝わった．弥生前期末の福岡有田遺跡から絹織物の付着した細形銅戈が出土しており，『三国志』に見られるように，遅くとも弥生後期には絹が生産されるに至ったと考えられている[31]．

考古学的発掘によって発見された絹織物は，中国の古代遺跡から出土するのは勿論のことであるが，同時に，西へ運ばれて毛織物圏内からも出土していることが知られている（地図2）．それら出土地や出土資料については後述するが，出土した絹の種類は平織・平地綾・経錦・刺繍と多様である．

毛織物文化圏の多色文織物である綴織に対して，絹織物文化圏における独自の多色文織物として経錦が盛んに織られた．経錦とは，色違いの経糸で文様が表され，経方向に文様が連続する織物である．

織物の材料である絹は，蚕の繭から糸繰りによって巻き取られた長繊維であり，長いものは1500mにも及ぶ．従って，糸にするために撚りの過程が必要な短繊維とは異なり，撚りをかける必要がないので，出土した殆どの織物の糸には撚りが無いか，あるいはあっても緩やかなS撚りである．また，毛糸のような毛羽がないので，機に経糸を密着して架けることが出来る．従って絹織物は経糸密度が緯糸密度より高い傾向がある．つまり，毛織物の場合と逆の傾向を示している．

一方，織組織に関して言えば，中国では技術的に単純な平組織から発展していくのであり，毛織物文化圏で早期に発達したような斜文組織は中国では西方の影響を受けた後に初めて現れる．綾や錦といったより複雑な織物さえも，技術的には平組織を基本として発展させたものである点は，絹織物文化圏の大きな特徴である．例えば，中国や日本の平地綾の殆どは斜線の「綾流れ」が見られ，一見斜文組織に似てはいるものの，実際にはそれは平組織の合成によって成り立っている[32]．先に述べた経錦の組織おいても平組織が主流であり，西方から来た斜文組織＝綾組織が用いられるようになるのは6世紀末から7世紀初めである．

27　朱1992, p. 4.
28　陳1984, pp. 33-34.
29　Sylwan 1949, p. 108. 現在では中国の発掘によってより早い絹織物が発見されているが，シルワン（Vivi Sylwan）が発表した1930年代においては画期的な発見であった．
30　佐藤1977, pp. 49-60.
31　布目1988, p. 20;『三国志』魏書東夷傳「卑弥呼宗女壹與…貢…異文雑錦二十匹」とある．
32　佐々木1958, pp. 20-42.

耳はどの織物も単純な折り返しの手法で作られる．錦・綾では耳の部分で地と別の色経を用いる場合があって，その場合，織物の耳の色は地の色と異なっている．耳が単純な折り返しで作られるのは，毛織物文化圏のほとんどの衣服が一枚仕立てのゆえに丈夫な耳や縁飾りを必要としたのに対して，中国ではそうでなく，衿や袖や身頃（胴体部分）に分かれ，数カ所縫い合わされる．そのため敢えて耳を強化したり，飾ったりする必要がないからである．

　また絹織物文化圏では，ほとんどの織物を1枚ずつ織るのではなく，機に設置された綜絖をそのまま使って何枚も織り続ける．なぜなら，繰られた絹糸は長いうえ，紡がれた糸に比べると伸張に耐えるので，織物1枚の規格の数倍にあたる長さの経糸を織機に架けることが出来るからである．錦・綾の場合は同じ文様を繰り返し続けて織る．織物を織っている途中で，一定寸法になると区切りのため地と異なる色の緯糸や平組織を細く入れることがある．それが「間道」とよばれるもので，納税や売買の際，織物1枚の長さの規格が保持されているかどうかの目安となるのである．

3. 棉織物文化圏とその織物の特徴

　棉織物文化圏はインドを中心とした地域で農耕地帯にあるが，湿潤な気候である[33]．例えば棉を示すウイグル語 käpäz やギリシャ語 carbasus といった語の語源はインドのサンスクリット語 karpāsa であって，棉の原産地を示唆している[34]．実際，1世紀に書かれた『エリュトゥラー海案内記』にインドでは棉布を産し，棉布が輸出されると記載されている[35]．

　インダス文明発祥の地，紀元前2500-1500年のモヘンジョダロの遺跡から紀元前1750年と見なされている棉布が出土しているが[36]，湿潤な気候で腐食するためか，それ以外にインドの遺跡から棉織物が出土した例はない．しかし，他の地域に運ばれた棉織物が考古学上の遺跡で発見されている[37]．発見された棉織物は平織やそれを染めたものが多い．棉織物文化圏における織組織については，管見の限りでは平組織が確認されるのみである．

　棉繊維は1.2cm-5.5cmの短繊維であるから，必ず撚りをかけて糸にする．撚りの方向は殆どZ撚りである．毛糸と同様に糸に毛羽があるので，経糸を密に機に架けることが出来ない．棉の出土資料は平織が多く，経糸・緯糸の密度はほぼ等しい．耳は単純な折り返しの手法で出来ているが，経糸を2-3本集めて経を太くしているものがある．

---

[33] 後に棉織物の産地として重要になる乾燥地域の中央アジアは，本来毛織物圏である．しかしオアシスでは灌漑によって，棉の栽培が可能となった．新疆西南部に棉栽培が伝わったのは1世紀頃，その後東北部へ広まり，5世紀中葉までに全地域に伝播したと考えられている（武1996, p. 9.参照）．このように，棉織物は中央アジアにおいては輸入文化であるため，本稿ではこの地域を棉織物文化圏に含めていない．
[34] 森安 1991, p. 69. 村川 1948, p. 199.
[35] 村川 1948, p. 106, p. 114, p. 123.
[36] 角山 1968, p. 17; Vogelsang-Eastwood 1990, p. 6.
[37] Phister 1934, p. 22; 1937, pp. 19-22; 1940, pp. 18-19; Eastwood 1982, pp. 286-326; Mackie 1989, pp. 88-89; Fujii, Sakamoto and Ichihasi 1996, pp. 158-159.

第1編　シルクロードと染織研究

挿表 1.　古代の織物文化圏における特徴

	地域	繊維	撚り	組織	多色文織物	耳
毛織物文化圏	東地中海周辺，西アジア，中央アジア，モンゴリア，シベリア南部	毛（短繊維）	S, Z	平組織，斜文（綾）組織，緯錦	綴織，緯錦（緯糸密度大）	太いコード，房付き耳，耳の強化
絹織物文化圏	インド（野蚕），中国本土，日本（養蚕）	絹（長繊維）	S, 無撚り	平組織，経錦	経錦（経糸密度大）	単純な引き返し
綿織物文化圏	インドを中心とした地域	綿（短繊維）	Z	平組織		太いコード，単純な引き返し

　以上見てきたように，三つの織物文化圏における素材とその特徴には大きな違いがあり，それをまとめると挿表1のようになる．素材の性質によって織り方が規定されるわけである．また，その地域の衣装の形態によって織物の幅や仕上げが異なってくる．次節では，シルクロード地域の織物文化の歴史における一大画期とも言うべき，毛織物文化と絹織物文化の接触について述べるが，その際には上記の毛織物固有の特徴が絹織物製作に反映されるようになるのである．

　なお，上記の繊維の他に天然素材として麻があるが，麻の分布はユーラシア全体に渡っているため，また本稿での議論に直接関係しないため，ここでは特に文化圏の設定は行わない．

第3節　毛織物文化と絹織物文化の遭遇──シルクロードにおける織物文化隆盛への道

1. 絹織物の毛織物文化圏への伝播──とくに経錦の西伝

　先に，中国産の絹織物が北方へもたらされ，さらに西の方へ運ばれる情況に触れたが，戦国時代以降，とりわけ漢代では経錦が北方や西方へ運ばれ珍重された（地図2）．

　運ばれた絹織物は北はシベリアのパズィルク（Пазырк）墳墓群[38]，モンゴル本土のノイン

38　シベリアのアルタイ山地にある紀元前5-3世紀の古墳群で，経錦・絹刺繍の他に西アジア製の毛綴織・絨毯・フェルトが出土している（Rudenko 1970, p. 206）．

第1章　シルクロードにおける織物文化とトゥルファン

ウラ（Noin-Ula）墳墓群[39]で発見され，次いで草原の道を経たものはクリミヤ半島ケルチのパンティカパイオン（Пантикапей）古墓群[40]，ウクライナのサカロワ（Соколова）古墳[41]で発見された．更に遠く絹糸や絹織物はドイツ・イギリスまで届いていた[42]．オアシスの道を経たものは楼蘭[43]や尼雅（ニヤ）[44]，シリアのパルミラ（Palmyre）遺跡で発見された[45]．更に西へ運ばれ，ローマではミイラが絹を纏って発見された[46]．

パズィルク古墳から出土した絹織物は，戦国時代の楚の墓から出土した錦や刺繍[47]と同様の織物である．ノインウラ古墳からは漢代の錦・綾・刺繍が出土している．これらの絹織物は中国から匈奴に贈られたものが，今日まで保存されたのである．さらに西へは1世紀のサカロワ古墳群から金糸の刺繍と共に漢錦や絹平織が出土している．また，ギリシャ植民都市パンティカパイオン，現在はケルチ（クリミヤ半島）の墓から紀元1-2世紀の菱文平地綾が出ている．その他シリアのパルミラから漢の錦・綾・平織が出土している．

紀元2世紀頃まで地中海東部（ローマ帝国東方領・パルミラ）には中国が生産するような絹織物は存在しなかった．そこでこの地域では，プリニウス（Pliny）が述べるように「セーレスの絹（中国の絹）をほぐして更に織り直」したり[48]，ルカヌス（Lucan）が述べるように「セーレスの杼で密に織られた絹をエジプトのお針子が解いてゆるくした」りして[49]，絹織物を得ていた．このような加工の手間を加えていたのは，中国の絹織物，特に経錦は密に織られているので，一旦ほぐして平織や斜文織に織り直すことで3倍以上の大きさとなり，多くの利を得ることが出来たからである．『三国志』巻30，魏書，魏略，大秦（ローマ）の条には「常利得中国絲，解以為胡綾，故數與安息諸国交市於海中」[50]（中華書局標点本，p. 861）とあるように，ローマ帝国領では胡風の綾すなわち異国風の斜文織が織られたのである．

また寺院保存資料から毛織物に絹糸で綴織が織り込まれたりしたことが知られている．上記のような中国の絹を利用した実物資料はローマの寺院やパルミラ出土資料に見られ

39　モンゴル本土にある紀元前1-紀元後1世紀の匈奴の古墳群で，経錦・平地綾・絹刺繍の他に毛綴織・毛刺繍が出土する（梅原 1960, pp. 72–83, 図版 14–48; Лубо-Лесниченко 1961, pp. 3–66, 図版 1-53).

40　クリミヤ半島にあるギリシャ植民都市に始まる紀元前5世紀-後3世紀の遺跡で，平地綾の外に毛綴織・毛平織が出土している（Герцигер 1973, p. 95).

41　ウクライナにある紀元1世紀のサルマートの古墳群（Елкина 1986, pp. 132-135).

42　絹糸・平織・綾が発見されている（Wild 1984, pp. 17-21).

43　タリム盆地のロプ湖畔に栄えた紀元前2世紀-後4世紀の楼蘭王国の遺址で，漢錦・綾の外，毛綴織絨毯などが出土している（Stein 1928, pp. 192-203, pp. 225-258).

44　尼雅遺跡はタリム盆地南辺にある紀元1-5世紀の遺跡で，漢錦・綾・「河内郡」縑の外，毛錦・絨毯などが出土する（武 1962, pp. 64-75；『尼雅遺跡報告書』1999, pp. 110-119, pp. 134-139; 于 1999, pp. 320-326; 坂本 1999, pp. 327-334；『沙漠王子遺宝』2000, p. 101).

45　Pfister 1934, pp. 6-46; Schmit-Colinet 1995, pp. 106-113; Schmit-Colinet, Stauffer & Al-As' ad 2000, pp. 106-107, pp. 137-142, pp. 145-146, pp. 155-159, pp. 188-190, 図版 73-97.

46　Ascenzi and others 1996, p. 211, p. 215.

47　『楚墓』彩版 13・22-23.

48　Rackham 1969, p. 379.

49　Duff 1969, p. 601.

50　書下し「常に中国の絲を利得し，解きて以て胡綾と為す．故にしばしば安息諸国と海中に交市す．」；訳「（大秦は）いつも中国の絹糸を買って利を得，糸を解いて胡風の綾を織る．故にしばしば安息らの諸国と海上で交易をする．」

11

第1編　シルクロードと染織研究

る[51].

　中国の絹がローマ帝国に運ばれるには二つのルートがあった．まず前記『三国志』からわかるように，ローマは中国の絹糸を安息（パルティア）を経て購入していた．「海中」というのはペルシア湾か黒海，或いはパレスチナとアナトリアに面する地中海最東部海域のことであろうか．しかし，安息の中間搾取を避けようとしたのであろう．安息の領域であるペルシア〜メソポタミア〜コーカサス南部地方を避け，迂回する別ルートについて『エリュトゥラー海案内記』は次のように伝えている．

　中国の絹糸や絹織物は，陸路バクトラを経てインドへ南下する道，あるいはチベットを経てガンジス川に出る道をたどり，まずインドに運ばれた．次にインド西岸のバルバリコン（Barbarikon），バリュガザ（Barygaza），ムージリス（Mūziris）からアラビア海を通り，紅海のベレニーケー（Berenīcē）やアブシャール（Abushar）などの港に上陸して，ナイル川によって地中海に出，地中海沿岸各地に運ばれた[52]．すなわちこれはいわば紅海ルートである．

2. 緯錦の成立とその東漸

　やがて西方において，中国から到来した経錦の顕紋法（文様を表す方法）に範を得たのであろう．綴織に次ぐ新たな多色文織物として緯錦が織り出された．緯錦とは，経糸で文様が表される経錦とは違って，経錦を90°回転した織組織で，緯糸で文様が表される錦である．緯錦には地組織の違いによって平組織緯錦と綾組織緯錦がある．緯錦と経錦については，染織用語解説に詳しく記述しているので参照されたい．これらの緯錦の成立時期と地域については若干の研究があるので，筆者の見解も交えながら，以下に具体的に出土例を挙げつつ紹介したい．なお，以下の各編において緯錦に関する叙述では，毛織物の場合のみ「毛平組織緯錦」のように繊維を明記し，特に繊維への言及がない場合は絹のそれを指す．

　1975年，リブー（Krishna Riboud）はスタイン発見のアスターナ出土動物雲気文錦（怪獣文錦，Ast.vi 1.03 表1，図1）およびその他の若干の錦を取り上げ，それらの経糸には中国の伝統的な絹糸には決して見られない強いZ撚りの紡ぎ糸が用いられているという共通点があることを指摘した[53]．そして，それらの錦は経錦の技法で織られた漢代の特徴的な錦，すなわち漢錦の文様の影響を受けているところから漢錦に続く年代のものであるとみなす一方，それまでの漢錦とは違った織り方で製作されたもの，すなわち緯錦であると主張した．さらにリブーは経錦から紡ぎ糸の緯錦へという技術の移行に注目し，その緯錦の発祥の地はどこかという疑問を投げかけた．

　リブーの提出した緯錦の成立問題は，横張和子氏におおいに影響を与えた．1992年，

51　Pfister 1934, p. 42; Granger-Taylor 1987, pp. 16-17
52　村川 1948.
53　Riboud 1975, pp. 13-40.

第1章　シルクロードにおける織物文化とトゥルファン

　横張氏は「丘慈錦」と「疏勒錦」と呼ばれる錦について論じる中で[54]，平組織緯錦が毛織物の影響のもとに織り出されるようになったのであるという見解を示し，その発祥の地はガンダーラであると推定した[55]．

　これに対して筆者は1993年の論文で，緯錦発祥の地をガンダーラよりはるか西方に位置するエジプトの東地中海沿岸アレクサンドリアに求めた[56]．なぜなら，エジプトの1-3世紀前半の遺跡モンス＝クラウディアヌス（Mons Claudianus）で平組織緯錦の技法で織られた最古の毛織物が出土しているからである[57]．

　文献史料においては『エリュトゥラー海案内記』に「ポリュミタ（polymita）」がインドへ海路でもたらされたことが記述されていて，その「ポリュミタ」について，プリニウスの『博物誌』では，それは多くの糸で織られ，アレクサンドリアで織り出されたと述べられているのである．ポリュ（poly）は「多くの」を意味し，ミタ（mita）は糸そのものより「糸で作られた綜絖」を意味すると推定され，「ポリュミタ」は緯錦を指すと考えられている[58]．筆者も同じ見解である．『博物誌』や『エリュトゥラー海案内記』が著された1世紀という時期において，西方産で多くの綜絖を必要とする織物と言えば，織組織から考えて平組織緯錦以外にないからである．

　平組織緯錦の技法は，モンス＝クラウディアヌス出土錦のようにまず毛織物に用いられ，次に絹織物にも取り入れられて，地中海東岸に広まったものと考えられる．その証拠にドゥラ＝エウロポス（Dura-Europos）の遺跡から3世紀の絹の平組織緯錦が出土している．そしてこの織り技術が東へ伝播し，タリム盆地周辺都市にも至ったことは，やはり出土物から確認できる．そこで織り出されたのが3-4世紀のニヤ出土人物葡萄文や亀甲四弁花文[59]の毛平組織緯錦と，先にリブーが取り上げた4世紀のアスターナ出土動物雲気文錦（Ast. vi 1.03，表1，図1）など紡ぎ糸の錦なのである．

　さて以上のような平組織緯錦に続いて，斜文組織を用いた綾組織緯錦が，斜文織の技術の早くから発達した毛織物文化圏に位置する地中海東岸において発展するのは時を待たなかったと思われる．多様な出土資料からみると，地中海東岸〜西アジア，特にエジプトやシリア・メソポタミアは織物生産が盛んであった．上述の出土例からも分かるとおり，地中海東岸では古代から織られた平織・斜文織・綴織に加えて1-2世紀に毛の平組織緯錦が織り出され，3世紀には絹の平組織緯錦が織り出されたが，つづいて絹の綾組織緯錦も織り出されたことがスイスのアベック財団収集品の例から知られている．この綾組織緯錦は4世紀頃とされている[60]．

54　横張 1992, pp. 167-179.「丘慈錦」や「疏勒錦」については本稿第2編で取り上げる．
55　後年の長沢／横張 2001, p. 136 ではレヴァント地方になっている．
56　坂本 1993, pp. 239-240; 2004b, p. 5.
57　Archaeological Textiles News Letter, 1991, p. 8; Bender-Jorgensen 2000, p. 257; Ciszuk, 2000, pp. 265-275.
58　Lamm 1937, pp. 10-11. polymita の mita の解釈については議論がある．筆者は織物技術および織物史の観点から綜絖説を取る．
59　『絲綢之路』1972, 図 15・16.
60　横張 2001, p. 120.

第1編　シルクロードと染織研究

　これらのシリアやメソポタミアといった地域の一部は旧来ローマの勢力下にあったが，ササン朝ペルシアとの係争地でもあった．やがてローマがササン朝ペルシアに敗退し，ササン朝ペルシアの領土が西に広がった時，シャープールⅡ世（Shapur II, 309-379）の命によってメソポタミアのアミダ（Amida）や他のシリアの町からペルシアのフージスターン（Khusistan）にあるカルカ＝デ＝レーダン（Karka de Ledan）の王室工房に織工が移された[61]．また，900年頃に書かれた著書の中でマスーディ（Mas'ūdī）[62]は，スーサ（Susa）やスースター（S'ūs'tar）の絹織物業が急に発展したのはシャープールⅡ世の治世に多くの織工をシリアから連れてきたからであると述べている[63]．このようにしてペルシアでも綾組織緯錦が織り出されるようになったのである．

　毛織物文化圏で成立したこの綾組織緯錦は，ペルシア錦[64]という形をとってその後，その現物のみならず技術，デザインが東漸し，中央アジア・中国，更には日本といったペルシア以東の地域における織物文化に多大な影響を与えることになる．その詳細については第2編における重要なテーマとして取り上げ，また第4編の「トゥルファン出土染織資料にみる織物の発展史」でも言及する予定である．

第4節　トゥルファンの位置づけ
1. 地理的・歴史的な位置づけ

　トゥルファンはタリム盆地東北部に位置し，漢代以来，北方の遊牧民と東方の中国との係争地となってきた．5・6世紀にかけては入植してきた漢人たちによって高昌国と呼ばれる独立王国が建てられ，7世紀の半ばには唐の支配下に入り西州と呼ばれた．また9世紀後半にはモンゴリアから西遷してきたウイグル人による西ウイグル王国がこの地を領有し，その命脈は13世紀初頭にモンゴル（大元ウルス）にすすんで服属するまで続いた．モンゴル支配時代にはウイグリスタンと呼ばれ，当初は半独立的地位を保ったが，徐々にチャガタイ＝ウルスに包含されていった．

　トゥルファンはシルクロードにおける東西交易の拠点の一つであり，すでに高昌国時代にはソグド人集落が存在したことが確認されており，都城内には対外交易の窓口ともなる「市」が設置されていた[65]．西ウイグル王国時代以降，ソグド人の交易ネットワークはソグド系ウイグル商人に継承され，更にモンゴル時代のオルトク商人の活躍へとつながってゆくが，その10世紀前後から13-14世紀にかけてのウイグル＝ネットワークにおいてもトゥ

---

[61] Otavsky 1998, p. 159.
[62] マスーディは956年頃没したとされ，イスラム世界屈指の大旅行家である．著書『黄金の牧場と宝石の鉱山』はローマから中国に至る歴史，地理，地誌，民族史の宝庫である．
[63] Geijer 1964, p. 23.
[64] 染織研究者の間ではペルシア錦という語は通常，イランにおいてペルシア文化が隆盛を極めたササン朝時代とサファヴィー朝時代にペルシアで織られた錦を指すが，本論文ではササン朝時代と9世紀頃までの錦に対してこの語を用いる．なお，ササン朝のペルシア錦と区別するために17-18世紀のペルシア錦を指すサファヴィー朝ペルシア錦という用語もある．一方第2編で取り上げる「波斯錦」は漢文化の下でほぼ5世紀から10世紀の間に使用された史料用語である．染織研究者の間でいわれるペルシア錦と混同しないように注記する．
[65] 荒川 2003, pp. 31-39.

第1章　シルクロードにおける織物文化とトゥルファン

ルファンは重要な拠点であった[66].

　トゥルファンは，織物文化の観点から眺めれば，東地中海・西アジアから中央アジア・南シベリアに至る広大な毛織物文化圏の東端に位置しており，一方で絹織物の本拠地である中国がその東方に控えていて，絹織物文化圏の直接的な影響下にあった．トゥルファンは毛織物文化と絹織物文化の重要な交差点でもあった．

2. トゥルファン出土染織資料の研究の意義

　トゥルファン出土の染織資料は，初めに述べたように年代が南北朝からモンゴル時代にまで亘っており，その質や量の豊かさは前近代におけるユーラシアの他の地域・遺跡の追随を許さない．シルクロードの要衝であったトゥルファンのこれらの資料を調査することで，この地において必ずや交差したであろう東西の技術やその進歩，それに伴う文様の発展も克明に読み取ることができるのである．すなわち技術や文様の伝播，それによって引き起こされる受け手側の技術の進歩，さらにそれによって可能となった新しい文様の出現や，また異文化との遭遇による文様の混合と変容にともなう複雑化といった織物文化の東西交流の実像が明らかにできるのである．トゥルファンという一地域の出土資料の中に，シルクロード東西の織物生産地における織物の歴史が凝縮しているのである．

66　森安 1997, pp. 93-119.

第1編　シルクロードと染織研究

第2章　トゥルファン出土染織資料の概観

第1節　中央アジア探検隊によるトゥルファン調査
　　　　── 19世紀末から20世紀初

　19世紀末に始まる中央アジア探検は，この地における覇権を争うヨーロッパ列強の政治的・経済的目的のもとに行われたものであった．そのような中にあってヨーロッパ世界の学術的関心を高める直接のきっかけとなったのは，英領インド陸軍情報部将校のバウワー（H. Bower）大尉が1890年クチャで取得した文書であった．その文書によって新疆に仏教文化や印欧系言語の遺物が存在するという事実が確認されたのであった．この情報に接して，研究者の間に中央アジア探検の機運が高まり，19世紀末から20世紀初頭にはイギリス・フランス・ドイツ・スウェーデン，及びロシアが国家規模の探検隊を送った．また日本でも西本願寺の大谷光瑞門主が仏典のルーツと伝播の道を求めて調査隊を組織した．中国では黄文弼が各国より遅れて1927年西北科学調査団を組織し，新疆に入った．以上のうちトゥルファンの染織資料と深く関わるのは，イギリス・ドイツ・日本の探検隊の成果であった．

1. イギリス調査隊──スタイン

　イギリスのスタインは，1900年から1916年まで計3次にわたって中央アジアを探検し，多くの文化遺産を発見した[67]．トゥルファン地区に入ったのは，第3次探検が遂行された1913-1916年の途中の1914年である[68]．そこでスタインは，カラホージャを基点に，高昌故城・トヨク石窟・ムルトゥク（挿図1参照）で幾つかの染織品を得，アスターナの古墓を発掘し，多量の染織品を発見した[69]．

　スタインはタリム盆地南辺の尼雅・楼蘭や敦煌の染織資料について，1921年に *Serindia*[70] で報告していたが，トゥルファンの染織資料については，尼雅・楼蘭・敦煌の染織資料の調査において得ていた織組織の分類法をそれらの織物分析にも採用し，1928年に *Innermost Asia* で報告した．

　スタイン将来のトゥルファン染織資料の主たるものはアスターナで発掘された．アスターナ墓群では Ast. i～x と編号されるが，それぞれの古墓の年代を示唆する出土資料と主な染織資料の関係は表1に示した通りである．アスターナの資料以外にはトヨクから綾が1点出土している．

---

[67] 1930-31年の第4次は情況悪化のためほとんど収穫はなかったという．Cf. 渋谷2000, pp. 320-323.
[68] 梅村1996, pp. 86-89; Stein 1928, p. 566.
[69] Stein 1928, pp. 587-718.
[70] Stein 1921.

第 2 章　トゥルファン出土染織資料の概観

挿図 1．トゥルファン地域

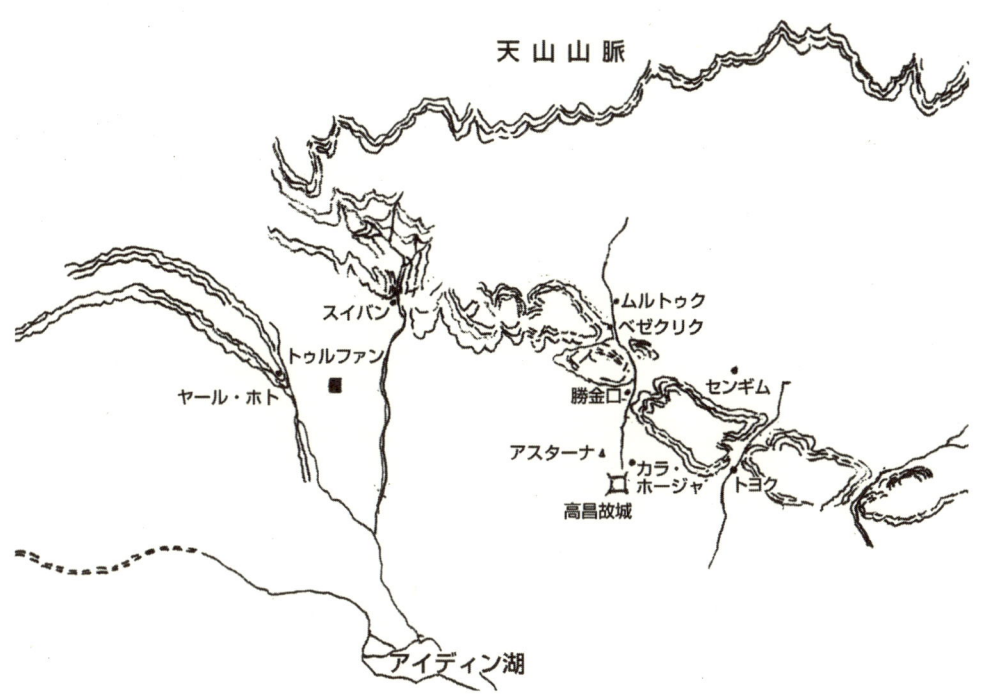

　それらの資料は現在，大英博物館，ヴィクトリア＆アルバート美術館，インド国立美術館に分蔵されている．主要な図録としてはスタインの前記報告書のほか 1970 年発行の紫紅社『シルクロードの染織』，1984 年発行の講談社『西域美術』3，2007 年発行『敦煌絲綢芸術全集』がある．1970 年発行の図録はインド国立美術館所蔵の資料を収録し，1984 年発行の図録は大英博物館所蔵の資料を，2007 年発行ものはヴィクトリア＆アルバート美術館の資料も収録している．

2．ドイツ調査隊——グリュンヴェーデルとル＝コック

　スタインに次いでドイツのグリュンヴェーデル（Albert Grünwedel）とル＝コック（Albert von Le Coq）は 1902 年から 1914 年にかけて合計 4 次の探検を行い，第 1 次から第 3 次にかけてトゥルファン地区で高昌故城・カラホージャ・センギム・ムルトゥク・トヨクを発掘し，幡を含む多量の染織品を発見した[71]．

　ドイツ隊はトゥルファンの出土資料のうち彫塑，マニ教関係の幡画，建築遺構，仏教やマニ教の壁画について調査し，研究結果を発表したが，幡以外の染織資料は 1913 年に発行されたル＝コックの *Chotscho* の中に 20 断片が発表されたに過ぎない[72]．その当該ペー

71　Bhattacharya-Haesner 2003, pp. 18-21.
72　Le Coq 1913, pp. 49-52; 勒柯克 1998, pp. 138-142.

第1編　シルクロードと染織研究

ジには写真入りで20断片の錦・綴織・刺繍・染め物について材質・出土地点が書かれ，ファルケ（Ritter von Falke）の解説が加えられている．

このようにドイツ隊発見の染織品はル＝コックの *Chotscho* の中で僅かな資料について触れられたのみであった．筆者の知る限りでは，その後アッカーマン（Phyllis Ackermann）がベルリンの民族学博物館に資料が保存されていた時に2点調査したが[73]，殆どの資料は90年後に調査して発表されるまでベルリンのインド美術館（現アジア美術館）の倉庫に眠ったままであった．その後，2003年に発表されたバッタチャリア＝ヘスナー（Chhaya Bhattacharya-Haesner）によるトゥルファンの幡に関する図像学的研究と並行して，幡に使用されている染織品についての本格的な調査がようやく行われた[74]．まず染織品の調査にあたって織技術の分析を行ったのはシュロッター（Barbara Schröter）であるが，さらに未調査の染織資料については筆者と木村光雄氏が共同して繊維素材ならびに織技術の分析を行い，文献史料も併用した考察結果を報告した．それらの調査報告は，バッタチャリア＝ヘスナーの著作に附録として掲載されている[75]．

3.　日本——大谷探検隊

日本の大谷探検隊は，ドイツと同時期1902年から1914年にかけて合計3次の探検を行った．トゥルファン地区での発掘は主に1910-1914年の第3次に行われ，大谷探検隊の橘瑞超が1910年と1911年にトゥルファンのヤールホトの西の墓地やアスターナの北にあるサイの古墓を発掘した[76]．その後，橘は1912年に別働隊の吉川小一郎と敦煌で出会い，再度，トゥルファン地区に来て，チコトン・センギム・トヨク・カラホージャ・アスターナ・ヤールホトを発掘したが[77]，主要な染織資料はカラホージャやアスターナの発掘で得たものと思われる．

大谷探検隊の収集染織品は，1915年発行の『西域考古図譜』に掲載されたが[78]，それらは第2次までの収集品であったので，クチャやムルトックの出土染織資料の写真は掲載されているものの，第3次にトゥルファンで発掘された染織資料の写真は掲載されていない．その後，収集資料は分散の憂き目に会い，龍谷大学大宮図書館，中国の旅順博物館，韓国国立中央博物館，東京国立博物館，天理参考館そして個人のもとに所蔵されている．

龍谷大学大宮図書館所蔵の錦・綾・平織・染め物，ならびに個人蔵の樹下対鹿文錦については1963年に龍村謙氏が調査報告を行っている[79]．以降も展示カタログや一般向け染織図版集に取り上げられ解説が付されたが，その内容は龍村氏の域を出ることなく，研究が

73　Pope & Ackerman 1964, pp. 2030-2031.
74　Bhattachrya-Haesner 2003.
75　Schröter 2003, pp. 477-489; Sakamoto & Kimura 2003, pp. 491-496.
76　大谷探検隊のこの調査に関しては，大谷探検隊自身による報告はないものの，以下のスタインの報告書の中で言及されている（Stein 1928, p. 587, p. 642）．
77　藤枝 1989, p. 110; 吉川 1937, pp. 557-715.
78　『西域考古図譜』上 1915，染織刺繍 1-7.
79　龍村 1963, pp. 25-44.

進んだとは言い難い．その後，1990年代に入ってより本格的な分析が行われることになり，1990，1995年に横張和子氏が天理参考館や東京国立博物館所蔵の数点について調査・発表した[80]．続いて1996年に筆者が龍谷大学大宮図書館の染織資料18点を詳細に調査し，検討を加えて発表した[81]．

第2節　中国による発掘調査——20世紀後半から

　中国においては1949年の中華人民共和国の成立後，それまでは黄河流域と揚子江流域に限られていた考古学の発掘が中国各地で盛んに行われるようになった．かつてル＝コックやスタイン，大谷探検隊が新疆で発掘を行った頃，新疆地区には何の文物考古組織もなく，新疆の考古調査や研究に携わる学者は極めて少ない状態であった．1953年西北文化局のもと新疆全域の文物の状況について一斉調査が行われ，1956年になって自治区レベルの文物考古組織，文物保管組織が設けられ専門要員が配備された[82]．

1．カラホージャ・アスターナ墓群の発掘調査

　トゥルファン地域では1959年から1975年までの間に，考古作業がアスターナ及びカラホージャの発掘をあわせて計13回行われ，古墓400基近くが発掘調査された．その結果3世紀から8世紀に至る文書や晋から唐に至る文物が発見され，当時のシルクロードを研究する上で極めて貴重な実物資料が提供された．特に染織資料は豊富で，我々は文献にみられた錦・綾・羅・繡や蝋纈・夾纈・絞纈などの実例として，文献だけでは知り得なかった当時の文様や技術を具体的かつ詳細に知る材料を数多く得ることが出来るようになった（表2）．その上，スタインの将来した資料に比べると，墓誌や伴出文書に記された年代によって，かなりの資料の年代を特定出来る点でも極めて貴重である．

　出土染織資料はまず中国の研究者によって調査され，公表された．第1次の発掘が行われた1959年の翌1960年に新疆維吾爾自治区博物館によって発掘簡報が出され，1959年発掘の3墓域より各2基，計6基［TAM（アスターナ墓略称）301-306］の染織資料を含む出土文物が報告された[83]．発掘簡報によると，染織資料は錦・綺[84]・絹と麻布が出土し，各資料の文様・色・サイズが示された．

　1960年，第2次発掘が行われ，30基の墓［TAM307-336］が発掘された[85]．続いて同年，第3次発掘が遂行され[86]，4基の墓［TAM337-340］が発掘された．絹・綺・錦・縑・刺繡・

80　横張 1990，pp. 257-281; 1995，pp. 177-195.
81　坂本 1996a，pp. 65-109.
82　『中国考古三十年』1981，p. 170.
83　新疆維吾爾自治区博物館 1960，pp. 13-21.
84　史料上に現れる「綺」の解釈には諸説あり（第4編第1章第4節参照），かつ現代中国語の「綺」と入り混じって紛らわしい．本稿では中国語の報告書・論文中に用いられた「綺」については以下原語の通り記載することとする．
85　新疆博物館考古部 2000a，pp. 1-65.
86　新疆博物館考古部 2000b，pp. 66-83.

第1編　シルクロードと染織研究

紗の絹織物の外，麻布・棉布・麻棉混紡・絲棉混織が見出された．

1962年には新疆博物館（新疆維吾爾自治区博物館）の武敏氏によって，出土染織資料のより詳細な調査結果が発表された[87]．この報告では，1959年に発掘された尼雅を含む計41の墓のうち21の墓から錦が出土したとされている．そのうち，尼雅のものは漢錦，アスターナのものは6~7世紀（高昌~唐）の錦であるという．

更に年を追って発掘が続けられた．1963年から1965年にかけてアスターナで42基［63TAM1-3，64TAM4-37，65TAM38-42］，カラホージャで14基［64TKM（カラホージャ墓略称）1-14］の墓が発掘された[88]．そのうち45基が調査され，墓は晋から南北朝中期（紀元3世紀中葉 - 6世紀初め），南北朝中期から初唐（紀元6世紀初め - 7世紀中葉），盛唐（紀元7世紀中葉 - 8世紀中葉）の三期にわたっていた．染織品としては刺繍・錦・織成・綺，印花・絞（纐）纈・素絹・彩絵絹等の絹，麻布，棉布，毛織物が発見された．

1966年から1969年にかけてアスターナで105基の墓を墓番号TAM43-147に編号し，10基を除いて95基を発掘，カラホージャで40基の墓を墓番号TKM15-54に編号し，未発掘の30基を除き10基を発掘，合計105基を発掘した．しかし，そのうち12基は盗掘され，空であった[89]．これらの墓群は前回と同様に晋から南北朝中期，南北朝中期から初唐，盛唐の三期にわたっていた．染織資料は錦・綺・紗，蝋（臈）纈・絞（纐）纈・その他の染纈といった染色品を含む絹 計46資料が調査され，織物のサイズ・組織・文様・年代が表にまとめられた．

1966-1969年の発掘では地名の書かれた麻布が出土した．それらはTAM108墓出土の開元9年(721)鄖県（現在の湖北省）の庸調布，TAM96墓出土の蘭渓県（現在の浙江省）で課された脚布（雑税），陵州（現在の四川省仁寿県）の文字が書かれた麻布である．中国本土で織られた麻布がトゥルファンまで届いていた貴重な資料であるが，これについては第2編第3章第1節で後述する．

1966-1969年発掘の一連の墓群は編号TAM43-147にあたるが，1967年にはその中には編号されていないTAM363号も発掘されている[90]．同墓からはヤズデギルド像のペルシア銀貨や665年から710年の間の文書が出土した．染織資料は麻布・絹・錦がそれぞれ1資料ずつ発見され，サイズ・糸密度が報告された．

1972-1973年，新疆博物館考古隊と吐魯番文物保管所によって第10次の発掘がアスターナで行われた[91]．第10次はTAM148-157，159-165，167-171，173-190，194，195，200-205，209，215-218，223，225-231，233，234の計63基が発掘された．これらの墓は麹氏高昌国の張氏一族の墓域を含んでいる．63基の年代は高昌郡時代，麹氏高昌国時代，唐西州時代にわたっている．染織資料は錦・綺・綾・絹・紗・羅・刺繍・印花・夾纈・絞纈など

87　武 1962，pp. 5-10，pp. 64-75.
88　新疆維吾爾自治区博物館 1973，pp. 7-27.
89　新疆維吾爾自治区博物館 1972a，pp. 8-29，図版 9.
90　新疆維吾爾自治区博物館 1972b，pp. 7-9，図 1-8.
91　新疆文物考古研究所 2000a，pp. 84-167.

第 2 章　トゥルファン出土染織資料の概観

絹織物の外，棉布や麻布が発見された．

　第 10 次発掘で出土した麻布の布団や被い布に梁州（現在陝西省）や宣州（現在安徽省）の文字が見られ，スカートの絹裏地に益州（現在四川省）の文字が見られる．これらはトゥルファンで仕立てられたと考えられるが，前述の地名入りの麻布同様，中国本土から来た布や絹を使用したのである．

　1973 年春に第 11 次発掘が行われ，20 基の墓が発掘された[92]．それらは張氏の墓域である．墓は TAM116, 191-193, 196-199, 207, 208, 211-214, 221, 222, 232, 236-238 に編号された．これらの墓は麹氏高昌国時代，唐西州時代にわたっている．出土染織資料は錦・綺・綾・羅・絹・紗・刺繡・染め（印花・絞纈）など絹織物の外，棉布や麻布と多彩である．

　1973 年の 9 月に第 12 次の発掘が行われ，以前編号されてはいたものの未発掘であった TAM113-115, 206, 210, 224 と TAM501-532 計 38 基の墓が発掘された[93]．その中の 206 号墓は張雄夫婦合葬墓である．墓誌には延寿十年（633 年）の張雄の死と垂拱四年（688 年）の妻麹氏の死，永昌元年（689 年）埋葬の記録がある．出土染織資料は表裏相反する色を呈する双面錦と錦および緙絲が報告されている．

　1975 年の第 13 次発掘によってカラホージャ・アスターナの発掘計画は終了した．しかし，実際には 1979 年に建築のため土を取ったところ発見されたアスターナ 382 号墓の発掘があり，これをもって一応の終了をみたといえる[94]．

　以上のようなカラホージャ・アスターナ以外のトゥルファン出土染織資料としては，廃寺や仏教石窟が点在する勝金口（センギム＝アグズ）[95] の仏寺遺跡から錦が 1 点発見されている[96]．なお，その後トゥルファン郊外巴達木遺跡で錦が発見されている．

　以上の染織資料は主に新疆維吾爾自治区博物館で所蔵され，一部は吐魯番博物館で所蔵されている．カラホージャ・アスターナ出土染織資料の主なものは『絲綢之路』[97]『新疆出土文物』[98] に図版として掲載され，勝金口の出土染織資料を含むカラホージャ・アスターナ出土染織資料の 50 余点が『シルクロード学研究』8[99] に掲載されている．そのほか武敏著の『織繡』[100] や『中華五千年文物集刊　織繡篇』[101] の中に織物の写真が掲載されている．トゥルファン郊外巴達木遺跡出土錦は『吐魯番』に掲載されている[102]．

92　新疆文物考古研究所 2000b, pp. 168-214.
93　新疆維吾爾自治区博物館，西北大学歴史系考古専業 1975, pp. 8-18.
94　新疆吐魯番地区文管所 1983, p. 19.
95　黄 1994, p. 18.
96　公式の考古報告はなく，新疆維吾爾自治区博物館の情報提供により染織資料を調査した横張氏や筆者による以下の調査報告があるのみである（坂本 2000a, p. 124, pp. 136-137; 横張 2000, p. 196）.
97　『絲綢之路』1972.
98　『新疆文物』1975.
99　『シルクロード学研究』2000.
100　武 1992.
101　『中華文物集刊』1988; 1992.
102　『吐魯番』2006.

第1編　シルクロードと染織研究

第3章　染織資料調査，研究法の確立と発展

第1節　19世紀末——20世紀初めの発掘資料の到来と近代的研究の幕開け

　前章で概観したとおり，19世紀末に始まる中央アジアの考古学調査は大量の染織資料をもたらしたが，その結果それらの分析研究においても新しい視点や手法が必要とされるようになった．

1．伝統的な伝世資料の研究

　ヨーロッパでは従来から染織品に対する関心が存在したが，それは教会に残る聖人にまつわる染織品を聖なるものとして信仰の対象とするか，あるいはヨーロッパの博物館や古裂コレクターによる文様鑑賞を目的とする収集といった段階にとどまっていた．また，それらの染織品はあくまで聖人にかかわる伝世品であり，その来歴も伝承にもとづくものが多いため，染織品の歴史的研究が行われる場合もそこには一定の限界があった．

　そのような情況のもと1913年にファルケ（Otto von Falke）は主にヨーロッパの博物館や寺院に所蔵される古典古代から19世紀に至る数多くの織物を網羅し，他の工芸品の文様と比較しながら，織物の年代や製作地を検討し分類した[103]．ファルケ以降の論文やカタログでは，しばしば，彼の図版ナンバーが参考として挙げられることからも分かるように，ファルケの研究はヨーロッパにおける伝統的染織資料研究のひとつの到達点であった．

2．発掘資料の到来

　その当時ようやく，エジプトや中近東，そして中央アジアから考古学的発掘による染織資料がもたらされつつあった．従来，主として文様や様式に基づいて行われてきた染織研究において，それらの新たに登場したエジプトやアジアの古代，中世という全くの異領域の織物を扱わねばならない困難は充分に想像できよう．

　例えば，スタインは出土染織品について織り技術にも注目し，他の探検隊に比べかなり詳細な報告を残しているが，錦の織組織に関して，前述したような経糸で文様が織り表された「経錦」か，緯糸で文様が織り表された「緯錦」か，といった重要な問題については表現に曖昧な点があった．適当な用語や概念が当時存在しなかったからである．スタインの報告の後，他の研究者は，文様が経糸で表されているか緯糸で表されているかに関心を寄せるようになったが，その時点でも，まだ経錦や緯錦をしめす染織用語は存在しなかった．

　この様な状況の中で，染織品の報告や研究発表の際に一定の概念を共有する必要が生じ，学術用語の創出やその国際的統一の動きが起きたのは自然のなりゆきであった．

103　Falke 1913.

第3章　染織資料調査，研究法の確立と発展

3. 国際学会——CIETA の設立

　1954 年，ヨーロッパを中心とした染織研究者が集まって，フランスのリヨンに本部を置く古代染織研究国際センター（Centre International d'Etude des Textiles Anciens, 略称 CIETA）が設立された．それは国際学会が創設されたことを意味している．CIETA は各国毎の活動を学会や CIETA の紀要で一つにまとめることを目的とし，そのためにも用語の統一を図り，1959 年染織用語集を編纂した．そして 1971 年には版を増補した．また，それに先立ち CIETA は 1957 年に染織品の調査記録の書式を定めた．これは染織資料を調査するときの調査項目の指針となった．日本においても CIETA のメンバーである研究者は筆者も含め，この方針に従って，先ず調査のデータを挙げ，製作地や製作年代の検討を行っている．

　さてフランス語で編纂された用語集は各国語に翻訳されたが，文字による説明だけで非常にわかりにくかった．そこで，1980 年に CIETA の用語集に更に用語を追加して英語で出版された *Warp & Weft* では，図や写真が加えられた[104]．また 1999 年になって CIETA の用語集はようやく日本語に翻訳されたが[105]，そこには日—仏—英，英—仏—日の索引と CIETA の組織図集が付されている．

　このように改訂・改編が重ねられた CIETA の用語集であるが，それでもなお古代・中世のアジアにおける染織資料の多様さに応じきれないきらいがあった．これを補うのが，1999 年に出版された趙豊『織繡珍品』である．この書に付された織物の分類と解説では CIETA の用語解説も踏まえた上で東洋的な織物技術の理解に立脚した分析が行われており，さらに中国語と英語で書かれているため国際的な用語集としての機能も備えている[106]．また分類に際しては CIETA の織物のカテゴリーにない織組織，例えば繻子地の遼代錦といったより後期に出現する織組織をも組み込むまでに至っているが，これらは 1950 年代に始まる中国の考古学的発掘によってもたらされた新出土染織資料とその調査研究の成果が充分に反映された結果であるといえよう．

　一方，1960 年に日本において正倉院の錦に関する報告がなされた[107]．この報告書中第二章の織組織の調査に携わった佐々木信三郎氏は，これに先立つ 1950 年から 1951 年にかけて，川島織物研究所所蔵の正倉院から配布されたと思われる断片の調査報告を行っていたが，この調査研究の成果はその後 25 年を経て 1976 年に再度出版されている[108]．これらの佐々木氏の調査によって日本における織物分析の基礎が築かれ，法隆寺や正倉院の織物研究は飛躍的に進歩した．言うまでもなく，正倉院の染織資料は唐代の織物と密接な関係があり，この佐々木氏の調査研究は，彼の後に続く我が国の上代染織資料や中国の古代中世染織資料の研究に携わる者の基礎文献となっている．

　以上のような経緯を経て染織資料の研究は発展してきたのであるが，本稿での叙述に当

104　Burnham 1980.
105　『織物用語集』1999.
106　趙 1999, pp. 328-349.
107　太田／佐々木／西村 1960.
108　佐々木 1976.

たって筆者が用いる用語は，前述の佐々木氏の研究を基本とし，一部1999年のCIETAの織物用語集日本語版と同年の趙豊著『織繍珍品』の織物解説を参考にしている．なお，各国の研究者が独自に用いる用語については，必要に応じて原語とそれに対応する和訳または注を付す．

第2節　トゥルファン以外の重要出土遺跡と染織資料の研究

　19世紀末以降には，先に述べたとおり，中央アジアの発掘にとどまらず，ユーラシアの各地やエジプトにおいて発掘が行われ，多くの遺跡から近代以前に属する織物がもたらされた（地図3）．出土染織資料は発掘を行った各国の考古学者および染織研究者によって調査された．本節では，それらのうちトゥルファンの染織資料と東西の織物文化の交流を研究する上で関係の深い10遺跡を取上げ，関連する出土染織資料の研究について概観する．

1．西アジア・アフリカ出土染織資料

　20世紀前半，中央アジア探検が行われている頃，西アジアにおいてもパルミラ（紀元前1-後3世紀）やドゥラ＝エウロポス（紀元前3-後3世紀）の発掘が行われた．

　パルミラはシリアのダマスカスから東へ230km，ユーフラテス川から西へ200kmにある砂漠の中のオアシス都市で，シルクロード上の隊商都市として栄えた[109]．都市遺跡の西部に墓場の谷があり，塔墓・家形墓・地下墓が点在する．墓から麻・毛・綿を材料とする綴織・平織・斜文織・パイル織と絹の平織・平地綾・刺繍・経錦が発見された．金糸が用いられた織物も発見されている．絹織物については，野蚕で作られたものを除いては全て中国からもたらされた絹織物およびその絹糸を用いた刺繍や異国風の斜文織であった．

　パルミラならびに下記のドゥラ＝エウロポスの出土染織資料の報告書は，スタインやル＝コックによる中央アジア出土染織資料の報告が公刊されて後に出されたものであるが[110]，前述したとおり錦についてスタインの報告の時点では文様が経糸，緯糸どちらで表されているかについて明確な表現がいまだなされていなかったのに対し，パルミラ出土染織資料報告の著者フィスター（R. Pfister）は錦（S44）の文様が経糸で表されていると認め，コズロフ組織と表現した．コズロフの名を取ったのは一番初めに同氏がノインウラ出土の漢錦の文様が経糸で表されていると解明したからである[111]．

　その後もパルミラの発掘は続けられ，新たに毛織物や中国の経錦が発見された[112]．パルミラの出土染織資料はダマスカス博物館とパルミラ博物館に所蔵される．

　ドゥラ＝エウロポスはシリアのユーフラテス川西岸にあり，紀元前4世紀末軍事基地として，また隊商都市として建設された．遺跡からは麻・毛・綿を材料とする綴織・平

109　Pfister 1934; 1937; 1940.
110　Pfister 1934; 1937; 1940. Pfister and Bellinger 1945.
111　Pfister 1940, pp. 41-42.
112　Schmit-Colinet, A., Stauffer, A. & Al-As'ad, Khaled 2000.

織・斜文織・パイル織と絹の平組織緯錦が出土した．それらの織物は主に3世紀のものである．ドゥラ＝エウロポスの出土染織資料の調査をしたフィスターとベリンガー（Louise Bellinger）は，錦（no. 263）を漢錦のような経糸ではなく緯糸で文様が織り出された錦であると記している[113]．ドゥラ＝エウロポスの出土染織資料はアメリカのイェール大学に所蔵される．

一方，エジプトにおいても発掘が盛んに行われていたが，1896-1906年にエジプト学の学者ガイエ（A. Gayet）によるアンティノエの発掘が行われた．アンティノエはナイル川右岸に紀元130年にハドリアヌス帝によって建設され，行政の中心として繁栄した．5世紀の中頃凋落したが，538年ユスティニアヌス帝の勅令により，再びその地位を復活した．しかし，アラブの征服後はその重要性を失った．この遺跡から毛織物のほか絹の綾組織緯錦が発見された．

アンティノエの発掘は学術的発掘でありながら，考古学上の記録が十分になされておらず，また染織資料の報告の記述においても用語が適切に用いられていないため，織物の研究者から見ると不満の残るものであった．そのうえパリのギメ美術館で展示の後，資料は散逸してしまった．しかし，多くの錦はリヨン織物歴史美術館（現在のリヨン織物美術館）の所蔵となった．

アンティノエ出土の染織資料についてはその後も研究が進められ，前述のファルケはアンティノエ出土錦にギリシャの要素を見ているが，天馬文錦（図2）に関してはペルシア的要素を指摘してペルシア錦としている．このペルシア錦については後述する．

エジプトにおけるもう一つの重要な遺跡はモンス＝クラウディアヌス（Mons Claudianus）である．この遺跡は1988-1990年に発掘されたエジプト東部砂漠中のローマ時代の石切場で，紅海から50km，ナイル川から120kmにある．石切場は1世紀に始まり，3世紀中頃まで機能した．織物は2世紀前半の廃棄物が堆積した中にあった．その織物の中に毛平組織緯錦が6点見出された．それらはベンダー＝ヨルゲンセン（Lise Bender-Jørgensen）とチズック（M. Ciszuk）によって調査され，平組織緯錦として知られる最も年代の早いものであることがわかった[114]．

2. 北コーカサス出土染織資料

北コーカサスで発見された遺跡モシチェヴァヤ＝バルカ（モシチェヴァヤ峡谷）の古墓群はシルクロードの支線を証明する重要な遺跡である．モシチェヴァヤ＝バルカ古墓群はバリシャヤラバ川（大ラバ川）の上流にあり，北西コーカサスの山中，海抜952mの峠道の近くにある．古墓は風化で形成された砂岩のテラス状プレートの上に位置し，各墓は板石で四方を囲まれている．20世紀初めに発見され，1951年に遺跡の調査が行わ

---

113 Pfister and Bellinger 1945, p. 3.
114 Bender-Jørgensen 2000, p. 257; Ciszuk, 2000, pp. 265-275.

第1編　シルクロードと染織研究

れ，1980年代に再度発掘された．年代は7-9世紀に属している[115]．毛織物，絹織物，棉織物が出土し，それらは，1980年代発掘の資料を除いて，イェルサリムスカヤ（A. A. Иерусалимская）によって調査された[116]．これらの織物は東ローマ帝国・エジプト・シリア・ソグド・中国のものであり，通過税や土着人の労働に対する手当としてこの地域に残ったものとされている．

モシチェヴァヤ＝バルカ出土資料のうち1980年代にモスクワの科学アカデミー考古学研究所によって発掘が行われたものについては，残念ながら正式の報告書は未発表である．筆者は幸いその染織資料を調査する機会を得たが，今日までその報告を行う機会が無く，漸く本著において付録として報告する．本論文第2編の議論においてその一部を新たな資料として提出し，既発表のイェルサリムスカヤの報告やリブーの研究による資料と併せて，トゥルファン出土染織資料に対する比較資料として考察を加えたい．

3. 中国西北出土染織資料

モシチェヴァヤ＝バルカと同様にシルクロードの支線を証明する遺跡は1982年に発見された中国青海省都蘭にある古墳群である．それは6世紀末から8世紀後半に至る吐蕃支配下の吐谷渾の古墳群である[117]．出土資料には中国文化と吐蕃文化が共存している．出土染織資料の調査は許新国氏と趙豊氏によってなされ，染織資料は平地綾・綾地綾・経錦・緯錦・織金・羅・綴織・絣と多様である[118]．絹織物は大部分が中国製であるが，西アジアや中央アジア，特にソグドから到来したとされる緯錦を含んでいる．そのうち中国製の錦・綾はトゥルファン出土の錦・綾と共通するものが多い．出土染織資料は青海省文物考古学研究所に保存されている．

また，シルクロード上に位置し，スタインやペリオやロシアのオルデンブルク（С. Ф. Ольденбурк）によって文書をはじめとし絹織物も含む大量の文物が収集された敦煌石窟は，中国甘粛省にある．特に莫高窟はその壁画や塑像がよく知られているが，それらにしばしば描かれた織物の文様は，染織研究の貴重な資料となり得る．莫高窟自体は4世紀に創建され五胡十六国造営の早期窟から元窟まで長期にわたっているが，スタイン・ペリオ・オルデンブルクによってその蔵経洞から収集された絹織物は唐代のものが多い．スタイン収集資料は大英博物館やヴィクトリア＆アルバート美術館に，ペリオ収集資料はギメ美術館およびパリの国立図書館に，オルデンブルク収集資料はエルミタージュ美術館に所蔵される．

20世紀後半にスタイン収集資料はウイットフィールド（Roderick Whitfield）によって[119]，

115　Иерусалимская 1967, pp. 56-58; Савченко 1980, pp. 116-117.
116　Ierusalimskaja 1996.
117　許 2000, pp. 13-22; 2002, pp. 212-225;『都蘭吐蕃墓』2005.
118　許・趙 1991, pp. 63-96.
119　ウイットフィールド 1984, Pls. 1-44, pp. 277-302.

第 3 章　染織資料調査，研究法の確立と発展

ペリオの収集資料はリブーとヴィアール（Gabriel Vial）によって[120]，オルデンブルクの収集資料はルボ＝レスニチェンコ（Лубо-Лесниченко, Е. И.）によってそれぞれ調査された[121]．調査結果によれば，これらの敦煌莫高窟の絹織物資料は平織・平地綾・綾地綾・羅・経錦・緯錦・刺繡・染め物など多様であり，そのうちにソグド錦とされる緯錦を含んでいる．このソグド錦については後述する．

　その後莫高窟からは，中国人によって若干の絹織物が発見されたが[122]，近年になって，敦煌莫高窟北区で新たに絹織物が発見された．それらはほとんど元代のものであり，織金を含んでいる[123]．

4. 中央アジアの壁画

　ウズベキスタンの現サマルカンド北部に位置するアフラシアブの都市遺跡には染織資料の出土は見られないが，人物の衣服に織物の文様が表される壁画が注目される．1958年から組織的に発掘されたアフラシアブは，かつて中国の史料で康国とも呼ばれていた都市サマルカンドの廃墟で，7-8世紀に年代付けられている．宮殿の広間を飾った壁画は 7 世紀のもので，外国の使節がサマルカンド宮廷に到着した様子を主題にしたものである．織物の文様には猪頭文・鳥文・天馬文・シムルグ文・獅子文などがあり，トゥルファン出土染織資料と同様の文様が描かれており，染織品の文様の考察に欠かせない資料である[124]．その外，ペンジケントやワラフシャなどにも衣服に織物の文様が見られる壁画がある[125]．

5. ペルシア錦

　西アジア・アフリカの出土染織資料の項でエジプトのアンティノエ出土錦に触れたが，ファルケはそれらの出土錦のうち天馬文錦（図 2，挿表 4 資料 2）とイベックス（野生山羊）文の錦を表現様式からペルシア錦（原文 persischer Seidengeweve）としていた[126]．続いてスタインはアスターナで発掘した猪頭文錦（図 3）・鳥連珠円文錦（Ast. vii. 1, 01）などをイラン文化圏に起源を持つグループに入れた．その際，上に記した錦のような連珠円にモチーフを填め込んだ文様を純粋にササン様式（原文 purely Sasanian style）と記述した[127]．このように，連珠円に何らかのモチーフを填め込んだ文様をササン様式とするのはスタインに始まるのである．

　ついでアッカーマンはスタインがアスターナで発掘した錦，アンティノエ出土錦やヨー

120　Riboud et Vial 1970.
121　Лубо-Лесниченко 1997, pp. 27-32, pp. 71-80 pls.164-217.
122　敦煌文物研究所考古組 1992, pp. 55-67, p. 71, pls.1-4.
123　『敦煌北区石窟』2000, pp. 235-236, pls.15・21・24-25; 2004, pp. 143-146, pls.10・12-13・15, pp. 136-139, pls.15・18・25-26・28.
124　アリバウム 1980; Azarpay 1981.
125　影山 2002, pp. 40-43. ペンジケントは中央アジアの都市ペンジケントの南東郊外にあるソグドの都城址で織物文様は 6-8 世紀中頃のものである．ワラフシャも中央アジアのソグドの都城址で織物文様は 7-8 世紀のものである．
126　Falke 1913, p. 40.
127　Stein 1928, p. 676.

第1編　シルクロードと染織研究

ロッパの博物館所蔵錦の中で，ターク＝イ＝ブスターン（Taq=i=Bustan）[128]の浮彫にみられる衣装の文様やペルシア製銀器の文様に類似し，陰経の構成が2本であり，経糸が赤味を帯びた錦のグループをペルシア錦とした．その中に前記の錦すべてが含まれ，エルミタージュ所蔵モシチェヴァヤ＝バルカ出土のシムルグ[129]文錦（図4，挿表4，資料3）やパリの装飾美術館のシムルグ文錦（図5，挿表4，資料1）・連珠花卉文錦（Ast. i. 1. 01）・側花連珠円文錦（Ast. ix. 2. 01）などが加わった[130]．

　更に別の視点から研究が進められた．アンティノエ出土資料の中に東ローマ帝国の衣服とタイプの異なるペルシアの騎士が着用する衣服が存在していることが指摘され，その衣服はペルシアから来たものと考えられた[131]．ゲイェル（Agnes Geijer）の調査により，その衣服の材質，染料，糸の撚り，衣服のカットはペルシア製を証明するものであり，その衣服にトリミングされた錦は他の地域の錦に比べて高品質であることが判明した[132]．

　その後，マルチニアーニ＝ルーバー（M. Martiniani-Reber）によってリヨン織物歴史美術館所蔵のアンティノエ出土綾組織緯錦のうち技術上共通する19点の資料がペルシア製として分類された[133]．そのなかにイベックス文錦（897.Ⅲ.3）や天馬文錦（図2）が含まれ，両錦は7世紀と年代付けられた．このように錦の帰属だけでなく，年代付けもなされるようになり，上記，パリの装飾美物館所蔵シムルグ文錦（図5，ヴィクトリア＆アルバート美術館に分蔵）をギルシュマン（Roman Ghirshman）は聖ルーの聖遺物を包むのに用いられていたところから7世紀とした[134]．ちなみに先述のファルケはこの錦を600年としていた[135]．一方，同じシムルグ文を表すエルミタージュ所蔵モシチェヴァヤ＝バルカ出土錦は，上記の錦と細部の表現が異なっているので，イェルサリムスカヤは考古学上の年代と文様表現から，その錦を8世紀以降のイラン製としたが[136]，後年シリア製かと見解を変えた．リブーは技術的見地から8世紀前半のイラン製と年代付けた[137]．筆者は文様表現からソグド製と見ている．

6．ソグド錦

　ソグド錦とは，ソグド地域，すなわちアムダリヤとシルダリヤとの二河間，とくにゼラフシャン河の流域の都市群で製作された錦を指す．前世紀の中頃，ベルギーのユイ（Huy）

128　ターク＝イ＝ブスターンはケルマンシャーの11kmにあるザルデ＝クー山麓にある遺跡で大洞と小洞がある．小洞はシャープールⅢ世（383-388）の手による．
129　シムルグとは古代イランの神話に現れる不死の猛禽で，犬・獅子・グリフォン・孔雀を折衷した姿で表される．
130　Pope & Ackerman 1964, pp. 691-715, PL.197-202.
131　Pfister 1948, pp. 59-60.
132　Geijer 1964, pp. 14-31.
133　Martiniani-Reber 1986, pp. 36-60．ペルシア錦に分類されたものにはシリアから来た織工の影響が残る6世紀の人面文錦などとペルシア独特の7世紀の動物文錦がある．
134　ギルシュマン 1966, p. 228.
135　Falke 1913, P. 81.
136　Иерусалимская 1972a, p. 13-14．1996年論文ではシリアかもしれないと見解を変えている．
137　Riboud 1976, p. 28, p. 37.

第3章　染織資料調査，研究法の確立と発展

にあるノートルダム寺院が所蔵する錦の裏に記されたソグド語がヘニング（W. B. Henning）によって解読された[138]．そこにはザンダニージー（Zandanījī）といってブハラ郊外にあるザンダナ村にその名の由来があり，ブハラをはじめヴァルダナ（vardāna）などソグドで織られた錦を意味する言葉が記されていた[139]．その錦に表された文様は，小粒の連珠で構成される環の中に羊（後に趙豊氏が鹿であると指摘した[140]）が生命の樹を中に相対している構図である（図6, 挿表2）．シェパード（D. Shepherd）は，その錦に表された文様・技術・色彩と類似する錦をソグド錦として分類した[141]．それらは装飾付連珠円内に獅子や鹿が相対している錦で，連珠円内の文様はユイの錦と異なるが，技術・色彩が類似するところから，ソグド錦としたのである．それらの錦はヴァチカンの12使徒図書館の対獅錦，ナンシーのロレーヌ美術館の対獅錦，サンスの寺院所蔵の対獅錦（図7），ヴィクトリア＆アルバート美術館の2点の対獅錦（763.1893, 1746.1888），ベルリンの国立美術館の対獅錦（84.225），ブリュッセルの芸術・歴史ロイヤル美術館の対獅錦，大英博物館やギメ美術館所蔵の敦煌千仏洞出土の対獅錦（MAS858, Ch00359a）同じ敦煌出土の連珠対鹿対鳥文錦（MAS862a, Ch. 009, MAS862b, Ch00359a）とリージュにあるロゼット文錦である．

　ヘニングがユイの錦に書き残されたソグド文字をムグ山城址出土のソグド文書と比較して8世紀初め，どちらかといえば7世紀としたところから，シェパードはそのユイの錦を7世紀のものと考えた．シェパードがソグド錦としたもののうち，サンスの寺院所蔵の対獅錦をリブーは8世紀とし[142]，趙豊氏はそれを9-10世紀と見ている[143]．また，リブーはナンシーのロレーヌ美術館の対獅錦を9-10世紀としている[144]．マルシャークは注139に述べたように，ユイの錦を真のザンダニージーでないとしながらも，ユイの錦や対獅錦をソグドで8世紀後半から9世紀前半に織られたと考えている[145]．このように年代に関して見解の相違が存在しているが，シェパードが挙げた錦群はソグド錦と認められている．

138　Shepherd and Henning 1959, 38-40.
139　Frye 1954, pp. 15-16. Marshak 2006, pp. 49-60 で，氏はザンダニージーが記述される『ブハラ史』の著者ナルシャヒー（al-Narshakhī）がザンダニージーは一種の棉布と書いているところから，それは棉であって絹であるユイの錦は真のザンダニージーではないという説を展開している．その論文で Marshak はユイの錦の裏に書かれた寸法61スパン（Marshak によれば12m余りとある．それはおよそ一匹の長さに当たる）が，ユイの錦や，フリンジがあるため完形とされるサンスのライオン錦の寸法（縦2.42m）と一致しないことを論拠の一つとしている．しかし，ユイの錦は裏に61スパンと書かれた巻布から切断されたものであり，サンスの錦も切断され，切断された後，布の経糸がそのままフリンジにされたものと考えられ，寸法が一致しない理由とはならない．また『ブハラ史』は10世紀の著作であるから，それ以前のザンダニージーは絹の可能性が高く，筆者はベレニツキーとベントヴィッチが述べるように（еленицкий и Бентович 1961, p. 77）10世紀末からザンダニージーは材質が絹から棉に変化したという推定に同意している．Watt and Wardwell 1997, p. 28 にもザンダニージーが絹織物から棉織物を指すようになったという見解が述べられる．原因は異なるかも知れないがトゥルファンにおいて主要な生産が絹から棉に変化していく過程がみられるのとよく似た現象である．なお，横張氏は2006年ザンダニージーを論じたが1961年のベレニツキー等と同じ結論である（横張 2006, p. 121）．
140　趙 1999, p. 112.
141　Shepherd and Henning 1959, pp. 22-37.
142　Riboud and Vial 1981, p. 142.
143　趙 1999, p. 120.
144　Riboud and Vial 1981, p. 143.
145　Marshak 2006, p. 60.

第1編　シルクロードと染織研究

　その後，モシチェヴァヤ＝バルカ出土資料が研究され，その過程でメナンドロス（Menander Protector）が記述するシルクロードがこの地を通過していたことが伴出の出土資料から確認された[146]．その遺跡出土の染織資料やシェパードの分類したソグド錦および中央アジアの壁画を考察して，イェルサリムスカヤは6-9世紀のソグドにおける絹織の形成と発展をザンダニージーⅠ・ザンダニージーⅡ・ザンダニージーⅢに分けて示した[147]．その分類は専ら錦の文様に基づいており，ザンダニージーⅠはモチーフの借用の初期的段階で，様式の共通性があり，高品質でありループ状の耳をもっているという．氏はこのグループに下限が705年あるいは718年の上記のリージュにあるロゼット文錦を入れていて，シェパードがソグド錦とした上記の各美術館の対獅錦は，ザンダニージーⅠとザンダニージーⅡの間に年代付けられるという．ザンダニージーⅡは主題・構成・モチーフの変形が著しく，イスラム芸術の影響がみられるといわれ，8世紀末-9世紀初めに年代付けられる錦がこの中に入れられている．例えば対孔雀文錦（No. kz 5075 図71）や連珠対孔雀文錦（No. kz 6981）である．ザンダニージーⅢは文様が単調で品質が悪いといわれ，ダブルアクス文錦（図8，挿表4資料5，6，7）がこのグループに入る．1996年の氏の著書でこのダブルアクス文錦は，8世紀前半の東ローマ帝国のコインを伴出するところから8-9世紀とされている[148]．このようにしてシェパードによって提示されたソグド錦に，モシチェヴァヤ＝バルカ出土染織資料を主とする，コーカサス山中から出土したソグド錦が加わった．

　その外，ムグ山城址から出土した八稜星内連珠円とハート型四弁花文が交互に表された錦（CA9173 図96）[149] やスイスのアベック財団所蔵の対獅文錦（No. 4863a, 4864a, 図72）対羊文錦（No. 4901）がある[150]．

　前項でペルシア錦，本項でソグド錦に関して，今日までの研究史を簡略に述べておいた．そこで本稿では，ササン朝に錦が導入された4世紀から，連珠円や動物文様が依然として織り出されている9世紀頃まで，ペルシアで織られたに違いないと思われる錦をペルシア錦と総称し，次に，5世紀頃からイスラム文様に変化する10世紀頃までにソグド地域で織られたと思われる錦をソグド錦と総称する．それらのペルシア錦，およびソグド錦のうち，精査され，詳しくデータが発表されている錦がある．それらの錦とデータを第2編で挿表4にまとめた．筆者は第2編第2章第2節において，それらのデータを用いてペルシア錦・ソグド錦の特徴を示し，アスターナ出土錦との比較を行う．以下の文中で挿表2・4に記載されたペルシア錦・ソグド錦を指す場合には，特に「ペルシア錦」・「ソグド錦」と括弧付きで表示し，挿表4を参照して，関連する文をより良く理解するための一助とした．

146　Иерусалимская 1978, pp. 151-157; 雪島 1985, pp. 74-85. 出土資料に東ローマ帝国コインや漢文書がある．
147　Иерусалимская 1972b, pp. 5-33. この論文でモシチェヴァヤ＝バルカ出土染織資料の文様とソグドの壁画はあまり関係がないと述べている．
148　Ierusalimskaya 1996, p. 233, pp. 271-277.
149　Винокулова 1957, p. 25.
150　Otavsky 1998a, Abbs. 4-6; 許 2002, p. 221, 図 55・61・62. 許氏は入植ペルシア・ソグド人の作と見ている．

第 3 章　染織資料調査，研究法の確立と発展

以上，トゥルファンの出土染織資料を考察する上で深く関わりを持つ 10 遺跡と出土染織資料について，織物研究の観点から概観した．なお本稿に記述される他の遺跡やその出土染織資料に就いては，随時，関連箇所で注記することにする．

第 3 節　文字資料による染織研究

発掘による出土染織資料の調査研究と共に重要なのは文字資料による染織研究である．文字資料と対照することによってより詳細かつ正確に織物の特徴を把握し，織物の移動や織物の社会経済的役割をも知り得る．以下では，まず本稿と関連する文献史料とそれに基づく染織研究を取り上げ，簡単に紹介する．

1. 文献史料の活用

西欧の古典史料としては，作者不詳の 1 世紀頃の書である『エリュトゥラー海案内記』(*Periplus Maris Erythraei*) があり[151]，それには記事の全体を通じて各港の輸出入品に関する情報や航路が記述される．例えば，前述のアレクサンドリア起源の「ポリュミタ」という織物がインドに輸入されるという重要な記述がある．逆に，第 1 章第 2 節で述べたように棉布がインドから輸出されることや，また絹織物や生糸が同様にインド西部の港から輸出されることが述べられている．それらの絹は内陸の大きな都ティーナイからバクトゥラを通じて陸路で，あるいはガンゲース河を通る別ルートでインドの商港へ運ばれるといった絹の道を示す記述もある．このように『エリュトゥラー海案内記』によって，当時のエジプトからインドにかけて流通していた染織品やルートの具体的な情報が得られる．これらの記述は当時の陸海を経た東西交流を知る史料としてしばしば利用される．

プリニウスの『博物誌』は上記の「ポリュミタ」に関する情報の外，金刺繍，綴織の古称，野蚕や貝紫など染織関係の情報が豊富である．その他セーレスについても触れ，絹を「森から得られる毛織物」と記述している[152]．

また時代は下るがイスラム史料の染織に関する記事は 8-13 世紀の西アジア，中央アジアや，9-11 世紀のインドを含めて，ユーラシアの動向を伝える貴重な史料であり，織物とその文化交流に関する重要な情報もまま存在する．例えばタバリー (at-Tabarī) の『予言者と国王の歴史』(*Kītāb Akhbār al-Rasūl wa-l Mulūk*)[153]，ナルシャヒー (al-Narshakhī) の『ブハラ史』(*Ta'rikh-i-Bukharā*)[154]，イブン＝フルダズベー (Ibn Khurdādhbīh) の『道理および諸国

---

[151] 村川 1948.
[152] 中野 1986, p. 258, p. 384, pp. 420-422. 中野訳では原文「ポリュミタ」を「ダマスク」と訳している．「ポリュミタ」は緯錦であり，中野訳はそれを「ダマスク」と訳している英文を参考にしたらしく，間違いである．また，訳文中「いろいろな色を一つの模様に織り出すことは主としてバビロンで流行した．それでその製法はバビロンと名付けられた」とある．バビロン周辺の多色文様出土資料は綴織のみであるから，筆者はこのバビロンは綴織であると考えている．
[153] Powers 1989, 9-10 世紀に書かれた年代記である．
[154] Frye 1954, 10 世紀に書かれたイスラム以前とイスラム初期のブハラとその周辺に関する情報を伝える書である．

第1編　シルクロードと染織研究

誌』(*Kitāb al-Masālik wa'l-Mamālik*)[155]、サアーリビー (Tha 'ālibī) の『知識の愉しみ』(*Latāif al-Ma 'ārif*)[156] といったものは英訳、仏訳が利用できることもあって非常に有用である。イブン＝ハルドゥーン (Ibn Khaldūn) の『省察すべき実例の書、アラブ人、ペルシア人、ベルベル人および彼らと同時代の偉大な支配者たちの初期と後期の歴史に関する集成』の第1部と前書きである『歴史序説』(*al-Muqadima*) は和訳[157]がある。その外、サージャント (R. B. Serjeant) が、モンゴル時代までの染織に関する記述を多くのイスラム史料から拾い、地域ごとにまとめて英訳している。その英訳は研究者によく利用されている。

　一方、西側からアジアへ赴いた使節や商人による記録も、西アジアから東アジアに至る貴重な情報を伝える。東ローマ帝国から西突厥に赴いた6世紀のゼマルコス (Zemarchos) の紀行や[158]、13世紀末、イタリアから中国まで旅し、その途上で得た各地の情報を記述したマルコ＝ポーロの『東方見聞録』はその例である。

　中国の絹生産を考える上で、以上にも増して重要なのは、言うまでもなく漢籍である。漢籍による織物研究については、歴史学の分野での社会史経済史的観点から織物を取り上げた研究などは従来から行われてきた。しかし、染織品そのものの研究に特化したものに限って言えば以下のようなものがある。まず、『周礼』・『儀礼』・『礼記』・『詩経』や他の漢籍から染織用語を拾い解説する文献中心の方法である。任大椿は『釈繒』で先秦から唐までの絹織物名とその分類を行い、民国の王國維は『釈幣』で漢から元までの布帛の規格と価格の変遷を述べ、呉承仕は『布帛名物』において三礼の名物研究の一つとして主に麻織物を扱い、朱啓鈐は『絲繡筆記』で古代より近代までの絹織物の種類を拾い集めている[159]。

　次に出土資料と漢籍中の染織用語を対照したり、織物に関する歴史的事実を出土資料に即して述べたりする方法で、1961年にルボ＝レスニチェンコは『周礼』・『漢書』・『後漢書』・『西京雑記』・『斉民要術』・『太平御覧』・『農政全書』・『傅子』など多くの史料を用い、ノインウラ出土の漢代染織資料をその手法で研究した[160]。このような手法をより徹底させたものが、1977-8年の佐藤武敏の研究である。佐藤は古代から唐代に至る絹織物の研究において膨大な漢籍史料を駆使し、各時代の染織品の名称や同時代の出土染織品の例を挙げ、更に絹織物の生産と流通を明らかにすることを試みた[161]。

2. 出土文書の活用

　最後に、本稿で扱うトゥルファン出土染織資料に関わるものとして特に注目すべきは、

155　de Joeje 1967. 9世紀に書かれた道里記や郡国誌である。
156　Serjeant 1951, p. 81 にサーアリビーの著作中の織物に関連した部分の英訳がある。
157　森本 2001. 14世紀に書かれた表題通りの内容に関する書の1部と前書きである。
158　白鳥 1932, pp. 14-20. ゼマルコスの紀行はメナンドロスの書によって伝えられた。
159　佐藤 1977, pp. 2-11.
160　Лубо-Лесниченко 1961.
161　佐藤 1977; 1978.

第 3 章　染織資料調査，研究法の確立と発展

いわゆる西域出土文書である．主要な西域出土文書には，「敦煌文書」[162]・「吐魯番文書」[163]・「大谷文書」[164] という名称で呼ばれるものがあり，「敦煌文書」や「大谷文書」には漢文文書の他，非漢文文書も含まれる．既に生の史料として諸研究に資しているが，なかでも吐魯番文書はトゥルファン出土という点で本稿での論考に欠かせない．

なお，文字資料としては特殊ではあるが，織物上に残された銘文の伝える情報は格別に重要である．例えば，トゥルファンから出土した庸調布と呼ばれる麻布や絹布上の墨書や[165]，先に述べたベルギーのユイ（Huy）にあるノートルダム寺院内の教会が所蔵する錦の裏に記された銘文は，それぞれの織物の生産地を考察する画期的な研究に繋がった．特に後者の錦の銘文はその後のソグド錦の識別において重要な役割を果たすことになった．また，ティラーズというイスラム圏において生産された銘文入りの織物には，当時のカリフや支配者の名が刺繍されたり織り込まれたりしており，当該の織物の年代や生産地の考察に際して有用である．これに関しては，既に銘文の内容や文字スタイルの研究といった美術・文献学方面から研究も発表されているので，活用できよう[166]．

以上のように，文字資料を参照し考察に用いることは，今日の染織研究においてもはや不可欠な要素となりつつある．

---

162 「敦煌文書」とは王圓籙によって，敦煌莫高窟中の蔵経洞（ペリオ編号第 163 窟，敦煌文物研究所編号，第 17 号窟）から発見された文書類をいい，スタイン，ペリオ，オルデンブルク 等によって収集された文書類をいう．それらの文書は『英蔵敦煌』，『法蔵敦煌』，『俄蔵敦煌』，『真跡釈録』，『敦煌宝蔵』に収録される．
163 「吐魯番文書」とは中国の新疆維吾尓自治区博物館の発掘によるアスターナ及びカラホージャ出土漢文文書を指す．それらの文書は『吐魯番文書』，『吐魯番出土文書』に収録される．
164 「大谷文書」とは大谷探検隊によって中央アジアで収集された西域文化資料，特にその中の文書類を指す．それらの文書は『大谷文書』に収録される．
165 王 1981, pp. 56-62．詳細は後述する．
166 Britton 1938. Blair 1998, 164-181.

第2編　カラホージャ・アスターナ出土染織資料

第1章　錦に関する諸問題

第1節　連珠円内単独文錦と連珠円内対称文錦

　カラホージャ・アスターナ染織資料には連珠円内に動物が填め込まれた錦，花文様の錦，幾何学文様の錦などがある．

　それらの染織資料群には連珠円内に動物が填め込まれたササン様式の錦が多く見られ，カラホージャ・アスターナ染織資料の一つの特徴となっている．それらのササン様式の錦には連珠円内に単独の文様が填め込まれた錦と連珠円内に対称の文様が填め込まれた錦の二種類がある．

　それらの錦は文様と織技の分析に基づいてしばしば分類と生産地の比定が試みられた．この二つの特徴ある錦のうち，東西交流を論じる上で重要な生産地の決着を未だ見ないのが，連珠円内に単独の文様が填め込まれた錦である．つまり，この錦は果たしてペルシア本土で製作され東に将来されたものなのか，それともペルシア錦の文様や織技が東伝して模倣され，他の地域（すなわちソグド・タリム盆地・中国）で製作されたものなのか，という問題が残っている．一方，連珠円内に対称の文様が填め込まれた錦の帰属は前者ほど見解の相違が見られない．

　筆者は8世紀までのトゥルファン出土染織資料におけるこの二つのタイプを「連珠円内**単独**文錦」ならびに「連珠円内**対称**文錦」と呼んで区別することにする．

第2節　出土錦の生産地判定に際しての着目点

1. 生産地の判定における諸問題——特に錦について

　織物が伝播する際には，次のケースが考えられる．1. 織物自体が到来する場合で，貢ぎ物・贈り物として流入し，また商品として運ばれてくるもの．2. 流入した織物の文様が模倣され，あるいは変容し，流入地の技術で織り出される場合．3. 織物自体が到来するのでなく，人の移動によって技術そのものが移入され，移入先で文様が模倣され，あるいは変容して織り出される場合．以上三つのケースがある．生産地を考察する場合，個々の織物の技術と文様を詳細に比較・検討してその特徴を見極め，三つのケースのどれに当たるかを確認することが肝要である．

2. 生産地の東西の決定要素

　生産地を考察するには，ペルシア錦の東漸を念頭に置くと，生産地が西にあるか東にあるかという問題，つまり，それは毛織物圏の生産か絹織物圏の生産かという問題に行き

第2編　カラホージャ・アスターナ出土染織資料

着く．具体的には毛織物圏すなわちペルシアないし中央アジア（ソグド・タリム盆地）か，絹織物圏すなわち中国かという問題である．そこには当然第1編で述べたような技術的な差異が存在した．

　東西の，つまり毛織物圏と絹織物圏の技術的差異は，それが経錦であるか緯錦であるかという点に最も顕著に現れる．織物が経錦か緯錦かという問題は，織技に関わっている．経錦とは経糸で文様を表す技法で織られた錦のことであり，緯錦は緯糸で文様を表す技法で織られた錦である．経錦は周代に始まる中国の伝統的な技法であるのに対して，緯錦は毛織物文化圏で成立した．両者はその技法において大きく異なるにもかかわらず，織りあがった錦を見ると経糸・緯糸の方向が互いに90°回転している点を除けば，その外見から織りの組織にいたるまで非常によく似通っている．このため，殆どの場合完形ではなく断片で出土する染織資料においては，両者の判定は非常に困難を伴う．しかし，もしもその判定が正しくなされるならば，対象とする資料が中国産であるのか西方産であるのかを見極める非常に有力な基準となることは間違いない．だからこそこの経錦・緯錦問題は「連珠円内単独文錦」の，あるいはそれ以外の資料についても，生産地決定に際して重要視されてきたのであった．

　この経錦・緯錦の判定は，織物の経方向・緯方向を定め，文様が経糸で表されているか緯糸で表されているかを見定める必要があり，そのためしばしば織物の耳によって経方向・緯方向が決定された．なぜならば，織物の耳は織る作業の過程で織物の端で緯糸が折り返されることによって生ずるのが一般的であり[167]，経糸は耳に並行しているので経方向がわかるからである．

　しかし，出土資料には，上記のように必ずしも耳が残っているとは限らない．むしろ，耳が残っていない場合が多い．たとえ，耳と見なされるような痕跡が残っていても，色々なケースを考え慎重に対処しなければならない．

　経錦・緯錦のような織組織の判別の他に，糸の撚り方向にも東西の特徴が現れている．

　ただし，織組織に関しても撚りの方向についても先に述べたように他地域からの技術移入が起これば生産地本来の織物文化以外の要素が加わることもあり得るので[168]，最終的には技術・文様・歴史的背景といった総合的な考察が必要とされる．

3．タリム盆地周辺における生産の問題

　生産地判定における東西の相違と，タリム盆地生産織物の特徴を，出土資料によって具体的に示したのは賈応逸氏である．織物の撚り方向と耳の有様に基づいて，タリム盆地生

167　毛織物において，経糸を折り返したまま機に掛け，緯糸を入れ織る場合があり，外見上，経糸のこの折り返し部分と耳とがよく似ている．そこで緯糸の折り返しの耳を緯耳といい，経糸の折り返しを経耳と呼ぶ研究者もある．緯耳は緯糸が折り返すため，経糸が布の中央へむけて寄せられ，込んだ状態となるので，両者は耳際の糸が込んでいるかどうかにより見分けがつく．

168　技術の伝播により，中国本土では6世紀後半から平組織緯錦，7世紀中葉から綾組織緯錦が出現し，Z撚りの糸も見られるようになる．逆にソグドでも8世紀になると無撚りの糸が使われるようになる．

産の織物を氏は次のように考察した[169].

　氏によれば糸の撚りという観点から眺めると，タリム盆地出土の織物ははっきりと二つの種類に分かれる．その一つ，尼雅出土錦[170]やトゥルファン出土錦の一部は経緯糸とも無撚のグループである．このグループでは，たとえ撚りがあったとしても，それはごくゆるいS撚りである．このS撚りは絹であれ麻であれ中原地区の織物に特徴的に見られるS方向の撚りである[171]．もう一方のグループの絹織物は，毛・綿織物と同じ特徴を持っていて，すべてZ方向に撚られ強撚である．一方，絹と綿の混織も多く，これらはトゥルファンと巴楚県脱庫孜沙来（トックズ・サライ）[172]で出土している．アスターナ309号出土の6世紀の「幾何文錦」はその例である[173]．これらの絹綿混織の織物は総じてZ撚り強撚で経糸は緯糸より撚りが強い．これは毛織物の特徴と共通する．この区別は同じ絞纈染の絹で比較しても歴然と現れ，例えば于田の尾于来克（原文による．ダンダン・ウイリクを指すと思われる）[174]出土のものは経緯ともにZ撚りであり，一方トゥルファン出土のものは撚りが無く，中原からもたらされたことを示唆する．脱庫孜沙来出土のブラフミー文字墨書のある絹織物（BTA7137）もZ撚りであるという．

　上記の絹織物に使用されている絹糸のほとんどは太さが均一でなく，傷が多い．この様な糸の品質と加撚する原因は，後述するような宗教上の理由によって蛾が飛びだした後の繭から糸を採るので，糸が短くちぎれていてそれを紡ぐ必要があるからである．あるいは綿や毛の織物圏では扱う素材の性質上それら繊維に強く撚りをかけてから機に架けていたので，絹を扱う際にもやはり撚りをかけたのである．これがタリム盆地産織物の特徴となっている，というのが賈応逸氏の見解である．

　また，タリム盆地産織物のもう一つの特徴は緯錦で耳の所に比較的太い麻質の経糸が用いられていることだという．これも尼雅遺跡の罽（毛錦）と同じ手法である．タリム盆地生産の緯錦のように経糸密度の粗なものは張力が弱く，織りにくいので経糸の両側で張力を増すために耳の中に往々1～2本の太めの毛または麻の経糸を織り込んであると賈応逸氏は説明している．

　織物の分析はタリム盆地産を決定するための重要な手段であるが，もう一つ有力な手がかりがある．それは文字資料によるものである．

　1982年，孔祥星氏は，もともと毛織物，綿織物が織られていたトゥルファンにおいて，絹織物の代表である錦が織られていたことを，吐魯番文書（「北涼承平五年道人法安弟阿奴挙錦券」TKM88: 1b，「北涼承平八年翟紹遠買婢券」TKM99: 6a）の記載によって証明した．そ

169　賈 1985, pp. 173-179.
170　尼雅はタリム盆地南辺にある1-5世紀の遺跡で住居跡・墓・仏教遺跡などが発見された．文書・染織品などが出土している．
171　ただし，中原地区の織物にも7世紀半ばからZ撚りが現れる（坂本 2000b, p. 174 参照）．その場合，Z撚りであっても，文様を検討し製作地を決定する必要がある．
172　タリム盆地北西にある仏教寺院遺跡で文書・染織品・陶磁器破片などが出土している．
173　賈 1985, 図版 7-1.
174　ホータン市東方にある仏教遺跡で住居跡も発見されている．蚕種西漸伝説の板絵が出土した．

こには「…高昌所作黄地丘慈中錦一張,綿経綿緯…」[175]と記されており,高昌すなわちトゥルファンで「丘慈（中）錦」なる錦が織られていたことがわかったのである.

1985 年,唐長孺氏は上述の「北涼承平五年道人法安弟阿奴挙錦券」に注目し,丘慈錦が「綿経綿緯」であると記載されている点に特に注意を促した.氏はこのような「綿経綿緯」の錦とは「綿」すなわち真綿から紡いだ絹糸を経糸と緯糸に使用して織ったものであるとの解釈を示したのである[176].この文書は 6 世紀初めのものであるが,別の墓から出土し,伴出文書の年代から判断して上記の文書より早いとされる「高昌永康□十年用綿作錦条残文書」（TKM90:34）に「須綿三斤半作錦条[177]」と見え,やはり「綿」から「錦条」を作っていると考えられることから,トゥルファンでは五世紀末すでに「綿経綿緯」の錦を織っていたことを明らかにした.

更に,氏は 582 年の文書が伴出している文書「某家失火焼損財物帳」（TKM99:17）に「綿経緯二斤」（紡ぎ糸の経糸・緯糸二斤）,「布縷八斤」（麻糸八斤）,「綿十両」（真綿十両）,「疊縷卌両」（棉の糸四十両）,「絹姫」（絹機）など織物工房を思わせる機や織物材料が記載されることから,麹氏高昌国中期においてもなおこれらの材料で工房において絹・練の外に「綿経綿緯」の錦を織っていたことを明らかにした.

この「綿経綿緯」がこのように注目されるのは,それが法顕や玄奘や『続高僧傳』の作者道宣の記述と合致するからである.すなわち彼ら求法僧が旅をし,道宣が西域僧から情報を得た頃,西域は仏教を信仰しており,殺生を禁じていた.そのため玄奘が于闐について記し,道宣が亀茲について記すように,通常中国内地で行われているような殺蛹した蚕の繭から繰糸することを嫌い,蛾が飛びだした後の出殻繭から綿（真綿）を作り,それから糸を紡いだというのである.これを上記の吐魯番文書の記述と照らし合わせ,トゥルファンでも出殻繭から経緯の糸を紡ぎ出し,実際に織物を織っていたとみなすわけである.

当時現地では錦を織る際にも紡ぎ糸が使われていたとするこの指摘は,非常に大きな意味を持つものであった.

175　書下し「…高昌作る所の黄地丘慈中錦一張は綿経綿緯…」；訳「…高昌で製作された黄地の丘慈錦の中幅の一張（長さ九尺五寸,幅四尺五寸）は紡ぎ糸の経糸と緯糸で織られていて…」.いうまでもなく,この「丘慈」とは「亀茲」と同音でタリム盆地北辺に位置する都市クチャを指すとされる.中錦が中幅の錦であるとすることについては呉 2000, p. 94 参照.

176　唐 1985, pp. 146-148; これに先立つ 1981 年,唐長孺氏は日本で出土文書について講演し,「綿経綿緯」の解釈を示している（池田 1982, pp. 59-85）.

177　書き下し「綿三斤半をもって錦条を作る」；訳「真綿三斤半で紡ぎ糸を紡ぎ出しリボン状の細い錦を作る」.

第2章 「連珠円内単独文錦」

トゥルファン出土の「連珠円内単独文錦」の実例は次の通りである[178].

a　正円連珠環に文様が囲まれる錦：
　　猪頭連珠円文錦（Ast. i.5.03），ユスティニアヌスⅠ世（527-565）模造金貨伴出　　（図3）
　　猪頭連珠円文錦（Ast. i.6.01）[179]　　　632年墓誌伴出
　　連珠花卉文錦（Ast. i.1.01）[180]
　　側花連珠円文錦（Ast. ix.2.01）[181]　　706年庸調布伴出
　　連珠天馬文錦（TKM303[182]）
　　天馬文錦（ムルトゥク出土）[183]

b　非正円連珠環に文様が囲まれる錦：
　　連珠戴勝鸞鳥文錦（TAM138:17）[184]　　636年文書伴出
　　大連珠立鳥文錦（TAM42）　　　　　　651墓誌伴出,　　　　　　　（図9）
　　鸞鳥文錦（TAM332:17）[185]　　　　　665年文書伴出
　　鳥連珠円文錦（Ast. vii. 1.01）[186]
　　連珠鳥文錦（TAM ?）[187]
　　連珠鹿文錦（TAM55:18）[188]
　　鹿文錦（TAM84:5）[189]　　　　　　　574年文書伴出
　　大鹿文錦（TAM337:13）[190]　　　　　663年文書伴出
　　大鹿文錦（TAM322:30）[191]　　　　　663年墓誌伴出
　　大連珠鹿文錦（TAM332:5）　　　　　　665年文書伴出　　　　　　（図10）
　　鹿文錦（Ast. v.1.01）[192]　　　　　　667墓誌伴出
　　大連珠戴勝鹿文錦（TKM71:18）[193]
　　連珠猪頭文錦（TAM138:9/2-1）　　　　636年文書伴出　　　　　　（図11）

178　年代については伴出した貨幣・墓誌・衣物疏・文書のうち最も年代の下がるものを記している．他の伴出資料については，表1, 2を参照されたい．
179　『染織の美』1984, 図版 26.
180　Stein 1928, PL. LXXX.
181　Stein 1928, PL. LXXIX.
182　『吐魯番博物館』1992, 図版 141.
183　『西域考古図譜』1972, 染織と刺繍 [2].
184　『シルクロード学研究』8, 2000, PL. 42.
185　『新疆出土文物』1975, 図版 141
186　Stein 1928, PL. 77; 山辺 1979, 図版 43.
187　『染織の美』1984, 図版 26.
188　『吐魯番博物館』1992, 図版 193.
189　『絲綢之路』1972, 図版 33.
190　武 1962, 図 17.
191　武 1962, 図 3.
192　山辺 1979, 図版 48.
193　新疆博物館考古隊 1978, 図29;『中華文物集刊』1992, 付図 3.

第 2 編　カラホージャ・アスターナ出土染織資料

猪頭文錦（TAM325:1）	663 年文書伴出	（図 12）
猪頭文錦（TAM5:1）[194]	668 年文書伴出	
猪頭文錦（巴達木出土）[195]		

　上記の「連珠円内単独文錦」は，その連珠が正円の錦と連珠がいびつな非正円の錦に分けられる[196]．連珠花卉文錦，側花連珠円文錦のように花文が織り出された一部の例を除いて，ほとんどの錦は連珠円内に動物が単独で表されている．

　まず，連珠が正円の錦には，欠損しているものを除いて，連珠環の上下や上下左右に回文（重角）が置かれ，連珠円と連珠円の間にある菱形の空間に置かれる副文は上下左右対称の植物文が表されている．連珠円内の動物は馬や猪である．

　次に，連珠が非正円の錦では，連珠環相互の接点に小連珠が置かれその内部は花文・小円・正方形が埋められ，副文には左右対称の植物文が表されている．非正円連珠錦のうち連珠猪頭文錦（TAM138:9/2-1）は，連珠円内単独文と植物文で構成された段文である．この非正円の連珠円内の動物は猪・鹿・鳥である．

第 1 節　先行研究による分析と生産地をめぐる議論

　上に「連珠円内単独文錦」の文様の総体について述べておいたが，これらの錦の生産地については異説があり未だ意見の一致を見ない．それらの説は，中国製またはトゥルファン製とする説[197]，西域製（ホラサン，ソグド，トゥルファン）とする説[198]，ソグドを中心としたイラン文化圏製であるとする説[199] に大きく分かれている．

　先行研究に基づいて文様の分析と生産地に関する見解を年代の順を追って見てみよう．

1. イラン文化圏生産説

　1928 年の報告書でスタインは，自身の発掘によるアスターナ出土染織資料の文様の分析を試みた．そこでスタインが注目したのは文様の中でも特に，連珠円内動物文（単独と対称の両方）の文様についてであり，それをササン様式であると指摘した．スタインは次のような三つのタイプに分類している．

　（1）文様そのものは純粋のササン様式（連珠円内に動物・樹木・開花などが埋め込まれた文様）であるが，文様のラインがすっきりした曲線でなく，階段状になっているグループ，

---

194 『吐魯番博物館』1992, 図版 191.
195 『吐魯番』2009, p. 119.
196 影山 2002, p. 46. 薄 1990, p. 322 では連珠圏が円か楕円かという区別をしている．
197 武 2000, pp. 148-150; Wu 2006, p. 242; 盛 1999, p. 348.（中国隊発掘資料について）
198 横張 2000, pp. 200-202（中国隊発掘資料について，西域の範囲は横張説）．2006, p. 113 で 2000 年の時点でソグド地方の錦との認識は持っていたが証拠はないと述べている．
199 Stein 1928, pp. 674-678（東イラン・ソグド）；アッカーマン 1964, pp. 702-704, p. 714（東イラン）；以下中国隊発掘資料について：夏 1963, p. 76（中央アジア）；薄 1990, p. 331（中央アジア）；賈 1998, p. 39（ソグド）；趙 1999, p. 97, p. 110（ソグド）；坂本 2000a, pp. 128-141（ソグド，ただし実物の調査を行い 2000 年論文に取り上げた非正円連珠の錦について）；影山 2002, pp. 46-49; 2006, pp. 322-323（A 型正円連珠錦はペルシア，B 型非正円連珠錦はソグド）．

第2章 「連珠円内単独文錦」

代表的な錦は猪頭文錦（Ast. i.5.03, 図3），鳥連珠文錦（Ast. vii.1.01）である．
(2) 変容したササン様式のものと中国の文様の混合したシノ－ササン＝グループ，代表的な錦は対天馬連珠円文錦（Ast.ix.3.02），対孔雀獅子唐草連珠円文（Ast. v.2.01）である．
(3) ササン様式の文様と中国の文様の混合したグループ，代表的な錦は対鳳開花段文錦（Ast. ix.3.03）．

スタインの分類によると，グループ（1）は本稿で筆者の設定する「連珠円内単独文錦」に当たり，グループ（2）が「連珠円内対称文錦」に当たる．スタインは各グループの文様と織り方から判断して，(1)の純粋のササン様式の錦は西方からトゥルファンへ輸入されたものという見方をしている．この西方という言葉は随所でのスタインの記述から判断して，東イランやソグドが念頭にあるものと思われる．

それと同時に，(2)(3)のタイプのように文様は西の影響を受けてはいるものの，技術的にはWarp-rib（経畝）という中国製錦の特徴を有するとされる錦の存在も指摘しており[200]，すでに連珠文錦に関する基本的な問題，すなわちイラン文化圏かあるいはペルシア文化の影響下に中国などの地域で製作されたものかという生産地問題を提示している．

その後，アッカーマンは，スタインがアスターナで発掘したササン様式の錦，グループ(1)の猪頭文錦，側花文錦を，出土地が中央アジア（原文 Central Asia であるが新疆を指す）であることや文様に東方の影響が認められるとして東イランの産（原文が East Sasanian silk であるのでササン朝の東部を指す）と推定している[201]．

中国隊発掘の初期出土資料を調査し，後述する武敏氏の1962年の報告[202]に遅れること1年，新疆で発見された染織品の研究を行って武敏氏の説に異を唱えたのは考古学者の夏鼐氏であった[203]．氏はスタイン，シルワン[204]，ルボ＝レスニチェンコ[205]やアッカーマン等の染織関係の著作を広く引用して，新疆出土資料と同じ織り方をした他地域出土染織資料にも言及した．

その論文で，夏鼐氏は中国隊の第1次から第3次発掘染織資料のうち綺・錦・刺繍の代表的な織物の技法について詳細な分析を行っているが，錦に関しては，連珠円内に動物が一つだけ表された錦，すなわち連珠円内単独動物文錦を緯錦であると推定した．更にそれらの錦を中央アジア製（原文は Central Asia であるが文脈からみるとソグドを中心とした地域に傾いている）と推定した．氏は緯錦と判定する理由としては，布が厚手で糸に撚りがしっかりとかかっていて漢・唐の経錦と異なること，中央アジア製と考えるのは連珠円内単独動物文錦がササン様式の文様で，バーミヤンやウズベクのパラリクテペやキジルの壁画に同様の文様が表されていることを挙げている．

---

200 Stein 1928, pp. 674-678.
201 Pope & Ackerman 1964, p. 714.
202 武 1962, pp. 64-67.
203 夏 1963, pp. 45-76, 彩色図版 I－II, 図版 I-XII.
204 Sylwan 1949.
205 Лубо-Лесниченко 1961.

第2編　カラホージャ・アスターナ出土染織資料

　また生産地の問題に関連して，氏は技術的な東西の交流についても考察を行った．養蚕の技術は中国から東ローマ帝国に到達し，逆に斜文組織は中国より早く西方にあったことを指摘した．また，緯錦に関連する緯浮(緯糸を経糸と1／1で組織するのではなく浮かすこと)で文様を表す技法は，もともと毛織物を織る際の繊維の特徴から生ずる必然的な要求から生まれた毛織物文化圏特有の技術であって，それらは西の文様，つまり連珠円内単独文とともに東へ到来し，そこで初めて西の技術と文様が唐の織物工匠によって(変容され)採用された，といった見解が述べられている．

　中国隊発掘の初期の染織資料の報告で，「連珠円内単独文錦」の織組織と生産地に関する議論がなされた後，研究者の関心は専らカラホージャ・アスターナ出土の文字資料や中国製の錦に向けられた．

　1990年に薄小瑩氏はトゥルファン発見の連珠文の分類と製作地の考察を行った[206]．薄氏は連珠圏内[207]に対称文様が填められている文様を**1類**とし，連珠のタイプを小連珠圏，複合連珠圏，単層連珠圏の三つの型に分け，更に各型を四方連続と二方連続の亜型に分けた．本稿で取り上げる「連珠円内対称文錦」は**1類**，単層連珠型，四方連続亜型に入る．次に，連珠圏内に非対称の単一の禽や獣の文様が表されたもの，すなわち本稿の「連珠円内単独文錦」を**2類**とした．この**2類**の連珠圏の型は単層連珠圏のみである．薄はこの**2類**の製作地を，ソグドの壁画との類似から，ソグドとする見解に傾いた．次に，ペルシア錦にトゥルファン出土錦に見られる鹿の主題がないこと，一方，**2類**の「連珠円内単独文錦」にはシムルグが表されていないことを指摘し，また，ペルシア錦とトゥルファン出土「連珠円内単独文錦」との織り技術や文様の細部における相違を指摘し，ペルシア製を否定して中央アジア製とした．そして**1類**は中国本土製と考えた．その見解は夏鼐氏と同様である．

　次に，2002年，影山悦子氏はソグド壁画に基づいて連珠円内単独文様(薄の**2類**)の考察を行った．まず，連珠円内単独文様を正円連珠の錦(これを影山はA群としている)と非正円連珠(これをB群としている)に分け，A群をペルシア製とする説に基づき，A群の錦の文様が，アフラシアブの壁画に描かれたペルシア錦とされる衣装文様と一致することを新たに指摘して，A群の錦をペルシア製とする見解を補強した．また，B群の動物表現が粗い錦について，薄氏が指摘した鹿の文様がB群の錦にだけ現れる点に注目して，鹿文様の銀器がソグド製であることと関連づけ，B群の錦をソグド製とした[208]．その後，影山氏は研究を進め，B群の錦にだけ鹿の文様が現れるのは西突厥の可汗が愛好した鹿を(西突厥の影響下にあった)ソグドで織り出したからであるとした[209]．

　薄小瑩氏がペルシア錦との技術や文様の差異から，「連珠円内単独文錦」の中央アジア生産説を称えたのに対して，影山氏はアフラシアブの壁画に注目することによって，A群

206　薄 1990, pp. 311-340.
207　薄氏は我々が連珠円と呼ぶものを連珠圏と称している．
208　影山 2002, pp. 37-55.
209　Kageyama 2006, p. 322.

の錦をペルシア製とし，B群の錦にだけ鹿の文様が存在する理由を述べ，それをソグド製としたのである．

2. 中国文化圏生産説

1962年に武敏氏は中国隊によって発見された尼雅・アスターナ出土染織資料の調査研究を行った．氏は1959年に出土した34資料の錦の文様について，以下のように三つのカテゴリーに分け解説した[210]．

1. 経方向に繰り返される祥瑞獣の文様：この文様は漢錦によく見られ，南北朝まで継続する．しかし，6世紀中葉には次第に消えていく．（例．図13）
2. 全面に連続して散らされた文様と植物文様：この文様の年代は最も早くて541年である．（例．図14）
3. 連珠円内動物文様：この文様は約10cm大の円に鳥獣が対称に表されたものと22-26cm大の円に鳥・鹿・猪頭や騎士が表されたものがある．そして連珠円の間に上下左右にひろがる花葉が填められている．この第3の文様の年代は最も早くて619年である．このカテゴリーに入る文様はペルシアの影響でササン様式の風格を持っているが，文様のモチーフや配置をみると漢民族の伝統的な工芸装飾である．（例．図15）

以上のように武敏氏は解説しているが，これら三つのカテゴリーに示された文様をみると，34種類と限られた資料数の中ではあるが，漢代から南北朝，唐に至るおおよその文様の流れを把握することができる．

さて，上記の解説から，武敏氏が問題の連珠円内動物文の錦（単独文様と対称文様のいずれも含む）についてはスタインと異なり，ササン様式の影響は認めつつも全てを中国製，あるいは中国の影響を受けたものであると見なしていることがわかる．

武敏氏はまた織技の面からの分析も行い，漢代錦は経畦紋（平組織経錦）であり，北朝から唐代初期の錦には，漢代錦と同じ経畦紋ならびに経斜紋（綾組織経錦）が存在すると分析しているが，いずれにせよすべて経錦であると考えている[211]．経錦とみなすということは，すなわち中国産あるいは中国の技術の影響があるとみなすということである．武敏氏は連珠円内動物文錦を，文様の上からも織技の上からも中国本土の特徴を示すと考えたのであった．後年，武敏氏はアスターナ出土の多くの錦について考察を深めたが，ほとんどの錦について経錦説を唱えるのは，初期のこの見解を堅持しているからであろう．

後の2000年論文においても，耳に関する新たに提示した根拠に基づいて，再び「連珠円内単独文錦」が緯錦でなく経錦であると述べ，東イランやソグドを中心とした中央アジアの製作という他の研究者の見解を否定した[212]．

---

210 武 1962, pp. 64-67, 表1．
211 武 1962, pp. 66-67, 表1．
212 武 2000, pp. 148-150．耳に関する新たな根拠については後述する．

第2編　カラホージャ・アスターナ出土染織資料

　盛餘韻氏（Angela Sheng）は1998年にアスターナ出土錦に関する論文を発表し[213]，文様と織組織を分析した．その中でアスターナ出土錦のうち，シンプルな文様であるが複雑な織り方の錦を氏はアンバランスと考えAグループと名付けた．Aグループの錦は4点が平組織経錦の樹葉紋錦（図16），3点が六角形や格子内文様入りの綾組織経錦（図17），3点が「吉」や「王」の文字入り平組織緯錦で織られているとした（図18）．このAグループの織り手と産地を推定するために盛餘韻氏は高昌に住むソグド人の実態について説明した．崇化郷で唐の制度の下に土地を得て納税したソグド人の外に，ソグド人の工匠やソグドから移住した商人が存在したことを述べ，その中に織工もいたのではないかと推定したのである．更に，四川からトゥルファンに来たらしい漢人の工匠がいたことも付け加えている．
　そのような情況から，トゥルファンに移住したソグド人がソグド商人の勧めによって経錦の織技術を学び，経錦の技術をマスターした．その後，ソグド人の好みのデザインであるAグループの錦，シンプルな文様の綾組織経錦を織り，同じ組織で複雑な文様の環繞野猪頭錦（猪頭紋錦，図12）や鹿連珠文錦を織り出した．次いで，ソグドの故地で織られていた緯錦を織ったと結論している．つまり，盛餘韻氏は「連珠円内単独文錦」である環繞野猪頭錦（猪頭紋錦）や鹿連珠文錦を武敏氏の説に従って経錦と見なしてトゥルファンで製作されたソグド錦とし，製作者についてはソグド人がトゥルファンで織ったものと結論づけながら，トゥルファンの漢人が織った可能性も残している[214]．
　上の盛餘韻氏の結論から見ると，トゥルファンでは経錦の後，緯錦が織り始められたことになるが，盛餘韻氏が経錦とみなすところの猪頭文錦や鹿文錦が7世紀に年代付けられるのに対し，それらより早い6世紀に既に緯錦で織られた漢錦模倣の倣獅紋錦（図19，表2参照）が存在している．盛餘韻氏のいう錦の技術的発展に関する説ではこの錦の位置づけが出来ないという欠点がある．

3. 問題の所在

　武敏氏と夏鼐氏の論文に代表される連珠円内単独動物文錦の生産地に関する見解の相違点は，武敏氏が出土資料そのものの調査研究であるのに対して，夏鼐氏は海外の著作にあたり，連珠円内単独動物文錦の糸の撚りや仕上がりの違いに気付いたことから生じた．結果として，武敏氏は連珠円内単独動物文錦を中国製あるいは中国の影響を受けたものと考えたが，夏鼐氏はイラン文化圏の製作であると考えた．製作地決定の主要な根拠は，武敏氏が連珠円内単独動物文錦を経錦としたのに対して，夏鼐氏はそれらを緯錦であると推定したことにある．この推定に基づき，夏鼐氏は，緯錦の織技上の利点[215]を挙げ，経錦から緯錦に技術は発展し，経錦は消えてゆくという見解を提出しているが，武敏氏から口頭で聞いた限りでは同氏は経錦は存続すると考えている．また，文様に関する両者の見解の

213　Sheng 1998, pp. 117-160.
214　1999年にこの論文はAグループをXグループと名付け中文で発表された（盛 1999, pp. 323-371）．
215　文様の色数を多くすることが出来る．綾組織緯錦は緯浮きで満たされるため光沢が出るなどである．

第2章 「連珠円内単独文錦」

相違は，武敏氏がササン様式の風格はあるが中国の伝統を受けたものと考えたのに対して，夏鼐氏は，連珠円内単独動物文が，中央アジアの壁画と類似している点を指摘し，先のスタインやアッカーマンらと同じくササン様式そのものと考えた点にある．この二人の見解の相違が，その後の研究に影響を与え，二つの流れとして受け継がれているのは先に述べた通りである．この二つの流れとして対立する論考のうち，文様の分析からみれば，「連珠円内単独文錦」は，薄氏や影山氏が示したように，イラン文化圏に属する可能性が高いと筆者は考えている．それが果たしてイラン文化圏で製作されたものなのか，それともその地の文様の影響を受けながらも中国文化圏（中国本土と中央アジア東北部）で製作されたのか，という問題になると次なる手掛かりはやはり織りの組織と織りの手法にしかない．

このように見てくると，経錦・緯錦の問題が織物の生産地問題において重要な意味を帯びているのがわかる．そこで経錦と緯錦の問題を具体的に検討してみよう．

第2節　経錦・緯錦の判定と生産地の考察
1. 経耳・緯耳・房耳

本編第1章で述べたように経錦か緯錦かを判定するために研究者が先ず見るのは耳の存在である．ただ，この耳というものが一様でないことに注意しなければならない．トゥルファンの出土錦群を全て経錦とみなす立場の武敏氏は，ヨーロッパの研究者や夏鼐氏が一部の経錦を緯錦と「見誤った」のは，最初にシルワンが機頭[216]であるはずの部分を幅辺[217]としたことに始まると述べ，布端にあるコード（太い紐状の糸束）のところで折り返す部分や毛套（ループ状の部分）は機頭であるとし，一枚の布に幅辺と機頭の両方が存在する平織や綺の例を提示し説明している[218]．

確かに，経錦・緯錦を判別するには織物断片中のどちらの糸が経でどちらの糸が緯であるかを見抜くことが重要である．そしてその経・緯の方向を見定めるにあたっては，耳が緯耳か経耳かの見極めが決定的にものを言う．しかし果たして問題の錦の「耳」は正しくはどちらであったのか．

武敏氏の論文に先立つ1975年のリブーの論文では[219]，経錦と緯錦の判定で「見誤り」の原因となったと武敏氏が考える問題の錦，スタイン発見のアスターナ出土動物雲気文錦（怪獣文錦，Ast.vi.1.03，図1）を取り上げて考察している．その際リブーは，シルワンと同じくこの錦の太いコードを何らの疑念を抱くことなく緯耳と判断し，緯錦としているのである．なぜならヨーロッパの研究者にとっては，毛織物の太いコードの緯耳や，後で述べるようなソグド錦のループ状の緯耳は珍しくないからである．

武敏氏が「連珠円内単独文錦」を中国錦の発展したものと考え，中央アジアでの製作

216　経耳ともいわれ，織機上の布巻具と糸巻具に経糸を輪状に架けた場合生じる．
217　緯耳ともいわれ，通常「耳」と呼ばれる．
218　武 2000, pp. 143-168.
219　Riboud 1975, pp. 13-40.

第2編　カラホージャ・アスターナ出土染織資料

を否定する根拠は,「連珠円内単独文錦」を綾組織経錦とするところにある．その理由は，出土した平織や綺の布断片に緯耳（中国語で幅辺）があり，かつ，それぞれの断片に「毛套」と表現されている経耳（中国語で機頭）も併存する例に照らし合わせ,「連珠円内単独文錦」に見られる同様のループ状の耳（大連珠鹿文錦，図10参照）を経耳としたからである．それに基づき経糸顕紋の経錦と判断しているのである．しかし武敏氏が比較の対象とした出土資料は平織や綺の単層織物であって，経錦のように複層で経糸数の多い織物ではなく，両者を単純に対応させることは不可能である．

　耳の問題に関して目を西に転じると，房付きの耳は遙か西のエジプトのコプト織物やシリアのパルミラの毛織物の中にも見られる[220]．「連珠円内単独文錦」に見られるループ状の耳（筆者はこれを「房耳」と呼ぶ）は，織りの過程で横幅が狭まることを防ぐため，緯糸に余裕をもたせて織った結果生じる現象である．「房耳」はまたその役割と共に装飾も兼ねている．その「房耳」と同じものが，ヨーロッパに残るザンダニージーと呼ばれる織物に見られる．ザンダニージーとは，第1編で説明したようにブハラ周辺で製作された特産品で，ソグド錦の代表格であるとされる[221]．その現存する実物がベルギーのユイのノートルダム寺院にある対羊（鹿）錦（寸法，縦×横191.5 × 122cm）や同じザンダニージーとされるフランスのサンスの寺院にある対獅錦（図7，寸法，縦×横241.5 × 118cm）である[222]．ほとんど完形のこれら織物は横（緯糸方向）に対して縦長（経糸方向）であって,「房耳」の房は横サイドに付いていて緯糸と連続しているから緯糸である．その緯糸で文様が表されているから緯錦であることがわかる．つまり，錦におけるこの種の耳は，武敏氏の主張するような経錦の根拠とはなり得ず，むしろ緯錦で西方に由来することを示しているのである．

2. 点線現象

　この経錦・緯錦の判定について，耳以外に文様を表す糸の状態を観察して決定する方法がある．一般に文様を表す糸が交錯点で細くなるのが経錦であると言われている．まず，筆者は龍谷大学大宮図書館所蔵の大谷コレクションを調査した際，そのような経錦に比べて，緯錦においては文様を表す糸の太さが交錯点で余り変化しないという傾向に気付き，それを実物写真で示した[223]．更に，筆者は1997年トゥルファン出土染織資料の日中共同研究[224]に参加し，同報告中で錦の特徴による東西交流について考察した際，織組織の経・

220　道明 1981b, 図100;『コプト織』1998, p. 20.
221　Shepherd and Henning 1959, pp. 15-40.
222　Shepherd and Henning 1959, p. 18, p. 30; Muthesius 1997, p. 95, pp. 197-198, pls. 49A・97A; 坂本 2000b, p. 174.
223　坂本 1996a, p. 69.
224　日本側から織物調査に横張和子氏と筆者と他1名が参加し55点を調査・報告した．分析データとしては，横張氏は各資料の解説と，調査済みの55点に未調査の錦や文書に現れる錦を加え織組織を記入した編年表を付し（横張 2000, pp. 180-203），筆者は各資料の簡単な解説とその時点まで未発表であった糸の太さや撚り方向，削り（はつり），経糸の配列順，緯糸を入れる順序など詳細な調査結果を表にまとめた（坂本 2000a, pp. 128-141）．

第 2 章 「連珠円内単独文錦」

緯を決定するにあたって重要な経錦と緯錦の判断指標を新たに提出した[225]．これは武敏氏が 2000 年論文で示したように毛套を機頭と判断し，経・緯を決定した判断基準とは異なった全く新しい視点からの判断基準であり，経錦・緯錦の判定に有効であるはずである．

それは経錦にのみ現れる「点線現象」である．これは織物に点線状に現れる一種の織り傷で，経糸と母緯（binding weft 用語解説，経錦参照）の組織点（糸が交錯するところ）で本来あるべき色糸と違った色糸が点々と連続する．あるいは経糸と母緯・陰緯（main weft, 用語解説，経錦参照）との組織点にわたる長い浮，といった形で確認できる経錦特有の現象である．つまり，織物の文様上に点線を引いたように見えるのである．この現象は経糸を機に架けたり，綜絖に通したりする時の間違いによって生ずる．筆者は耳の残存により確実に経錦ということが分かる 13 点のトゥルファン出土資料を精査し，その全てにこの「点線現象」が現れることを確認した[226]．このことは，この種の織り傷がきわめて高い確率で経錦に現れることを示す．経錦・緯錦を決定する最重要要素である織耳が往々にして欠けている出土資料において，糸の交錯状態に加えて，この「点線現象」は非常に重要な判定指標となることが理解されよう．しかるに「連珠円内単独文錦」にはまったく「点線現象」がない．逆に経錦では技術上起こり得ない形の糸の浮きや糸の交差といった織り傷が，これらに見られるのである．

例えば上に挙げた大連珠立鳥文錦（TAM42，図 9）は平行して機に架けられたはずの経糸が交差している．経糸の糸継ぎの間違いから起こったのであろうが，1 本ずつ入れられる緯糸には起こらない現象である[227]．このことは，「連珠円内単独文錦」が緯錦であることの充分な証左といえよう．

次に，「連珠円内単独文錦」の大連珠鹿紋錦（TAM332:5 図 10）を例に取り，これを経錦と仮定してその正否を検討してみよう．これが経錦だとすると文丈（文様の 1 リピート）は 17.3cm で緯糸数は平均 33/cm，陰緯は半分の 16.5/cm，削り（はつり）3^{228} であるから $17.3 \times 16.5 \div 3^{229}$ で紋綜絖数は約 95 となり，地組織の綾を織るのに 3 枚の綜絖が必要なので，文綜絖より前にあって地を織る前綜絖と合わせれば約 98 である．かくも多くの綜絖を水平に並べ織ることは困難である．たとえ並べても先の方で揚げると杼を通す口が開かない．従って紋綜絖機能を垂直に配置する空引機のような機で，しかも広幅織物用で織らなければならない．しかし，経錦のように経糸数の多い錦は各経糸に付けられた錘が重くて横綜（空引機で綜絖の役割をするもの）で引いても経糸が上に揚がりにくく，経錦は織

---

225 坂本 2000b, pp. 169-175.
226 坂本 2000b, pp. 169-170.
227 坂本 2000b, pp. 172-174.
228 坂本 2000a, pp. 134-135.
229 経錦としたこの計算の仕方について説明を加えると，先ず経糸の各組は斜文組織の場合は最小 3 枚の綜絖の 1 枚に経糸 3 組に 1 組ずつ連結している．経糸各組のうち経糸 1 本が文様に応じて紋綜絖に連結している．次に文様 1 リピートに緯糸が 17.3 × 33 本ある．その緯糸は母緯と陰緯が交互に通され，母緯は前綜絖（地をおるための綜絖）が開口した時に通され，陰緯は紋綜絖が開口した時に通される．従って紋綜絖に関わるのは半分の 17.3 × 16.5 本である．削り 3 というのは同じ紋綜絖の開口時に 3 度続いて通されることであるから綜絖数は 3 分の 1 となる．

第2編　カラホージャ・アスターナ出土染織資料

れない[230].

　以上のような理由で「連珠円内単独文錦」は経錦でなく緯錦と考えるのがやはり正しく，毛織物文化圏の所産とするべきであろう．

　本章1節第2項で述べたような経錦という中国織技の伝統のもとトゥルファンで作られたとする盛餘韻氏や，中央アジア製でないという武敏氏の中国錦発展説で「連珠円内単独文錦」をとらえることは困難である．

　アスターナ出土大連珠鹿文錦の耳を緯糸による「房耳」とする筆者の見解や，筆者が気付いた経錦に見られる「点線現象」が，「連珠円内単独文錦」の経錦説を否定する大きな決め手となったのである．

3. 糸質

　技術的側面として紡ぎ糸の問題も取り上げねばならない．武敏氏はアスターナ出土錦の少数はトゥルファン産で，ほとんどは中国製であると主張している[231]．武敏氏も賈応逸氏もトゥルファン産の錦が「綿経綿緯」すなわち紡ぎ糸で織られているという出土文書中の記述と，紡ぎ糸で織られていた一部の出土品を対照させ，紡ぎ糸で織られた出土品をトゥルファン産やタリム盆地周辺産の根拠としている．

　確かに，トゥルファンあるいはタリム盆地周辺では絹織物製作に際して紡ぎ糸が使用されていたことは，文献研究の立場から既に指摘されていることである．実際，アスターナ出土錦に経も緯も紡ぎ糸で織られた倣獅文錦（TAM313:12, 548年衣物疏，598年文書伴出，図19）や，絲棉交織ではあるがやはり紡ぎ糸を使用した幾何文錦（TAM309:48, 6世紀，表2参照）があり，これらをトゥルファン産あるいはタリム盆地周辺の製作と認めるに筆者もやぶさかではない．しかしながら，これらはササン様式を示す「連珠円内単独文錦」に属するものではない．

　これらの倣獅文錦や幾何文錦といった6世紀のトゥルファン産あるいはタリム盆地周辺の製作の錦を実見したところ，織物に使用された紡ぎ糸は全体に太い上，糸に節がある．技術的に見て低級である．6世紀のトゥルファン産あるいはタリム盆地周辺で製作された錦は，それに用いられた紡ぎ糸がこのように粗くて太いという特徴を持っていた．従って織り目の粗い凹凸のある織物といえる．これに対して連珠戴勝鸎鳥文錦（TAM138:17, p.39参照）は，倣獅文錦や幾何文錦より細くて繊度斑のない（一定の太さの）糸であるがやや毛羽立っている．この糸質はムグ山出土のソグド錦である八稜星内連珠円とハート型四弁花文が交互に表された錦（図96）[232]と同じである．トゥルファン出土「連珠円内単独文錦」と類似の糸がソグドでも使われていることを意味する．

　本編の第1章第2節で述べたように7世紀前半にタリム盆地周辺を旅した玄奘や，西域

230　川島織物の故高野昌司氏が正倉院織物の復元を行った時の実体験による．
231　Wu 2006, p. 242.
232　『シルクロード』1988, 図188.

僧から情報を得た道宣は，于闐や亀茲で養蚕があり，真綿が取られていることを記述しているので，7世紀においても紡ぎ糸を使用していたと思われる．実際7-8世紀においてもタリム盆地出土資料に紡ぎ糸が使用されたものがあり[233]，9世紀に至るもホータンでは紡ぎ糸による紬絁が盛んに織り続けられた[234]．しかし，7世紀の「連珠円内単独文錦」は紡ぎ糸でなく繊度斑のない糸で整然と織られているものが多い．以上のように「連珠円内単独文錦」と倣獅文錦・幾何文錦の糸や織り技術には大きなギャップがあり，連珠円内単独文錦がトゥルファン産とは考え難い．

1・2・3項を通じて「連珠円内単独文錦」は，中国産・トルファン産と認め難い点を指摘した．その生産地の候補として残るのはイラン文化圏となった．

4．イラン文化圏所在の遺跡・遺物の文様と連珠円内単独文との類似

ペルシアの遺跡にはササン朝ペルシアのターク＝イ＝ブスターン（Taq=i=Bustan）の大洞がある[235]．それはホスロー（Khusrau）Ⅱ世（590-628）の造営になるが，大洞狩猟図の人物像浮彫に服飾文様が表され，当時の織物文様の多様さが見られる．その中に花文・鳥文・シムルグ文や連珠円に三日月を填め込んだ連珠円文がある[236]．

ペルシアの建築装飾では，5世紀のチャハル＝タルカン（Tchahar Tarkhan）[237]から，連珠円内にそれぞれ猪頭文や八弁花を填め込んだ文様が連なるストゥッコ板が出土している．他にダムガン（Damghan）[238]から同じ連珠円内に猪頭文を填め込んだストゥッコ板が出土し（図20），クテシフォン（Ctésiphon）[239]から連珠円内に孔雀を填め込んだストゥッコ板や，連珠円内に開いた翼とパフラヴィ文字のあるストゥッコ板が出土している[240]．これらはすべて連珠円内に単独で文様が表され，6世紀から7世紀初めのものである．このようにササン朝ペルシアでは5世紀から7世紀初めにかけて連珠円内に動物などの文様を填め込んだ連珠円文が盛んに用いられた．

ササン朝ペルシアで上記のような連珠円文が盛んに用いられたのは，次のような思想が根底にあったからである[241]．アッカーマンは以下のようにのべている．ササン期においては，王室の権力の主たる根源と本質は天空由来のものであって，占星術は上層の人々の日々の拠り所であった．そこで，連珠円を宇宙の円環を表すものとみなし，織物においては，天空のシンボルである渦巻き・月・三日月，あるいは月の代わりに借用されたダブルアクスなどを円環と円環の接点に表し，天空との結びつきを強調した．特にこの密接な結

---

233 賈 1985, p. 176-177．賈氏は経・緯糸がZ撚りの織物を例示している．
234 吉田 2006, p. 58-60．
235 ターク＝イ＝ブスターンはケルマンシャーの北方11kmにあるザルデ＝クー山麓にある遺跡で大洞と小洞がある．小洞はシャープールⅢ世（383-388）の手による．
236 道明 1981a, pp. 58-59．
237 テヘラン近郊にあるササン朝時代の遺跡．
238 テヘランの東方300kmにある都市でササン朝時代の宮殿の遺跡がある．
239 ティグリス川左岸にありパルティア・ササン両王朝の首都である．
240 ギルシュマン 1966, pp. 186-201．
241 Pope & Ackerman 1964, pp. 878-879．道明 1987, pp. 160-165．

第2編　カラホージャ・アスターナ出土染織資料

びつきを求めたのがササンの帝王と王家の人々であった．
　更に，道明美保子氏は，アッカーマンの王権天空由来説を踏まえて考察を深め，連珠環をアフラマズダの恩寵・加護がこめられた王権の象徴フワルナフ（光輪）と考え，それを具体的に象徴するのが，天上世界を象徴する，あるいは天上と地上を結ぶ真珠であると考えた．真珠が天と地を結ぶというのは，天から落ちる露が月の光を受けながら貝に入って玉となったと理解されているからである．連珠円文の意味は「周囲をフワルナフを象徴する神聖な円環で囲み，天空または天空の如き神聖な円形の空間に，神聖な文様をあらわしたもの」としている．連珠円文はこのような思想の存在するペルシアに起源を持っている．
　本章で取り扱う「連珠円内単独文錦」の文様は，上に挙げたイラン文化圏にある遺跡や遺物の文様に一致している．それら錦の文様のうち連珠円内猪頭文は上記のダムガン出土のストゥッコ板，ターク＝イ＝ブスターンの浮彫やバーミヤン・アフラシアブ・パラリク＝テペ・ペンジケントの壁画にも表されている．とりわけ，スタインのアスターナ発見の連珠円内猪頭文錦（図3）は，アフラシアブの壁画（図21）に表された猪頭文に細部に至るまでそっくりであり，連珠円内猪頭文錦とイラン文化圏との関係の深さを示唆している[242]．また，猪はゾロアスター教の諸神の一人ヴェラトラグナ（Verethraghna）を象徴している．この点からもイラン文化圏と密接な関係があるといえよう．
　次に，シムルグ文に関しては，それはアヴェスタ（Avesta）やペルシアの神話に登場し，シャーナーメ（Shāhnamah）にはシムルグのような翼を持ち，孔雀の尾羽をもつ創造物が，ペルシアの最高支配者のところから飛来して，ササン朝の未来の建国者，アルデシール（Ardeshir）に従う「王朝の幸運」（を象徴するもの）として述べられる[243]．シムルグ文もまたペルシアと深く関わり，アフラシアブの壁画の衣装文様にも表される．
　獅子文に関連して，次の中国側の史料が注目される．それは波斯国（ペルシア）について述べる条で，婚姻の際に婿が着用するのは「金線錦袍，師子錦袴」（梁書巻54，中華書局標点本 p. 815）とある．これによって金糸入り錦と獅子の文様のあるペルシア錦の存在が確認される．アフラシアブの壁画には連珠円内に獅子が表された錦が見られる．
　その外，アフラシアブの壁画の衣装文様に連珠円内に含綬鳥文・天馬文が填め込まれた連珠円文が見られる．このようにペルシアで知られた文様すべてがソグドに存在している．それと同時に「連珠円内単独文錦」にも猪頭文・含綬鳥文・天馬文が見られるのである．
　「連珠円内単独文錦」の鹿文錦や鳥文錦の鹿や鳥が首からリボンをなびかせている表現は（図9・10参照）ペルシアに起源を持っていて[244]，ペルシア文化の影響を示している．
　以上，考察してきた結果，カラホージャ・アスターナ出土「連珠円内単独文錦」が文様上，イラン文化圏と密接に結びついていることが判明した．この点から筆者もイラン文化圏生産説を採りたい．

242　坂本 2001, pp. 84-86.
243　Riboud 1983, pp. 111-112.
244　ギルシュマン 1966, 図版 197・206・211・214 などペルシアの帝王に見られる．

5.「ペルシア錦」・「ソグド錦」[245] と「連珠円内単独文錦」との類似

そこで，今度は，技術的な面において検討する．ユイのノートルダム寺院所蔵のザンダニージーと記載された正真正銘のソグド錦に，カラホージャ・アスターナ出土「連珠円内単独文錦」が，組織は綾組織緯錦であること（挿表 2, I, 挿表 3, I），経糸の撚りは Z 撚り（挿表 2, J-b, 挿表 3, J-b）であること，「房耳」を持ち（挿表 2, O, 挿表 3, 資料 1, O）線条がある（挿表 2, P, 挿表 3, P）という点において一致していることをまず述べておく[246]．

挿表 2.「ソグド錦」（ユイ，ノートルダム教会所蔵）

				1
A	資料			ザンダニージー，対羊（鹿）文錦
B	登録 NO.			
C	図 NO.			図 6
D	所蔵場所			ユイ，ノートルダム寺院
E	年代	（推定）		7 末 -8 世紀初
F	製作地			ソグド
G	文様	a	主文	羊（鹿）
		b	副文	四つ葉花文（西方タイプ）
		c	接合箇所	無し
H	材質			絹
I	組織			綾組織緯錦
J	経糸	a	陰経：母経	1（3）：1
		b	撚り方向	生糸 Z
		c	削り	
		d	糸数/cm×2（陰経＋母経）	
K	緯糸	a	撚り方向	
		b	削り	
		c	糸数/cm×色数	
L	文丈（cm）			35.4（円の直径）
M	窠間幅(cm)			
N	糸順			
O	耳			房耳
P	線条／横帯			有り，跳び杼
Q	ベルクレ			
R	布幅（cm）			122

・データの不明な部分は空白になっている．
・データは Shepherd and Henning 1959, pp.18-40; Shepherd 1981, p.106, 119 による．
・陰経の（ ）内は構成本数を示している．

---

245 括弧付きの「ペルシア錦」「ソグド錦」は本稿 p. 30 に述べたように詳細なデータが発表され，挿表 2・4 に挙げる錦である．
246 ユイのザンダニージーの年代は坂本の見解．

第2編　カラホージャ・アスターナ出土染織資料

挿表　3.　カラホージャ・アスターナ出土連珠円内単独文錦

				1	2	3
A	資料			大連珠鹿文錦	連珠鹿文錦	連珠戴勝鷲鳥文錦
B	登録NO.			TAM 332：5	TAM 55：18	TAM 138：17
C	図NO.			図10	『シルク』PL. 47・48	『シルク』PL. 42
D	出土地			アスターナ332号墓	アスターナ55号墓	アスターナ138号墓
E	所蔵場所			新疆博物館	新疆博物館	新疆博物館
F	年代			665年文書伴出	初唐	636年文書伴出
G	文様	a	主文	連珠円内鹿	連珠円内鹿	連珠円内鳥
		b	副文	葡萄（左右対称）	植物	不明
		c	接合箇所	小連珠円内変形二重円	小連珠円内部不明	小連珠円内小円
H	材質			絹	絹	絹
I	組織			綾組織緯錦	綾組織緯錦	綾組織緯錦
J	経糸	a	陰経：母経	1（2）：1	1（2）：1（2）	1：1
		b	撚り方向	Z	Z	Z
		c	削り	3	最小1，2，主に3	最小1，4，6が多い
		d	糸数/cm×（陰＋母）	(15～16.5～19)×2	(13～14～15)×2	11×2
K	緯糸	a	撚り方向	無し	無し	無し
		b	削り	最小2	最小1	最小2
		c	糸数/cm×色数	(24～25.3～27)×3	(21～22.7～24)×3	(18～21～25)×3
L	文丈（cm）			22以上	約18	16以上
M	窠間幅（cm）			17.3	約17	17
N	糸順			abccba	abccba	abccba
O	耳			房耳	無し	毛糸コード3本
P	線条/横帯			有り，跳び杼	有り，切り替え杼	有り，切り替え杼
Q	ベルクレ			2越し交替	2越し交替	無し

・図NO.で『シルク』の表示は『シルクロード学研究』vol. 8, 2000を指す．
・年代は墓誌・衣物疏・文書中で最も遅い年代を記入した．
・陰経：母経は各経糸の1単位の比で，（　）内は撚りまたは引き揃えによる構成本数である．
・糸数の中間の値は平均値である．
・糸順のabcは使用されているそれぞれの糸の色を示す．

第2章 「連珠円内単独文錦」

4	5	6	7
大連珠立鳥文錦	連珠天馬文錦	連珠猪頭文錦	連珠猪頭文錦
TAM 42	TKM 303	TAM 5：1, 379：2	TAM138：9/2-1
図9	『吐魯番』PL. 141.	『吐魯番』PL. 191	図11
アスターナ42号墓	カラホージャ303号墓	アスターナ5号, 379号墓	アスターナ138号墓
新疆博物館	吐魯番博物館	吐魯番博物館	新疆博物館
651年墓誌伴出	6世紀後半-7世紀前半	5号墓668年文書伴出	636年文書伴出
連珠円内鳥	連珠円内天馬	連珠円内猪頭	連珠円内猪頭
植物？	植物	不明	連珠円内ハート型四弁花文
小連珠円内変形二重円	接合せず，連珠環上に回文	小連珠円内小円	小連珠円内小円
絹	絹	絹	絹
綾組織緯錦	綾組織緯錦	綾組織緯錦	綾組織緯錦
1：1	1 (2/3)：1 (2/3)	1 (2/3)：1 (1/2)	1：1
Z	Z	Z	Z
最小1，3が多い	最小1	3	最小1，2,3が多い
(17〜18.3〜20)×2	(15〜15.3〜16)×2	(11〜12.2〜14)×2	(13〜16.8〜20)×2
殆ど無し	殆ど無し	殆ど無し	殆ど無し
最小2	最小1	最小2	最小1
(37〜38〜39)×3 (42〜42.5〜43)×2	(23〜26〜28)×3	(26〜28.3〜33)×3	(25〜31.3〜35)×3
20.3	11.6（推定）	18×2（猪頭の向きが逆の場合）	19.4
約16	13	19.5	13.2
abccba	abcabc	abccba	abcabc
無し	無し	無し	有り
有り，跳び杼	有り，跳び杼	有り，切り替え杼	有り，切り替え杼の段文
無し	無し	無し	無し

・図NO.で『吐魯番』は『吐魯番博物館』1992を指し，『絲綢』は『絲綢之路』1972を指す．
・データは坂本 2000a, pp. 128-142による．
・No.5・6・7は坂本の調査により詳細なデータが初めて公表されるものである．

第2編　カラホージャ・アスターナ出土染織資料

挿表4．「ペルシア錦」・「ソグド錦」

				「ペルシア錦」		
				1	2	3
A	資料			シムルグ文錦1	天馬文錦	シムルグ文錦2（カフタン）
B	登録 NO.			NO. 16364	897. Ⅲ .5 (26.812/11)	KZ 6584-a
C	図 NO.			図5	図2	図4
D	出土地／出所			聖ルーの聖遺物	アンティノエ	モシチェヴァヤ＝バルカ
E	所蔵場所			パリ装飾美術館	リヨン織物美術館	エルミタージュ美術館
F	年代，製作地（推定）			7世紀，ペルシア	7世紀前半，ペルシア	8世紀前半，ソグド
G	文様	a	主文	連珠円内シムルグ小三岐側花付帯	連珠円内天馬	連珠円内シムルグ小三岐側花付帯
		b	副文	植物（側花）（上下左右対称）	植物（上下左右対称）	植物（上下左右対称）
		c	接合箇所	小連珠内三日月又はダブルアクス	小連珠内三日月	小連珠内ハート型花
H	材質			絹	絹	絹
I	組織			綾組織緯錦	綾組織緯錦	綾組織緯錦
J	経糸	a	陰経：母経	1:1	1(3):1	1(2):1
		b	撚り方向	Z	Z	Z
		c	削り	2	1	1
		d	糸数/cm ×（陰＋母）	17.7 × 2	15 × 2	16 × 2
K	緯糸	a	撚り方向	殆ど無し	殆ど無し	殆ど無し
		b	削り	2	最小1, 主に2	最小2, 4,6 有り
		c	糸数/cm ×色数	51.5 × 2	52 × 3	72 × 2
L	文丈（cm）			41	13.1	20
M	窠間幅（cm）			41 × 2（対称）	13.1	17
N	糸順			abba	記録無し	abba
O	耳			無し	無し	無し
P	線条／横帯			不明	無し	有り
Q	ベルクレ			無し	一越し交替	無し

・データは次の文献による．
　シムルグ文錦1, 2はVial 1976, pp. 40-41. シムルグ文錦2の年代・製作地は坂本の見解．
　シムルグ文錦1の年代・製作地はギルシュマン1966, p. 228による．
　天馬文錦はMartiniani-Reber 1986, p. 45による．

第2章 「連珠円内単独文錦」

「ソグド錦」				
4	5	6	7	8
連珠八弁花文錦（コート）	連珠ダブルアクス文錦1	連珠ダブルアクス文錦2	連珠ダブルアクス文錦3	連珠重八弁花文錦
KZ 6732-d	МБ -А-43 905	МБ -В-165（Д）N1153	МБ -469 3497	МБ -Г-Н（з）1036
イェルサリムスカヤ 1996, Abb224-5			図8	図22
モシチェヴァヤ＝バルカ	モシチェヴァヤ＝バルカ	モシチェヴァヤ＝バルカ	モシチェヴァヤ＝バルカ	モシチェヴァヤ＝バルカ
エルミタージュ美術館	モスクワAH考古学研究所	モスクワAH考古学研究所	モスクワAH考古学研究所	モスクワAH考古学研究所
8-9世紀, ソグド	8世紀, ソグド	8世紀, ソグド	8世紀, ソグド	8世紀, ソグド
連珠円内八弁花二弁でハート型花弁	連珠円内ダブルアクス 上下に変形生命の樹	連珠円内ダブルアクス 上下に変形生命の樹	連珠円内ダブルアクス	連珠円内重八弁花
八弁花（上下左右対称）	ダブルアクス（左右対称）	ダブルアクス（左右対称）	ダブルアクス（左右対称）	八稜花（上下左右対称）
接合せず	無し	無し	無し	接合せず
絹	絹	絹	絹	絹
綾組織緯錦	綾組織緯錦	綾組織緯錦	綾組織緯錦	綾組織緯錦
1（2）:1	1（2/3）:1	1（2）:1	1（2）:1	1（2）:1
Z	Z	Z	Z	Z
記録無し	最小1	最小1, 2が多い	最小1, 2が多い	最小1, 2が多い
(18〜20)×2	(18〜18.5〜19)×2	(14〜17〜19)×2	(14〜16.1〜18)×2	(17〜17.8〜19)×2
殆ど無し	殆ど無し	殆ど無し	殆ど無し	殆ど無し
記録無し	最小2, 4,6,8有り	最小2, 4有り	最小2, 4有り	最小1, 主に2
(22〜24)×2	(12〜15.8〜18)×2	(13〜15〜17)×2	(14〜15〜16)×2	(27〜29.4〜31)×2
14（推定）	8.5〜9	10	5	10
10（推定）	5.6〜6	6.7	3.7〜4.5	6.6
記録無し	abba	abba	abba	abba
有り	房耳	房耳	房耳	無し
有り, 切り替え杼	有り, 跳び杼	有り, 跳び杼	有り, 跳び杼	有り, 跳び杼
無し	無し	無し	無し	無し

連珠八弁花文錦は Ierusalimskaja 1996, p. 264 による.
その他の錦は坂本の調査により初めて公表されるものである.

第２編　カラホージャ・アスターナ出土染織資料

　次にユイのソグド錦に技術上類似している「ペルシア錦」・「ソグド錦」と「連珠円内単独文錦」が類似している点を挿表３・４に基づいて列挙しよう．
　第１に組織については両者とも毛織物圏に由来する緯錦である（挿表３の資料 1-7, Ⅰと挿表４資料の 1-8, Ⅰ）．第２に撚りに関して両者とも経糸が Z 撚り（挿表３, J-b, 挿表４, J-b）で，緯糸は殆ど撚りのない糸が使われている（挿表３, K-a, 挿表４, K-a）．第３に両者とも経糸 1cm 間の糸数はおよそ（11-18）×２の間に収まっている（挿表３, J-d, 挿表４, J-d）．第４に両者とも曲線で表されるべき文様の輪郭が階段状を呈したり，直線で表されたりする[247]．これらの線は文様において観察されるのであるが，削りの数値３・４・６などとして現れるのである（挿表３, J-c, K-b, 挿表４, J-c, K-b）[248]．第５に両者とも織物上に横向きの線条または横帯が走っている．これは跳び杼や緯糸の色の交替によるものである（挿表３, P, 挿表４, P）．第６に耳が残る錦は「房耳」を持っている（挿表３, O, 挿表４, O）．このようにカラホージャ・アスターナ出土「連珠円内単独文錦」はイラン文化圏の錦と技術的に類似する．逆に次章で取り扱う「連珠円内対称文錦」と比較すればその相違は歴然としている（挿表５, H, I-b 参照）．
　なお，これまでにイェルサリムスカヤが発表したモシチェヴァヤ＝バルカ出土錦の約 160 点については，そのほとんどが 8-9 世紀とされる．従って同遺跡出土の連珠円内単独文錦は 8-9 世紀のものである．しかし，組織・撚り・単位間経糸数・跳び杼など基礎的な技術においては，7 世紀の「ペルシア錦」と 8 世紀の「ソグド錦」は同じ傾向で，7 世紀の「ソグド錦」もペルシアの技術の影響を受け，8 世紀にはその基礎技術を継承していたと考えられる．ちなみにフェルガナの 5-8 世紀の遺跡ムンチャク＝テパ出土の錦の経糸はすべて Z 撚りで，綾組織緯錦はフェルガナ製も念頭に置くもののソグドから来たものと見なされている[249]．
　「ペルシア錦」と「ソグド錦」は，過去・現在の研究者によって文様・技術・色彩など色んな角度から論証され，その帰属がそれぞれペルシア本土産，ソグド本土産と認められているものである．さらに筆者の詳細な調査によって，イラン文化圏生産の両者とカラホージャ・アスターナ出土「連珠円内単独文錦」との技術的類似がここに判明した．前項で検討した文様の一致によるイラン文化圏生産説を補強するものとなろう．

6.「ペルシア錦」・「ソグド錦」を取り巻く歴史的状況
　前項でカラホージャ・アスターナ出土「連珠円内単独文錦」と「ペルシア錦」・「ソグド

---

[247] これは文様の設計段階で織り方を決め，隣り合う 2-3 本の陰経を同時に動かしたり，4-6 越の同色の緯糸を同じ杼口に通したりするからである．陰経を同時に動かすと文様に水平の線が表れ，同色の緯糸を同じ杼口に通すと文様に垂直の線が表れる．それが繰り返されると階段状となる．経の削りが陰経 1 本で，緯の削りが 1 越の場合曲線になる．
[248] 削りの調査は基本的に最も多用される削りの数値を記録することになっているので，すべての調査において必ずしもデザイン上の削り，つまり直線や階段状の輪郭を数値化しているとは限らない．
[249] 馬特巴巴伊夫，趙 2010, p. 79-83, 93.

第 2 章 「連珠円内単独文錦」

錦」の類似を検討したが，僅かながら，カラホージャ・アスターナ出土錦と「ペルシア錦」との相違や，「ペルシア錦」の相互の違いが存在する．

　カラホージャ・アスターナ出土の「連珠円内単独文錦」(挿表3, 資料1-7)は「ペルシア錦」(挿表4, 資料1-2) や「ソグド錦」(挿表4, 資料3-8) と技術的に類似しているが，「ペルシア錦」ほど1cm間の緯糸数は多くない (挿表3, K-c, 挿表4, K-c)．挿表に挙げた「ソグド錦」のうちダブルアクス文錦はアスターナ出土の「連珠円内単独文錦」の1cm間の緯糸数に届かない (挿表4, 資料5-7, K-c, 挿表3, 資料1-7, K-c)．

　イラン文化圏内の「ペルシア錦」と「ソグド錦」との相違はどうだろうか．それらの違いとしては「ペルシア錦」の方が1資料を除き「ソグド錦」より1cm間の緯糸数が多い点が挙げられる (挿表4, 資料1-2, K-c)．これは細い緯糸を用いて緊密に打ち込んでいるからで，高級品である．特に，聖ルーのシムルグ文錦 (図5) やアンティノエ出土の連珠天馬文錦 (図2) は文様の輪郭がスムーズであり，また前者は文丈 (挿表4, 資料1, L) や窠間幅 (挿表4, 資料1, M) が大きい．第1編第1章第3節で述べたように，4世紀に西からペルシアに移住させられた織工が，ペルシアで彼らの技術を伝え，織物業が国家的事業として発展した．そのようなペルシアの歴史的背景から考えると，7世紀の「ペルシア錦」である聖ルーのシムルグ文錦 (図5) と連珠天馬文錦 (図2) は，織物業発展の結果可能となった精巧な織物の実物である．

　それらに比べて8世紀のモシチェヴァヤ＝バルカ出土のシムルグ文錦 (図4) は文様表現の簡素化が見られる．例えば，連珠円内の付帯文様である三岐の側花文や翼の根本のパルメット文は随分デフォルメされている．おまけに全体に経方向の垂直線が目立つ．これはその箇所で緯糸が同じ杼口に連続して入れられるデザイン上の設計によるもので，綜絖数の減少や織の工程で省力につながる．

　このように8世紀の「ソグド錦」のなかに7世紀のペルシア錦に織り技術の点で及ばないものがあり，また，トゥルファンから8世紀の連珠円内単独文錦がほとんど出土しないのは，ペルシアやソグドの人々をとりまく7・8世紀の歴史的状況の変化が反映しているものと思われる．

　西アジアにおいて，7世紀初めにイスラム教が成立し，イスラム勢力は630年代アラビア全土に及び，635年にクテシフォン (Ctesiphon) を占領し，641年のニハーヴァンド (Nihāvand) の戦いでペルシアを破った．その結果641年，遂にササン朝ペルシアは滅亡した．651年，東に逃れたヤズデギルドⅢ世 (YazdgardⅢ, 632-651年) はメルヴで暗殺され，名実ともにササン朝ペルシアは滅んだ．

　ヤズデギルドⅢ世の子ペーローズは中央アジアのトカラに亡命した．『旧唐書』によれば[250]，龍朔元年 (661年) アラブの侵攻を恐れ唐に救援を請うた．そこで，唐は使を遣わして波斯都督府を置き，ペーローズを都督に任命した．ペーローズはしばしば朝貢し，自ら

250　『旧唐書』巻198, 列伝148, 西戎 (中華書局標点本, p. 5313).

第2編　カラホージャ・アスターナ出土染織資料

唐朝に赴いた．儀鳳3年（678年）ペーローズは波斯王とされたが本国に帰ることができないまま，本国は次第にイスラム勢力に侵された．景龍2年（711年）唐に来朝して左威衛将軍を拝したが，遂に客死した．ペーローズは20年余りトカラに身を寄せていた．当時，部落の人々は数千人いたが次第に離散したという．

しかし，なお残った人もいたらしい．『冊府元亀』によれば8世紀中葉まで波斯は唐朝に使を送っている[251]がこれはトカラの亡命政権であろう．その部落の人々の中には王室の工房にいた織工も含まれると推定され，徐々にソグドや中国に離散していったと思われる．

一方，ソグドにおいては，7世紀後半からしばしばアラブ人が襲来しては都市の富を略奪していたが，8世紀の初頭にクタイバ（Qutaybah）がホラサンとマーワラーアンナフルのカリフの総督として着任して後，マーワラーアンナフルの殆どの都市を奪取して圧政を敷いた．

712年，ソグドの住民はホージェントへ逃れたが，裏切りに遭いほとんど全員が殺害された．助かったのは中国から帰ったばかりの商人400人だけであった．この事実はタバリーが次のように述べている．

Al-Harashī ordered that the Soghdians be put to death. First, however, he separated the merchants from the rest of them——there were four hundred merchants who possessed large quantities of merchandise; they had brought the wares from China[252].

715年のクタイバの死後も圧政は続けられ，住民は重税に苦しめられた．

このような動乱と重税にひしがれた困窮の時期に織物を織り，その織物がソグド商人の手によってソグドからトゥルファンへ運ばれることは不可能であったろう．トゥルファン出土の「連珠円内単独文錦」は最も遅くて706年の庸調布と一緒に出土した花連珠円文錦である[253]．盛餘韻氏が主張するように，トゥルファンのソグド人がトゥルファン出土の「連珠円内単独文錦」を織っていたなら，実際には錦を織るだけの多量の絹糸はトゥルファンに流通していなかったのだが[254]……，8世紀に何故トゥルファンの「連珠円内単独文錦」が途絶えるのであろうか．絹糸不足のうえ歴史的状況からも「連珠円内単独文錦」が途絶える理由は次のように考えられる．

7世紀にソグド文化が隆盛を極めた頃にソグドで生産された「連珠円内単独文錦」がトゥルファンへ到達していたが，8世紀には先に述べたような事情でソグドから東方に運ぶ状況ではなかったからに違いない．

251　『冊府元亀』巻971，朝貢4（宋本，p. 3854）．
252　Powers 1989, p. 176．訳：アル＝ハラシはソグド人を死に処するよう命じた．しかし先ず彼はソグド人の中から商人達を選り分けた．商人達は400人いて莫大な商品を持っていた．商人達は中国から品物を運んできたのであった．
253　他に722年文書を伴う連珠猪頭文錦がある．しかし未発表のため文様の詳細は不明である．
254　荒川 2010, p. 520.

第 2 章 「連珠円内単独文錦」

　ソグドで生産された 7 世紀の「連珠円内単独文錦」に比べて，8 世紀の「ソグド錦」であるダブルアクス文錦[255]（図 8，挿表 4，資料 5-7）や連珠重八弁花文錦（図 22，挿表 4，資料 8）は文様が小振りで，前者は単位間緯糸数が少ないという退行は（挿表 4，資料 5-7，K-c），ソグドにおける動乱の結果と考えられる[256]．

　ペルシアやソグドにおける歴史的変遷は「連珠円内単独文錦」の変遷でもあった．

　第 2 章を通じて論じて来たように，「連珠円内単独文錦」は，中国やトゥルファンで生産されたものでなく，イラン文化圏で生産されたと考えられる．従って本編第 1 章第 1 節第 1 項で示した織物伝播の第 1 のケースに当たり，織物自体が生産地からトゥルファンに到達したと結論することが出来る．

---

[255] ダブルアクス文は左右対称に表されているが，筆者の詳細な調査の結果，左右の削りが一致せず，従って左右屏風でなく，一つの文様として織られていることがわかった．
[256] 8 世紀のソグドにおける織物センターの違いという場合も排除できない．またザンダニージーを織る織工がホラサンに行って織ったが，エレガンスや品質において比べものにならなかったという記述があるので（Frye, 1954, p. 20）ホラサン製という場合も考えられる．

第2編　カラホージャ・アスターナ出土染織資料

第3章 「連珠円内対称文錦」

　連珠円内対称文様には次のようなものがあり，組織は平組織経錦・綾組織経錦・綾組織緯錦・平地綾文綾[257]がある．

a　小連珠円（5cm前後の大きさ）の錦
綾組織経錦：
　　連珠対鵲文錦（TAM206:48/1）　　　689年墓誌伴出[258]　　　　　　（図23）
　　小連珠団花錦（TAM211:9）[259]　　　633年墓誌伴出
　　大紅地団花錦（TAM104）[260]　　　　唐
　　連珠対鴨文錦（TAM363:2）[261]　　　710年文書伴出
　　朱地連璧鳥形文錦[262]
b　中連珠円（10cm前後の大きさ）の錦
平組織経錦：
　　朱紅地連珠孔雀文錦（TAM169:34）　576年衣物疏伴出　　　　　　（図24）
　　連珠対孔雀「貴」字文錦（TAM48:6）617年衣物疏伴出　　　　　　（図25）
　　連珠対馬錦（TAM302:22），　　　　 653年墓誌伴出　　　　　　　（図15）
　　朱地連璧天馬文錦[263]
　　対鳥対獅子「同」字文錦（TAM92:37）[264]　668年墓誌伴出
綾組織経錦：
　　紅地連珠対馬錦（TAM151:17）　　　644年文書伴出　　　　　　　（図26）
　　連珠対馬錦（TAM302:04）[265]　　　653年墓誌伴出
　　連珠対馬錦（巴達木出土）
　　連珠対羊文錦（TAM206:48/2）[266]　689年墓誌伴出
　　白地連璧闘羊文錦[267]
c　大連珠円（20cm前後の大きさの連珠円）の綺，錦
綺：

257　この組織の織物は錦とは異なる技法を用いた「綺」と呼ばれるものであるが，文様上極めて関係が深いので，併せて考察の対象とする．
258　以下のアスターナ出土錦の年代は墓誌・衣物疏・文書のうち最も遅い年代を記している．
259　『シルクロード学研究』2000, PL. 69. 連珠内に花文が一つであるが，上下打ち返しで織れるので，対称と見なす．
260　『シルクロード学研究』2000, PL. 70.
261　『吐魯番博物館』1992, PL. 180.
262　『至宝』2002, 図52.
263　『至宝』2002, 図51.
264　『絲綢之路』1972, 図29.
265　『シルクロード学研究』2000, PL. 37.
266　『シルクロード学研究』2000, PL. 54.
267　『至宝』2002, 図52.

第3章 「連珠円内対称文錦」

黄色龍文綺（TAM221:12）	653年墓誌伴出	（図27）
黄色龍文綺片（TAM226:16）	綺片上710年銘文	（図28）

綾組織緯錦：

騎士文錦（TAM337:15）[268]	657年墓誌伴出	
騎士文錦（TAM322:22/1）	663年墓誌伴出	（図29-a・b）
連珠天馬騎士文錦（TAM77:6）	唐	（図30）
騎士文錦（MIK Ⅲ 6236）[269]		
対鴨文錦（TAM92:4）[270]	668年墓誌伴出	
樹下対鹿連珠円文錦（ast.i.3.a.01[271]）	金銀貨伴出（表1参照）	

花樹対鹿文錦[272]，スタイン発掘樹下対鹿連珠円文錦（ast.i.3.a.01）と同文様

　上記の「連珠円内対称文錦」には小円・中円・大円の連珠円がある．団花文様のえがかれた一部の例を除いて，ほとんどの錦には連珠円内に一対の動物が対称で表されている[273]．連珠円と連珠円の間にある菱形の空間に置かれる副文としては上下左右対称の植物文，あるいは左右対称の動物が表されている．連珠円内の動物は馬・鳥・羊・鹿・龍，人物は馬に騎乗する騎士がある．連珠環と連珠環の接点に八弁花文が表されたり，あるいは環の上下左右に回文が表されたりするが，連珠環のみのものもある．連珠円内の花文は一見単独文様であるが，上下左右対称である．織技については後述するが，上下対称に織られるので対称文様として扱った．

第1節　先行研究による分析と生産地の確定

1. 対称文様の織技

　「連珠円内対称文錦」は，文字通り対称に配された動物，人物が連珠円内に表されている．上記のa. 小連珠円とb. 中連珠円の錦の文様は左右対称に見えるが，実際はすべて上下対称に織られている．

　古くから中国に存在したタイプの機は綜絖数に限界があり，綜絖数50-60枚，文丈5cm

268　武 1962, 図4.
269　Sakamoto 2004b, Pl. 7.
270　『絲綢之路』図版30.
271　Stein 1928, PL. LXXIX.
272　『西域考古図譜』1972，染織と刺繡 [2]．
273　ここに挙げた「連珠円内対称文錦」は段文の連珠円内対称文錦を対象としていない．段文錦として第4編で対象とする．

第2編　カラホージャ・アスターナ出土染織資料

挿表5.　アスターナ出土連珠円内対称文錦

				1	2	3	4	5	6
A	資料			連珠対馬錦1	連珠対馬錦2	紅地連珠対馬錦	朱地連璧天馬文錦	連珠対孔雀「貴」字文錦	朱紅地連珠孔雀文錦
B	登録NO.			TAM302:22	TAM302:04	TAM151:17	大谷コレクション	TAM48:6	TAM169:34
C	出土地			アスターナ302号墓	アスターナ302号墓	アスターナ151号墓	アスターナ	アスターナ48号墓	アスターナ169号墓
D	図NO.			図15	『シルク』PL. 37,38	図26	『至宝』図51	図25	図24
E	年代			653年墓誌伴出	653年墓誌伴出	644年文書伴出	7世紀前半	617年衣物疏伴出	576年衣物疏伴出
F	文様	a	主文	連珠円内天馬,生命の樹	連珠円内天馬,縮小生命の樹	連珠円内天馬,縮小生命の樹	連珠円内天馬,生命の樹	連珠円内孔雀,連珠環上回文	連珠円内孔雀,香炉
		b	副文	四つ葉花文	四つ葉花文	四つ葉花文	四つ葉花文	龍馬,貴の字	天馬, 鹿
		c	接合箇所	八弁花文	八弁花文	八弁花文	八弁花文	接合せず	接合せず
G	材質			絹	絹	絹	絹	絹	絹
H	組織			平組織経錦	綾組織経錦	綾組織経錦	平組織経錦	平組織経錦	平組織経錦
I	経糸	a	陰経：母経						
		b	撚り方向	殆ど無し	S	殆ど無し	S	殆ど無し	殆ど無し
		c	削り	1	1	1	1/2	1	1
		d	糸数/cm ×色数	(52〜53〜54)×3	(51〜52.5〜54)×3	(55〜56〜57)×3	(40〜45〜50)×3	(46〜50.5〜54)×3	(44〜47.3〜50)×3
J	緯糸	a	陰緯：母緯	1:1	1:1(1/2)	1:1(1/2)	2:2	1:1	1:1
		b	撚り方向	無し	殆ど無し	殆ど無し	無し	殆ど無し	殆ど無し
		c	削り	2	2	2	2	2	2
		d	糸数/cm ×(陰+母)	(14〜15.7〜17)×2	(14〜15〜16)×2	14×2	(10〜11)×2	(12〜13〜14)×2	(13〜13.5〜14)×2
K	文丈 (cm)			8.0〜8.6	8.0〜8.4	8.7	9.3	10.0 (推定)	9.6〜10.0
L	窠間幅 (cm)			18.8	不明	9.7	不明	不明	不明
M	糸順			abccba	abccba	abccba	abccba	abccba	abccba
N	耳			無し	無し	無し	無し	無し	無し
O	点線現象			有り	有り	有り	有り	有り	有り
P	ベルクレ								

・図NO.で『シルク』の表示は『シルクロード学研究』vol. 8, 2000,『至宝』は『絲綢路の至宝』2002,『絲綢』は『絲綢之路』1972を指す.
・データは坂本1996, pp. 89-93; 2000a, pp. 128-142による.　No.7・9は坂本の調査により詳細なデータが初めて公表されるものである.
・データの表示は挿表3に準ずる.

第3章 「連珠円内対称文錦」

7	8	9	10	11	12	13	14	15
対鳥対獅「同」字文錦	連珠小団花錦	連珠対鴨文錦	連珠対鵲文錦	朱晒地連璧鳥形文錦	連珠対羊文錦	白地連璧闘羊文錦	連珠天馬騎士文錦	騎士文錦
TAM92:37	TAM211:9	TAM363:2	TAM 206:48/1	大谷コレクション	TAM 206:48/2	大谷コレクション	TAM77:6	TAM 322:22/1
アスターナ92号墓	アスターナ211号墓	アスターナ363号墓	アスターナ206号墓	アスターナ	アスターナ206号墓	アスターナ	アスターナ77号墓	アスターナ322号墓
『絲綢』PL. 28	『シルク』PL.69,71	『絲綢』PL. 180	図23	『至宝』図52	『シルク』PL.54	『至宝』図52	図29	図30
668年墓誌伴出	7世紀後半〜8世紀初	710年文書伴出	689年墓誌伴出	7世紀後半	689年墓誌伴出	7世紀後半	唐	663年墓誌伴出
大小二重連珠円内孔雀	連珠円内団花	連珠円内鴨	連珠円内鵲, 縮小生命の樹, 連珠環上回文	連珠円内鳥	連珠円内羊, 縮小生命の樹, 連珠環上回文	連珠円内有翼羊, 縮小生命の樹, 連珠環上回文	連珠円内騎士, 天馬, 連珠環上回文	連珠円内騎士, 天馬, 連珠環上回文
獅子・植物	四つ葉花文	四つ葉花文	四つ葉花文	四つ葉花文	八弁花文	八弁(葉)花文	パルメット唐草花文	パルメット唐草花文
八弁花文	接合せず	接合せず	接合せず	接合せず	接合せず	接合せず	接合せず	接合せず
絹	絹	絹	絹	絹	絹	絹	絹	絹
平組織経錦	綾組織経錦	綾組織経錦	綾組織経錦	綾組織経錦	綾組織経錦	綾組織経錦	綾組織緯錦	綾組織緯錦
							1 (2) : 1	1 (2) : 1
殆ど無し	殆ど無し	殆ど無し	S	S	S	S	S	S
1	1	1	1	1	1	1	1	1
(49〜63.4〜74)×3	(48〜51〜54)×3	(81〜94〜105)×3	(60〜62〜63)×4	(60〜63.8〜67.5)×4	(54〜55.6〜57)×4	(52.5〜57.5〜67.5)×4,45×5	(15〜17〜19)×2 (陰+母)	(13〜13.7〜14)×2 (陰+母)
1:1	1:1	1:1	1:1	1:1(1/2)	1:1	1(1/2):1(2)		
殆ど無し	殆ど無し	殆ど無し	殆ど無し	S	殆ど無し	S	殆ど無し	殆ど無し
1	2	1	2	2	2	2	1	1
(14〜14.8〜16)×2	(14〜15〜16)×2	(14〜16〜17)×2	(12〜12.8〜13)×2	(1.2〜14.3〜15)×2	(14〜14.3〜15)×2	(12.5〜13.5〜15)×2	(24〜27〜30)×5 (色数)	(15〜19〜22)×4 (色数)
12	4.0〜4.2	4	6.0	5.0	7.8	7.0	約25.0	32.0
13	4.2	3.5	4.5	3.5	6.5	7.0	25.0	不明
abccba	abccba	abccba	abcddcba	abcddcba	abcddcba	abcddcba	不明	abcdabcd
有り	有り	有り	無し	有り	無し	無し	無し	無し
有り	有り	不明	有り	不明	有り	有り		
							一越し交替	一越し交替

第2編　カラホージャ・アスターナ出土染織資料

ぐらいが限界であった．「楼機」（空引き機）[274] が広く普及していなかった6・7世紀の中国においては，挿表3や4に見られるように，11cmを超える文丈（挿表3, 資料 1-7, L, 挿表4, 資料 1-4, L）の織物の連珠円内に単独文様が表されるササン様式の錦を，その通り模倣することは無理であった[275]．そこで中国古来の機の性質上，限られている綜絖を用い，限界を超えた大きさの文様を織るために，同じ綜絖を二度使った．そのようにしてササンのモチーフを8-10cmの連珠円内に入れ，経錦で織りだしたのである[276]．その結果が対称文様を生み出すこととなった．言い換えれば，経錦の技法で上下打ち返して（同じ綜絖を二度使う），大きいササンの文様を半数の紋綜絖でササン文様風に中国の機で織る工夫をしたのである．これは中国において経錦の技法で大きい文様を模倣する場合に考案されたもので，本章冒頭に挙げるa・bの「連珠円内対称文錦」は中国製である．上に述べてきた経錦は上下対称に織られていたが，7世紀中葉になるとc．大連珠円の錦・綺が綾組織緯錦[277]や平地綾文綾で織り出された．そのうちの「連珠円内対称文錦」である騎士文の錦は挿表5に見られるように文丈が25cmを上回り（挿表5, 資料14, 15, K），左右対称に表されている．緯錦で文丈が大きいとなるとペルシアやソグドの錦を連想するが，綾組織緯錦の「連珠円内対称文錦」の糸の撚りは，筆者の調査によれば，弱いS撚りである（挿表5, 資料14・15, I-b参照）．これは中国本来の撚りである．綺は上下対称で織られているが文丈が19-21cmと大きい．このことは新しい機，つまり空引き機の出現を思わせる．cの「連珠円内対称文」の龍文綺や，綾組織緯錦で織られていても騎士文の錦は中国のものである．

2.　文献史料および織技による生産地の確定

「連珠円内対称文錦」について，1928年の報告で，スタインは文様では西の影響を受けつつ，技術的には中国の経錦であることを見抜いていた．1963年に夏鼐氏は「連珠円内対称文錦」が中国古来の織技術である経錦で織られていることによって中国製とした[278]．

1962年の報告で武敏氏はその時までに発掘されていた「連珠円内対称文錦」を経錦で中国製としたが，更に，1984年にその後新たに発掘された「連珠円内対称文錦」と花文錦を加え，6-8世紀のそれら錦の産地について検討を加えた．そこで氏は新たにその産地は蜀であると考え，その根拠として1. 蜀は最も早くから錦を生産し，錦綾の生産が盛ん

274　敦煌文書に現れる史料用語でP 2638（936年），に「楼機綾一匹」，S. 5463（2）（958年）に「楼機一匹」という織物として登場するが，この「楼」は高楼束綜提花機（楼があり綜絖を束ねて引き，文様を織り出す機，つまり空引機）であるとされている（王・趙 1989, pp. 101-102）．そして南宋の『蚕織図』に初めて図が描かれるが（染織用語解説，空引機の図参照）実際には唐代に遡る事も可能であるとされている．晩唐の詩に「美人嬾態胭脂愁，春梭抛擲鳴高楼」とあり，楼機が存在した証拠となろうと張湘雯氏は述べている（張 1991, p. 378）．

275　佐々木 1976, p. 29で佐々木氏は対称文様が上下打ち返しの技法を用いることを指摘し，横張 1986, p. 97で横張氏は古代の棒綜絖の機で経糸上に直接並べられる綜棒の数の制約を指摘している．6・7世紀の機に置いても構造原理は同じで，同様の事が言える．

276　坂本 1993, 237-239.

277　坂本 2000a p. 132, 140．錦の組織の決定は，経錦，緯錦の決定要素である糸の交錯状態，文丈の大きさ，「点線現象」の有無によるものである．

278　夏 1963, pp. 67-68, 図版 XI.

第 3 章 「連珠円内対称文錦」

であったこと，2．出土錦の文様は『歴代名画記』に記されている陵陽公で益州大業台を兼ねる竇師綸の創作によるもので，その対称文様が「陵陽公様」の「瑞錦」であると記述されていること[279]，3．蜀地と西域の商道は張騫が西域に至る以前から通じていたこと，4．唐代西州市場において「梓州小練」や「益州半臂」の価格が記載された大谷文書（「唐天宝二年（743 年）交河郡市估案」no. 3097・3047）が発見され，織物が実際に蜀から来たことが確認できること，さらに益州から半臂が届いているが通常半臂は錦で作られるため間接的に錦が益州すなわち蜀から来たと言えること，5．龍紋綺（TAM226:16 図 28）[280] に「景雲元年（710 年）双流県折調紬（細）綾一疋」の題記があって，この題記は「景雲元年」（710 年）に「双流県」から「調」として「細綾一疋」が絹や絁の代わりに収められたことを意味していて，そこに書かれた地名「双流県」は蜀の成都付近であることなどを列挙している．

武敏氏より少し前 1981 年に王炳華氏はトゥルファンから出土した 7 世紀中葉から 8 世紀中葉の麻布 17 資料や絹織物 3 資料の墨書や印判に注目した[281]．そしてこれらの布がいわゆる庸調布であり，墨書や印判が税の上納の過程を示していて，同時代史料の記述に合致することを指摘した．更に，出土した墨書のある麻布や絹織物が今の河南省，陝西省，湖北省，湖南省，四川省，江蘇省，浙江省からトゥルファンに来ていること，中原で織られた布や絹は軍資金や賜物として西方にもたらされ，貨幣として流通していたと述べている．

1982 年，孔祥星氏は大谷探検隊がトゥルファンから将来したいわゆる「大谷文書」の漢文文書「唐天宝二年交河郡市估案」に記された染織品の物価表によって，絹織物は益州・梓州（四川省），河南府・陝州（河南省），蒲州（山西省），麻織物は常州（江蘇省），衣服は益州（四川省）からトゥルファンに到達していることを指摘した[282]．生絁や半臂に冠された梓州，益州の地は蜀にある．武敏氏も四川（蜀）との関係を証明するのに同じ「唐天宝二年交河郡市估案」を用いている．

武敏氏は上記の王氏や孔祥星氏が文書に基づいて布・絹・絁・練・綺が中国からトゥルファンに来たという見解を更に進め，麻や上記の絹織物の他に連珠円内対称文様の錦や綺

279　1973 年論文で岡崎敬は『歴代名画記』に記された竇師綸の項により連珠円内動物対称文錦を中国製と指摘しているが，武 1984, pp. 78-80 で，さらに武敏氏は蜀であるとした．なお，『歴代名画記』では次のように記述されている．「竇師綸，字望言…封陵陽公．性巧絶．草創之際，乗輿皆闕．勅兼益州大行台，検校修造．凡創瑞錦・宮綾，章彩奇麗．蜀人至今謂之陵陽公様．…高祖・太宗時，内庫瑞錦対雉・闘羊・翔鳳・游麟之状，創自師綸，至今傳之．」；書下し「竇師綸，字は望言…陵陽公に封ぜらる．性は巧絶なり．草創の際，乗輿は皆闕く．勅して益州大行台を兼ね，修造を検校せしむ．凡そ創るところの瑞錦・宮綾は章彩奇麗なり．蜀人，今に至るもこれを陵陽公様と謂う．…高祖・太宗の時，内庫の瑞錦の対雉・闘羊・翔鳳・游麟之状は，師綸より創まり，今に至るもこれを伝う．」；訳「竇師綸，字は望言…陵陽公に封ぜられた．生まれつきたいへん器用であった．唐朝建国の際には，朝廷の公式の乗り物（乗輿）がみな揃っていなかったため，勅令により益州大行台を兼職し，乗輿の修復製造を監督させられた．彼の創作した瑞錦・宮綾は彩色もつやも鮮やかですぐれて美しかった．蜀（四川省）の人々はいまもなお，これを陵陽公の「様」（様式）とよんでいる．…高祖・太宗の時代の，宮中秘庫に収められた瑞錦のうち対向する雉の図柄，格闘する羊の図柄，天翔ける鳳の図柄，麒麟の悠々たる図柄は，師綸の創造によるもので，現在まで伝っている．」長廣 1977, pp. 268-269 による．
280　この題記のある織物（TAM226:16）は平組織の地に双龍連珠円文が 3/1 の綾流れで表された断片で，文様の一部が残っている．
281　王 1981, pp. 56-62.
282　孔 1982, pp. 18-23.

が，蜀からトゥルファンに到来したことを示したのである．また，この武敏氏の研究はスタインや夏鼐氏が「連珠円内対称文錦」を中国製としていたのを一歩すすめ蜀製としたのである．

ただ，武敏氏が蜀製であると考察した6世紀から8世紀に比定される錦綾のうち，6世紀の錦については，氏の挙げた根拠だけでは不充分である．なぜなら根拠の2に挙げられる「瑞錦」を創作した竇師綸は唐初に活躍した人であるからである．根拠2は7世紀以降の錦の文様にはあてはまるが，それ以前の6世紀の錦には当てはまらない．根拠4は上記のように交河郡の時期の文書に記されるから8世紀中葉の絹織物に関してのみ根拠とすることが出来る．根拠5は8世紀初めの絹織物に対して有効である．しかるに，6世紀の錦も蜀から来たという根拠に関しては1と3であり，これでは可能性に過ぎず不十分である．

上記のように不十分な部分は賈応逸氏の見解によって補うことが出来る．本編の第1章で述べたように，賈応逸氏は，トゥルファン出土錦の一部は経・緯糸とも無撚，またはゆるいS撚りで，このS撚りは絹であれ麻であれ中原地区の織物に特徴的に見られることを指摘した．つまり，トゥルファン出土錦のうち撚りなし，またはS撚りの錦は中国製であることを意味する．この章の冒頭に挙げた「連珠円内対称文錦」を見ると殆ど撚りがないかS撚りである（挿表5，I-b特に6世紀の資料6参照）．武敏氏が挙げた6-8世紀の動物が連珠円内に入れられる対称文錦も殆ど撚りがないかS撚りである[283]．この撚り方向によって，武敏氏の証明が不十分であった点を補うことが出来，6世紀の麹氏高昌時代にも蜀から錦がトゥルファンに到達していたことが明かとなったのである．

先行研究で述べられていない点を以下に補足すると，まず，「連珠円内対称文様」は，蜀製の「瑞錦」の文様である対雉（＝鳥），闘羊などと一致している[284]．次に，蜀とトゥルファンの関係について，トゥルファンから出た折調細綾の龍紋綺に蜀の地にある「双流県」の文字が記載されていることを武敏氏が述べていたが，それらの蜀から上納された庸調は，送納を指定された地である涼州に送られ，河西・西域に送り出す軍物としての布帛の中心集積地であった涼州[285]から西州方面へ配布された．そのルートが存在したことが調の実物である龍紋綺（図27・28）によっても証明され，更に両地の関係が知られるのである．

以上の点から「連珠円内対称文錦」は蜀すなわち中国本土からトゥルファンにもたらされたとすることが出来る．

第2節　資料における東西織物文化の伝播と融合の考察

1．文様にみる東西の要素

「連珠円内対称文錦」が蜀製であることについて先行研究を紹介しつつ述べてきたが，ここでは蜀製の錦の文様面における変容と融合を見てみよう．第3章冒頭に挙げた「連珠

---

[283] 坂本 2000b, p. 171, 表1.
[284] 注279参照
[285] 「大谷文書」no.2597「剣南諸州庸調送至涼府」とある（『大谷文書集成』1, p. 99）；荒川 1992, pp. 33-34.

第 3 章 「連珠円内対称文錦」

円内対称文錦」全体に目を向け,第 2 章の「連珠円内単独文錦」や「ペルシア錦」・「ソグド錦」と比べると,そこには羊・騎士・龍の文様が加わり,シムルグ・猪頭・ダブルアクスの文様がない.羊のモチーフや騎士を表す狩猟のテーマはソグドの壁画や,ペルシアの銀器に表され,イラン文化圏に存在したことがよく知られている.狩猟文様については,5 世紀に生きたシドニウス＝アポリナリス (Sidonius Apollinaris, 430-484) が,ペルシアの壁掛け上に表されていたと記述しているように,早くからペルシアに存在した[286].しかし狩猟文様は,「連珠円内対称文錦」においては,この項の後で述べるように天馬に騎士が騎乗するように変容している.連珠環上に表される回文 (二重円,重角) はイラン文化圏に存在し,そのまま使われているが,連珠円の接点に表される八弁花文は,西のハート型四弁花文の一弁が二つに分かれ,ソグドやタリム盆地では八弁となり,更に中国に入って花弁の先の丸さが稜形となった中国風八弁花文に変容したものである.「連珠円内対称文錦」の文様は全体として文様表現が写実的となり,モチーフにイラン文化圏と中国の文様の混在が見られる.

前節の織技の項で述べたように,連珠円内対称文様においては,小さな連珠円内のモチーフが,機の性質上単独ではなく対称に配置された二文様になるため,それらは幾分デフォルメされ,さらにあるものは中国的な表現になっている.例えば天馬がいびつになり,馬の冠が形式的となったり,孔雀の表現が鳳凰風になったりするのである.

大連珠円の龍紋綺は連珠円のうちに生命の樹が変容した花柱と,それを中心に龍が左右対称 (機上では上下対称) に表され,西方の文様と中国の龍が一つに融合し双龍連珠円文を形成している.

大連珠円内に騎乗する人物が表される錦を我々は狩猟文錦と呼んでいるが,この錦には本稿で扱う錦の外,有髭の騎士文錦[287]や同類文様断片が数点有り[288],同じテーマを扱いながらも文様の細部がそれぞれ異なっている.それらの文丈は 30cm 前後で大きい連珠円のうちに天馬に乗った騎士が連珠円内の位置から見て左右対称に表されている (図 30).連珠はほぼ正円である.騎士が表された狩猟をテーマとする図はササン朝の銀器によく見られるものである.その図の中で騎士が肩からリボンをなびかせている姿は銀器にも織物にも表されているが,騎士が天馬に騎乗している図は銀器に見あたらず織物にのみ見られるのである.他方,「ペルシア錦」やソグドの壁画に天馬だけが連珠円内に表されたものがあるので (図 2 参照),中国で狩猟図と天馬を合成して錦を織ったのではないかと思われる.主文である狩猟文 (図 29-a) の連珠円の間に中国で発展したパルメット唐草花文が副文として埋め込まれている (図 29-b).この副文は折調細綾と同文様の龍紋綺に表された副文

---

[286] Pope & Ackerman 1964, p. 692.
[287] 武 1962,図 4.
[288] 坂本 2000a, pp. 132-133, pp. 140-141.ここでは狩猟文錦のうち調査した連珠天馬騎士紋錦 (TAM 77:6) と騎士紋錦 (TAM 322:22/1) について扱う.

と酷似している[289]．武敏氏はこの副文の酷似から狩猟文を蜀製と考えている[290]．筆者も同じ見解[291]であり，次項で技術面から武敏氏の説を補強したい．

2. 織技にみる東西の要素

狩猟をテーマとする騎士文錦と連珠天馬騎士文錦の技術的な観察に基づいて，次のようなことが判明した．馬の鼻面や胸にぼかしで陰影を付け立体感を表すためにベルクレといって，二色の緯糸が交互に織り込まれる手法が用いられていることは[292]，「連珠円内単独文錦」の大連珠鹿文錦（図10，挿表3，資料1・2，Q），「ペルシア錦」であるアンティノエ出土の天馬文錦（図2，挿表4，資料2，Q），「連珠円内対称文錦」の騎士文錦・連珠天馬騎士文錦（図29-a・30，挿表5，資料14・15，P）すべてに共通する．しかしながら，ソグド地域の製作と見られる大連珠鹿文錦は2越（緯糸2本）交替であるのに「ペルシア錦」の天馬文錦[293]と騎士文錦・連珠天馬騎士文錦は1越（緯糸1本）交替である．つまり，騎士文錦・連珠天馬騎士文錦はこの点においては技術的にペルシアの要素を持っていることになる．

織の構成や糸に関しては，狩猟文錦2点の経糸配分が陰経2本引き揃えで母経1本になっているが（綾組織緯錦の図参照），その配分は「ソグド錦」に多く見られる（挿表4，J-a）[294]．また，セリシンの残る生経を3-5本追撚り（糸を合わせる時，最初の糸と同じ方向に撚ること）して太い糸に仕上げる手法は「ソグド錦」の一つの特徴であることを，筆者はモシチェヴァヤ＝バルカの織物調査によって知っている[295]．このように追撚りされた太い糸が陰経レベルと母経レベルで2層になっているので，裏面で緯糸は丸く膨らんでいる．この現象はサンスの寺院所蔵のソグド錦（図7）に見られるものである[296]．しかし，狩猟文錦2点の糸は「ペルシア錦」や「ソグド錦」のZ撚りでなく，先に述べたように，中国の特徴であるS撚りである．狩猟文錦では西方と中国とのデザイン上の合成が見られると同様に，技術上の西と東の合成も観察されるのである．

3. 文献史料にみる技術の伝播と東西の融合

このように西方と中国の文様や技術の混在が生じた理由を次の史料から説明してみたい．

289　アスターナ出土の龍文綺には副文の一部が残っている．日本に到来した龍文綾には副文が残り，その文様から復元できる（ルボレスニチェンコ＆坂本 1987, 図版 7-2 参照）．
290　武敏氏から口頭による．
291　坂本 2000b, pp. 176-177.
292　Riboud et Vial 1981, p. 151 において vial はアンティノエ出土天馬文錦の体部にこの技法が使われていると指摘している．
293　坂本 2000b では Martiniani-Reber 1986 が削り（はつり）2と記しているのを参考にしたが，その後リヨンで観察したところ削りは1であった．
294　Shepherd and Henning 1959, p. 28; Shepherd 1981, pp. 119-122.
295　モスクワの考古学研究所カメネツキー教授のご厚意により，モシチェヴァヤ＝バルカ出土染織資料 200 点余りの調査が可能であった．ここに教授に対して感謝の意を述べる．
296　Riboud et Vial 1981, p. 146, fig.19.

第3章 「連珠円内対称文錦」

隋の何稠の伝に，次のように述べられている．

『隋書』巻68，列伝第33，何稠伝（中華書局標点本，p. 1596）
　稠博覧古図，多識舊物．波斯嘗獻金綫錦袍，組織殊麗，上命稠為之．稠錦既成，踰所獻者，上甚悦．[297]

博識の何稠はペルシアの伝統工芸品であるペルシア錦よりも勝る錦を織り出したのである．
　何稠は，その姓から判断して中央アジアのソグドにある都市国家クシャーニヤの出身であると思われる．何稠の祖父，何細胡について

『隋書』巻75，列伝第40，何妥伝（中華書局標点本，p. 1709）
　何妥字栖鳳，西域人也．父細胡，通商入蜀，遂家郫縣，事梁武陵王紀，主知金帛，因致巨富，號為西州大賈[298]．

とある．
　何稠の祖父，何細胡はソグドの地を離れ，蜀の郫縣（成都の北西）に定住するようになった．南朝梁の成都は当時西方に開かれた南朝唯一の窓ともいうべき国際都市であり，細胡の仕えた武陵王紀は蜀にいた17年の間，西域向けの蜀錦の生産に努め，西域との貿易によって勢力の強化を計った．細胡は長年の経験を経て身につけた商業的手腕を発揮し，西域諸国に関する豊富な情報，更に，彼が持っていた取引のネットワークなどを縦横に利用し，政商として敏腕を揮ったことは想像に難くない[299]．おそらく，絹織物工房も管理し，皇家と結んで絹織物を貿易し巨商となったのであろう[300]．その息子何通も何妥も技芸の才があり，甥の何稠も北周の御飾下仕（朝廷の服飾を調製する技芸官），隋の細作署（朝廷の諸工芸，調度品を調製する役所）の長となり[301]，三代にわたって工芸と関わった．『隋書』に記述された三代目の何稠の錦は西域に伝わる家伝の特殊技術を用いたもので，おそらく官営工房に空引機を導入し，先に述べたようなペルシアやソグドの技術を中国の技術の中に取り入れて，狩猟紋錦のような大錦を製作したに違いない[302]．

297　書下し「稠は古図を博覧し，多く舊物を識る．波斯は嘗て金綫（線）錦袍（『梁書』に金線錦袍とある）を獻ずるに，組織は殊麗なり．上は稠に命じて之を為らしむ．稠の錦既に成り，獻ずる所の者を踰ゆ．上甚だ悦びたり．」訳「稠は古図に見聞が広く，舊い物事を多く知っている．ペルシアが嘗て金糸入りの錦を献納した．（その）錦の組織は非常に美しかった．帝は稠にペルシアの錦を織ることを命じた．稠の錦が既に完成してみると，それは献納されたものより優れていた．（そこで）帝は大変喜んだ．」
298　書下し「何妥，字は栖鳳，西域の人なり．父の細胡は，通商して蜀に入り，遂に郫縣に家す．梁の武陵王紀に事え，主として金帛を知り，因りて巨富を致す．號して西州大賈と為る．」訳「何妥は，字は栖鳳であり，西域の人である．妥の父の細胡は，商売をして蜀に来て，遂に郫縣に居住し，梁の武陵王紀に仕え，金や絹織物を司り，それによって巨万の富を築いた．（細胡は）西州大賈（西州の大商人）と呼ばれた．」
299　後藤 1987, pp. 2-3.
300　姜 1994, p. 223.
301　長廣 1977, pp. 123-124.
302　坂本 2000b, p. 177.

第2編　カラホージャ・アスターナ出土染織資料

　以上のように「連珠円内対称文錦」の生産地について中国本土，とりわけ蜀であると考えられるのは，武敏氏によって挙げられたトゥルファンと蜀の関係を示すいくつかの証拠や，長廣氏・後藤氏・姜氏らによって挙げられたようなソグドと蜀の関係を示す何一族に関する史料が存在したことによる．おそらく何一族によって，あるいは彼らのような中国に移住した人々に導かれて，蜀に移住したペルシア人やソグド人の織工もいたであろう．ましてアラブの侵攻による受難の時，トカラから離散したペルシアの織工が蜀に移住した可能性も否めない．大連珠円の騎士文錦，連珠天馬騎士文錦が緯錦であり，その錦のベルクレにペルシアの技法が用いられるように，イラン文化圏から移住した人々がもたらした技術や文様が見られるのである．また，大連珠円の錦・綺には，イラン文化圏と中国の文様や技術が混在していた．そのようなトゥルファン出土錦の例が示すように，「連珠円内対称文錦」は，本編第1章第1節第1項で述べた伝播ケースの第2や第3に当たり，文様の模倣や東西技術の併用によって蜀において製作され，トゥルファンにもたらされたと考えることが出来よう．

第4章　吐魯番文書に現れる各種の錦の実体について

　吐魯番文書には「丘慈錦」「疏勒錦」「波斯錦」「魏錦」など地名を冠した錦名,「提婆錦」「樹葉錦」「大樹葉錦」「柏樹葉錦」「飲水馬錦」「陽（羊）樹錦」「合蠡文錦」など文様による錦名のほか, 色彩による錦名が見られる[303]. 文様や色彩による錦名については, 錦の文様が吐魯番文書の記述と一致するところから実体のわかるものがある. それに対して地名を冠した錦については種々の見解がある. そこで「丘慈錦」「疏勒錦」「波斯錦」について先行研究を紹介しながら, 筆者の見解を加えたい.

第1節　「丘慈錦」「疏勒錦」について
1. 吐魯番文書中の「丘慈錦」「疏勒錦」
　まず, 地名を冠した錦のうち「丘慈錦」「疏勒錦」が現れる文書は次の通りである.

「北涼承平五年（506年）道人法安弟阿奴挙錦券」（TKM 88:1b）[304]
高昌所作黄地丘慈中錦一張, 綿経綿緯, 長九（尺）五寸, 広四尺五寸.

「北涼承平八年（509年）翟紹遠買婢券」（TKM 99:6a）[305]
翟紹遠従石阿奴買婢壱人, 紹女年廿五, 交与丘慈錦三張半.

「高昌主簿張綰等伝供帳」（TKM90:20a）[306]　482年文書伴出
張綰伝令, 出疏勒錦一張, 与処論無根.

2.「丘慈錦」「疏勒錦」の実体と生産地をめぐる議論
　「丘慈錦」「疏勒錦」について, 武敏氏は1987年論文で次のような文書中にみられる錦に関する文言を取り上げ, 論証を試みた[307].
　1. 上記記載「北涼承平五年道人法安弟阿奴挙錦券」（TKM 88:1b）

　2. 西向白地錦半張, 長四尺広四尺.
　　「義熙五年道人弘度挙錦券」（TKM99:6b）[308]

---

[303]　呉 2000, pp. 94-95.
[304]　『吐魯番文書』1, p. 181;『吐魯番出土文書』壱, pp. 88-89. 訳については注175参照.
[305]　『吐魯番文書』1, p. 186;『吐魯番出土文書』壱, pp. 92-93. 訳「斎紹遠は石阿奴から婢, 一人を買う.（その名は）紹女といい二十五歳である.（それに対して）丘慈錦三張半を支払う.」
[306]　『吐魯番文書』2, p. 18;『吐魯番出土文書』壱, p. 122. 訳「張綰は令を伝え,（庫より）疏勒錦一張を出し, 処論無根に与えた.」
[307]　武 1987, pp. 98-99.
[308]　『吐魯番文書』1, p. 189;『吐魯番出土文書』壱, pp. 94-95.

第 2 編　カラホージャ・アスターナ出土染織資料

3. 紫地錦四張，…
   「高昌某家失火焼損財物帳」（TKM99:17）[309]

4. 錦十張，…「高昌恵宗等入㲲毯帳」（TKM90:21a）[310]
   取 錦 四 張 ，…「高昌安取錦残帳」（TKM90:21b）[311]

5. 上記記載「高昌主簿張綰等伝供帳」（TKM90:20a）

　まず，1・2・3・4の文書から中国本土の錦と違って「高昌所作」の錦は張が単位であり，1の文書「北涼承平五年道人法安弟阿奴挙錦券」から高昌の地産の錦は「綿経綿緯」，即ち紡ぎ糸で織られていると主張した．「綿経綿緯」が紡ぎ糸の経糸と緯糸を示すことは，唐長孺氏の説として紹介したとおりである[312]．つまり，綿（真綿）から紡がれた経紡糸と緯紡糸が丘慈錦に使われているのである．次に，同文書が亀茲ではなく「高昌所作黄地丘慈中錦」としているところから，「丘慈錦」も5の「高昌主簿張綰等伝供帳」に記される「疏勒錦」も亀茲産や疏勒産の錦の特徴をもった高昌（トゥルファン）の地産錦であると主張した．

　同様に，呉震氏は1996-1998年に行われたトゥルファン出土織物に関する日本との共同研究で著した論文のなかで，出土文書に現れる「波斯錦」「丘慈錦」「疏勒錦」が高昌製である証拠を次の様に説明した[313]．

1. 波斯や疏勒でも錦は織られるが，そこから絹の主産地に向かって逆に流れることはないだろう．
2. 文書「北涼承平五年道人法安弟阿奴挙錦券」に書かれた「高昌所作黄地丘慈中錦…」によって「丘慈錦」は亀茲製ではないことが明らかである．
3. 文書「永康□十年用綿作錦条残文書」（TKM90:34）[314] の中の「… 須 綿参斤 半 作錦条 …」により錦条は綿経綿緯を紡ぐ前の準備工程にある「条」[315] と考えられる．
4. 文書「高昌主簿張綰等伝供帳」の中の「 張 綰伝令， 出 　疏 勒錦一張， 与処論無根 ．」により柔然の使者処論無根に与えた「疏勒錦」は王国府庫の錦であるから高昌製である．

　これらの主張に対して筆者は次のように考えている．

309　『吐魯番文書』1, p. 195;『吐魯番出土文書』壱, p. 98.
310　『吐魯番文書』2, p. 22;『吐魯番出土文書』壱, p. 124.
311　『吐魯番文書』2, p. 23;『吐魯番出土文書』壱, p. 125.
312　本編第1章第2節参照.
313　呉 2000, p. 94.
314　『吐魯番文書』2, p. 7;『吐魯番出土文書』壱, p. 118.
315　呉氏はこの「条」について紡ぎ糸を紡ぐための前段階，つまり繭を拡げて枠にはめたもの，または繭を細長くしたものと考えているらしい．

第 4 章　吐魯番文書に現れる各種の錦の実体について

1. に対して，
   文様や技術の異なる絹織物であれば，古くからの絹の産地に対しても外部から流入する事はあり得る．
2. に対して，
   確かに文書の中の「丘慈錦」は高昌製であるが，このように高昌製であることをわざわざ断り書きして述べるのは特別の例だからだろう．
3. に対して，
   錦条とは糸を紡ぐ前準備の「条」ではなく，幅1.5-2.0cmのリボン状の錦を言い[316]，衣服の縁飾りに用いられるものである．実際，「綿経綿緯」の経錦の錦条が営盤から出土している[317]．唐長孺氏も本編第1章で述べたように，この文書に基づいて，高昌でもこの様に細い幅の錦が織られたと指摘している．この文書により高昌で「綿経綿緯」のリボン状の錦が織られた事実は証明されるが，幅4尺5寸である「丘慈錦」が織られたことにはならない．
4. に対して，
   国庫には税として高昌製の産物が納められていた．しかし，麹氏高昌において税の対象として絹は文書に現れるが[318]，錦は見られない．錦が貢ぎ物や輸入されて内庫に入ったものであれば疏勒からもたらされた可能性がある．なぜなら『魏書』疏勒国の条（中華書局標点本 p. 2268）に「土多…錦・綿…」とあるように疏勒は錦を産したからである．

以上のように，武敏氏や呉震氏の主張する「丘慈錦」「疏勒錦」のトゥルファン製作説は証明が不十分であり，「北涼承平五年道人法安弟阿奴挙錦券」に記載された文言によって「黄地丘慈中錦」の産地・糸質・寸法が分かるだけである．

上に述べた「黄地丘慈中錦」は「丘慈錦」とは呼ばれるものの，実際には高昌で製作されたという特殊性ゆえに，丘慈産と間違われないようにわざわざ高昌という生産地を明記したものであると考えられる．言い換えれば，亀茲で養蚕がなされている事実[319]からも推測されるように，亀茲で錦が生産されていた可能性を示唆している．また上記に示したように疏勒では錦を産すると史料にある．加えて，「大谷文書」の「唐天宝二年交河郡市估案」では本編第3章第1節第2項で述べたように，織物に地名が冠されていて，その地名が生産地とみなされている．このような理由から「丘慈錦」「疏勒錦」の生産地に関して，筆者は錦に冠した地名が生産地であると推定しているが，文書だけで実体と生産地を示すには限界がある．

ちなみに唐長孺氏は「丘慈錦」は亀茲産，「疏勒錦」は疏勒産，高昌産の「丘慈錦」は亀茲産の錦が模倣されたものと見ている[320]．

316　趙 2002, p. 62
317　趙 2002, pp. 62-65; 2005a, pp. 51-59.
318　唐 1985, pp. 149-150.
319　唐 1985, p.148.『続高僧伝』巻27, 釈道休伝（大正新脩大蔵経，巻50, p. 684）．
320　唐 1985, pp. 148-149.

第 2 編　カラホージャ・アスターナ出土染織資料

　ところで視点を実物に移すと，「丘慈錦」「疏勒錦」が文書に現れる 5 世紀末 -6 世紀中葉までのカラホージャ・アスターナ出土錦は，その全てが経錦か平組織緯錦である．漢代から盛んに織られた経錦は依然として織り続けられた．そこへ 4 世紀から現れたのが平組織緯錦である[321]．この平組織緯錦という組織は毛織物圏で織り始められ，その技術がトゥルファンに伝播したことについて，第 1 編第 1 章第 3 節第 2 項で既に述べたところである．アスターナ・カラホージャ出土資料で綾組織緯錦が現れるのは 6 世紀末から 7 世紀初めであるから（表 3 参照），「丘慈錦」「疏勒錦」は平組織緯錦と考えられる．横張氏は 1992 年に「綿経」を用いた平組織緯錦であるスタイン発見の動物雲気文錦（ast.vi.1.03, 図 1）を「丘慈錦」か「疏勒錦」とする見解を示した．横張氏の示した動物雲気文錦（ast.vi.1.03）の外，アスターナ出土の平組織緯錦で「綿経綿緯」の例としては，武敏氏が示した倣獅文錦（TAM313:12, 図 19）に連珠小花錦（TAM323:13/3, 図 31）を加えることが出来る[322]．「丘慈錦」「疏勒錦」は「綿経綿緯」の平組織緯錦であるとする点で，横張氏も筆者も同じ見解である．

　一方，趙豊氏は平組織緯錦を紡ぎ糸の粗い錦と，高品質の繰糸の錦に分け，前者が「丘慈錦」で後者が「疏勒錦」であろうと推定している[323]．趙豊氏は後者の繰糸の錦に見られる漢字を，新疆の住人も漢人から漢字を学んで知っていたと推定し，「大吉字文錦」（TAM169:51, 表 2 参照）や「亀背王字文錦」（TAM44:23, 表 2 参照）など文字入り錦を「疏勒錦」とした．それに対して筆者は文字入り繰糸の錦を中国製とみる．なぜなら，文字入りの平組織緯錦が織られた 6-7 世紀初めタリム盆地では養蚕を行っているが，蚕を殺さず綿をとったと『魏書』巻 102，焉耆の条（中華書局校訂版 p. 2265），玄奘の『大唐西域記』，道宣の『続高僧伝』のなかで述べられることから[324]，その糸は繰糸ではなく紡ぎ糸でなければならない．しかも「疏勒錦」とされた錦のうち，筆者が調査した「亀背王字文錦」は経糸が S 撚りで漢字が入り，その上，二色の糸の挿入技法が中国式であるように[325]，中国製の特徴が際立つからである．

　上に考察したように「丘慈錦」「疏勒錦」は経糸も緯糸も紡ぎ糸で織られた平組織緯錦である．それらは「張」を単位として数えられ，中国本土の錦に比べると幅の広い織物である．想定される「倣獅文錦」「連珠小花錦」など実物資料から考えると，紡ぎ糸は太く不揃いで，従って地の粗い織物である．文様は倣獅文錦のように漢錦の形式的な模倣もあれば，連珠小花錦のように西方花文の影響を受けたものもある．産地に関しては高昌（トゥルファン）・亀茲・疏勒が考えられるが，いまのところこれらの錦がいずれの産であるか結論は出ない．

321　第 1 編第 1 章第 3 節第 2 項および表 1 怪獣文錦参照．
322　武 1992, p. 113; 坂本 2000a, pp. 120-121, p. 130．
323　Zhao 2004, p. 73．
324　『続高僧伝』巻 27, 釈道休伝（大正新脩大蔵経，巻 50, p. 684）．
325　坂本 2000a, p. 129. パミール以西の abba，新疆の abab に対し中国式 aabb の挿入法については第 3 編で詳しく説明する．

第4章　吐魯番文書に現れる各種の錦の実体について

第2節「波斯錦」について

1.「波斯錦」の実体と生産地をめぐる議論の概要

「波斯錦」とは，文書や漢籍に現れる史料用語である．「波斯」とは言うまでもなくペルシアを指すが，当時の漢文圏の人々にとって異国の錦の正確な産地を把握するのは困難であったろう．この「波斯錦」が果たしてペルシア産であるのか否かについて，出土文書を含めた文献研究の中から様々な見解が提出されているのである．

中国では夏鼐氏が1963年にカラホージャ・アスターナ出土の錦のうち連珠円内に動物文様のあるササン様式の錦2点を分析して中央アジア製としたが，その後1978年にそれらの錦を「波斯錦」として，イラン東部から輸入されたとの見解を示した[326]．

この夏鼐氏の見解を支持し，吐魯番文書中に「波斯錦」の文字が散見されることを指摘したのは，前述の1982年の孔祥星氏の論文である．

現時点で「波斯錦」という術語の確認されている吐魯番文書は次の4件である．

①．「高昌□帰等買鍮石等物残帳」「鉢（波）斯錦」（TKM90:29/1，482年文書伴出）[327]

②．「高昌章和十三年孝姿随葬衣物疏」「故波斯錦十張」（TAM170:9，543年）[328]

③．「高昌延寿十年元児随葬衣物疏」「波斯錦被辱（褥）」・「波斯錦面依（衣）」（TAM173:1，633年）[329]

④．「唐唐幢海随葬衣物疏」「婆（波）斯錦面衣」（TAM15:6，641年文書伴出）[330]

吐魯番文書ではないが，同じく出土文書である敦煌出土漢文文書2件にもこの語が確認できる．

⑤「唐為甘州回鶻貢品回賜物品簿」「波斯錦」（S8444-A，10世紀初め）[331]

⑥『俗務要名林』「波斯錦」（S617）[332]

326　夏 1963, pp. 45-76; 1978, pp. 114-115. ここでは「波斯錦」の出典に触れていないが，『冊府元亀』など史料で知られた例が念頭にあると推定する．
327　『吐魯番文書』2, p. 24;『吐魯番出土文書』壱, p. 125.
328　『吐魯番文書』2, p. 60;『吐魯番出土文書』壱, p. 143.
329　『吐魯番文書』3, p. 267;『吐魯番出土文書』壱, p. 421.
330　『吐魯番文書』4, p. 32;『吐魯番出土文書』貳, p. 20.
331　『英蔵敦煌』12, 1995, p. 132. 土肥 1988, pp. 399-436.
332　『英蔵敦煌』2, 1990, p. 93. 綵帛絹布部に記載される．

第 2 編　カラホージャ・アスターナ出土染織資料

　従来，吐魯番文書をめぐって展開された議論は以下のとおりである．
　1985 年には唐長孺氏が，カラホージャ 90 号墓出土の①「高昌□帰等買鍮石等物残帳」に名前の挙がっている「鉢斯錦」は波斯すなわちペルシアの産物であって，ペルシアで錦が織り出されるのは高昌から北道を経てペルシアへ織物手工業が伝播したからであるという考えを示した[333]．
　1994 年姜伯勤氏は文書や染織資料に基づいて総合的にシルクロードについて考察した[334]．その中で「波斯錦」は狭義ではペルシアの原産であるとしながらも，広義では産地はソグドあるいは中国西北，中国の他地域でありえると想定している．なかでも，スタインが第（2）シノーササン＝グループに分類した「連珠円内対称文錦」を姜伯勤氏は中国産と想定し，西方輸出用でソグド人が関わっているとした．
　1987 年武敏氏は先に述べた「丘慈錦」「疏勒錦」を高昌（トゥルファン）産とする論文で，高昌以外の地名を冠した「丘慈錦」が高昌で製作されたところから，①の文書にみられる「鉢（波）斯錦」や②の文書にみられる「故波斯錦」もまた「波斯錦」の風格を持った高昌地産の錦とみなしている．
　同様に，呉震氏は，先に述べた「丘慈錦」「疏勒錦」と共に「波斯錦」も取り上げている[335]．古代高昌は絹織物の産地であること，高昌製の錦は高昌錦という名称ではなく，「丘慈錦」といった他の地名を冠して呼ばれていたこと，そして①の文書を挙げ，波斯錦高昌産説を補強した．
　「高昌□歸等買鍮石等物残帳」（…は欠字を示す）
　　…歸買鍮石
　　…毯百八十帳，□諸将綿…
　　…鉢斯錦糸□昌応出…
の「諸将綿…」と「鉢斯錦糸」の文字から綿の条を作って紡ぎ，「波斯錦糸」（経緯糸）を作り出す意とし[336]，つづいて「高昌応出…」と地名を推補できるから，高昌で「波斯錦」を織っていたとした．
　呉震氏は，更に，高昌の絹織物業の起源と発展衰退は高昌を取り巻く歴史と関係があることを根拠として，蚕桑絹織物業は漢人によるものではあるが，「波斯」を冠した錦の文様に関しては，売れ筋をよく知るソグド人を介して波斯文様が取り入れられ，その錦は高昌で織られ，西方に売られたと結論している．
　その後，2004 年の論文で尚剛氏は，下記の後唐同光 2 年沙州曹義金の入貢を挙げ，「波斯錦」は西方産の可能性もあるが，五代には織工が異域から移住したとも考えられ，中国西北で生産された可能性もあると考えている[337]．

---

[333]　唐 1985 p. 149.
[334]　姜 1994.
[335]　呉 2000, p. 94, p. 102.
[336]　原文：原義当是用作綿条紡為織造鉢（波）斯錦糸（絲、指経、緯絲）．
[337]　尚 2004, p. 468. 尚剛は同光 4 年（926 年）としているが，同光 2 年（924 年）の間違いであろう．

以上のように,「波斯錦」の生産地については (1) ペルシア (2) ソグド (3) 高昌＝トゥルファン, (4) 中国と見解が四分されている.
　上記の各見解は「波斯錦」が具体的にはどのような出土染織資料に同定できるのか，という問題には満足に答えていない．それらの見解は，夏鼐氏が二点の「連珠円内単独文錦」を例示しているのを除いて，ただ,「波斯錦」の産地を推定し，ペルシア説は西方から織物の実物が到来したこと，トゥルファン・敦煌・中国説はペルシアの文様や技術がそれらの地に及び，そこで織られたと主張しているに過ぎない.

2. 生産地の検討

「波斯錦」が現れる漢籍史料を以下に挙げる.

1.『梁書』巻 54, 列伝 48, 滑國の条（中華書局標点本, p. 812）
滑國者，車師之別種也。…普通元年（520），又遣使献黄獅子、白貂裘、波斯錦等物.

2.『冊府元亀』巻 971, 外臣部, 朝貢第 4 (宋本, p. 3849)
(唐玄宗開元) 十五年（727）七月突厥骨吐禄遣使献馬及波斯錦.

3.『冊府元亀』巻 971, 外臣部, 朝貢第 4 (宋本, p. 3852)
(唐玄宗天寶) 四歳（745）二月罽賓國遣使献波斯錦….

4.『冊府元亀』巻 972, 外臣部, 朝貢第 5 (宋本, p. 3858)
同光二年（924）四月沙州曹義金進玉三団, 硇砂・羚羊角・波斯錦・茸褐・白氎….

5.『白孔六帖』巻 8（四庫全書 891-134）…　波斯錦　吐蕃其所貢波斯錦　…

　上記史料の「波斯錦」は全て朝貢の場面に現れている．その年代と朝貢国はそれぞれ，520 年：滑国（エフタル），727 年：突厥，745 年：罽賓（カーブル），772-846（白居易の生存年）：吐蕃，942 年：沙州，となる．年代は 6 世紀から 10 世紀中葉にも及び，また「波斯錦」を持ち来った国も滑国（エフタル）・突厥・罽賓（カーブル）・吐蕃・沙州と広い範囲に渡っていることが見て取れる.
　さて，言うまでもなく，ササン朝ペルシアは 6 世紀末頃からその治世が乱れ 7 世紀半ばには滅亡している．よって，年代から判断すれば，これらの漢文史料に現れた「波斯錦」がすべてササン朝ペルシア産の錦であるはずはなく，むしろこれらの史料は,「波斯錦」という言葉がイラン文化圏の「波斯」風の錦に対しても柔軟に用いられたことを示す証拠であるといえよう．また,「波斯」風の錦を献上した地域の広さも考え併せれば,「波斯」風の錦の生産地がそれだけの生産力を持つ必要があり，場合によっては複数存在したこと

第2編　カラホージャ・アスターナ出土染織資料

も想定せざるを得ない．錦の生産地として「波斯」風文様で高品質の錦を継続して維持する力を備えていた地域はどこと考えるべきか

　上記の史料によれば，「波斯錦」はすべて朝貢品であるから，それが中国本土の製品であるはずはない．また史料に名の挙がった朝貢国は中国の南方や東方の国ではなく，大多数はシルクロードのオアシスルートに沿い，そのうち罽賓は，漢代から通じていたイラン南道を経てペルシアから，あるいは北に道を取りソグドから，「波斯錦」を手に入れることが可能であった[338]．また，吐蕃はパミール地域を北上してソグドへ通じることが出来，また西へ道を取り，「波斯錦」を手に入れることが可能であった[339]．このように上記の朝貢国は西方から手に入れる可能性が高い．朝貢品目を見ると沙州曹義金は他国から手に入れた品物，玉や硇砂を朝貢している．⑤の敦煌文書「唐為甘州回鶻貢品回賜物品簿」に現れる甘州回鶻も同様である[340]．「波斯錦」も他国から手に入れたものであろう．

　一方，トゥルファンでは4-6世紀中葉（十六国〜麹氏高昌国時代前期）『梁書』巻54高昌伝（中華書局標点本，p. 811）に，高昌では「白畳」があり，それで布を織り，商いに用いられたと記載されるように棉が産し，当時，貨幣として棉布・絹・毯・穀物が用いられた．また6世紀中葉-7世紀（麹氏高昌国時代後期〜唐西州初期）には『周書』巻50異域伝高昌の条（中華書局標点本，p. 915）に，［田地］の大小に応じて銀銭を税として収め，［田］のない者は麻布？（棉布）を収めるとあるように，貨幣として用いられるのは主として銀銭で，副次的に棉布（麻布でなく）・絹・金・銅銭が用いられた[341]．盛唐には高昌で棉が貢[342]に当てられるほど棉の生産が盛んになり，かつて納税に充てられた絹[343]の生産が衰える状況は，唐長孺氏が次のように指摘している．唐西州になると調は絹や麻布でなく緤布（棉布）となり，貢は開元・天宝において「西州白氎」・「西州白氈氎」・「氎毛」・「氎布十端」と表されていて，棉が貢に当てられている[344]．

　本項冒頭の史料に見られるように6世紀から10世紀にわたって「波斯錦」が朝貢されているが，トゥルファンでは棉中心の生産となり，「波斯」風錦がそんなに長期に織り続けられることはない．実際，8世紀以降のトゥルファン出土錦をみると「波斯」風錦は次第に姿を消し，中国製の花文錦に取って代わられる．

　先述の武敏氏ならびに呉震氏は「波斯錦」のトゥルファン産説を唱えるが，しかし，上に挙げた①「高昌□歸等買鑢石等物残帳」の残存文字だけから「波斯錦」を織ったと解釈するには無理がある．文書の中の「波斯錦糸」を「波斯錦・糸」と読むことも可能であ

338　松田 1975, pp. 217-251.
339　森安 1984, pp. 10-11.
340　甘州回鶻は「波斯錦」の他，象牙・硇砂・貂鼠・玉腰帯胯具などが他国産のものである．
341　『慈恩伝』巻1によれば，高昌王が玄奘の旅費として賜与したのは黄金一百両，銀銭三万，綾絹等五百匹であった．トゥルファンにおいて貨幣として用いられた物に関しては森安教授のご助言による．
342　『通典』巻6食貨6賦税下「天下諸郡毎年常貢」の注によれば，貢とは地方官が官物を以て各地方の特産物を購入して貢納するものである（佐藤 1978, p. 310）．
343　唐 1985, pp. 149-150.
344　唐 1985, p. 150.

第 4 章　吐魯番文書に現れる各種の錦の実体について

る．つまりこの文書は売り買いを示していて，「波斯錦と中国の糸を買う」とも解釈される．姜伯勤氏は，この部分を「波斯錦」は買われ，「糸」は売られたと解釈している[345]．この文書からはこのように違った解釈も出て来る．従って，この①の文書でトゥファン産説を証明することは出来ない．

　第1節で「丘慈錦」「疏勒錦」のトゥルファン産説の論証に取り上げられた文書3件は5世紀後半から6世紀初めの文書である．ところが第2節に挙げたトゥルファン出土の「波斯錦」記載の文書は，どこにも高昌製を示す文言はなく，しかも4件中②から④の3件は6世紀中葉から7世紀前半のものである．5世紀後半から6世紀初めの文書でもって，それより遅い時期の「波斯錦」もトゥルファン製とするのは無理があるのではないだろうか．

　上に考察したように，「波斯錦」の生産地として，中国産説とトルファン産説は可能性がなく，イラン文化圏産の可能性が高い．第2章で検討した「連珠円内単独文錦」は6世紀後半から7世紀に属することが伴出文書などから既に判明していて，「波斯錦」記載の文書群と同年代である[346]．「波斯」風の文様やその製作地を考えると，「波斯錦」の一つとして「連珠円内単独文錦」の可能性が高くなってくる．

3.「波斯錦」とは

　「疏勒」や「波斯」といった錦に冠された地名は，「高昌産の丘慈錦」といった特殊な例外を除けば，中国の地名が冠された「河南府生絁」・「梓州小練」・「蒲陝州絁」(no. 3097)・「益州半臂」(no. 3047)[347] の例からも分かるように，本来,産地を示すものと考えられよう．「波斯」は文字通りにはペルシアであるから，「波斯錦」はペルシア産の錦と見なすことにいささかも不都合はない．実際に，「王中の王，偉大にして栄光ある…」とパフラヴィ文字が織り出されているペルシア製のティラーズ錦が都蘭から出土している（図32）．このようにペルシアから東へ運ばれた事例もある[348]．このペルシア製のティラーズ錦は「波斯錦」と呼ばれる資格は十分である．

　次に，「波斯錦」の生産地をソグドに拡げて想定すればどうであろう．史料の示す年代も地域もソグド商人の活躍と十分重なり，「波斯錦」が流通する可能性は高い．錦の生産については，ソグド製とされる北コーカサスのモシチェヴァヤ＝バルカ出土錦や[349]，ヨーロッパに残る聖遺物の錦をみると，8世紀・9世紀に至るもペルシア錦・ソグド錦の生産が続けられ，それらの文様の変化の過程をたどることができる．

　ソグド錦もペルシア錦も共にササン文様を受け継ぐ錦が織り出され，連珠円文・絡縄文・鋸歯文などで飾られた円内に動物が表された錦（鋸歯文で飾られた円の例はザンダニージーとされる錦の図7参照）が存在し，その他の錦は，第4編の文様史で例示するが，円が失

---

[345] 姜 1994, p. 72.
[346] 坂本 2000a, pp. 128-141.
[347] 仁井田 1960, p. 205, p. 209, p. 213;『大谷文書』p. 11, p. 24, 図版 10・20.
[348] 林 1995, p. 146;『中国文物精華』1997, pl. 129, p. 245, p. 296.
[349] Ierusalimskaja 1996, Tafels LX-LXXXVII. 本稿のソグド錦のことである．

第2編　カラホージャ・アスターナ出土染織資料

われ動物が行列する文様の錦に変化するという過程が確認できる．このような文様の変化が認められるものの，イラン文化圏では，上記の出土資料や聖遺物をみると，一貫して錦の生産が継続していたことがわかる．「波斯錦」の文様も時代とともに変化した可能性があろう．

　以上のような錦がペルシア錦・ソグド錦とあわせて，漢文史料中では「波斯錦」の名で表現されたのではないかと筆者は考えている．本編第2章第2節で述べたように，ソグドはペルシア文化の影響を受け，壁画に表された錦の文様やソグド錦の文様にもペルシアの影響が色濃く現れているからである．

　ササン朝の滅亡と共にペルシア本土からの「波斯錦」の到来には変化があったであろうが，ソグド産の「波斯錦」は8世紀初めの混乱期を除けば，6-10世紀を通じて織り続けられたことが，北コーカサス出土資料などによってわかるのである．ササン朝ペルシア，そしてササン朝ペルシアから直接影響をこうむったソグド地域が長期にわたる「波斯錦」の製作地として相応しい．

　上述のとおり数世紀に渡る歴史をもち，文様に変遷も見られる「波斯錦」であるが，6-7世紀の吐魯番文書中の「波斯錦」に限って言えば，その実体はアスターナ出土の「連珠円内単独文錦」であったと考えられよう．既に本編第2章第2節で述べたように，「連珠円内単独文錦」は文様・技術とも「ペルシア錦」との共通性が指摘できると同時に，それらは「ソグド錦」にも酷似していた[350]．

　しかし，同じ連珠円内に動物が配された文様であっても，「連珠円内対称文錦」は「波斯」風であるが中国で模倣され製作されたもので，『歴代名画記』に記されるように「瑞錦」と漢人に呼ばれた．その他，対称文様の天馬を表した文様のうち連珠対馬錦（TAM302:22，図15）は馬が水を飲んでいる様子が表されているところから「高昌伯子中布帛雑物名條疏」に「飲水馬錦」と表現された[351]．「連珠円内対称文錦」は「波斯」風であるが「波斯錦」と記載されることはなかった．従って「連珠円内対称文錦」は「波斯錦」から除外して良かろう．そこで7世紀には「波斯」風として主要な文様であった「連珠円内単独文錦」が「波斯錦」と呼ばれたに違いない．

　「波斯錦」はしばしば吐魯番・敦煌文書や漢籍史料に在証される．それら文字資料に現れる「波斯錦」はトゥルファン製や中国本土製ではなく，むしろ，イラン文化圏の製作を考えさせるのである．6世紀後半から7世紀の「連珠円内単独文錦」は毛織物圏に起源のある織技で織られていて，とりわけソグド製錦と共通点を持つものが多いこと等々，以上のように考察を進めた結果，「波斯錦」と呼ばれる錦のなかに「連珠円内単独文錦」を入れることが出来よう．「波斯錦」は諸説ある中でもイラン文化圏製作の錦であり，トゥルファンや中国本土にもたらされたと結論づけるのが妥当であろう．

350　挿表3・4, Shepherd 1981, pp. 119-120; Ierusalimskaja 1996, pp. 252-287.
351　『吐魯番文書』4, p. 186;『吐魯番出土文書』貳, p. 105.

第3編　カラホージャ・アスターナ以降の出土染織資料

はじめに述べたように大谷探検隊収集資料，およびドイツ隊発掘資料はそれぞれ7-10世紀，7-14世紀の資料を含んでいる．そのうち，7-8世紀の資料は第2編で取り上げた染織資料群と共通項を持っている．

本編で取り上げる3点の織物はそれぞれ大谷探検隊，ドイツ隊将来の染織資料で，いずれも8世紀までのカラホージャ・アスターナ資料群とは明らかに異なる性質を持ち，年代も9-14世紀へ下る．年代比定を含め，これらの染織資料の染織史における位置付けは以下に論じてゆくが，第1編第2章第1節で述べたとおり，これらの資料は20世紀初頭に将来されて以来，若干の簡単な報告を除きこれまでほとんど研究らしい研究はされていない．

大谷探検隊収集資料については，第1編第2章で触れたが，1963年における龍村謙氏の報告以降では，1990・1995年に横張和子氏が調査して発表し，続いて1996年に筆者が調査して発表した[352]．それらのうち本編で取り上げる三日月文錦については，後日筆者が更に詳細に調査し発表したものである[353]．

ドイツ隊収集染織資料は近年，ようやく幡に使用された染織品に関するデータが公表されたばかりである[354]．筆者は，更に，幡に使用されたもの以外の織物についても調査を続け，その一部を発表した[355]．それが本編で扱う綿ベルベットと金襴である．

本編では第1章で大谷探検隊将来の三日月文錦，第2章でドイツ隊発見の綿ベルベット，第3章でドイツ隊発見の金襴を取り上げ，以前に発表した論文に一部追加し，改訂を施した．それぞれの染織資料に基づいて，カラホージャ・アスターナ資料群以降の9-14世紀の織物の東西交流を示したいと思う．

第1章　大谷探検隊将来三日月文錦

大谷探検隊収集の染織品の中で異彩をはなっているのが三日月文錦である（図33）．出土地点の記録は残されていないが，第3次大谷探検隊がトゥルファンで収集したものと考えられる[356]．

352　注79・80・81参照．
353　坂本 2004a, pp. 144-149; Sakamoto 2004a, pp. 297-299.
354　注75参照．
355　坂本 2004a, pp. 149-158; Sakamoto 2004a, pp. 299-302; 2004b, pp. 17-44.
356　第1次，第2次探検隊が収集した主要な資料は1915年に『西域考古図譜』として出版されたが，三日月文錦はそれに記載されていない．第3次探検隊がトゥルファンで収集した資料は出版に間に合わなかったと聞いている．

第3編　カラホージャ・アスターナ以降の出土染織資料

第1節　文様

1. 三日月文と連珠円の歴史的変化

　錦はおよそ14.0 × 24.0cm大で，紺の地に白で三日月が「互の目」（互い違い）に表されている．この三日月は連珠円を伴っていない．

　三日月が連珠円内に表された文様は，ササン朝ペルシアのホスロー2世（在位591-628年）造営のターク＝イ＝ブスターン大洞（地図3参照）に見られる[357]．その他，連珠円内三日月文はクチャ（地図3参照）にある7世紀前半のキジル十六帯剣者窟（中国編号第8窟）壁画上に見られる寄進者の衣服（MIK Ⅲ 8426 a・b・c, 図34）や同じキジル最大窟（中国編号第60窟）壁画の連珠鴨文（MIK Ⅲ 8419, 図35），アンティノエ（地図3参照）出土の7世紀前半とされる天馬文錦（Inv. 897, Ⅲ.5, 26812-11）の連珠円の接合点に表されている[358]（図2）．錦綾の文様史を示すトゥルファン出土資料のうち中国製錦・綾から判断すると，中国では7世紀後半から中国様式の花文が現れ連珠円文と併存し，連珠円の文様が衰えを見せるのは8世紀前半である[359]．しかし，中央アジア以西では連珠円は9世紀頃まで用いられ，連珠円以外の装飾を伴う円と併存している[360]．やがて連珠円は文様史から殆ど姿を消していく．

2. 織り出された文字について

　大谷探検隊将来三日月文錦では，三日月に囲まれてクーフィ体のアラビア文字が織り出されている．クーフィ体アラビア文字は，ᚷᚷ（左右逆向きのfatḥ）「勝利」とﻗﺮﻳﺐ（qarīb）「近い」[361]で，二段に分かれて交互に繰り返される．その文字はマルシャーク（Б. И. Маршак）[362]，及び，百済康義の紹介によるジェンキンス（M. Jenkins）とモートン（A. H. Morton）の見解によれば[363]，前者は織物の裏から，後者は表から読むことが出来るそうである．この文言はコーランから引用されたもので，コーランの第48章18節・27節，第61章13節にあり，第61章13節では "naṣr min allah wa fatḥ qarib" とある．そのフレーズは「アッラーじきじきのお助けも戴ければごく手近な勝利もある」と訳され[364]，英文では "help from God and a nigh victory"[365], "help from God and a speedy victory"[366], "help from God

---

[357] 注236参照．
[358] Martiniani-Reber 1986, pp. 45-46.
[359] 坂本2000b, p. 175. 一旦消えてしまうが，11-12世紀に筆者の知る限りでは3点現れる．
[360] Ierusalimskaja 1996, pp. 239-287.
[361] 趙豊氏は「魏唐織錦中的異域神祇」『考古』1995-2, p. 182でqarībをfaridとし「独一的」とし林梅村氏も「青海都蘭出土伊斯蘭織錦及相関問題」『中国歴史文物』2003-6, p. 49で "farid fatḥ" とし「唯有勝利」と訳しているが，筆者はB.I.マルシャークやM.ジェンキンス，A.H.モートンに従う．
[362] マルシャーク1985, 解説．
[363] 百済1996, p. 60.
[364] 井筒1978, p. 196.
[365] Arberry 1964, p. 581.
[366] Blair 1998, p. 201.

and speedy conquest"³⁶⁷ と訳されている．このような文言はお守りとして武具やその下着に表された³⁶⁸．ここに表された三日月はコーランの文言と共に表されているので，イスラムを象徴するに違いない．

第2節　史料に現れるティラーズ
1．ティラーズとは
　ところで，初期イスラム王朝では，織物にコーランの文言「慈悲深き神の名において」に続いて「神よ．彼に繁栄あれかし」など祈りの言葉と共に支配者の名と称号，支配者の神に対する忠誠を示す言葉などを織り込むか刺繍することが定められた．これをティラーズ＝システムと言い，その織られたり刺繍されたりした文言をティラーズという³⁶⁹．
　このティラーズについてイブン＝ハルドゥーン（Ibn Khaldūn [1332-1406]）は次のように述べている．

『歴史序説』第三章［三四］王権や支配者の特別なしるし³⁷⁰
　支配者の名前や彼ら特有の記号を絹や錦の外衣に刺繍したり，あるいはそうした文字を織り込んだ絹織物を用いたりすることは，王や支配者の華麗さを示すもので，王朝のしきたりの一つである．その文字は金糸あるいは織物の色と違った色糸で織り込まれる．その意匠や織り方は織工の技術次第による．王の外衣がこのような刺繍や特異な織物，すなわちティラーズで飾られるのは，支配者や支配者より少し身分の低い者がこのような外衣を着ることによって威厳を増すためであり，あるいはまた支配者がある者に栄誉を与えようとしたり王朝の官職に任命しようとしたりするときに，支配者自身の外衣を与えることによってその者をきわ立たせ，その威厳を増そうとするためである．
　イスラム以前の非アラブ人の支配者は，王の肖像とかそのために特別に考案された図像のティラーズを作ったものであった．イスラム教徒の支配者はそれを変え，彼ら自身の名前を縁起のよい言葉や神を讃える言葉と一緒に刺繍させた．……（後略）

　また，前述の祈りの言葉や支配者の名称に加えて，どの町の工房で製作されたか，そして，まれに日付なども示された．ティラーズという語は上記のような成句が連ねられた縁飾りや銘文そのものを意味するだけに止まらず，それを織る工房³⁷¹，織物上のあらゆる装飾的銘文³⁷²，そしてティラーズ工房で織られた織物をも意味している³⁷³．筆者は本稿で織物

367　Rodwell 1971, p. 406.
368　Blair 1998, p. 201. Blair 1998 がこの文言について触れているという故 B. I. マルシャークの助言に感謝する．
369　Liu 1998, pp. 142-143.
370　森本 2001, pp. 201-202.
371　Serjeant 1942, p. 60.
372　Britton 1938, p. 18.
373　Narshakhī の The history of Bukhara『ブハラ史』の N. R. Frye 訳では P. 19 で tirāz を textile と説明している．

第3編　カラホージャ・アスターナ以降の出土染織資料

上に表された銘文に対してティラーズという語を使っている．

2. ティラーズの歴史的変化

　ティラーズとして織り込まれる句が簡略になり「神による勝利」や「神の国」のような句のみが繰り返し連ねられるようになるのは，ブリットン（N. P. Britton）によればカリフの力が弱まった11世紀以降であるという[374]．また，織り込まれる句が簡略になるようなこのティラーズ＝システムの崩壊はカリフの力が及ばない地方から始まったとされる[375]．カリフの力が及ばない地方はイスラム圏の東西に起こった．イブン＝ハルドゥーンによれば，カリフが傀儡化して家臣が横暴をきわめるという事態は東方から起った[376]．実際，東では，半独立王朝のターヒル朝（820-872年）がホラーサーンに成立し，その後ペルシアのサッファール朝（867-903年）とサーマン朝（874-999年）が建設された．

　ブリットンの説にしたがって，簡略化された fatḥ qarīb「近い勝利」が表されたこの織物を11世紀以降とするわけにはいかない．なぜならば，ブリットンの研究はメソポタミアとエジプトのみに止まるからである．大谷探検隊将来三日月文錦に表されたクーフィ体アラビア文字の書体は角張っていて，しかも，装飾的な書体と比べてシンプルである．織物上に表され，三日月文錦と同様に角張ってシンプルな書体はルーブル美術館にある聖ジョセ（St. Josse）教会を出所とする聖遺骸布に見いだせる（図36）．そこにはホラーサーンの指揮官アブー＝マンスール＝バクトキン（Abu Mansur Bakhtikin）の栄光と繁栄を祈る言葉が表されている．彼はサーマン朝の支配者アブドゥル＝マリク＝ブン＝ヌー（Abd al=Malik b. Nuh）の命で960-961年（ヒジュラ暦349年）に処刑された．この織物の製作は彼が生きている時であるから961年以前である[377]．この書体は文字の軸の端が斜線によって鋭角になり装飾化の兆しが見える．

3. 三日月文錦における文字とティラーズ

　文字の表現をするに当たって，フリーハンドのカリグラフィ，刺繍・プリントや流し（斜め織り）技法のある綴織と違って，三日月文錦のような錦は，曲線や斜線の表現に制約がある．本稿で問題とする三日月文錦は，文字が特に小さく，制約を受けざるを得ない．その様な制約の中，▙（左右逆向きの fā）の文字や◢（qāf）の文字の上部に斜線を織り出しているのは（挿図2参照），聖ジョセ教会の聖遺骸布上の文字の織表現に近い．

374　Britton 1938, p. 21.
375　Liu 1998, p. 143.
376　森本 2001, p. 105.
377　Blair 1998, p. 4.

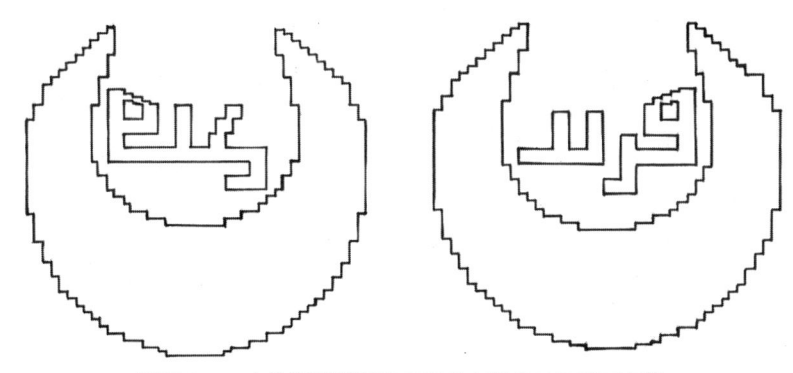

挿図 2.　大谷探検隊将来三日月文錦のアラビア文字

　図 36 に見られるように，全般的に帯状のものが多いティラーズに対して，大谷探検隊収集の三日月文錦ではコーランの語が文様のなかに織り込まれ，文様と一体化している．先に述べたティラーズ＝システムの崩壊が 9 世紀に東方で起こっている．従ってシステムの崩壊と共に，帯状に連ねられる文言が，この三日月文錦にみられるように文様と一体となり，簡略にすることがあったのではないかと筆者は考えている．

　次に，ティラーズは織物の端に帯状に織り込まれたり刺繍されたりするものが多く，時には文様を左右対称に織るため，文字はミラーシンメトリーになる場合がある．其の例がヴィクトリア＝アルバート美術館にある別の三日月文の錦である（図 37）．ミラーシンメトリーに表されると文字が一方は表から，他方は裏からしか読むことが出来ない．我々の三日月文錦の単語はミラーシンメトリーに表された fatḥ qarīb を含むアラビア語の成句のうち，右から左に読める正方向の成句から 1 単語 qarīb を取り上げ，次に裏側で，右から左に読んで意味がとれ，正方向と対称に表された成句から 1 単語 fatḥ を模倣したのではないかと思われる．先にのべたように，お守りとして武具やその下着に使用されたのであれば，裏からしか読めなくても心理的には何ら影響はない．

第 3 節　織技
1. 織の組織と跳び杼の使用

　我々の三日月文錦の織り方を観察すると，クーフィ体アラビア文字と三日月が緯糸で織り出された綾組織緯錦である[378]．緯糸は地を表す紺の緯糸，文を表す白の緯糸，朱の跳び杼の計三色の緯糸が確認され，無染色の経糸は陰経（main warp）1 本（2 本引き揃え），母経（binding warp）1 本の配分で Z 方向の撚りがかかる．Z 撚りの経糸を用い，跳び杼を含む緯糸で文様が織り出された緯錦は，ソグドやペルシアなど西方の織物にみられることは

---

[378] 龍村謙氏が三日月文錦を最初に調査した．緯錦という表現はないものの文章から緯錦と見ていたことがわかる［龍村 1963, p. 26］．

第3編　カラホージャ・アスターナ以降の出土染織資料

第2編で既に述べておいた[379].

　クーフィ体アラビア文字の部分は朱の糸を加えて織り出されている．この色は表面では退色して見えないが裏面では色が残っているところがあって朱の糸を用いたことがわかる（図38）．この様に地や文様の色に他の色糸を追加して部分的に強調する手法は，ソグドやペルシアの織物によく見られるものである[380].

2．二色錦における東西の技術の差異

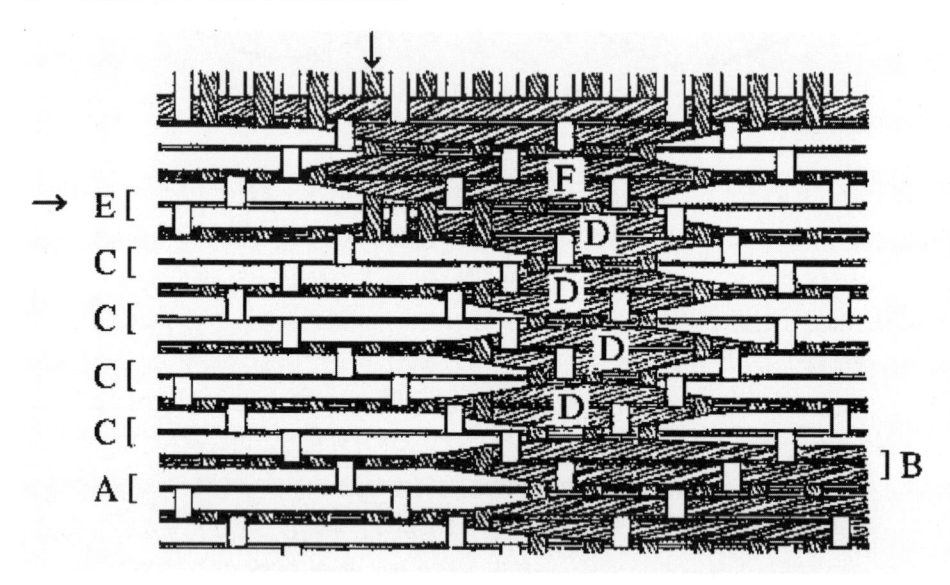

紋綜絖ABCDEFの操作によって表面に出る緯糸

挿図3．二色錦の中国と日本の織り方（佐々木1973，図87にABC…を加えた）

　織りの操作は中国本土と違って一工夫している．日本や中国本土の7-8世紀における二色の錦の緯糸の交替するところを注目すると，同色の緯糸が連続して二越入れられ，紋綜絖（文様に応じて経糸が通されていて，緯糸を入れる杼口をあけるために，経糸を上下させる装置），あるいは横綜（空引機において紋綜絖と同じ機能の装置）はABCDEF…と順序通りに操作されている．その結果，陰経が露出することになる[381]（挿図3矢印の交わる箇所で陰経が露出）．

379　第2編第2章第2節第5項参照．
380　モシチェヴァヤ＝バルカやアスターナ出土錦について筆者が観察した結果による．
381　佐々木1973, pp. 104-123; 坂本2000b, pp. 175-176.

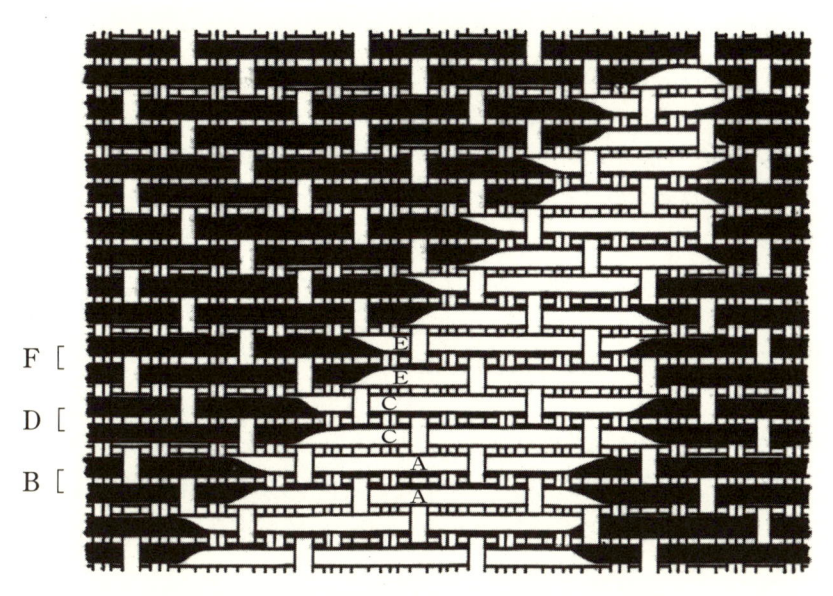

第1章　大谷探検隊将来三日月文錦

紋綜絖 ABCDEF の操作によって表面に出る緯糸

挿図4．二色錦の西方の織り方

　一方，三日月文錦では前記と同様に同色の緯糸が連続して二越入れられるが，陰経の露出が見られず整然と織られている．それは，紋綜絖あるいは横綜が ABCDEF … と順に並んでいるとすると紋綜絖は ABA, CDC, EFE と一つ戻って操作されるからである[382]（挿図4）．

第4節　生産地と年代比定
1．生産地
　上記の東方と違った織り方はサマルカンド・ブハラなどの西方の織り技術の進んだ織物センターで織られたことを意味している．10世紀に書かれたナルシャヒーの『ブハラ史』によればブハラにティラーズ工房があり，様々な織物が織られ，それは優雅さにおいても品質においても優れていたと言われている[383]．その例であろうか，本編第2節で述べた三日月文錦のクーフィ体アラビア文字と類似するルーブル美術館所蔵の聖ジョセの聖遺骸布は，サーマン朝の首都であったブハラで製作されたという説がある[384]．
　三日月の文様，クーフィ体アラビア文字，コーランの文言，それに加えてこのような織りの特徴は大谷探検隊将来三日月文錦が西方イスラム圏の製作であることを示唆している．

---

[382] 坂本 1996, pp. 80-81.
[383] Frye 1954, pp. 19-20.
[384] Marshak 2006, p. 53.

第3編　カラホージャ・アスターナ以降の出土染織資料

2. 三日月文錦付帯文書

　この三日月文錦は，ウイグル文字でウイグル語の手紙，マニ文字によるパルティア語とソグド語の宗教典籍など12片の文書と共に出土した[385]．

　マニ教を信じたウイグル人がモンゴリアの故地から西遷し，トゥルファン地域を含む東部天山地方に西ウイグル王国を築くのは9世紀中葉からである．パルティア語やソグド語のマニ教典は，その地にいたウイグル人をはじめ，ソグド人やペルシア人がマニ教徒であったことを示している．しかし，西ウイグルでは10世紀末から11世紀初頭にかけて仏教は急激にマニ教を凌駕していく[386]．

　おそらく，その頃，マニ教から仏教に宗旨を変えた人々によって，マニ教の宗教典籍は反古にされたのであろう．三日月文錦をよく見ると裏に文書の小紙片が付着し，織物の周辺に糊付けされた痕跡が見られる．他に反古文書を補強に使って経典の表紙として用いた例があり[387]，文章として内容的につながりのない複数の文書小断片が三日月文錦に付帯したことを考えると，この三日月文錦は反古にされた宗教典籍などを補強に使い，10世紀末から11世紀に表紙として再利用された可能性がある．

3. 年代比定

　大谷探検隊将来三日月文錦の年代に関しては見解の相違が生じている．この錦が製作された年代について，マルシャークは8世紀以前[388]，ジェンキンスは9-10世紀，モートンは10-12世紀[389]と考えている．筆者はティラーズ＝システムの崩壊が，遅くとも10世紀初めであること，書体の織表現が10世紀の聖ジョセの聖遺骸布に見られる文字の織表現に近いこと，再利用された時期を考えて，三日月文錦を9-10世紀頃織られたものとしたい．

　以上をまとめると，大谷探検隊将来三日月文錦は，三日月やクーフィ体アラビア文字によるティラーズが存在すること，および，織りの特徴からみてイスラム圏の製作である．また，カリフの権力の低下と共にティラーズ＝システムの崩壊がイスラム圏東方から起こったこと，三日月文錦の文字タイプがイスラム圏東辺のブハラ製と思われる聖ジョセの聖遺骸布の文字タイプに似ること，ブハラをはじめ中央アジア西部に織物センターが存在したことなどを考えると，イスラム勢力に支配された地域の東辺にある絹織物生産都市で9-10世紀頃織り出され，トゥルファンに運んでこられたものであったと結論づけることが出来る．

385　百済 1996, pp. 60.
386　森安 1991, pp. 30-34, pp. 142-160.
387　坂本 1996, p. 78.
388　マルシャーク 1985, 解説．
389　百済 1996, p. 60.

第1章　大谷探検隊将来三日月文錦

第2章　ドイツ隊発見の棉ベルベット

第1節　本資料の分析

1. 外観と織技

　ドイツ隊によって将来された織物がベルリンのアジア美術館（旧インド美術館）に保存されている。その中にハート形にカットされた 7.0 × 11.0cm の大きさで厚手の棉織物（MIK Ⅲ 6194）があり，蝶を表すような刺繍が施されている（図39）。織物には毛羽があり，毛羽がからみあって一見フェルトクロスあるいはベロア仕上げの織物のように見える[390]。裏側は別の棉織物で裏打ちされていて，我々が問題にしている織物の裏面全体を観察することは不可能であったが，約5mm 裏のめくれるところを拡大鏡で入念に観察した結果，裏側では1/2の組織の地にパイル緯糸が織り込まれている棉ベルベットであることを確認した。このパイル糸が表面でカットされるとベルベットの毛羽となる。織物自体から経，緯の方向を決定することは出来ないが，一般に棉ベルベットは緯パイル織りであるとする考えに従った[391]。

　現在，棉ベルベットはベルベッチン・別珍と呼ばれ，ベルベットとだけ書かれるときは絹製を意味している。本稿では素材を強調する時，絹ベルベットや棉ベルベットと表現し，素材がはっきりしない時，ベルベットとしている。

　ドイツ隊発見の棉ベルベットは後世の棉ベルベットよりパイル密度は粗い。そのためかパイル糸は互いにからんでいる。それは意図的になされたものか使用状態によるものかわからない。この棉ベルベットはトゥルファンから出土した他の多くの絹織物，棉織物の中で，唯一特異な存在である。この織物は中央アジアにおいて織物史上どの様に位置づけられるものであろうか。

第2節　史料に現れるベルベットとその生産地

1. "maxmur"

　山田信夫著（他編）の『ウイグル文契約文書集成』で私文書の契約文書が分類され，WP（Will or Portion of a family's property）03 の番号が付けられているものがある。それは龍谷大学図書館に所蔵される所蔵番号 Ot. Ry. 1414b の遺言を記すウイグル文書で，「猪年第四月，私カラチュクは重い病気になった時，私の息子に，残った財産を列挙（記録）しておいた。」という文言に始まり，続いてカラチュク（Qaračuq）の所有財産が列挙されている[392]。このWP03 は半楷書の書体，タムガ書式，文字の尻尾の長短による -q/-γ の区別があること等

---

[390]　B. Schröter がベルベットであるとアドバイスしてくれたが，氏は近代のものが紛れ込んだとみなしていた。
[391]　CIETA 1973, p. 52.
[392]　『ウイグル文契約文書集成』2, pp. 137-138; 3, Tafel 119.

によって 10-11 世紀（どんなに遅くても 12 世紀）とされている[393]．その中に manmur と読まれていた意味不明の単語があった．

『ウイグル文契約文書集成』の編者の一人であったツィーメ（P. Zieme）は，後にそれを maxmur（maqmwr）と読み替え，この maxmur（maqmwr）は明代初期に成立した漢語ウイグル辞書『華夷訳語』の中で，ドイツ語で Velvet「ベルベット」あるいは Samt「ビロード」の意味を持つ maqmur であると考えた．そして，その語源はアラビア語や近世ペルシア語の maxmal であるとリゲティ（L. Ligeti）の論文を引用して述べている[394]．

2.「剪絨」と「倭緞」

『華夷訳語』ではその人事門で問題のウイグル語は馬木児と読みが与えられ，剪絨の意としている[395]．清代の『官音彙解』によれば，「剪絨」は浙江語音であって官話の「倭緞」にあたる[396]．この「倭緞」について明代末に書かれた『天工開物』に次のような解説がある．

> 宋應星（撰）『天工開物』卷上，乃服，倭緞之条（陶湘本，pp. 12a-12b）
> 凡倭緞制起東夷，漳・泉海濱，効法為之．絲質來自川蜀，商人万里販来，以易胡椒歸里．其織法亦自夷國傳來，蓋質已先染，而斷綿夾藏經面，織過數寸，即刮成黑光．北虜互市者見而悦之．但其帛最易朽汚，冠弁之上，頃刻集灰，衣領之間，移日損壞．今華夷皆賤之，将来為棄物，織法可不傳云．[397]

上記の倭緞の解説について藪内清氏による和訳がある．氏はその訳で，「而斷綿夾藏經面」の箇所の注として「この織法はビロードのそれであろう．ただビロードは金属線を織り込み，その部分を線に沿って切る．原文の綿は線の誤りであろう．」としている[398]．その注に書かれるビロードとはベルベットのことであるが，藪内氏は金属線を使用することを念頭に置いて，「綿」を「線」の誤記としている．「綿」を文字通り紡ぎ糸と取れないこともな

---

[393] 森安 1994, pp. 76-77, pp. 81-83.
[394] Zieme 1995, p. 488.
[395] Ligeti 1969, p. 39, p. 231, pl. 10b.
[396] 『官音彙解』p. 1584.
[397] 書下し「凡そ倭緞の制は東夷に起こり，漳・泉の海濱は，法を効い之を為す．絲質は川蜀より来り，商人は万里を販い来り，胡椒に易るを以て里に帰る．其の織法も亦夷國より傳来し，蓋し質は已に先染し，而して綿を断り経面に夾藏し，數寸を織過ぎ，即ち刮りて黒光を成す．北虜の互市する者見て之を悦ぶ．但し其の帛は最も朽汚し易く，冠弁之上は，頃刻集灰し，衣領之間は，日を移りて損す．今，華夷は皆之を賤み，将来は棄物と為るに，織法は傳えざるべし．」；訳「倭緞の制（丈や幅のきまり）は東夷（日本）で起こったものであり，漳州や泉州の沿岸地方では（その制に）ならって織っている．材料の絹糸は四川から運ばれ，商人ははるばる遠いところから売りに来て，(その売り上げを)を胡椒にかえて郷里に帰る．その（倭緞の）織法も日本から伝わった．思うに，先に材料を染めてしまっておいて，棉糸を切って経糸の中に織り込み，（経糸を）数寸織って，こすって黒い光沢を出すのである．北方の異民族で互市に関わる者は，この倭緞を見て喜ぶのである．ただし，この織物は最もいたみ汚れやすく，（それで作った）冠弁の上は，しばらくするとほこりを集め（吸着し），（倭緞を使った）襟は，日が経つにつれて痛んでしまう．今，中國も夷狄の人間もともに（倭緞を）賤しんでおり，先々は棄てられるであろうから，（その）織法は伝わらないだろう．」
[398] 藪内 1969, p. 57

いが，筆者には「棉」の誤りと思われる．

なぜなら，中国の研究者，鍾広言氏は，同じく『天工開物』の倭緞の条の注で，絹糸と棉糸を経糸，緯糸共に1対1で挟んで入れ，棉糸を「絨（毛羽，パイル）」にする例が「漳絨（ベルベット）」に存在することを指摘して，「蓋質已先染」以下の織りに関するところを，「絲先染色，作為緯線織入経線之中，織過数寸以后，就用刀削断絲綿即起絨，然后刮成黒光．」としている[399]．

また，『天工開物』の著者，宋応星が「倭緞」は埃を吸いやすいという特徴を述べているが，実際に「棉」のベルベットは「絹」のベルベットに比べ吸塵し易い．素材の観点から，「倭緞」が「棉混」ベルベットを指す可能性は高いと言えよう．

さらに，近世日本で成立した『本朝世事談綺』によると，正保・慶安年間（1644-1651年）に輸入したビロードに針金が残っていたので，その織り方が判明して，京都で織り始めたということである[400]．従って，江戸時代初めまで日本ではビロード製作に金属線がもちいられていない．中国に伝わった日本の織法で織られ『天工開物』（1637年刊行）記載の「倭緞」には金属線が使われていなかったことになる．

そこで，鍾広言氏の注を受け入れ，藪内清氏の訳のように「棉」を「線」の誤りとみなすのではなく「棉」と解する．この様に解釈すれば「倭緞」＝「剪絨」は棉混のベルベットを含む可能性がある．

既に，南宋の『夢梁録』巻18，物産，絲之品（百部叢書集成『学津討原』所収）に「錦，内司街坊以絨背為佳」とあり，南宋では裏側に毛羽のある錦が存在した．次に，元代には「剪絨緞子」という表現が存在している[401]．これは剪絨の織物の意でベルベットである．『元史』巻78，輿服志1，冕服・天子質孫の条に述べられる「怯綿里」も剪茸（絨の音通）の注がついている（中華書局標点本 p. 1938）．また前嶋信次氏によれば，「怯綿里」はマルコ・ポーロの述べる cramoisy（赤色染料ケルメスを語源とする緋色のベルベット[402]）の可能性があるそうである[403]．この後の二つの名称は元代にベルベットが存在したことを物語る．

ついでに付け加えると，20世紀初めの東方トルコ語テキストの中で mæxmɛl はショールに仕立てて使用されている例がある[404]．これは棉か絹のベルベットを考えさせる．また，現代のアラビア語 mukhmal は，ベルベットあるいはベルベット様の織物を意味する．

3. 史料にみる棉ベルベットの原産地

ツィーメが引用したように，リゲティは maqmur の語源はアラビア語や近世ペルシア語の maxmal であるとした．実際，9世紀のイブン＝フルダーズベ（Ibn Khurdādbīh）は『道

399　鍾 1978, p. 95.
400　北村 1976, p. 100.
401　沈 1995, p. 443.
402　Yule 1903, p. 65.
403　前嶋 1956, p. 56.
404　Jarring 1992, pp. 41-46.

第3編　カラホージャ・アスターナ以降の出土染織資料

里および諸国志』(*Kitāb al=Masālik wa'l=Mamālik*) のインドに関して述べた文で mu<u>kh</u>mal (ペルシア語 ma<u>kh</u>mal) の単語を用いている [405]．また，11世紀に書かれたサアーリビー (Tha 'ālibī) の『知識の愉しみ』(*Latāif al=Ma 'ārif*) のインドについて述べる文で同じく mu<u>kh</u>mal (ma<u>kh</u>mal) の単語が用いられている [406]．このことは明代では剪絨に当る maqmur の語源 maxmal が9世紀，11世紀に既に存在して，その言語を使った人々の住む西アジアにもインドにもベルベットがあったことを示唆する．そのベルベットが WP03 文書によってトゥルファンのウイグル人の手元に届いていたことが判明したのである．

　Maxmur すなわちベルベットは何処からトゥルファンにもたらされたのであろうか．イブン＝フルダーズベは，"… on export …; de l'Inde, … des étoffes végétales, des tissues en veloutés"（要約：インドから植物材の織物，棉ベルベットが輸出される）と述べている [407]．これと同じ部分を，サージャント (R. B. Serjeant) は，"From India are derived … the garments made of grass (ha<u>sh</u>ī<u>sh</u>) and cotton garments with a velvety pile (mu<u>kh</u>mal)." と翻訳する [408]．また，ラム (C. J. Lamm) は，"From India [are brought] ... stuffs made of [China] grass (Ramie and Rhea), velvety cotton fabrics." [409] とする．このイブン＝フルダーズベの記述によって棉ベルベットが9世紀にはインドに於いて織り出されていたことがわかる．

　更に『知識の愉しみ』には "The land of India is the country which possesses most rare products which are found there alone. Among these are ... velvet garments (<u>th</u>iyāb[410] mu<u>kh</u>mala)." [411] と書かれるように，この文に述べられているベルベットはインドでのみ産するものであった．インドにだけ産するベルベットとは絹ではなく，イブン＝フルダーズベが述べる棉のベルベットに違いない．棉の原産地であり，棉製品で有名なインドにおいて棉が用いられるのは当然のことである．もっとも，棉の栽培はすでに広汎に広がっていたが，メソポタミア・ペルシア・西トルキスタンの織物センターに関する中世の著作に棉布の記述はあっても棉ベルベットについて述べる文は見あたらない [412]．13世紀以降になると西アジアあるいは中央アジアにあった絹ベルベットが記載される．それはマルコ＝ポーロの述べる cramoisy（緋色のベルベット）[413] や13世紀ラシードゥッディーン (Ra<u>sh</u>īd al=Dīn) がタブリーズの製品として述べる多色のベルベット qatīfa=yi alvān[414] や在位 1294-1303 年のローマ教皇ボニファティウス8世 (Boniface VIII) の遺品として記録される "Item, unum pannum tartaricum pilosum rubeum ad madelias aureas"（英訳："A piece of red Tartar velvet with gold

---

405　Serjeant 1951, p. 81.
406　Serjeant 1951, p. 81.
407　De Goeje 1967, p. 51.
408　Serjaent 1951, p. 81.
409　Lamm 1937, p. 187.
410　アラビア語 thiyāb は garment の他に cloth の意味もある．
411　Serjaent 1951, p. 81.
412　Lamm 1937, pp. 193-222.
413　Yule 1903, p. 63, p. 65.
414　Boyle 1968, p. 508.

disks") [415] である．

　以上を総合すると，棉ベルベットとその技術はインドからアラビア語かペルシア語を話す人々によって，makhmal / mukhmal としてトゥルファン地域にもたらされ，それを耳にしたウイグルの人々が maxmur と呼んだ可能性が大きい．

4. トゥルファンにおける棉ベルベットの生産
　トゥルファン地域の織物に関する情報をもたらしてくれる中国側の史料に『松漠紀聞』がある．『松漠紀聞』は宋の洪皓が 1129 年，金に使いして，10 年間抑留された時の前後 15 年間に及ぶ金国での見聞を記録したものである．その中に，

　　洪皓（撰）『松漠紀聞』p. 4b（百部叢書集成『学津討原』所収）
　　回鶻自唐末浸微．本朝盛時，有入居秦川為熟戸者，女真破陝，悉徙之燕山．甘・
　　涼・瓜・沙，舊皆有族帳．後悉羈縻于西夏．唯居四郡外地者，頗自為国，有君長．其
　　人巻髪深目，眉修而濃，自眼睫而下多虬髯．土多瑟瑟珠玉．帛有兜羅緜・毛氈・狨錦・
　　注絲・熟綾・斜褐．……[416]

とある．この記録は甘・涼・瓜・沙州にいたウイグルとその四郡以外の地に住む西ウイグルに関するものである．その中で西ウイグルの土地に産するものを列挙している[417]．
　この列挙された産物の箇所をピンクス（E. Pinks）は "Ihr land hat viele Se-se, Perlen und Jade. An Geweben gibt es tou-lo Baumwolle, Wollmischgewebe (?), bestickten Brokat (?), Hanf-Seidenwirkereien (chu-szu), feien Damast und geköperten Wollstoff" とドイツ語に訳した[418]．また，マリャフキン（А. Г. Малявкин）は "В земле много драгоценного камня шэшэ, жемчуга и нефрита. Из тканей имеются: хлопчатобумажная ткань, шерстяная ткань, узорчатая парча, ткань из конопля и шёлка, тонкая камка, шерстяная ткань саржевого переплетения." とロシア語に訳した[419]．

415　Wardwell 1988-1989, p. 139.
416　書下し「回鶻唐末より浸微なり．本朝の盛んなる時，秦川に入居し熟戸と為る者有り．女真陝を破るに，悉くこれを燕山に徙す．甘・涼・瓜・沙，もと皆族帳有り．後悉く西夏に羈縻さる．唯四郡の外地に居る者は，頗る自ら国を為し，君長有り．其の人巻髪深目にして，眉修にして濃く，眼睫より下は虬髯多し．土は瑟瑟珠玉多し．帛は兜羅緜・毛氈・狨錦・注絲・熟綾・斜褐有り．……」；訳「ウイグルは唐末からようやく衰えた．宋朝の勢力が盛であった時，秦川に入居し帰順する者があった．女真（金朝）が陝西地方を破った時，皆これらの人々を燕山に移した．甘・涼・瓜・沙州にはもとウイグルの族帳があった．後に悉く西夏に服属した．これら四郡以外の地に住む者のみはほぼ独立して，君長が居る．ウイグルの人々は髪がカールして奥目で，眉は整い濃く，眼睫から下は巻いた髯が多い．土産は瑟瑟という珠玉が多い．織物としては堅くて厚手の棉布（楊 1996, p. 192）・フェルト・狨錦・絹と棉の交織？（Pinks や Малявкин は「注絲」の解釈の理由を示さず絹と麻の交織としている．注絲が交織を意味するならば，出土資料から考えると絹と麻とするよりむしろ絹と棉の方が中央アジアにふさわしい）・練りをした綾・斜文の毛織物がある．」
417　森安 1994, p. 88.
418　Pinks 1968, p. 51，下線は筆者．
419　Малявкин 1974, p. 91, 下線は筆者．

第3編　カラホージャ・アスターナ以降の出土染織資料

　列挙された織物の中に「狨錦」という注目すべき織物の名がある．ピンクス はこれを？マーク付きで bestickten Brokat（繡錦）とし，マリャフキンは узорчатая парча（紋錦）とした．
　「狨錦」の「狨」の字は，けもの偏から毛織物を想像させる．「狨」は宋代に成立した『集韻』では「狨，獸名，禺屬，其毛柔長，可藉．通作戎」とあり，「狨は，獸の名で猿に属し，その毛は柔らかく長いので敷物にすることができる．音通で『戎』（の意味）と同じ」と解釈できる．
　一方，糸偏の「絨」は，先述したように『夢梁録』には南宋代において背面に「絨」（毛羽）のある錦が存在し，次に明代から盛んに製作されるようになった織物に，「漳絨」，「天鵞絨」，「建絨」というものがあり[420]，それらは残存資料から絹ベルベットや棉混のベルベットであったと判明する．
　「狨錦」の「狨」は「絨」と音通であるから，狨はベルベットを含む毛羽のある織物と考えられるが，上記のように『集韻』では「狨」の字義のなかで猿に属する獣の毛の敷物に触れていた．このことを考えると，『松漠紀聞』の著者は棉ベルベットをみて，毛製品と思い狨錦という文字を使ったのではないだろうか．棉ベルベットは絹のような光沢がなく，毛織物のようで，中国の人から見ると，それは「戎（すなわち異民族）」の織物と映ったからであろう．
　すでに第2編第4章第2節で述べたように4世紀からトゥルファンには棉が産し，唐西州では調は㲲布となり，開元・天宝において棉が貢とされるほどその生産は盛んであった．また，カラホージャ出土の6世紀の漢文書に「白㲲」や「㲲縷」が[421]，9-11世紀，トゥルファン出土のウイグル文書に käpäz「棉花」や böz「棉布」が在証され[422]，更に，12世紀の『松漠紀聞』の中で西ウイグル王国に「兜羅緜」という名の棉布が存在するように棉の生産は続いていた．
　そのうえ，中央アジア東部において，漢代から緯パイル織物の技術が存在したことが知られるのである[423]．緯パイル織物である棉ベルベットの技術が12-14世紀頃にインドからもたらされたなら，棉ベルベットが当地で織られても不思議ではない．

第3節　年代比定

1．幡における装飾法と年代比定

　本稿で検討しているベルリンのアジア美術館（旧インド美術館）所蔵の棉ベルベットはハート形にカットされて何かに使用されたらしい．よく似た形にカットされた織物や金属板が，法隆寺や正倉院の幡の手や足に錘を兼ねた飾りとして使用されている[424]．このベル

420　陳 1984, pp. 377-378.
421　『吐魯番出土文書』1, p. 195.
422　森安 1991, pp. 40-41, p. 53.
423　武 1996, p. 4.
424　『献納宝物』pp. 20-21.

第 1 章　大谷探検隊将来三日月文錦

ベットはトゥルファンの仏教遺跡スイパン（Suipang）から出土しているので[425]幡の手か足に使用された可能性がある．もしこの推定が正しいなら，この地域がイスラム化する以前のものである．従って，この棉ベルベットはその存在が記述される WP03 の 10-11 世紀からイスラム化する以前の 14 世紀のものと考えられる．

　本編で扱ってきた棉ベルベットは，現存するベルベットとしてはまさに最古の一級資料といえるだろう．それとともに，シルクロードにおける棉ベルベットとその技術の伝播を示すものである．

---

[425] Bhattacharya-Haesner 2003, p. 82. 著作の出版以前にいち早くベルベットの出土地点に関して助言下さった Chhaya Bhattacharya-Haesner に感謝する．

第3編　カラホージャ・アスターナ以降の出土染織資料

第3章　ドイツ隊発見の金襴

第1節 本資料の分析

1. 外観と織技

　棉ベルベットと同じく，ドイツ隊がトゥルファンで発見した染織資料に金襴がある（MIK Ⅲ 6222）．その金襴は高昌故城 VI から出土した．それは 5.2 × 5.5cm の大きさで花唐草の文様が表され，裏が縫いつけられていて，何か小さい器物の敷物に使用されたように見える（図40）．織の組織は「ランパ組織」[426]で，文は 1:3 綾組織，地は平組織（経2本引き揃え，緯1越），地経対別絡み経は 2:1 である（挿図5）．地経と地緯は赤い色であったが，今はベージュに褪色している．糸の密度は 1cm 間に地経 40~43（2本引き揃え）絡み経 20~21，地緯 12，絵緯の金糸は地緯1本に対して2本引き揃えて入る．その金糸はZ撚りの赤絹糸の周りに，動物の腸膜に金箔を貼ったものを細く切りZ方向に巻き付けたものである．しかし，表では金箔は残存せず，裏地のめくれたところを観察して，やっと金箔の光を捕らえることが出来た．腸膜の表面は黒くなっていて，経年変化によるものか，銀を下に敷いた例があるところから[427]，黒い層が銀かどうか今後の化学分析が待たれるところである．

挿図5. 高昌出土金襴　ランパ組織

426　この織物組織に関して龍村織物美術研究所で確認した．ここに感謝の意を表す
427　Watt and Wardwell 1997, p. 131.

第2節　史料に現れる金襴とその生産地

1. ヘラートからビシュバリクへ―織工の移動

　出土地の高昌は西ウイグル王国の冬の都であったところであるが，王国のもう一つの夏の都ビシュバリクについて金襴に関わる情報がある．それは，1318-1322 年の間にヘラートの歴史を書いたヘラートの住民，サイフィー＝ヘラヴィー（Saifī Haravī）の残した『ヘラート史記』(Ta'rīkh=nāmah=i Harāt) の記事である．この著書に基づいた本田実信氏やオールセン（T. T. Allsen）の著述を合わせると，ヘラートとビシュバリクの関係は，大略，次のようである．

　「チンギス＝カンの西征が行われ，モンゴル軍が 1221 年の春にヘラートの町に侵攻したとき，アミールのイッズ＝アッディン（Izz al=din）が 200 人の織工に各自 10 反の高価な織物を持たせて，チンギス＝カンの第4子であるトルイに命乞いをした．そのときから彼らはトルイの命令でビシュバリクに住むようになり，移住した織工は 1000 戸をなした[428]．そして，1236 年から 1239 年の間にヘラートに帰った織工はその 10-20 パーセントに過ぎなかった」[429]

　これによって 1221 年以来，多くのヘラート出身の織工がビシュバリクにいたことがわかる．次に，同じく『ヘラート史記』のオールセン訳から織物に関係するところを要約する．

　「ある日チンギス＝カンの一夫人であったクトゥルク＝イシ（Qutlugh Ishi）が壮麗で絵のような文様の数点の金襴をオゴデイにもたらした．喜んだオゴデイは『これらの織物(nasj)は誰が織ったのか，これらの文様は誰が描いたのか，縁飾りの刺繍は誰がしたのか』と尋ねると，彼女は『トルイがヘラートの捕虜を兄弟に分け，その織工を自分にくれたのです．これらの金襴と芸術的な仕事はその織工がしたのです』と答えた」[430]

　この『ヘラート史記』の記述によって，ヘラートの織工は壮麗で絵のような文様の織物 "nasj"[431] を織ったことが示される．上記の二つの要約した内容によって 13 世紀前半，ビシュバリクにいたヘラートの織工は nasj を織ったことが明らかとなる．

2.「ナシチ」・「納失失」・nasīj とは

　ところで，マルコ＝ポーロの『東方見聞録』のなかに，バウダック（バグダード）について述べた箇所がある．バグダードの陥落に関する条では，「バウダックでは《ナシチ》《ナック》《クラモイシイ》などといった各種の鳥獣模様を豪奢に刺繍した種々の織物が製造される．……」と記述されている[432]．同じ部分の H. Yule の英訳は "In Baudas they weave

---

[428] 本田 1991, p. 141; Allsen 1997, p. 39.
[429] Allsen 1997, p. 40.
[430] Allsen 1997, p. 40.
[431] "nasj/nasij" は「織物」の意であったが，アラビア人の征服の後，「金錦」を意味するようになったらしい（前嶋 1956, p. 47）．
[432] 愛宕 1970, pp. 47-48.

第3編　カラホージャ・アスターナ以降の出土染織資料

many different kinds of silk, and gold brocades, such as nasich, and nac, and cramoisy, and many another beautiful tissue richly wrought with figures of beasts and birds."である[433]．マルコ＝ポーロがバグダードで見聞した「ナシチ =nasich」は漢字で音訳され，「納失失（našiš），納石失（našiš），納失思（našis），納赤思（načis）」などと書かれる．その「納失失」については『永楽大典』に『元史』百官志より取った記述がある．

『永楽大典』巻 19781，局 17a・b 別失八里局の条（中華書局影印本）
元史百官志．別失八里局．至元十二年為別失八里田地人匠，經値兵革，散漫居止，遷移京師，置局織造御用領袖納失失等段匹．十三年置別失八里諸色人匠局．秩從七品．今定置大使一員，副使一員．[434]

とある．至元 12 年（1275 年）にビシュバリクから工匠達を京師に移し，局が置かれ，「納失失」などの高級絹織物が元朝の管理のもとに織られるようになったことがわかる．

この「納失失（ナシチ =nasich）」は，アラビア語やペルシア語の nasīj を語源としていることがわかっている[435]．したがって，ビシュバリクにいた織工は "nasj"，つまり「納失失」を織っていたのである．これに加えて『永楽大典』の『元史』百官志により京師に移る前，ビシュバリクでヘラートの織工や彼らから技術を受け継いだ人々が「納失失」を織っていて，それゆえ「納失失」を織る別失八里局に配属されたという事実が浮かび上がる．

3.「納失失」の金糸

『元史』巻 78 輿服志 1 で納石失に「金錦也」の注がついている（中華書局標点本，p. 1938）．この注に基づいて，納失失は文様に金糸を織り込んだ織物として金襴と解釈されたり[436]，博物館で染織資料を扱う研究者の間では，紙に貼った金箔を細く切り絹糸に巻き付けた金糸が織り込まれ，中央アジアの文様をもつ織物を nasij「納失失」とみなしたりしている[437]．森安孝夫氏はウイグル文書に現れる "tarta / tarda" について考察した論文で，tarta / tarda と「納石失」を対比して，前者を「ウイグル的あるいは西域的独特の花模様を金糸（など）を使って織りだした緞子の一種」，後者を「色文様は西アジア風あるいはイスラム風であって，tarta / tarda とは全く異なるものであったと思われる．多分納石失は西アジアに伝統的なメタルヤーン（とくに金モール糸）を幅一杯に織り込んで全体が金

433　Yule 1903, p. 63.
434　書下し「元史百官志．別失八里局．至元十二年別失八里は田地の人匠，兵革に値うを経て，散漫に居止を為すに，京師に遷し，局を置きて御用の領袖の納失失等段匹を織造せしむ．十三年別失八里諸色人匠局を置く．秩は從七品．今大使一員，副使一員を定置す．」；訳「至元十二年に別失八里には田地に工匠が，戦争を終えて，散らばって居住していたので京師に移し，局を置いて帝室御用の領や袖口を飾る納失失等の織物を織らせた．十三年に別失八里諸色人匠局を置く．秩は從七品である．今大使一員，副使一員を定めて置く」
435　Pelliot 1927, pp. 269-271; 森安 1994, p. 89.
436　小沢 1989, p. 83.
437　Watt, Wardwell et. 1997, p. 127, pp. 142-145.

色に輝く超豪華な織物であったろう．」としている[438]．この金モール糸という着想は同論文中に引用された虞集の曹南王勲徳碑の「納赤思者，縷皮伝金為織文者也」に基づいている[439]．その曹南王は，世祖クビライに仕え，アリクブゲとの皇位争いに武勲を立て，中統元年（1260）に褒賞に与り，その後も数々の功を立て褒賞に与った人物である[440]．

筆者は森安論文からヒントを得，「縷皮伝金」を動物の皮や腸膜に金箔を貼った金糸とし，本来の「納石失／納失失」はその金糸を布全体に用いて異様文様を織り出した豪華絢爛たる織物であったと考える．ドイツ隊発見の金襴は金錦で金糸は「縷皮伝金」にあたる．その上，問題の金襴は高昌から出土していて，ヘラートの織工がnasj（納失失）を織ったビシュバリクに近い．その金襴はすでに金の光を失っているが，もとは金色に輝く花唐草が赤い縁取りによって浮かび上がる「納失失」であったに違いない．それはウイグルの貴婦人の衣服の襟に見られる唐草文とそっくりである[441]．同じような皮に金箔を貼った金糸を用いて花唐草を表した金襴や本稿で問題にしている金襴と同様の撚金糸を用いた人物文の金襴が，ウルムチ南郊の塩湖南岸から出土している[442]．しかし，それらの金襴を報告した王炳華氏はヘラート織工による技術移転に触れることなく，ウイグルの織工によって織られたものと考えている．

4.「納赤傷」・「荅舌児荅思」・「納中忽傷」とは，その交流

次に，『元朝秘史』にこの「納失失」とともに織物を意味する単語が表された箇所が二つあるのを見てみよう．まず，一つには，

『元朝秘史』巻10（『元朝秘史三種』中文出版，p. 548）
（前略）……脱舌児中合傷　納赤撥　荅舌児荅思　阿兀舌剌孫　阿不阿傷
　　　　　　　　段匹　　　金段子　　渾金段子　　　段子　　　将来了

亦都兀傷　亦舌列周　成吉思中合罕　突舌児　阿兀勒札罷．
人名　　　来着　　　太祖皇帝　　　行　　　拝見了．

とあり，小沢重男訳によれば「……絹布・金襴・緞子・織布類を持って《ウイグル王の》イドゥウドが来てチンギス可汗に謁見した．」となる[443]．この文はウイグルの王が，チンギス＝カンへの服属と本領安堵を願って，金・銀・真珠と共に織物を持参した時の記事で

438　森安 1994, p. 91.
439　森安 1994, p. 86.
440　『道学園古録』巻 24，（『四部叢刊』初編 301, pp. 215-217）
441　Le coq 1913, Tafel 30-b.
442　王 1973, pp. 28-29, p. 34.
443　小沢 1989, p. 83，《》内は筆者が補った．なお中央アジアの織物から金と銀が検出されているので「渾金」とは金と銀が混じる糸の意か，金糸文様が絹地に混じる意なのかも知れない．

第3編　カラホージャ・アスターナ以降の出土染織資料

ある．
　もう一つの箇所は，

『元朝秘史』続2（『元朝秘史三種』中文出版，pp. 603-604）
（前略）……斡歌歹^中合罕　札^舌児里_黑　孛^(舌)魯^舌侖　綽^舌児馬^中罕^中豁^舌児赤宜
　　　　　　　名　　　 皇帝　　 聖旨　　　做　　　　人名　　　　　　　行

門　田迭　探馬　撒兀周…（中略）…納^中忽_傷　納赤都_傷　荅^舌児荅思…
只　那裏　官名　座着　　　　　　　渾金　　　織金　　　綉金

（中略）…桓突^舌児　古^舌児格兀_勒周　亦連　阿^傷^(中)渾　客額罷_伯.
　　　　　年裏　　　送着　　　　　 教来　 有者您　　 説了．

とあり，「オゴデイ可汗は勅するのに『チョルマカン＝コルチは，そのそこに《バグダードに》タンマとして住み，……ナク織・ナチド織・ダマスク織，……を年（ごと）に送らせしめ，とどけてあれ』と云った」と訳されている⁴⁴⁴．この文はオゴデイ可汗が西アジアやコーカサス地方を攻略したチョルマカン＝コルチを深馬赤に任命し，バグダードの織物を含むすぐれた産物を毎年送るように命じたものである．

　ここに現れる「納赤_傷」や「納赤都_傷」は「納失失」のことで「金段子」や「織金」と傍訳が付けられている．この「金段子」の「段子」や「段」は緞子ではなく，「匹」と合わせて「段匹」として織物全般を指した⁴⁴⁵．また，尚剛氏によると，『事林廣記』別集，巻1「元日進献賀禮」に納闍赤九匹，金段子四十五匹と並べて記されているので，「納闍赤」（納失失）と「金段子」は別のものであるという⁴⁴⁶．「納失失」の傍訳としてこの「金段子」が記されているということは，「納失失」と「金段子」が外見上似ていたと考えられる．織りを職業としない者にとって区別が難しいのは織組織であろう．おそらく「金段子」は金糸によって文様が表された**地絡み**のもの（文様を表す金糸が**地経**と交錯する組織）と思われる．一方「納失失」はランパ組織（文様を表す金糸が**絡み経**と交錯する組織．）で金糸が布全体に使用され，主文も地文様も金糸で表されたものや，金糸に他の色の絵緯が加わったものも含まれると思われる．「納失失」の傍訳「織金」は金糸を用いた織物の総体的な言葉と考えられる．

　中国では唐代の法門寺の碑銘に「金襴袈裟」（襴に金錦を使った袈裟）や「金錦」の文字

444　小沢 1989, p. 476,《》内は筆者が補った．
445　内藤 1936, p. 56; 尚 2003, pp. 153-154．坂本 2004a では「段子」を小沢訳に従って「緞子」と見ていた．本稿で「織物」と改めることにした．
446　尚 2003, p. 146.

が現れ[447], 金糸が織り込まれた織物が出現していた[448].『元朝秘史』の傍訳が付けられた頃までに中国では, 十分, 金糸織物が発達していた[449]. そこで, 中国でよく知られた「金段子」や「織金」の名が「納失失」の訳語として採用されたものと思われる.

次に「荅ʳ児荅思」（tarta / tarda）は,「渾金段子」や「綉金」の傍訳が付けられている. 現存する織金の種類や傍訳から推定すると,「納失失」のように金糸が全体に用いられるのではなく, 金糸で文様が部分的に表されたもので, 刺繡されたように見えたので「綉金」の傍訳が付けられたのであろう.

更に「納赤都ᵗ」「荅ʳ児荅思」と並んで「納ᶜ忽ᵗ」（naqud）がある（naqud は naq の複数）. これはマルコ＝ポーロがバグダードの産物として記述する "Nac"（ナック）である.『元朝秘史』では「渾金」と傍訳がつけられているが, それはおそらく部分的に金糸が用いられた織物と思われる. 別に『元史国語解』巻 24 では「納克実　絨錦也」と解説している[450]. その「納克実」はマルコ＝ポーロがシンダチュー（宣徳州）について述べる中にある. H. Yule 訳の第 59 章「テンドゥク国に関して及びプレスタージョンの後裔」には, "They get their living by trade and manufactures; weaving those fine cloths of gold which are called Nasich and Naques, besides silk stuffs of many other kinds" とある[451]. その中の "Naques"（nac）が,『元史国語解』で「納克実」と音訳されていると思われる.『元史国語解』の「納克実」の訳語である「絨錦」は本編第 2 章で述べたようにベルベットである. また "Nac" は『東方見聞録』のバウダックについて述べた箇所の英訳で, "gold brocade" と記され, 上記 59 章にも "fine cloths of gold" とあるから, 金糸が織り込まれたベルベットの可能性がある. B. Laufer によれば, ペルシア語の "Nax"（nakh）は「両面に長いパイルのある美しい絨毯, 短いパイルの小さい絨毯, いろんな素材の原糸, また, 錦」の意味があるとされている[452]. また, ペリオによれば "Nac" は "Naq" とも表されペルシア語 "naẖ" と同じとされる[453]. "Nac" は絨毯の意もあるから毛羽があり, また錦でもある. 実際に, 本編第 2 章で触れたように, 13 世紀末のボニファティウス 8 世の遺品として金糸入りベルベットが記録されていて, 13 世紀に金糸入りベルベットが存在したことがわかる. 近年, 北コーカサスにある元代の遺跡から金糸入りのベルベットが出土している[454]. おそらく史料に現れる地域, 西アジアか中国からもたらされたものであろう.

先に別失八里局において「納失失」が織られたことを史料に基づいて述べておいたが, 実際中国で織られた「納失失」も西方へ運ばれた. その一つは北コーカサスの遺跡ジュフタ（Djuhta）から出土し, 龍と雁が交互に段状に配された文様である（図41）. もう一つは

447　陳 1990, pp. 207-208.
448　趙 1999, pp. 148-149.
449　武 1992, pp. 175, 177.
450　『元史国語解』（『文淵閣四庫全書』296,『欽定元史国語解』）p. 554.
451　Yule 1903, p. 285.
452　Laufer 1978, p.495.
453　Pelliot 1927, p. 270.
454　ロシアの織物研究者 Zvezdana Dode に聞くところによる.

第3編　カラホージャ・アスターナ以降の出土染織資料

　ノヴォパブロフスキー（Novopavlovsky）から出土し，牡丹の文様である（図42）．共に別絡みの経糸が用いられ皮ベースの箔糸と絹糸とをZ撚りに撚った金糸が用いられている[455]．
　その外ヴォルガドン河とサル河間にある遺跡ヴェルボヴィイ＝ログ（Verbovy log）から雲文や龍文の織金が発見されている[456]．この遺跡出土の織物は詳細に技術分析がなされ，雲文織金の赤い地は平組織で金糸による文様は綾組織に織られたランパ組織である．金糸は動物質のベースに金箔を貼ったものを絹糸とZ撚りに撚ったものである．龍文織金も赤地で雲文織金と同じランパ組織で金糸も同様の糸である．
　まさにこれら北コーカサス出土織物は西方技術と中国伝統文様の合流によって生み出された「納失失」であり，新しい「納失失」の実体を証明するものである．

　このようにして，もともと「納失失」は西アジア，中央アジアで発達した動物の皮や腸膜を使った金糸を織り込んだ織物"nasj"で，複雑なランパ組織のものであった．その技術や文様がヘラートからビシュバリクへ，更に中国へ織工の移動と共にもたらされ，「納失失」として発展したことが判明した．ここにとりあげた高昌出土の金襴はモンゴル帝国時代に生み出された新しい「納失失」の先駆け"nasj"の実物と考えられる．"Nac"/「納克実」については，今後，新たな情報が見出されるのを待ちたい．

455　Dode 2005a, p.265-271.
456　Dode 2006, pp. 134-135, 149, 153, 174-175, 178.

第4編　トゥルファン出土染織資料に見る織物の発展史

　トゥルファン出土染織資料には第2編と第3編で見てきたように多様な錦があり，また，平織・綺・綾をはじめベルベット・刻絲（絹の綴織）など多くの染織資料がある．以下において，織物の発展史を組織と文様に分けて述べるのであるが，組織の問題に関しては，第2編において，従来多くの研究者によって経錦と定まっている「連珠円内対称文錦」に加えて，議論のある「連珠円内単独文錦」は緯錦であることを明らかにした．また，第3編において，筆者の調査分析の結果，花唐草金襴はランパ組織であることが判明した．文様に関しては，上述の経錦や緯錦について，第3編では2点の錦の文様についてすでに触れておいた．組織や文様に関する第2編，第3編の結論をふまえ，それらの編で記述された織物に加えて多くのトゥルファン出土染織資料を用い，トゥルファン以外の地から出土した染織資料をも援用し，前近代における織物の技術と文様の発展をたどることにする．

第1章　トゥルファン出土染織資料に見る織技術史

　トゥルファン出土染織資料は第1編で述べたようにイギリス隊発掘資料，中国隊発掘資料，大谷探検隊収集資料，およびドイツ隊発掘資料を合わせたものである．それらの発掘資料は4-14世紀と年代に幅があり非常に多様な織物を含んでいる．従って，織物の主要な組織はほとんどすべて網羅されていると云ってよい．中国の報告書に基づく織物組織に，筆者の調査によって見出されたトゥルファン出土資料の織物組織を加え以下に組織名を列挙しよう．

　以下に記述する用語には組織を示す場合と織物を示す場合の両方の意味を持つものがあるが，この章では組織を指している．組織の詳しい説明と図については染織用語解説を参照いただきたい．

　　平組織：最もシンプルな 1:1 の組織 [457]．
　　羅（経4本単位）：
　　　　経糸が4本単位で交差する組織．
　　紗（経2本単位）：
　　　　経糸が2本単位で交差する組織．
　　斜文組織（毛織物）：
　　　　斜文線のある組織．トゥルファンでは毛織物にこの組織が見られる．
　　平地綾：
　　　　平地に綾流れで文様が表された組織で外見上次の二種類がある．

---

[457] 1:1 という数字は経糸および緯糸がそれぞれ1浮き，1沈み交錯する状態を示す．

第4編　トゥルファン出土染織資料に見る織物の発展史

　　　　　　　a 両流れ（平地浮文綾）
　　　　　　　b 片流れ（平地綾文綾）
　　綾地綾：
　　　　　綾地に，文が不規則な浮きの綾地浮文綾と，文が綾流れの綾地綾文綾がある．
　　　　　綾地綾文綾に次の二種類がある．
　　　　　　　a 異向（異向綾文綾）
　　　　　　　b 同向（同向綾文綾）
　経複様平組織（平組織経錦）：
　　　　　経糸で文様が表され，全体は平組織を作っている組織．
　経複様綾組織（綾組織経錦）：
　　　　　経糸で文様が表され，全体は綾組織を作っている組織．
　緯複様平組織（平組織緯錦）：
　　　　　緯糸で文様が表され，全体は平組織を作っている組織．
　緯複様綾組織（綾組織緯錦）：
　　　　　緯糸で文様が表され，全体は綾組織を作っている組織で，表は緯浮きの綾，
　　　　　裏は経浮きの綾となる．
　風通：　2色で上下二層に織られている組織．
　縫取織（平地／綾地絵緯縫取錦）：
　　　　　地の中に，文様の幅以内で引き返される絵緯で文様が表される組織．
　浮織（平地／綾地絵緯浮文錦）：
　　　　　地の中に，通し絵緯で文様が表される組織．
　綴織：　色違いの緯糸がそれぞれ文様の幅以内で引き返され織られる組織
　両面 1/2[458] 綾組織緯錦（準複様綾組織緯錦）：
　　　　　表も裏も 1/2 の緯浮きの綾になる組織．
　両面 1/4 繻子組織緯錦：
　　　　　表も裏も 1/4 の緯浮きの繻子になる組織．
　経綾地絵緯綾とじ裏浮錦（地絡み金襴を含む）：
　　　　　経の 2/1 綾地に，絵緯を半経（はんだて）使い（経糸1本置き）による地経で
　　　　　1/2 緯綾に抑え織り出した組織．
　ランパ組織（別絡み金襴を含む）：
　　　　　文様が絵緯の緯浮きで表され，それらの緯浮きは別絡み経と組織する．この
　　　　　様に組織された文様が地組織の上にあって，地組織は地経と地緯で組織され
　　　　　る．
　パイル組織：

---

[458] A/B の A の数値は綾組織・繻子組織それぞれの完全組織（基本単位）で1本の経糸が緯糸の上を越す緯糸の数で B は1本の緯糸が経糸の上を越す経糸の数．

第1章　トゥルファン出土染織資料に見る織技術史

　　ループや切り毛（毛羽）のある組織.
　以上の組織のうち，筆者がドイツ調査隊発掘資料を調査し分析した結果，その資料中に見出した組織は次の17組織である[459]．それらは羅・紗（経2本単位）・平組織・斜文組織・平地綾文綾・綾地綾文綾・綴織・綾組織経錦・綾組織緯錦・風通・縫取織・浮織・両面1/2綾組織緯錦・両面1/4繻子組織緯錦・経綾地絵緯綾とじ裏浮錦（地絡み金襴）・ランパ組織（別絡み金襴を含む）・パイル組織（ベルベット）である．ランパ組織を除く，後者5組織はトゥルファン出土染織資料中に初めて存在が確認されたものである．パイル組織・ランパ組織についてはすでに第3編第2・3章で織物の詳細について述べ，産地について検討した．

　トゥルファン出土染織資料に存在しない組織も多々ある．ちなみに種々の組織のうちトゥルファン出土資料中に見出すことが出来ない同時代の主な組織を挙げておく．
　平地浮文綾変化形（漢式組織）：
　　　　　　平地に経糸1本おきに経浮きで文様が表される組織である．トゥルファン出土資料報告書の中に平文地2/1隔経顕花の黄色「人」字文綺（TAM183:5，表2参照）がある．報告書の説明から同組織であろうと思われるが，漢式組織は2/1ではなく3/1の経浮きであって，この点が異なっている．出土資料を見ることが出来なかったのでどちらとも云うことが出来ない[460]．この漢式組織は江陵馬山一号楚墓[461]・パルミラ[462]・ニヤ[463]・ノインウラ[464]・ロプノール[465]など戦国～漢代遺跡から出土している．
　平地／経綾地浮文同口錦：
　　　　　　地緯と絵緯が用いられ，絵緯は浮文を作る以外は地緯と同じ動きをする．同組織の錦は法隆寺に存在する[466]．
　経綾地絵緯固文錦：
　　　　　　2/1綾地に文様が絵緯で表され，絵緯は地経で1/5綾に抑えられ織り出される組織である．同組織の錦は正倉院に存在する[467]．
　紗（経3本単位）：
　　　　　　経糸が3本単位で交差する組織である．正倉院には経2本ずつ二組が対に交

---

[459] Sakamoto & Kimura 2003, pp. 401-402; Sakamoto 2004b, pp. 17-44.
[460] アスターナ出土資料であるが，新疆維吾爾自治区博物館に所蔵されないということである.
[461] 湖北省荊州地区博物館 1985, p. 34, 彩条文綺．江陵馬山一号楚墓は1982年に湖北省の江陵西北において発見された戦国時代の楚国の下級貴族の墓である．絹織物が多数出土した．
[462] Pfister 1934, pp. 40-42, p. 44, S4・S5・S9; Pfister 1940, pp. 39-40, S 39.
[463] 夏 1963, p. 50-54, 図版1; 坂本 2000a, p. 117, 59MNM1.
[464] Лубо-Лесниченко 1961, p. 9, MP-1013.
[465] Sylwan 1949, pp.103-106, 34:40a・b, 34:47.
[466] 『献納宝物』1986, p. 57, 山菱文錦．
[467] 佐々木 1973, p. 124.

第4編　トゥルファン出土染織資料に見る織物の発展史

差する，つまり2本単位ながら4本セットで織ったものが存在する[468]．他に衡陽県何家皂北宋墓[469]・福州市北郊南宋墓[470]・カラホトに3本単位の紗が存在する[471]．

文紗：

捩組織と平組織または綾組織によって構成される組織．文紗は福州市北郊南宋墓やカラホトに存在する[472]．

第1節　古代考古資料・文字資料による織物組織とその発展

トゥルファン出土染織資料は10世紀に亘っているが，そこに見出された組織はそれぞれいつ頃から出現したのであろうか．考古資料で出現年代を明らかにし，中国古代の文字資料にしばしば見られる染織に関する用語とその意味するところを佐藤氏の著作から拾い上げ[473]，考古資料によって実態を明かにしよう．

1. 考古資料と文字資料（挿表6）

第1編で述べたように紀元前3500年の河南省滎陽県青台村の遺跡[474]や紀元前2500年頃の銭山漾遺跡から平組織の織物が出土していることから考えて，織物は最も基本的でシンプルな組織である平組織から他の組織へ進歩していったと考えられる．殷・周時代には「帛」という文字が甲骨文や金文に表される．これは染色されない絹織物の総称と考えられている．同時代の殷墟出土の鉞に付着した平地浮文綾が発見されているところから，殷・周時代の「帛」は平組織と平地浮文綾を指したと思われる．

続いて周代の遺跡から平組織経錦が出土している[475]．春秋時代の『詩経』や『左傳』に「錦」の文字が現れ，彩色された糸で織られた織物と考えられる．当時は綾組織経錦や緯錦はまだ存在せず，出土資料から考えると春秋時代の錦は平組織経錦である．
戦国時代には江陵馬山一号楚墓から籠捩れの素羅（文様のない羅）や平地浮文綾変化形（漢式組織）が出土している[476]．同時代の『戦国策』斉策に「羅」の文字が現れ，同じ『戦国策』斉策に「綺」の文字が現れる．本章第4節で「綺」について検討するが，「綺」には平地綾も羅も含まれている．

468　佐々木 1976, p. 41-42.
469　陳 1984, p. 78. 何家皂北宋墓は湖南省にあり，出土の銅銭により北宋後期とされる．
470　福建省博物館 1977, p. 3. 福州市北郊南宋墓は三壙からなり，墓主は右壙が黄昇，左壙が孺李氏である．
471　カラホトは西夏の首都であったがモンゴルに滅ぼされた．しかし元代まで遺物が残っている．織物はエルミタージュ美術館に保管され，筆者が一部調査したが未発表である．
472　上記注 470・471 参照.
473　佐藤 1977, pp. 59-75.
474　朱 1992, p. 4.
475　陳 1984, pp. 96-97.
476　湖北省荊州地区博物館 1985, p. 33. 新石器時代に羅組織が存在したとする報告があるが（陳 1984, p. 33），炭化しているので織か編みか確認は難しい．

第1章　トゥルファン出土染織資料に見る織技術史

挿表6．考古資料と文字資料

考古資料			文字資料		
組織	出土地／資料	出現年代	文字資料	年代	名称
平組織	河南省滎陽県青台村	新石器紀元前3500年頃	甲骨文，金文	殷・周	帛
			『詩経』	春秋	素・縞
			『戦国策』	戦国	紈
			『急就篇』	前漢	絹・綈
平地浮文綾	殷虚の鉞	殷	甲骨文，金文	殷・周	帛
経複様平組織（平組織経錦）	遼寧省朝陽西周早期墓	周	『詩経』・『左伝』	春秋	錦
素羅	江陵馬山一号楚墓	戦国	『戦国策』	戦国	羅・綺
平地浮文綾変化形（漢式組織）	江陵馬山一号楚墓	戦国	『戦国策』	戦国	綺
浮織	江陵馬山一号楚墓	戦国			
平地綾文綾	長沙馬王堆一号漢墓	前漢	『戦国策』	戦国	綺
経パイル	長沙馬王堆一号漢墓	前漢	『急就篇』	前漢	絥
縫取織	ノイン＝ウラ	前漢・後漢			

　江陵馬山一号楚墓から浮織が出土し[477]，長沙馬王堆一号漢墓から平地綾文綾や経パイル織物が出土した[478]．続いてノインウラから縫取織が出土している[479]．但し，浮織や縫取織は幅の狭い帯状のものである．

　以上の文字資料と出土資料を勘案すると，トゥルファン出土資料に見られる組織のうち，平組織は紀元前3500年頃，平地浮文綾は殷代，経複様平組織（平組織経錦）は周代まで遡り，羅・平地浮文綾変化形（漢式組織）・浮織は戦国時代まで遡る．その他，平地綾文綾・縫取織・経パイル組織は漢代まで遡る．なお，西周時代の遺跡で一見，斜文織のような織物が泥土に付着していたという報告があるが[480]，趙豊氏によれば，この組織も平地浮文綾変化形（漢

477　湖北省荊州地区博物館 1985, pp. 43-44.
478　上海市紡織科学院・上海市絲綢工業公司文物研究組 1980, pp. 23-28, pp. 43-54.『長沙馬王堆』1976, p. 90 では平地綾文綾を平地浮文綾変化形（漢式組織）と見ている．
479　Лубо-Лесниченко 1961, p. 31, Pls. I-3・I-4・XII-2, MP-986.
480　李 1976, pp. 60-63.

第4編　トゥルファン出土染織資料に見る織物の発展史

式組織）の一種であるという[481]．出土状況からみると判別は難しいと思われる．

第2節．トゥルファン出土染織資料に確認できる組織とその編年
1．トゥルファン出土染織資料の織組織と文字資料との対応

　本編冒頭に記された組織のうち数種のものはカラホージャ・アスターナ墓から出土した織物に見出されたものの，前述のように，すでに古代から織り続けられた組織である．それに続くものとして次の様な組織がある．それらは平組織緯錦・綾組織緯錦・綾組織経錦・絹風通・絹綴織である．

　染織資料が発見されたカラホージャ・アスターナの古墓はかなり多くの墓誌・衣物疏・文書を伴出している．それによって染織資料のおおよその年代を推定することが出来る．織物が被葬者と共に古墓に埋葬される年代は古墓から伴出する墓誌・衣物疏がそれを示しているが，織られた年代は墓誌・衣物疏の年代より早いと考えられる．

　一方，墓誌・衣物疏の他に，伴出する文書が墓誌・衣物疏より遅い年代を示す場合，あるいは墓誌，衣物疏が伴出せず文書のみの場合，文書の年代を考慮して織られた年代を下げなければならない．その観点から染織資料を年代順に表にまとめたのが表3である．しかし，その中には文様から見ると織物が織られてから埋葬されるまで数10年経ていると思われる場合がある．そのような場合は類似文様から年代を推定する必要が生じてくる．それらの推定が必要な場合は本文で触れることにし，表はほとんど伴出文書の年代に従っている．組織に関しては，第2編で検討したように，中国の一部の研究者が綾組織経錦とした織物を筆者は綾組織緯錦として扱っている．従って，以下に述べるように，中国の一部の研究者と緯複様綾組織（綾組織緯錦）の出現年代に違いが生ずることとなる．

　墓誌，衣物疏，文書などによって年代を示す事が出来る錦の組織を初出順に挙げると（挿表7），平組織緯錦の最初の出現はスタイン発掘の怪獣文錦（Ast. vi.1.03，図1）で，364年を示す木板が発見されている[482]．同組織の中国隊発掘錦では大吉字文錦（TAM169:51）が558年の墓表と衣物疏，および576年の衣物疏を伴出している．この平組織緯錦の織物は先に第1編第1章第3節で述べたようにエジプトやシリアで3世紀までに織られ，その技術がトゥルファンに伝わったものと考えられる．次に現れるのは綾組織緯錦である．この組織についても上記と同じ第3節で述べたように4世紀に織り出され，東に伝わった．5世紀迄には中央アジア西部に伝わり，フェルガーナのムンチャクテパで出土している[483]．トゥルファンにおいて最も早い年代の綾組織緯錦は鹿文錦（TAM84:5）で574年の文書を伴出している[484]．しかし文書のみが伴出するので製作年代は7世紀まで下がる可能性が大きい．綾組織経錦の出現は対馬錦（TAM386）で619年の墓誌を伴出している[485]．絹の風通が錦に

---

[481] 趙 2005b, p. 42.
[482] Stein 1928, vol. 2, p. 660.
[483] 馬特巴巴伊夫，趙 2010, pp. 92, 199, 265.
[484] この組織については図版の錦の綾目が立っているところから判定した．
[485] 武 2006, p. 382.

第 1 章　トゥルファン出土染織資料に見る織技術史

　次ぎ，その菱形網格填花双面錦（TAM206）は 689 年の墓誌を伴っている．同墓から絹の綴織（TAM206）が現れる．しかし，幅の狭い帯状のものである[486]．風通・綴織に次ぎ綾地綾文綾（TAM187:c）が出土する．この綾は多くの文書を伴出するが，最も遅い年代の文書は 744 年のものである．
　トゥルファンにおいて伴出遺物によっておよそ年代が判明している織組織の出現順を簡略に表すと次の通りである．
　　緯複様平組織（364 年）→緯複様綾組織（574 年）→経複様綾組織（619 年）→絹風通・絹綴織（689 年）→綾地綾文綾（744 年）
　上記の出現順はあくまで出土した染織資料の伴出墓誌，衣物疏，文書によっている．それによると出土した年代は経複様綾組織（綾組織経錦）より緯複様綾組織（綾組織緯錦）が早くなっているが，緯複様綾組織の鹿文錦は連珠円内単独文様で，第 2 編で考察したように到来したものであるから，中国本土ではおそらく経複様綾組織の方が早く出現していたと思われる．なぜなら中国本土製の綾組織緯錦は 7 世紀中葉に現れるからである．また，絹風通は西方の毛風通から影響を受けたものである．次に，墓の年代は不明であるが，綾地浮文綾（TAM105:1）は唐代の文書を伴っている．おそらく綾地綾文綾と前後して出現したのであろう．絹綴織は帯状であるが，法隆寺に帯状と幅の広い綴織が所蔵され，幅の広い綴織が 7 世紀後半にはすでに存在している[487]．西方で発達した毛の綴織技法が絹によって織り出されるようになり宋代に「刻絲」と呼ばれるようになるのである．
　以上は中国隊によって発掘された資料であるが，ドイツ隊発掘資料に平地縫取織（MIK III 169）や紗地縫取り（金紗 MIK III 6456）があり[488]，縫取りの緯糸に金糸が使用されている．それらの縫取織は漢代の幅の狭い帯状のものと違って，織物として十分な幅を持っている．いつのころからか縫取織が織物の規定の幅に織られるようになったらしい．上記縫取織に見られるように縫取り技法は平地，綾地，羅など各種組織と併用されている．
　その他，ドイツ隊発掘資料に綾地浮織（MIK III 7465）があり[489]，この織物もまた緯糸に金糸が使われている．この資料は戦国時代の幅の狭い帯状の浮織と違って，織物として相応の幅を持っている．縫取織と同様，装飾用・衣装用の織物として織り出されるようになっていたと思われる．
　特記すべきは五代，宋に属するとされている 5/1 六枚経綾地絵緯綾とじ縫取錦（勝金口出土）[490] である．その経糸は緯糸と 5/1 の経綾に交錯し，絵緯は 1/5 の緯綾に地経でとじられ，また短く浮いているところもある．その上，縫取りが施されている．

486　『新疆出土文物』図 148 左．武 2000, pp. 152-153（p.153 図 15B の TAM216 は 206 のミス）
487　『上代染織文』1929, 図 110．
488　Sakamoto, Kimura 2003, p. 491, p. 493, p. 495; Sakamoto 2004b, pp. 18, 23.
489　Sakamoto, Kimura 2003, p. 491, p. 496; Sakamoto 2004b, p.18.
490　坂本 2000a, p. 124, pl. 75・76. 再調査の結果，絵緯は裏浮きである．年代は新疆博物館による．

第4編 トゥルファン出土染織資料に見る織物の発展史

挿表7. トゥルファン出土染織資料に見る織組織の出現

トゥルファン出土染織資料					
組織	出土地	資料名	資料NO.	年代	備考
平組織緯錦	アスターナ	動物雲気文錦（怪獣文錦）	Ast. vi. 1.03	364年木版伴出	エジプト・シリアで3世紀までに出現
綾組織緯錦	アスターナ	鹿文錦	TAM 84:5	574年文書伴出	エジプトで4世紀頃中央アジア西部で5世紀に出現
綾組織経錦	アスターナ	対馬錦	TAM 386	619墓誌伴出	
風通	アスターナ	菱形網格填花双面錦	TAM 206	689墓誌伴出	
綴織	アスターナ	緙絲縧帯	TAM 206	689墓誌伴出	綴織（広幅）法隆寺に存在
綾地綾文綾	アスターナ	黄色団花綾	TAM 187:c	744年文書伴出	
綾地浮文綾	アスターナ	八彩暈繝提花綾	TAM 105:1	8世紀	
六枚経綾地絵緯綾とじ	勝金口	飛鳳蛺蝶団花錦		10-11世紀	綾地に縫取りが加わっている

2. トゥルファン出土染織資料にみる織組織の発展（挿表8）

　ドイツ隊発見の染織資料はカラホージャ・アスターナ出土資料のように古墓から発見されたものでなく，多くは高昌古城・トヨク・スイパンなどの遺跡から出土している．資料の幾つかは出土地点が記録されている．幡に使用された資料に関しては，その出土地点や幡の特徴からある程度資料の年代が推定出来るものがある．

　それ以外の資料は同じ組織をもつ織物が出現した年代を参考にしてトゥルファン出土資料の組織の出現年代を推定することが出来る．

　カラホージャ・アスターナ出土資料に見られなかった組織に両面1/2綾組織緯錦（MIK Ⅲ 7606）があり，それと同組織で最も早い織物は法門寺地宮出土の小団鸚鵡文織金（FD4:017-2）である．法門寺地宮に残された宝物の大半は懿宗咸通14年（874）に奉納されたものである[491]．両面1/2綾組織緯錦は9世紀に出現したと見られる．

　両面1/4繻子組織緯錦（MIK Ⅲ 6200）は錦の地組織が上記の綾から繻子に変わったもの

---

[491] 趙 1999, p. 148. 気賀澤 1993, pp. 583-584. 法門寺は西安岐陽にある唐代の名刹で，真身舎利塔から宝物が発見された．

第1章　トゥルファン出土染織資料に見る織技術史

である．この組織は遼代の織物に多く見られ，その一例は941年に亡くなった耶律羽之の墓から出土している[492]．

経綾地絵緯綾とじ裏浮き錦（地絡み金襴，2/1経綾地，絵緯半経1/2地絡み：MIK Ⅲ 7443・MIK Ⅲ 7452a）は経糸の半分が絵緯と1/2に交錯する半経1/2地絡みであるが，類似組織で経綾地絵緯固文錦は，半経ではなく，2/1経綾地に絵緯が経糸と1/5に交錯するものである．これは正倉院蔵茶地鳥獣花卉文錦で[493]，絵緯半経1/2の先駆けとみられる．遼・金代には金糸入りの半経で絵緯と組織するものがある[494]．このような経糸の半分が地緯とも絵緯とも交錯する地絡みの組織は次ぎに続くランパ組織の先駆けとみられる．

挿表8．ドイツ隊収集資料に見る織組織の発展

ドイツ隊収集染織資料					
組織	出土地	資料名	資料NO.	年代	備考
両面1/2綾組織緯錦	新疆	連珠雲気鳥文錦	MIK Ⅲ 7606	9-11世紀	法門寺（874年奉納）小団花鸚鵡文織金（FD 4:017-2）は同組織
両面1/4繻子組織緯錦	高昌故城	象文錦	MIK Ⅲ 6200	10-12世紀	耶律羽之墓（941年）から同組織出土
経綾地絵緯綾とじ裏浮文錦	クルトカ（高昌近辺）	円文地絡み金襴	MIK Ⅲ 7443, 7452a	11-13世紀	遼・金代に多い
ランパ組織	新疆	鳥植物文錦	MIK Ⅲ 162	13-14世紀	元代集寧路故城（1312年集寧文宣王廟学碑建立）から同組織出土，河北隆化鴿子洞（下限1362年）から同組織出土
ランパ組織	高昌故城	花唐草金襴	MIK Ⅲ 6222	13-14世紀	
ランパ組織	高昌故城	童子花文錦	MIK Ⅲ 6992	13-14世紀	
パイル組織	スイパン	緤形棉ベルベット	MIK Ⅲ 6194	9-14世紀	インドに関する史料（9世紀）に棉ベルベットが記載される

そのランパ組織の織物（MIK Ⅲ 162・MIK Ⅲ 6222・MIK Ⅲ 6992）は同組織の織物が第3編で述べたトゥルファンの塩湖古墓から出土している外[495]，内蒙古の元代集寧路故城から出土し，河北隆化鴿子洞からも出土している[496]．集寧路故城には，現在，皇慶元年（1312）

492　Zhao 1999, p. 47. 耶律羽之の墓は内蒙古赤峰市阿魯科爾沁旗にあり，金銀銅器，銅鏡などのほか染織品が出土した．
493　佐々木 1973, pp. 123-126.
494　Riboud 1995, p. 92, pp. 119-120.
495　王 1973, pp. 28-29.
496　羅 2005, pp. 254-256.

第4編　トゥルファン出土染織資料に見る織物の発展史

建立の「集寧文宣王廟学碑」が残存する[497]．河北隆化鴿子洞は下限が至正22年（1362）である[498]．ランパ組織の織物は西方の技術がもたらされ，モンゴル時代に現れたと考えられる．

　パイル組織のうち絹経パイル組織はすでに漢代に見られ，敷物としての毛の緯パイル組織は第3編第2章第2節で述べたように漢代から中央アジア東部に存在している．しかし，両者ともベルベットと呼ばれるほど糸密度の高いものではない．棉の緯パイル組織（MIK Ⅲ 6194）が織り出されるのは，第3編第2章第3節で述べたようにトゥルファンでは10世紀以降のことであろう．

第3節　錦・綾の織技発達史と東西の技術的交流
1．綾（挿表9）

　綾の織技の発達について述べるに先立って，綾の分類と相互関係を示しておこう．この分類は地組織と綾流れの外見に基づいたものである．

無文―素文綾（無文斜文織）

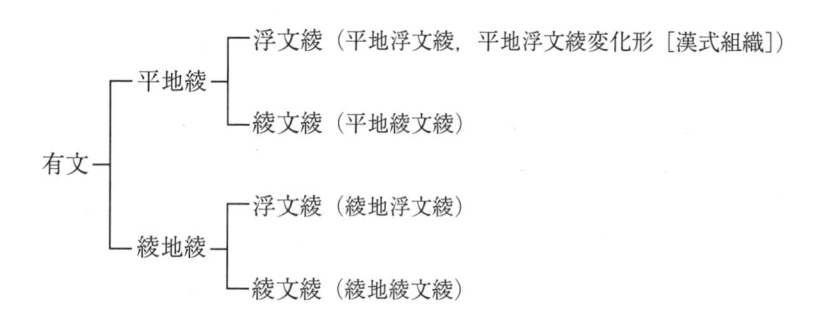

```
         ┌平地綾─┬浮文綾（平地浮文綾，平地浮文綾変化形［漢式組織］）
         │       └綾文綾（平地綾文綾）
有文─────┤
         │
         └綾地綾─┬浮文綾（綾地浮文綾）
                 └綾文綾（綾地綾文綾）
```

　綾組織＝斜文組織は第1編第1章第2節で述べたようにもともと西方で発達し，まず，毛織物に用いられ，1世紀ころから絹斜文織の「胡綾」として絹にも用いられるようになった．その斜文組織の技術が東方へもたらされ織り出されるようになった．錦にその技術が用いられる外，綾そのものの出土例は，先に示したようにトゥルファン出土の綾地綾であり，その他にも都蘭出土の2/2の絹斜文織の素文綾がある[499]．
　中国における綾は，殷・周時代から続く平地綾の平地浮文綾から平地綾文綾へと変化しながら唐代においても織り続けられた．そして唐代中頃に出現した綾地綾へと変化していった．ここには西から来た斜文織の影響が見て取れる．毛織物圏の中央アジアでは，紀

---
[497] 潘 1979, p. 32. 集寧路故城は内蒙古集寧市察右前旗にあり，金編宗明昌3年（1192）に建立され，元代にその基礎上に拡大して建てられた．城の貯蔵庫から染織品や銅鏡が出土した．
[498] 隆化県博物館 2004, p. 23. 河北隆化鴿子洞は海抜1010mにあり，人工的に掘削されたものであるが掘削年代はわからない．多くの染織品と元代の文書が出土した．
[499] 趙 1992, p.109.

第1章　トゥルファン出土染織資料に見る織技術史

元前9世紀に毛織物の斜文織があり[500]，トゥルファンでも毛斜文織が発見されていることは本編第1章冒頭に斜文組織として示したとおりである．唐代中頃になって初めて綾地綾や素文綾が織り出されるのは[501]，それまで平組織の合成，つまり斜子技法，いいかえれば2-2技法（経糸2本，緯糸2越に基づく技法）で綾流れの文様が織り出すことが出来，この技法によって糸バツリ（1本づつ綜絖に入れる織り方）よりも綜絖数を減少することが出来るので，その織り方が長く保たれたからである[502]．

　平地綾は具体的に次に挙げるような平地浮文綾から平地綾文綾へという変化がある．

　　平地2/1経浮文綾（漢式組織？）（平紋地2/1隔経顕花 TAM183:5）
　　平地経浮文綾変化形（漢式組織）（MNM［ニヤ］1）[503]
　　平地経浮文綾（TAM170:20［562年墓表，衣物疏伴出］[504]・TAM303:1［551年墓表伴出］[505]・TAM48:14［617年衣物疏伴出］[506]），
　　平地緯浮文綾（平紋地1/3緯浮対称顕花 TAM213:45）

この括弧内の表現のように，中国の報告書には緯浮き面を表と見ているものがあるが平地経浮文綾と同組織である．この組織の主要な浮きは3/1経浮きまたは1/3緯浮きであるが，綾流れの変化するところで経が緯5越を越えて浮く，あるいは緯が経5本を越えて浮く場合が多い．

　中国の報告書によれば次のような組織の表現がある．われわれの表現を丸括弧内に示しておくと

　　平地5/1経斜文 TAM326:7-2[507]［586年墓誌伴出］（平地5/1経綾文綾）
　　平紋地3/1四枚右斜文顕花 TAM221:12［678文書伴出］，平紋地3/1左向経面斜紋顕花 TAM191:84［681年文書伴出］，また，3/1斜紋逐経顕花 TAM169:70，平紋地3/1逐経顕花 TAM227:35・TAM227:36（平地3/1経綾文綾）

とある．上記の多様な組織の表現は我々の平地5/1経綾文綾・平地3/1経綾文綾を意味するように思われる．

　平地経浮文綾と平地経綾文綾の区分は我が国におけるもので中国の報告書には見られない．この区分は織文の外見に基づくもので，技術的には平地経綾文綾は，5/1経綾文綾を除き斜子技法（2-2技法）によって織られ，一方，平地経浮文綾は斜子技法に基づきつつ，綾流れの転換点で経2-緯2から経1-緯2・経2-緯3・経3-緯3などの組み合わせで，経または緯1本，あるいは経・緯それぞれ1本ずれることで綾流れの方向を変えることが出来

---

500 『楼蘭王国』1992，図224, p. 169.
501 営盤から方形の綾地綾が出土しているが，これはパルミラ出土と同様の斜文織であり，到来したものと見なされる．
502 例えば16越におよぶ文様の斜線では，糸バツリで16枚の綜絖を必要とするが，斜子技法によれば平組織のための地綜絖2枚と文綜絖4枚計6枚で織ることが出来る．佐々木 1958, p. 26.
503 『シルクロード学研究』8, PL.103.
504 『シルクロード学研究』8, PL.104.
505 『シルクロード学研究』8, PL.105.
506 『シルクロード学研究』8, PL.106・107.
507 新疆博物館考古部 2000a, p. 62, p. 74, 図7-1（7-2はミスプリント）．

113

第4編　トゥルファン出土染織資料に見る織物の発展史

挿表 9．　綾の種類とその発展

組織			出土地／所蔵場所	資料名	資料NO.	年代	備考
平地	平地経浮文綾		殷墟	紈		殷	
			アスターナ	天青色幡文綺	TAM 170:20	高昌	562年墓表・衣物疏伴出
	平地経浮文綾変化形（漢式組織）		江陵馬山一号楚墓	彩條文綺	N 13	戦国	
			ニヤ	鳥獣文綺	MNM 1	後漢	
	平地 3/1 経綾文綾		長沙馬王堆一号漢墓	菱文綺	354-19	前漢	漢式組織とする見方もある．『長沙馬王堆』1976, p. 90.
			ノイン＝ウラ	菱文綺	MP 1804	漢	
			アスターナ	黄色団窠対龍文綺	TAM 221:12	唐	678年文書伴出 本稿図27
	平地 5/1 経綾文綾		アスターナ	棕色套環連珠文綺	TAM 326:7-2	高昌	586年墓誌伴出
綾地	異向	3/1綾地 1/3綾文綾	アスターナ	黄色団窠綾	TAM 187 c	唐	744年文書伴出
		3/1綾地 1/7綾文綾	耶律羽之墓	雲山瑞鹿銜綬綾	YYS 113	遼	941年埋葬
	同向	2/1綾地 1/5綾文綾	高昌故城	彩絵綾	MIK Ⅲ 6213	唐	同組織正倉院蔵，敦煌・都蘭出土
		1/2綾地 5/1綾文綾	正倉院	草木双羊双鳳文うこん綾		唐	
		3/1綾地 1/7綾文綾	高昌故城	金糸花文刺繍幡断片	MIK Ⅲ 4909	五代・宋	
		1/3綾地 3/1綾文綾	耶律羽之墓	大雁文綾	YYS 112	遼	941年埋葬
		1/5綾地 5/1綾文綾					
		2/1綾地浮文綾	高昌故城	菱文綾	MIK Ⅲ 4995	唐	同組織正倉院蔵，草木双羊双鳳文白綾
		3/1綾地浮文綾	アスターナ	八彩暈繝提花綾	TAM 105:1	唐	
		5/1綾	勝金口	飛鳳蛺蝶団花錦		五代・宋	縫取錦の地

る．したがって，両者は基本的に技術的な大差はない．また，平地5/1（5・1・1・1）経浮文綾は経2-緯4の組み合わせで織ることが出来，これもまた基本的に技術的な大差はない．

次に平地から綾地に進んだ綾地綾文綾には次の様な種類がある．［　］内中国の記述．
異向
　　3/1綾地 1/3綾文綾［1/3緯面斜紋 3/1経面斜紋 TAM187:c（744年文書伴出）］，1/3綾

地 3/1 綾文綾［1/3 緯面斜紋地 3/1 経面斜紋顕花 TAM213:35］これらの四枚異向綾は都蘭や敦煌からも出土している[508]．

3/1 綾地 2/1 綾文綾？［3/1 斜紋地 2/1 異向顕花 TAM189:37（722年文書伴出）］中国の報告によれば上記括弧内の記述になっているが[509]，2/1 ではなく 1/3 の緯綾文ではないだろうか

トゥルファンには見出されないが 3/1 綾地 1/7 綾文綾の組織が異向綾にある[510]．これは遼代のもので 8 枚の綜絖が用いられるようになった．

同向

2/1 綾地 1/5 綾文綾（MIK Ⅲ 6213）のように 2/1 の地と 1/5 の文は最も一般的な組み合わせであり，同組織は正倉院に所蔵される白橡綾几褥の外[511]，敦煌[512]や都蘭からも出土している[513]．この組織を織り出すために伏機が用いられると考えられ，従来の平地綾，綾地異向綾より一歩進んだ機構が機に備わったのである[514]．正倉院の草木双羊双鳳文鬱金綾金泥花模様描絵裂は 1/2 綾地 5/1 綾文綾のように 1/2 と 5/1 の組み合わせや[515]，3/1 綾地 1/7 綾文綾（MIK Ⅲ 4909）のように 3/1 と 1/7 の組み合わせもある[516]．その外，トゥルファンには見られないが，1/5 と 5/1 や 1/3 と 3/1 の組み合わせの同向綾がある[517]

浮文

2/1 三枚経綾地緯浮文綾（MIK Ⅲ 4995）の同組織は正倉院に所蔵される草木双羊双鳳文白綾襯の外[518]，寧夏西夏陵区 108 墓からも出土している[519]

アスターナからは 3/1 四枚経綾地緯浮文綾（TAM105:1）が出土している．

以上のようにトゥルファン出土資料の綾地綾を見てくると異向綾がやや早く，正倉院の同向綾や綾地浮文綾は正倉院の織物のなかでも晩期に属すると見なされているものである．機の装置も一歩進んだ機構，つまり，経糸を揚げるばかりでなく下げる伏機が加えられた．浮文綾や機の機構が進歩して生み出された同向綾は 8 世紀中葉に前後して織り出されるようになったと思われる．

5/1 六枚経綾地絵緯綾とじ縫取錦（勝金口出土）は綾そのものではないが，5/1 の綾地である．

---

508 趙 2005b, pp. 46-47.
509 新疆文物考古研究所 2000a, p. 121.
510 趙 2004, p.71.
511 佐々木 1976, pp. 35-36.
512 Riboud et Vial 1970, pp. 327-331.
513 趙 2005b, p. 47.
514 佐々木 1975, p. 12.
515 佐々木 1973, pp. 19-23.
516 Schröter 2003, p. 487. Bhattacharya-Haesner 2003, p. 78-79.
517 趙 2004, p. 71.
518 佐々木 1973, pp. 13-16; 1975, p. 13-18.
519 趙 2005b, p. 49.

第4編　トゥルファン出土染織資料に見る織物の発展史

2．錦（挿表10）

　先に述べたように，錦は平組織経錦から，平組織緯錦を経て綾組織経錦や綾組織緯錦に発展していった．すでに第1編でのべたように，中国で織られた平組織経錦が早くは戦国時代に北方へもたらされ，漢代には北方へ，更に西方へ運ばれていった．これらの東から到来した平組織経錦の影響で平組織緯錦が，続いて綾組織緯錦が西方で織り出された．それらは東方へもたらされ，先ず毛平組織緯錦が3世紀に，絹平組織緯錦が4世紀に新疆で織り出された．更に西から綾組織緯錦が運ばれて来たことについては，第1編・第2編を通じ明らかにした．西からもたらされた斜文織や綾組織緯錦にみられる綾組織＝斜文組織が隋・唐代に浸透し，綾組織経錦が織り出されるようになったのは自然の成り行きである．

　ペルシアやソグドからトゥルファンへもたらされた緯錦は1/2綾組織緯錦であり，それらと同組織，同文様の錦は更に中国へ到達したのであろう．それらの文様は模倣され平組織経錦や綾組織経錦として中国伝統の経錦として織り出されたのである．勿論，1/2綾組織緯錦も7世紀に中国蜀で織り出され，その広幅で大文様の錦は空引機の機構の出現を想定させる．この錦に関してもすでに第2編第3章で論じたところである．

　1/2綾組織緯錦が中国の7-8世紀を風靡したことは言うまでもないが，1/3綾組織緯錦（MIK Ⅲ 7603）がベゼクリクから出土している[520]．1/3の四枚綜絖はいままで1/3綾地3/1綾文綾の綾地として存在しており，錦に用いられても不思議ではない．続いて1/4繻子組織緯錦が法門寺地宮から出土している[521]．四枚綜絖から五枚綜絖に綜絖枚数が増加したわけであるが，繻子組織の出現として注目すべき錦である[522]．

　上記の緯錦は緯糸が文様を表すと同時に母経と組織して地組織も構成し，陰経は文様にかかわる緯糸を選ぶ役割をしていた．次に晩唐から両面1/2綾組織緯錦が織り出されているが，遼代の出土資料に多く見られるもので，この錦（一例MIK Ⅲ 7606）では緯糸は従来通り文様を表すと同時に地も構成したが，経糸のうち従来の陰経は文様にかかわる緯糸を選ぶといったもとの役割を為さず，芯経となって厚みを保持するだけである．従来の母経は緯糸と地を組織するだけであったが，この母経は従来の役割と共に文様にかかわる緯糸を選ぶ役割を兼ねるようになる．この経糸の働きから空引機の伏機構の出現が想定されるのである．この両面1/2綾組織緯錦には文様が緯浮きや縫取りで表される変化形がある[523]．

　1/2の綾組織が1/4の繻子組織に変わった錦が両面1/4繻子組織緯錦（一例MIK Ⅲ 6200）であり，この組織は本章第2節第2項で述べたように遼代の出土資料に多く見られる[524]．この組織にも両面1/2綾組織緯錦と同様に変化形がある．

　また，宋・遼の頃には，緯糸は文様を表す絵緯と地を構成する緯糸に分かれ，経糸は地

520　Sakamoto 2004b, p. 22.
521　趙 2004, p. 55.
522　筆者は敦煌出土の繻子とモシチェヴァヤ＝バルカ出土の棉絹交織繻子を見出している．本著シルクロード出土染織資料調査報告参照．
523　趙 2004, p. 35.
524　趙 2004, pp. 43-55.

第1章　トゥルファン出土染織資料に見る織技術史

緯と交錯すると同時に絵緯とも交錯する.

経綾地絵緯綾とじ裏浮錦（地絡み金襴，MIK Ⅲ 7443・MIK Ⅲ 7452a）は本章第2節第2項で述べたように，経糸は緯糸と2/1の経綾に交錯し，絵緯とは半経の1/2緯綾に交錯する．絵緯に金糸が使用されると地絡み金襴と称されるようになり，別絡み金襴，つまりランパ組織の先駆けである．

挿表10. 錦の種類とその発展

組織	出土地	資料名	資料NO.	年代	備考
平組織経錦	遼寧省朝陽西周早期墓			周	
平組織緯錦	アスターナ	動物雲気文錦（怪獣文錦）	Ast. vi.1.03	東晋	364年木版伴出 図1
1/2綾組織緯錦	アスターナ	鹿文錦	TAM 84:5	高昌	574年文書伴出
2/1綾組織経錦	アスターナ	対馬錦	TAM 386	高昌	619年墓誌伴出
1/3綾組織緯錦	ベゼクリク	植物文錦	MIK Ⅲ 7603	唐	
1/4繻子組織緯錦	法門寺			唐末	874年奉納
両面1/2綾組織緯錦	新疆	連珠雲気鳥文錦	MIK Ⅲ 7606	唐末/五代/宋/遼	法門寺（874年奉納）から同組織出土
両面1/4繻子組織緯錦	高昌故城	象文錦	MIK Ⅲ 6200	遼	耶律羽之墓（941年）から同組織出土
経綾地絵緯綾とじ裏浮き錦	クルトカ（高昌近辺）	円文地絡み金襴	MIK Ⅲ 7443, 7452a	遼/金	
ランパ組織	高昌故城	花唐草金襴	MIK Ⅲ 6222	元	元代集寧路故城（1312年集寧文宣王廟学碑建立），河北隆化鴿子洞（下限1362年）から同組織出土

上記の経綾地絵緯綾とじ裏浮き錦の経糸の役割を一歩進めて，地経と役割の異なる別絡みの経糸を配し，地経は地緯と組織し，別絡みは絵緯と組織するようになったものがラン

117

第 4 編　トゥルファン出土染織資料に見る織物の発展史

パ組織（MIK Ⅲ 162・MIK Ⅲ 6992・MIK Ⅲ 6222）である．ランパ組織の織物のうち，花唐草金襴（MIK Ⅲ 6222）は金糸が用いられている．元代において金糸が使用された織物は第 3 編で述べたように「納失失」と呼ばれている．

　先に，第 3 編で「納失失」について検討したが，その語源はペルシア語 "nasj" に求められる．その "nasj" はチンギス＝カンの西征のとき，1221 年にビシュバリクへ連れてこられたヘラートの織工が織ったものであった．更に彼らの技術を継承する織工が中国本土に連れてこられ，納失失局で指導的立場に立ったものと思われる．おそらく，このとき，あるいは少し前からランパ組織の技術や彼ら独自の動物膜や皮をベースにした金糸が伝えられたと考えられる．

　以上のように錦綾技術の発展において，西方からの斜文組織，平組織緯錦，綾組織緯錦の伝播とそれに伴う機の傳入，加えて機構の発達による両面綾組織緯錦や両面繻子組織緯錦の出現，さらにその後の金糸織物の伝播は中国における織物の技術的発展に大きな影響を与えたのである．

第 4 節　綺と綾

　新疆博物館の報告書によれば平地綾はすべて「綺」，綾地綾は「綾」とされている．本稿でも中国の出土品に関しては，中国の報告書に記載される通り「綺」「綾」と表現してきた．しかし，史料用語「綺」が平地綾であり，「綾」が綾地綾と認められたわけではない．「綺」・「綾」という言葉を本稿で記述する以上，史料用語「綺」と「綾」が地組織によって分けられるかどうかを明らかにしておかねばならない．以下に史料用語の「綺」・「綾」について検討を加えよう．

1.「綺」・「綾」に関する種々の見解

　まず，史料用語としての「綺」がどのような組織か，今日までいろんな見解が出されている．以下に述べる「綺」と「綾」に関する技術用語の関係は本編第 1 章第 3 節第 1 項を参考にしていただきたい．

　先ず，綺は平地の綾で，綾は綾地の綾と地組織で分ける説は横張氏と武敏氏および若干の中国の研究者によって称えられている[525]．次に綺は平地浮文綾で，綾は綾文綾として文様の部分の糸の現れ方で分ける西村説があり[526]．その他，平地浮文綾を綺，その変化形，いわゆる漢式組織を綾とするルボ＝レスニチェンコ説がある[527]．以上は組織によって分ける考え方であるが，趙豊氏は古代では平地綾を綺と呼び，唐代では平地綾も綾地綾も綾と呼ぶようになったと考える呼称の変化説があり，筆者は古代では平地綾や羅を綺とし，時

---

[525]　横張 1976, p. 61; 武 1962, p. 68; 1992, pp. 135-136.
[526]　西村 1973, pp. 148-149.
[527]　Лубо-Лесниченко 1994, pp. 129-130.

代とともに呼称が変化するという考え方をした[528].

　綺は平地綾であるとする説の横張氏の根拠は,『六書故』の「織采為文曰錦, 織素為文曰綺.」の素を平組織と解釈したところにある. 武敏氏はアスターナ出土双龍の文様のある平地綾の上に書かれた墨書銘（図28）を「景雲元年折調紬（細）綾一疋　双流縣八月官主簿史渝」と読み,その「折調紬（細）綾一疋」をこのような平地綾の綺でもって「調の紬綾一疋に折す」という意味に取り,「綺」即ち平地綾が（趙豊氏の言うように）唐代の「綾」であったなら, どうして細綾に綾を折するだろうかと述べている. 西村氏の説では, 平地浮文綾は文様部分の糸の上がり方が不規則であるから綺で, 規則的な平地綾文綾や綾地綾文綾が綾であると考えている. ルボ・レスニチェンコの説は, 綺の文字の出現が綾の文字より早く, 平地浮文綾の方がその変化形より早く現れるからとしている.

　横張氏の素に対する解釈に対して, 筆者は次のように考えている. 素は『説文』「素白緻繪也」,『重修玉篇』「素白也」[529],から白っぽい生の色を意味し, また, 采に対応するから彩りではない生の色と考える. そこで,「采を織りて文と為すを錦と曰い, 素を織りて文と為すを綺と曰う」と読み,「彩色した糸を織って文様とするのを錦と言って, 染めていない糸を織って文様とするのを綺と言う」という解釈の方がふさわしいと思う. 武敏氏の解釈に対して著者は「折調紬（細）綾一疋」を「調として代わりに納めた細綾一疋（匹）」の意ではないかと思う.

　呼称の変化説を著者は1980年に発表したが, それに新たな史料とそれらから得られる見解を加え, 以下に検討しようと思う.

2.「綺」・「綾」と組織

　「綺」と「綾」が織物技術用語にいう平地浮文綾・その変化形・平地綾文綾・綾地綾文綾・綾地浮文綾に当たることは, 以下に挙げる史料からすでに認められている.

　綺の文字は戦国時代に『戦国策』斉策に現れる. しかし, 平地綾（平地浮文綾）は殷代から存在している[530]. 綺に関する史料は既に夏鼐が『六書故』・『説文解字』・『釈名』・『太平御覧』・『漢書』地理誌を挙げているが[531], 漢代の史料によると『説文解字』・『釈名』に次のようにある.

『説文解字』（中華書局　p.273）
綺文繒也, 从糸奇声.[532]

528　坂本 1980, pp. 75-77; 許・趙 1991, pp. 77-78.
529　『説文解字』中華書局, p. 278.『重修玉編』文淵閣四内庫全書経部218, 小学 p. 224-218.
530　Sylwan 1949, pp.18-19, p. 108.
531　夏 1963, p. 47.
532　書下し「綺は文繒なり. 糸に従い, 奇の声.」訳「綺は文様のある絹織物である. 糸につきそって, 奇の音である.」

第4編　トゥルファン出土染織資料に見る織物の発展史

『釈名』巻4，釈綵帛　（欽定四庫全書　221-404）
綺欹也．其文欹邪，不順経緯之縦横也，有杯文，形似杯也．有長命，其綵色相間，皆横終幅，此之謂也．言長命者,服之使人命長,本造者之意也．有棋文者,方文如棋也．[533]

とあり，『六書故』の記述からも，綺とは単色で文様があり，その文様は斜めに表された文様である事がわかる．

綺が単色であることは，長沙馬王堆一号漢墓出土の竹簡上に表された副葬品リスト，つまり，遣策にも見られる[534]．

　　簡 251　…帷…青綺佘素掾
　　　　　　…幔幕…青い綺の乳がつく．裏と幅広い縁飾りは白い平織の絹である．
　　簡 265　縊綺鍼衣一赤掾
　　　　　　黄緑色の綺の針さし一点．赤の幅広い縁飾りつき．
　　簡 266　沙綺緋一両素掾千金條飾．
　　　　　　羅綺の手袋が一点．白の平織の絹で幅広い縁飾りをつけ，千金の文様のリボンの飾りがつく．
　　簡 267　縊綺緋一両素掾千金條飾．
　　　　　　黄緑色の綺の手袋が一点．白の平織の絹で幅広い縁飾りをつけ，千金の文様のリボンがつく．
　　簡 270　紺綺信期繍篋嚢一素掾
　　　　　　紺色の綺に信期繍を施した香袋が一点．白い平織の絹の幅広い縁飾りがつく．
　　簡 272　紅綺篋嚢一素掾．
　　　　　　紅色の綺の香袋が一点．白い平織の絹の幅広い縁飾りがつく．

この様に簡266を除き青・黄緑・紺・紅と記されるように綺が単色であることが，墨書からわかる．単に文字だけでなく，竹簡との対照によって遺存した資料から証明されるのである[535]．

簡266に当たる出土資料は，千金の文様のリボンが付く手袋である．手袋は遺物番号443-2, 443-3, 443-4の三点で，平織である443-4を除くと，残りの二点は指，手首が平織

---

[533] 本造意之意を本造者之意としたのは太平御覧巻816布帛3による．
　　　書下し「綺は欹なり．其の文は欹邪にして，経緯の縦横に順わざるなり．杯文有りて，形は杯に似るなり．長命有りて，其の綵色は相間り，皆横に幅を終わるは，此の謂なり．長命と言うは，之を服せば人をして命長らえしむ，造者の意に本づくなり．棋文の者有りて，方文は棋の如きなり」；訳「綺は欹（傾く）という意味である．其の文様は傾いて斜めであって，経糸と緯糸の縦横の方向通りになっていないのである．杯文というのがあって，文様の形は耳杯に似ている．長命というのがあって，其の（光線による）いろどりは相まじわり，皆織幅いっぱいになっているのは，これのことである．長命というのがあって，之を着れば人の命を長らへさせるという意味で，造る者の意図するところである．棋文のものがあって，その方形の文は棋板の様である」
[534] 『長沙馬王堆』上 1976, pp. 204-206; 下 pp. 286-287.
[535] 『長沙馬王堆』下 1976, 図版 105・106.

第1章　トゥルファン出土染織資料に見る織技術史

で掌が綺とされる[536]．千金の文様のリボンが付く手袋を図版でみると，掌の組織は羅である[537]．つまり，沙綺の手袋は羅の手袋であり，漢代では羅を沙綺（軽い綺）[538]と呼んだ事がわかるのである．ちなみに，『楚辞』招魂の王逸注には「羅綺属也」[539]，『玉篇』巻二十八，帛部の錦は「錦綺也」とあり，綺は平地綾（平地浮文綾・平地綾文綾）とともに多様な絹織物を包含していたと理解される．

　綾について史料には『説文』・『釈名』に次のように解説される．

　　『説文解字』（中華書局，p. 273）
　　　綾，東斉謂布帛之細者曰綾．[540]

とあるように，後漢には東斉地方で細い糸で糸密度の高いものを綾と云った．

　　『釈名』巻4，釈綵帛には
　　　綾凌也，其文望之如氷凌之理也．[541]

とあり，綾は光沢のある斜めの文様があるものとされた．
三国魏の張揖の『埤蒼』に，

　　『一切経音義』巻66（大正新修大蔵経，巻54，p745）
　　　綾似綺而細也．[542]

とあり，綾は綺に似ているが，細い糸で糸密度の高い高級品であるとされた．綾地綾がまだ出現していない唐代以前に綾という文字が現れている．平地綾あるいは無文綾を指したのではないだろうか．上に述べてきたことを合わせて考えると綺を平地と綾地の区別によって組織だけで規定するのは正しくないことがわかる．
　次に唐代になると『漢書』地理志の顔師古注には次のように述べられる．

　　『漢書』巻28下，地理誌第8下（中華書局標点本，p. 1660）
　　　綺即今之所謂細綾．[543]

536　『長沙馬王堆』上 1976, pp. 96-97.
537　『長沙馬王堆』下 1976, 図版 103-106.
538　『長沙馬王堆』上 1976, p. 205.
539　『長沙馬王堆』上 1976, p. 88.
540　書下し「『綾，東斉は布帛の細かき者を謂いて曰く綾』と」；訳「東斉（山東省東部）では織物の糸が細く上等のものを綾といった」
541　書下し「綾は凌なりて，其の文は之を望むに氷凌之理の如きなり」；訳「綾は氷という意味であって，その文様を見ると氷に入った筋のようである」
542　書下し「綾は綺に似れども細かきなり」；訳「綾は綺に似ているが綺より糸が細く上等である」
543　書下し「綺は即ち今の謂う所の細綾なり」；訳「綺は今で謂う細綾に当たる」

第4編　トゥルファン出土染織資料に見る織物の発展史

とあり，唐代においては，綺は細綾と云われるようになる．この細綾という文字が表されている実物資料がある．それは既に第2編で触れ，また「綺」と「綾」に対する諸説を紹介したときにも触れたのであるが，アスターナ出土の双龍文を表した絹織物断片の上に墨書があり，「景雲元年折調紬（細）綾一疋　双流縣八月官主簿史渝」とある．武敏氏が「折調細綾一疋」を「調の紬綾に折したる一疋」とした部分を，先に述べたように，筆者は「調として代わりに納めた細綾一疋（匹）」の意としたい．景雲元年は710年にあたり，双流縣は成都に近く益州にある．
『大唐六典』に租調の定めが記されている．

　　『大唐六典』巻3，（広池本，p.35）
　　課戸毎丁租粟二石．其調随郷土所産，綾絹絁各二丈，布加五分之一．輸綾絹絁者，綿三両，輸布者麻三斤，皆書印焉．[544]

とあり，調は郷土の特産品によって綾・絹・絁いずれか二丈を折し，布の場合は二丈にその五分の一を加え，綾・絹・絁を送る者は綿三両，布を送る者は麻三斤を納め，皆これに印を記すようにとしている．

ところで，特産品である貢を『六典』について見ると剣南道の貢には綾を含んでいる．従って，調として折するべき郷土の特産品，細綾で以て代わりに納めることを明記したのであろう．紬綾を細綾と読むのは，顔師古注の「綺即今之所謂細綾」に細綾が在証されることと『大唐六典』の明刊本では紬綾となっているが，原本に近い宋本では細綾とあるからである[545]．

『大唐六典』に記載されたものは開元七年（719）の令によったものであるが，この部分は武徳二年（619）の制に準じているので，景雲元年（710）にも適用する事が出来る．「皆書印焉」の部分は開元七年に加えられたものである[546]．

庸調布は織物の端近くに墨書があって，資料そのものの名称を記している．問題としている絹織物断片は文様のあり方から織物の端に近いとみなされ，調として代わりに納められた細綾の墨書の部分だけが切り取られたものと思われる．従ってこの断片は細綾そのものと考えてよいであろう．

この断片，即ち細綾をウルムチの新疆博物館で実際に観察したところ，報告されているとおり平地綾文綾であることを確認した．唐代では，平地綾文綾も綺ではなく細綾と云ったことがこれによってわかるのである．

544　書下し「課戸の毎丁の租は粟二石．其の調は郷土の産する所に随い，綾絹絁各二丈，布は　五分之一を加う．綾絹絁を輸す者は，綿三両，布を輸す者は，麻三斤，皆印を書す」
545　『大唐六典』1991, p.57, 欄外の校記による．
546　仁井田 1933, pp.661-666.

第1章　トゥルファン出土染織資料に見る織技術史

3.「綺」と「綾」の関係
『大唐六典』や『新唐書』には織物の単位が示されている．

『新唐書』巻48，志38，百官3（中華書局標点本，p. 1271）
錦・羅・紗・縠・紬・絁・綾・絹・布，皆廣尺有八寸．四丈為匹．布則五丈為端，…．[547]

とあり，公文書から綺の字が消えている．当時の生産は綾が主であったに違いない．唐代の少府監の管轄する工匠のうち綾を織る工匠は全体の54％以上であった[548]．そのうえ，唐代の貢は圧倒的に綾が多いということが佐藤氏の『大唐六典』・『元和郡縣図志』・『通典』・『新唐書』から採録した表によってよくわかる[549]．しかし，綺が生産されなくなった訳ではない．織染署の織紝の作る織物に十種類あって，その中に綾も綺も記載されている[550]．

『一切経音義』に唐代の綺について述べた箇所がある．

『一切経音義』巻1（『大正新修大蔵経』巻54, p. 314）
范子計然云，綺出斉郡．案用二色綵絲，織成文華；次於錦，厚於綾．

『一切経音義』巻4（『大正新修大蔵経』巻54, p. 329）
范子計然云，綺出斉郡，今出呉越．[551]

とある．上記史料によれば，唐代になると経緯別の色で二色にして文様を織り出した綺が織り出され，それは錦の次に厚く，綾より厚いものであった．なお，以前は斉郡（山東省）の産物であった綺が呉越地方で生産されるようになったのである．実際，「二色綺」が在証され[552]，経緯別色の出土資料をみると表裏が色違いになっている[553]．

綺が意味した内容が時代と共に変化し，漢代に「綺」に含まれていた平地綾は，東斉（山東省東部）では，そのうちの糸が細くて糸密度の高いものは「綾」と呼ばれた．唐代になると，その「綾」と呼ばれる絹織物が全盛となり平地綾も綾地綾も「綾」に含まれるようになっ

547　書下し「錦・羅・紗・縠・紬・絁・綾・絹・布は，皆廣は尺と八寸有りて，四丈をもって匹と為す．布は則ち五丈をもって端と為す，…」；訳「錦・羅・紗・縠・紬・絁・綾・絹・布は，皆，幅は一尺八寸，長さは四丈を一匹とする．布は長さ，五丈を一端とする …」．
548　尚 2004, pp. 462-463．
549　佐藤 1978, pp. 311-320．
550　『大唐六典』巻22（広池本，p. 20）1991, p. 410．
551　書下し「范子計然云く，『綺は斉郡に出ず．案ずるに二色の綵絲を用い文華を織成す；錦に次ぎ，綾より厚し』と」；訳「范子計然がいうには『綺は斉郡に産する．思うに二色の色糸を用いて文様を表す．綺は錦の次ぎに厚く，綾より厚い．』ということである」．
　　書下し「范子計然云く，『綺は斉郡に出ずるも，今は呉越に出ず』と」；訳「范子計然がいうには『綺は山東に産するが，今は江東に産する』ということである」．
552　『唐大詔令集』1959, p. 563．「…天下更不得…織成帖絠・二色綺綾羅…」書下し「…天下は更に…帖絠・二色綺綾羅…織成するを得ず」訳「天下は更に…帳の組紐・二色の綺綾羅を織ってはいけない」
553　Sakamoto 2004b, p. 21．

第4編　トゥルファン出土染織資料に見る織物の発展史

た．唐代と同時期の法隆寺，正倉院では『東大寺献物帳』[554]の記録と宝物とを対照した結果として，平地綾も綾地綾も「綾」一語で表されている．

　一方，二色で綾より厚い絹織物が生産され，それは「綺」と呼ばれた．綺と綾の相違は地組織の違いではなくて，糸の太さや細さによって，その結果として織物の厚み如何によって区別されたのであろう．綾は無文綾のほか[555]，文様のある場合はその糸の細さによって，文様表現の繊細なもの，それに対して綺は糸の太さによって文様の粗いものを指したのであろう．

　このように史料を検討してくると，幾人かの研究者の「綺」は平地綾であり，「綾」は綾地綾であるとする見解は史料から導くことが出来ない．第1・2編では中国の報告に従って「綺」・「綾」と記述してきたが，本稿に使用される「綺」・「綾」は史料用語としてではなく，「綺」は平地綾，「綾」は綾地綾を示す現代用語として取り扱っている．

554　『東大寺献物帳』とは聖武天皇のご遺愛品や薬物を東大寺盧舎那仏に献納された品物の目録．
555　尚 2004, p. 462, 唐代に「無紋綾」の存在を指摘している．

第2章　トゥルファン出土染織資料に見る文様史

第1節　4-8世紀出土資料の文様における東西交流と発展

　4-8世紀出土資料は主にカラホージャ・アスターナから出土している．その他ドイツ調査隊によって高昌故城・トヨクからも発見されている．それらのうち主要な錦と綺を文様のタイプによってグループAからFに分け，更にグループによってa・b・cと細分した．それらの錦綾を中心に各グループの特徴を述べグループの年代を探ることにする．

　以下に取り扱う用語には組織を示す場合と織物を示す場合の両方の意味を持つものがある．この章では織物を指している．

A　漢代文様を残す錦
　　a　平組織経錦：
　　　　藏青地禽獣文錦（TAM177:48（1））（図43）　　　　455年墓誌伴出
　　　　夔文錦（TAM88:2）[556]　　　　　　　　　　　　567年墓誌，衣物疏伴出
　　b　平組織緯錦：
　　　　動物雲気文錦（怪獣文錦）（ast. vi. 1.03）（図1）　364年木版伴出
　　　　倣獅文錦 TAM313:12,（図19）　　　　　　　　　548年衣物疏，598年文書伴出

B　過渡期の文様の綺・錦
　　綺：
　　　　天青色幡文綺（TAM170:20）[557]　　　　　　　543・548衣物疏，562年墓表，衣物疏伴出
　　　　対鳥対獣文綺（TAM303:1）[558]　　　　　　　 551年墓表伴出
　　　　盤条「貴」字団花綺（TAM48:14）（図44）　　　596・604・617年衣物疏伴出
　　　　連珠套環綺（TAM99:1）[559]　　　　　　　　　631年文書伴出
　　錦（平組織経錦）：
　　　　対鳥「吉」字文錦（TAM31:15）[560]　　　　　 620年衣物疏伴出
　　　　藍地対鶏対羊灯樹文錦（TAM151:21）（図45）　 620年墓誌，衣物疏，644年文書伴出

C　西方到来錦
　　連珠円内動植物単独文様の綾組織緯錦（主に動物単独文様）
　　　a　正円連珠環に文様が囲まれる錦：

---

[556] 『シルクロード学研究』8, 2000, PL. 58.
[557] 『シルクロード学研究』8, 2000, PL. 104.
[558] 『シルクロード学研究』8, 2000, PL. 105.
[559] 『絲綢之路』1972, 図版47.
[560] 『シルクロード学研究』8, 2000, PL. 99.

第4編　トゥルファン出土染織資料に見る織物の発展史

  猪頭連珠円文錦（ast. i.5.03）（図3）模造ユスティニアヌス（527-565）　金貨伴出
  猪頭連珠円文錦（ast. i.6.01）[561]
  連珠花卉文錦（ast.i.1.01）[562]
  側花連珠円文錦（ast. ix.2.01）[563]　　706年庸調布伴出
  連珠馬文錦（TKM303）[564]
  天馬文錦　ムルトゥク出土 [565]
 b 非正円連珠環に文様が囲まれる錦：
  連珠戴勝鸞鳥文錦（TAM138:17）[566]　　636年文書伴出
  大連珠立鳥文錦（TAM42）（図9）　　651年墓誌伴出
  鸞鳥文錦 TAM（332:17）[567]　　665年文書伴出
  鳥連珠円文錦（ast. vii. 1.01）[568]
  連珠鳥文錦 TAM ？[569]
  連珠鹿文錦（TAM55:18）[570]
  鹿文錦（TAM84:5）[571]　　574年文書伴出
  大鹿文錦（TAM337:13）[572]
  大鹿文錦（TAM322:30）[573]
  大連珠鹿文錦（TAM332:5）（図10）　　665年文書伴出
  鹿文錦（ast. v.1.01）[574]
  大連珠戴勝鹿文錦（TKM71:18）[575]
  連珠猪頭文錦（TAM138:9/2-1）（図11）　　636年文書伴出
  猪頭文錦（TAM325:1）（図12）　　663年文書伴出
  猪頭文錦（TAM5:1）[576]　　668年文書伴出
  猪頭文錦　巴達木出土 [577]

---

561 『染織の美』30, 1984, 図26.
562 Stein 1928, PL. LXXX.
563 Stein 1928, PL. LXXIX.
564 『吐魯番博物館』1992, PL. 141.
565 『西域考古図譜』1972, 染織と刺繍 [2].
566 『シルクロード学研究』8, 2000, PL. 42.
567 『新疆出土文物』1975, 図版141.
568 山辺 1979, 図版43.
569 『吐魯番博物館』1992, PL. 193.
570 『シルクロード学研究』8, 2000, PL. 47.
571 『絲綢之路』1972, 図版33.
572 『文物』1962, 図17.
573 『文物』1962, 図3.
574 山辺 1979, 図版48.
575 『文物』1978, 図29.
576 『吐魯番博物館』1992, PL. 191.
577 『吐魯番』2006, p. 119

第 2 章　トゥルファン出土染織資料に見る文様史

D　西方錦の影響の下に生み出された中国錦
  1　連珠円内対称文様の平組織経錦と綾組織経錦（主に動物対称文様）
    a　小連珠円（5cm 前後の大きさ）の錦（綾組織経錦）：

連珠対鵲文錦（TAM206:48/1）（図 23）	689 年墓誌伴出
小連珠団花錦（TAM211:9）[578]	633 年墓誌伴出
連珠対鴨文錦（TAM363:2）[579]	710 年文書伴出
鳥獣団花錦（TAM206）[580]（立涌文内）	689 年墓誌伴出
大紅地団花錦（TAM104）[581]	

      朱地連璧鳥形文錦[582]

    b　中連珠円の錦（10cm 前後の大きさ）の錦
  1　小連珠（平組織経錦）：

対鳥対獣盤条錦（TAM303:12）[583]	551 衣物疏伴出
「胡王」錦（TAM169:14）（図 46）	558 年墓誌，衣物疏，576 年衣物疏伴出
対獅対象球文錦（TAM19:21）[584]	676 文書伴出
盤条騎士狩猟文錦（TAM101:5）（渦巻き状連珠）（図 47）	

  2　中連珠（平組織経錦）：

朱紅地連珠孔雀文錦（TAM169:34）（図 24）	576 年衣物疏伴出
連珠対孔雀「貴」字文錦（TAM48:6）（図 25）	617 年衣物疏伴出
連珠対馬錦（TAM302:22）[585]	653 年墓誌伴出
朱地連璧天馬文錦[586]	
対鳥対獅「同」字文錦（TAM92:37）[587]	668 年墓誌伴出

  3　中連珠（綾組織経錦）：

紅地連珠対馬錦（TAM151:17）（図 26）	620 年墓誌，衣物疏，644 年文書伴出
連珠対馬錦（TAM302:4）[588]	653 年墓誌伴出
連珠対羊文錦（TAM206:48/2）[589]	689 年墓誌伴出
白地連璧闘羊文錦[590]	

578　『シルクロード学研究』8, 2000, PL. 69.
579　『吐魯番博物館』1992, PL. 180.
580　『シルクロード学研究』8, 2000, PL. 97.
581　『シルクロード学研究』8, 2000, PL. 70.
582　『至宝』, 2002, 図 52.
583　『シルクロード学研究』8, 2000, PL. 27.
584　『シルクロード学研究』8, 2000, PL. 31.
585　『シルクロード学研究』8, 2000, PL. 36.
586　『至宝』2002, 図 51.
587　『絲綢之路』1972, 図 29.
588　『シルクロード学研究』8, 2000, PL. 37.
589　『シルクロード学研究』8, 2000, PL. 54.
590　『至宝』2002, 図 52.

第4編　トゥルファン出土染織資料に見る織物の発展史

　　c　大連珠円の綺・錦（20cm前後の大きさの連珠円）
　　綺：
　　　　黄色龍文綺（TAM221:12）（図27）　　　　653年墓誌，678年文書伴出
　　　　黄色龍文綺片（TAM226:16）（図28）　　　710年銘
　　綾組織緯錦：
　　　　騎士文錦（TAM322:22/1）（図29-a・b）　　663年墓誌伴出
　　　　連珠天馬騎士文錦（TAM77:6）（図30）
　　　　騎士文錦（MIK Ⅲ 6236）[591]
　　　　対鴨文錦（TAM92:4）[592]　　　　　　　　668年墓誌伴出
　　　　樹下対鹿連珠円文錦（ast.i.3.a.01）[593]　　常平五銖（581-618発行）伴出
　　　　花樹対鹿文錦[594]

E　中国で発達した花文の錦
　　a　小花文の綾組織経錦：
　　　　海藍地宝相花文（TAM188:29）（図48）　　715年墓誌，716年文書伴出
　　　　紺地八弁花文錦[595]
　　b　中花文の綾組織緯錦：
　　　　宝相花文織成錦（TAM117:47）[596]　　　　683年墓誌伴出
　　　　宝相団花錦（TAM214:114）（図49）　　　　665年墓誌伴出
　　　　緑地団花錦（TAM206）[597]　　　　　　　633年埋葬記録，689年墓誌伴出
　　c　大花文の綾組織緯錦：
　　　　紅地団花錦（TAM230:6）[598]　　　　　　702年墓誌，721年文書伴出
　　　　深紅牡丹鳳文錦（TAM381）（図50）　　　 778年文書伴出

F　段文の錦
　　a　平組織経錦：
　　　　樹文錦（TAM170:38）（図16）　　　　　　562年墓表，衣物疏伴出
　　　　鳥獣条文錦（TAM306:10）（図14）　　　　541年写紙伴出
　　　　鳥獣朶花条文錦（TAM324:16）[599]

591　Sakamoto 2004b, p. 41.
592　『絲綢之路』1972, 図版30.
593　Stein 1928, PL. LXXIX.
594　『西域考古図譜』1972, 染織と刺繍［2］.
595　『至宝』2002, 図53.
596　『シルクロード学研究』8, 2000, PL. 60.
597　『シルクロード学研究』8, 2000, PL. 68.
598　『シルクロード学研究』8, 2000, PL. 63.
599　『シルクロード学研究』8, 2000, PL. 82.

第 2 章　トゥルファン出土染織資料に見る文様史

　b　平組織緯錦：
　　　対羊文錦（TAM170:66）[600]　　　　　　　　562 年墓表，衣物疏伴出
　　　連珠小花錦（TAM323:13/3）（図 31）　　　587 文書伴出
　　　亀甲「王」字文錦（TAM44:23）（図 18）　655 年墓誌伴出
　　　大吉字文錦 TAM169:51[601]　　　　　　　　576 年衣物疏伴出
　　　連珠文錦（1）・(2)（TAM507）[602]
　c　綾組織緯錦：
　　　幾何瑞花錦（TAM331:5）[603]　　　　　　619 年文書伴出
　　　連珠対孔雀錦（TKM48:1）[604]　　　　　　650 年文書伴出
　　　連珠対鳥文錦（TAM134:1）（図 51）　　　662 年墓誌伴出
　　　鴛鴦文錦（TAM337:13/2）[605]　　　　　　657 年墓誌伴出
　　　双鳥文錦（TAM322:29）[606]　　　　　　　663 年墓誌伴出
　　　対鹿文錦（TAM330:60）（図 52）　　　　　672 年墓誌，674 年文書伴出

1．漢文様から円文へ

　グループ A のアスターナ出土藏青地禽獣文錦（455 年墓誌，図 43）は織物の経方向から見ると瑞獣が柱を中心に上下対称に表されていて，一方は倒置した形で表される（倒置対称）．瑞獣が対称に表されるのは漢代の錦より戦国時代の文様表現に近いが，江陵馬山一号楚墓の錦は各々の瑞獣の方向と経の方向が一致していて（正置対称）両者には違いがある．また，藏青地禽獣文錦では柱に支えられたアーチ形の屋根の文様は敦煌出土龍文経錦(MAS926, ch.00118)に同様の文様が見いだせる[607]．藏青地禽獣文錦は 5 世紀前半のもので，トゥルファン文書にある「魏錦」と呼ばれる錦にあたると思われる[608]．

　アスターナ出土動物雲気文錦（364 年木板伴出，図 1）・夔文錦（567 年墓誌・衣物疏伴出）・倣獅文錦（548 衣物疏・598 年文書伴出，図 19）は共に漢代の瑞獣と雲気のモチーフを文様のテーマとしている．しかし，漢代の瑞獣と雲気が躍動感あふれるのに対し，夔文錦は表現に硬さが見られ，そこには漢錦には見られなかった西方起源の四弁花文が四菱花文に姿を変えて挿入されている．漢代錦や夔文錦の瑞獣は織物の経方向に対して正方向に表されている（正置）．一方，第 2 編第 4 章で触れたトゥルファン産の丘慈錦と同じ綿経綿緯の

600　『シルクロード学研究』8, 2000, PL. 77.
601　『新疆出土文物』1975, 図版 81.
602　Wu 2006, p.221, fig. 158.
603　『シルクロード学研究』8, 2000, PL. 88.
604　『シルクロード学研究』8, 2000, PL. 39.
605　『シルクロード学研究』8, 2000, PL. 85.
606　『シルクロード学研究』8, 2000, PL. 86.
607　『西域美術』3, 1984, 図 37. 図 37 の解説では後漢時代とされているが，織物の時代は下る．横張 1986, p. 92.
608　横張 2000, p. 181.

第4編　トゥルファン出土染織資料に見る織物の発展史

　倣獅文錦に見られる瑞獣は織物の経方向に対して90度回転して表されている（横置）．その瑞獣はデフォルメされ，雲気は単なる線と化している．この錦は上記の4世紀の動物雲気文錦（図1）を模倣したものと考えられる．また，倣獅文錦にも四弁花がぎごちなく填められているのは中国錦である夔文錦からの模倣であろう．このように漢錦の影響は形式的なものとなりながら6世紀まで続いたようである．
　グループBにおける特徴は，まずアスターナ出土天青色幡文綺（543・548年衣物疏・562年墓表・衣物疏伴出）・対鳥対獣文綺（551年墓表伴出）・盤条「貴」字団花綺（617年衣物疏伴出，図44）・連珠套環綺（631年文書伴出）などの綺では，主文様が織物の経糸方向に対して90度回転した横向きに表され，織り方は上下対称である（横置対称）．対鳥対獣文綺は装飾のない円に囲まれ，盤条「貴」字団花綺の主文（主要な文様）には「貴」の字が填められ，それを囲む渦巻き（波頭）文で飾られた楕円は交差している．
　錦においても対鳥「吉」字文錦（620年衣物疏伴出）・藍地対鶏対羊灯樹文錦（644年文書伴出，図45）の主文様は横向きであり，鳥や動物は横置対称に表される．これら錦は経錦であるが，漢錦の正置と違って，動物雲気文緯錦の文様配置を倣って横置である．
　対鳥「吉」字文錦・藍地対鶏対羊灯樹文錦（図45）の羊・ぶどうの文様は西方的モチーフであり，全体の構図はアンティノエ出土のペルシア錦の樹下対牛文錦に類似している[609]．同文様の錦が東へ運ばれデザインの手本となったと思われる．対鳥「吉」字文錦には「吉」の字が填め込まれ，藍地対鶏対羊灯樹文錦にも表されている樹木は，アンティノエ出土錦の果実の下がる樹木が灯樹となっている．灯樹は木頭溝（ムルトゥク）の3号洞に表されたように，当時から樹木に明かりを灯して新年を祝う習慣があった[610]．ペルシア錦の樹木は中国の灯樹と化したのである．このように西からの影響を受けながら，漢字を填め込んだり，中国独自の解釈によって新しい文様が生まれたりした．
　次に対鳥対獣文綺（551年墓表伴出）から6世紀中葉に丸い形の円文が現れたといえるが，第2編第3章で取り上げた朱紅地連珠孔雀文錦（TAM169:34, 576年衣物疏伴出，図24）や571年に亡くなった徐顕秀の墓室壁画に表された連珠菩薩像錦[611]や連珠対獅対鳳文錦[612]などに見られるように，6世紀中葉から既にペルシアの連珠円の影響を受けていた．
　この連珠円のタイプはグループDに入るが，連珠円が小・中の大きさで，そのうち小連珠を連ねた環内にラクダや象など中国に生息しない動物を填め，倒置対称に表した錦「胡王」錦（558年墓表・衣物疏・576年衣物疏伴出，図46），対獅対象球文錦（676年文書伴出）がある．また，対鳥対獣盤条錦（551年墓表伴出）は小連珠を連ねた環内に鳳凰，龍馬，牛を横置対称に填め，盤条騎士狩猟文錦（図47）は渦巻き状連珠内に騎士，獅子，象，龍馬や日天を横置対称に填めている．これら錦は共に円の接合部に開花文を表していて，互

609　Martiniani 1986, Cat. 16. 横張 1986, p. 98.
610　耿 1995, p. 60.
611　『徐顕秀墓』2005, p. 10（墓誌），p. 38, p. 40, p. 41, p. 50, (PLs. 23・25・26・34・35).
612　『徐顕秀墓』2005, pp. 33, PL. 19.

第2章　トゥルファン出土染織資料に見る文様史

いに共通するモチーフがある．対獅対象球文錦は7世紀の文書を伴っているが，その獅子は「胡王」錦の獅子とそっくりであり，6世紀の文様を模倣している．これら四つの錦もまた西方の文様を模しながら，次に述べる7世紀の「連珠円内単独文錦」が到来する以前に影響を受けた過渡期のものと言えるだろう．

2. 西方錦の到来

　グループCの文様は第2編第2章第1節で述べたように正円連珠環と非正円連珠環のペルシア錦・ソグド錦で構成され，それら錦は6世紀末から7世紀に到来したものである．主文は猪頭・天馬・鹿・含綬鳥が連珠円内に単独で表され，そのうち鹿の文様はソグド錦にのみ見られる．ソグド錦に鹿文様が多いのは，鹿の文様が突厥碑文に付帯する動物の一つであるように[613]，突厥の可汗の愛好する動物であり，ソグドにおいて突厥との友好関係から突厥の支配へ移っていったことなどがソグド工匠に影響を与えたものと思われる．副文はペルシア錦では余り残っていないが側花連珠円文錦（ast. ix.2.01）には上下左右対称の八稜花文が見られ，ソグド錦ではモシチェヴァヤ＝バルカ出土資料に上下左右対称の副文も存在するが，トゥルファン出土錦では左右対称に植物が表される．トゥルファン出土錦では連珠円の接合部は小連珠円内に二重円・小円などが表され，連珠円が接合しない錦は主として正円連珠環の錦であるが，上記側花連珠円文錦・連珠馬文錦（TKM303）・ムルトゥク出土の天馬文錦の連珠環の上下左右に回文が表されている．

　非正円連珠環の連珠はいびつであったり六角形を呈したりする（図9・10・11・12）．その連珠環に囲まれる主文の動物は輪郭が曲線でなく，階段状に表されることが多い．従って，非写実的でぎこちなさが感じられる．

　グループCのカラホージャ・アスターナ出土染織資料は8世紀までに到来したものであった．一方，ドイツ隊発掘のトゥルファン出土染織資料は幅広い年代に亘り，そのなかに8-9世紀頃ソグドで織り出され，トゥルファンに到来したと思われる錦がある．この錦は上記の連珠円とは異なる文様構成で主文が帯状に列をなしている．この錦については次の第2節で取り上げることにする．

3. 西方錦の影響による中国錦とその発展

　グループDの特徴は第2編第3章で述たように，カラホージャ・アスターナ出土錦で構成されるグループCなどの到来によって，ペルシア・ソグドの文様が模倣され，技術上の問題から連珠円内に動物が対称に表されたものである．それらの文様の連珠円は小連珠円・中連珠円・大連珠円に分けられる．副文は左右対称の動物文様や上下左右対称の四つ葉花文となり連珠円の大きさに応じて花文は大きく複雑になっていった．

　盤条騎士狩猟文錦（図47）は都蘭からも出土していて連珠天馬文錦と縫い合わされてい

---

[613] Klyashtorny 2006, p. 221.

る[614]. 連珠天馬文錦から推定すると6世紀後半から7世紀前半の製作と見られる．都蘭の盤条騎士狩猟文錦には太陽神ヘリオス[615]，またはリグ・ベーダにみえる月神スーリヤが表されている．スーリヤは仏教に取り入れられ日天となったもので，単に文様の模倣だけでなく，この錦には仏教の影響が見られるのである．

また，史料によればペルシア・ソグド錦の影響を受けた連珠動物対称文錦が中国において一世を風靡したようである．史料には，

『唐会要』巻35, 輿服下, 異文袍, (中華書局標点本, p. 582) [616]
延載元年五月二十二日，出繡袍以賜文武官三品已上．其袍文仍各有訓戒．諸王則飾以盤龍及鹿，宰相飾以鳳池，尚書飾以対雁，左右衛将軍飾以対麒麟，左右武衛飾以対虎，左右鷹揚衛飾以対鷹，左右千牛衛飾以対牛，左右豹韜衛飾以対豹，左右玉鈴衛飾以対鶻，左右監門衛飾以対獅子，左右金吾衛飾以対豸.

と述べられ，それら動物対称文様のペルシャ風錦は官位，職務を表示するまでになった．
更に中国で織られた「大瑞錦」は内庫に納められていた．それについては「咸亨二年，栄国夫人卒．則天出内大瑞錦，令敏之造仏像追福．…（後略）」『旧唐書』巻183, 列伝133, 外戚（中華書局標点本, p. 4728）[617]とある．ペルシア・ソグド風狩猟文の錦は対称文様で幅が広く大文様である．第2編で述べた天馬文錦など対称文様の「瑞錦」に対して，狩猟文錦，とりわけ法隆寺所蔵の四騎獅子狩文錦はまさにこの「大瑞錦」にあたるだろう．

4. 副文の独立と花文錦

動物対称文様が異国風としてもてはやされる一方で，今まで連珠動物対称文の副文として表されていた四つ葉花文が独立して花文様の錦として現れるようになる．それがグループEの海藍地宝相花文（715年墓誌・716年文書伴出，図48）および同文様である大谷探検隊収集の紺地八弁花文錦である．上記の錦は四つ葉花文と八弁花文が交互に表されている．

---

614 趙 1999, pp. 302-303.
615 趙 1995, pp. 182-183.
616 書下し「延載元年五月二十二日，繡袍を出し以て文武官三品已上に賜う．其の袍文には仍各々訓戒有り．諸王なれば則ち盤龍及鹿を以て飾り，宰相は鳳池を以て飾り，尚書は対雁を以て飾り，左右衛将軍は対麒麟を以て飾り，左右武衛は対虎を以て飾り，左右鷹揚衛は対鷹を以て飾り，左右千牛衛は対牛を以て飾り，左右豹韜衛は対豹を以て飾り，左右玉鈴衛は対鶻を以て飾り，左右監門衛は対獅子を以て飾り，左右金吾衛は対豸を以て飾ると．」；訳「延載元年五月二十二日，刺繡を施した上着を内庫から出して文武官三品以上に与えられる．その上着の文様にはなおそれぞれに戒めがあった．つまり，諸王は絡み合う龍及鹿の文様で飾り，宰相は鳳池の文様で飾り，尚書は対向する雁の文様で飾り，左右衛将軍は対向する麒麟の文様で飾り，左右武衛は対向する虎の文様で飾り，左右鷹揚衛は対向する鷹の文様で飾り，左右千牛衛は対向する牛の文様で飾り，左右豹韜衛は対向する豹の文様で飾り，左右玉鈴衛は対向する鶻の文様で飾り，左右監門衛は対向する獅子の文様で飾り、左右金吾衛は対向する豸の文様で飾るようにと．」
617 書下し「咸亨二年，栄国夫人卒す．則天は内より大瑞錦を出し，敏之をして仏像を造り追福せしむ，….」；訳「咸亨二年（671），栄国夫人がなくなる．武后は内庫より大瑞錦を出し，敏之に命じて仏像を造らせ，追善供養の仏事を行わせた．….」

第 2 章 トゥルファン出土染織資料に見る文様史

その他に宝相花文織成錦（683年墓誌伴出）も同様の八弁花文の文様である．

花文様が大きくなるに従って，花弁は次第に細分化され，繊細に装飾されている．宝相団花錦（665年墓誌伴出，図49）や緑地団花錦（689年墓誌伴出）がその例である．紅地団花錦（702年墓誌，721年文書伴出）は例外で花文様は大きくても一色で宝相花が表されている．花文の錦は手の込んだ繊細な装飾で表現されるものと，織り易いシンプルな表現のものと二種類に分かれている．

やがて深紅牡丹鳳文錦（778年文書伴出，図50）のような牡丹に鳳凰の飛び交う華やかな描写となり，花鳥風物文様の先駆けとなる．なお，この錦は小花文様の竪の縁飾り「竪欄」が付き，そこには今まで主流であった開花文に側面花も加わって来る．

グループEの特徴は，7世紀後半から8世紀にかけて織り出され，花文は宝相花が中心となり，やがて宝相花のバリエーションを展開しながら花鳥風月の文様へと移っていく．それは自然を対象とする文様の幕開けである．

9世紀になると動物文様や華美な大文様は姿を消し自然を対象とした中国独自の文様の牡丹・花卉文様へ移っていく．そこには次のような禁令が関係していると思われる．

宋敏求（編）『唐大詔令集』巻108，禁奢侈服用勅，（商務印書館，p. 563）[618]
勅…天下更不得…造作錦繡珠縄，織成帖絁二色綺綾羅，作龍鳳禽獸等異文字，及豎欄錦文者．違者決一百，受雇工匠，降一等科之．両京及諸州旧有官織錦坊，悉停．開元二年七月

開元二年（714年）に奢侈な事物を禁ずる勅が出されたが，依然として龍鳳や禽獸の文様は織り続けられたらしい．やがて755年から763年に亘る安史の乱で国は疲弊し，華美な文様の錦・綾より馬価絹として回賜するに必要な縑帛を織ることが求められたのであろう[619]．

---

618 書下し「天下に勅す … 錦繡珠縄を造作し，帖絁・二色綺綾羅を織成し，龍鳳禽獸等異文字及び豎欄錦文を更に作ることを得ず．違える者は一百と決し，雇を受けし工匠は一等を降して之を科す．両京及び諸州に旧の官織錦坊有るは，悉く停む」；訳「天下に勅す…錦繡や珠縄を造作し，帳の組紐や二色の綺綾羅を織り，龍鳳禽獸等の文様，異国の文字及び竪の縁飾りの錦文を決して作ってはいけない．違反する者は杖一百と決め，雇用された工匠は罪を一等下げこれを科すこととする．両京及び諸州にもとの官営織錦坊があるのは，すべて稼働を停止する．」

619 「歳送馬十萬匹，酬以縑帛百餘萬匹．」（『新唐書』巻51 中華書局標点本 p. 1348）書下し「歳ごとに馬十萬匹を送り，酬いるに縑帛百餘萬匹をもってす．」；訳「（ウイグルは）毎年馬十萬匹を送ってきたので，（代宗は）お返しとして繒帛百餘萬匹を与えた．」に見られるように馬価絹は膨大な量に上った．

第4編　トゥルファン出土染織資料に見る織物の発展史

> 宋敏求（編）『唐大詔令集』巻 109，禁大花綾錦等勅，（商務印書館 p. 566）[620]
> 勅…（中略）…在外所織造大張錦・軟瑞錦・透背及大綢錦・竭鑿六破已上錦・獨窠文綾・四尺幅及獨窠呉綾・獨窠司馬綾等，並宜禁断．其長行高麗白錦・雑色錦・及常行小文字綾錦等，任依旧例造．其綾錦花文，所織盤龍・対鳳・麒麟・獅子・天馬・辟邪・孔雀・仙鶴・芝草・万字・双勝・及諸織造差様文字等，亦宜禁断…（後略）．大暦六年四月

大暦 6 年（771 年）の華美文様の禁止令によって，漸く幅一杯の円文やそこに填められた動物文様は姿を消した．

5．段文錦のいろいろ

　グループ F の特徴は文様が横方向に繰り返され，段状になったもので a. 西方文様の影響を受けた平組織経錦，b. 西方伝来技術の平組織緯錦に漢字と西方文様が表されたもの，c. 西方文様であるハート型四弁花文と動物文様（猪，鹿，鳥など）に細分される．それらは西と東の特徴を混合したグループと言うことが出来る．

　まず，a の錦には樹文錦（562 年墓表・衣物疏伴出，図 16）・鳥獣条文錦（541 写紙伴出，図 14）・鳥獣染花条文錦（628 年墓誌伴出）があり，樹文錦には西方に多いスペード型樹木が表され，鳥獣条文錦にはオリエントに始まりシベリアでも見出される人面鳥獣が中国の龍馬や鳳凰と共に表されている[621]．鳥獣染花条文錦には連珠開花文が鳳凰と共に表されている．これらの錦は西方文様を取り入れながら中国の文様と組み合わせ，中国伝統の経錦で織られたもので，6 世紀から 7 世紀初めに属している．

　b の錦は対羊文錦（562 年墓表・衣物疏伴出）・連珠小花錦（587 年文書伴出，図 31）・亀甲「王」字文錦（655 年墓誌伴出，図 18）・大「吉」字文錦（576 年衣物疏伴出）・連珠文錦であり，対羊文錦・連珠小花錦・連珠文錦は西方文様の連珠・羊・ハート型四弁花文が表され，亀甲「王」字文錦・大「吉」字文錦は「王」や「吉」の字が填め込まれる．これらの錦には西方伝来技術の緯錦や西方文様と漢字の東西の混合が見られる．6 世紀後半から 7 世紀前半のものである．

　c の錦は主にハート型四弁花文と動物文様が段に表された錦で連珠対孔雀錦（650 年文書伴出）・連珠対鳥文錦（662 年墓誌伴出，図 51）・鴛鴦文錦（657 年墓誌伴出）・双鳥文錦（663 年墓誌伴出）・対鹿文錦（672 年墓誌・674 年文書伴出，図 52）・幾何瑞花錦（619 年文書伴出）

---

[620] 書下し「勅す …（中略）… 外に在りて織造する所の大張錦・軟瑞錦・透背及大綢錦・竭鑿六破以上の錦・獨窠文綾・四尺幅及獨窠呉綾・獨窠司馬綾等を，みな宜しく禁断すべし．其の長行の高麗白錦・雑色錦・及常行の小文字綾錦等，旧例に依りて造るに任ず．其の綾錦の花文の，織る所の盤龍・対鳳・麒麟・獅子・天馬・辟邪・孔雀・仙鶴・芝草・万字・双勝・及諸の織造せる差様文字は，亦宜しく禁断すべし…（後略）」；訳「勅す …（中略）… 官営外にあって織っている幅の広い錦・軟かい瑞錦・透背及び大きい暈綢錦・竭鑿六破以上の錦・一幅に丸文様一つの綾・四尺幅及び一幅丸文様一つの呉綾・一幅丸文様一つの司馬綾等を織ること，すべて禁じよ．其の長い丈の高麗白錦・雑色錦，及び通常の丈の小文字綾錦等は，以前の例によって造るのはよい．其の綾錦の花文の，織られている盤龍・対鳳・麒麟・獅子・天馬・辟邪・孔雀・仙鶴・芝草・万字・双勝及び織っているいろいろの違った文字は，亦，禁ぜよ…（後略）」．

[621] 坂本 2000a, pp. 118-119．虞弘墓の棺槨にも人首鳥身が表されているのは同じ流れである．

第 2 章　トゥルファン出土染織資料に見る文様史

である．これらの錦では中国の四つ葉花文が中央に開花，その四方に葉を伴う様子と異なりハート型の四つの花弁による開花文を表す．このハート型四弁花文はドラ＝エウロポスの織物に既に表され，ターク＝イ＝ブスターンのレリーフにも衣装の文様として表されている[622]．その他モシチェヴァヤ＝バルカ出土錦のシムルグ文を囲む連珠環の接合部にも見られる（図4）．このような四弁花文と動物の組み合わせは全く西方的であり，さらに西方伝来技術の綾組織緯錦である．西方伝来錦として挙げた連珠猪頭文錦（TAM138:9/2-1，636年文書伴出，図11）はまさにハート型四弁花文と猪頭文が段に表された錦で，この種のデザインがFのcグループを生み出したものと思われる．

　Fのcグループはすべて7世紀のもので，Cグループとよく似た条件を備えているが，動物は対称に表される．到来したペルシア錦・ソグド錦の影響と同時代の中国の対称文様に影響を受けたものと思われる．ペルシア・ソグド錦とも典型的な中国錦とも異なるところから中国北西部・タリム盆地での製作の可能性も否定できない．

　以上の各グループの文様を見てくると4世紀から8世紀に至る文様の歴史が浮かび上がる．文様の変化は西からの影響，つまり，文様と織機を伴う織り技術の伝播と無関係ではない．まず，4世紀後半に経方向に瑞獣の方向が一致する（正置）漢錦の流れを汲みながら，瑞獣が90度回転して表される（横置）錦が出現した．この文様の配置は漢代経錦から緯錦への移行と無関係ではない．勿論，漢錦風文様の経錦も緯錦も6世紀まで織り続けられる．

　それと同時に西から到来した円文の影響を受けて，6世紀中葉から主文が円や楕円に囲まれて現れる．また，西方錦のデザインを真似た錦も現れる．それらの文様は経錦で横置対称として表現されている．西方のモチーフと中国の伝統的文様の混ざった経錦の段文錦も織り出される．これらは「連珠円内単独文錦」やその影響を受けた「連珠円内対称文錦」に至るまでの過渡期に現れ，7世紀中葉まで織り続けられる．

　同様に西方の文様の影響を受け6世紀中葉から7世紀前半にかけて織り出された錦は小連珠を連ねた環のなかに幾つかのモチーフを横置対称に埋めるか，一つのモチーフを倒置対称に表すものであり，これも過渡期の錦と考えられる．

　ペルシアやソグドで織られた連珠円内単独文緯錦がタリム盆地周辺や中国に到来し，トゥルファンの墓地でその幾つかが保存された．それらの文様，つまり連珠円をはじめ連珠円内に填められた動物が中国の文様に影響を与えた．それらの錦は6世紀末から7世紀に属し，錦に表された動物文様が連珠円内に対称の形を取って経錦として中国で織り出された．つづいて7世紀後半にはハート型四弁花文と連珠円内動物対称文を段に表し，東西文様が混在した緯錦が織り出された．

　同時に連珠円内動物対称文錦の副文として表されていた四つ葉花文が文様として独立し，宝相花として花弁を増し，更に花弁を重ね，色々な形を取りながら豪華な牡丹へと発展し，ついに織物上に鳳凰や鳥の飛び交う自然界の美しい風物を描くようになった．

622　Pfister and Beringer 1945, pl. XXI, 道明 1981, p. 75.

第 4 編　トゥルファン出土染織資料に見る織物の発展史

このように 4-8 世紀の文様は西方の影響を受け多様で変化に富みつつ，一世を風靡したペルシア文様の錦から中国独自文様へ転換していく大きい流れが見受けられる．

第 2 節　9-14 世紀出土資料の文様における東西交流と発展

　9-14 世紀のトゥルファン出土資料は大谷探検隊収集資料の一部とドイツ隊発掘資料の大部分である．この両隊の資料は先に取り上げた 4-8 世紀のカラホージャ・アスターナ墓出土資料と違って，都城址や仏教遺跡から出土するため，墓誌などのように年代を直接同定する資料に乏しい．従って，この節では中国出土資料を援用し，錦綾にとどまらず刺繍，染め物などの文様も対象とする．トゥルファン出土織物に関しては幡による年代によって，幡に使用された織物の年代を特定し，また，幡と無関係な織物については，それに類似するトゥルファン以外の出土染織資料と比較して得られた年代によって文様の発展を探る．

1. 中国における文様の発展

　先に述べたように中国では唐代後期に始まった自然の風物を愛好する傾向はますます強まり，北宋では藤花に獅子や仙鶴，牡丹に童子などが表され[623]，遼では花樹に鳥や動物が表されたり[624]（図 53），竹や梅に蝶や蜂が表されたりする[625]．

　ドイツ隊発掘資料の高昌出土刺繍（MIK Ⅲ 4908,4909，図 54）は金糸が刺繍された豪華な牡丹文で 10-11 世紀に入れられている[626]．また，トヨク出土の幡（MIK Ⅲ 6639 図 55）は幡身に「京兆，県居住銷金匠，昊天宮下賜幡立，乙卯年八月」の文字が見られる．その幡頭は小花枝が織物全体に散らされた印金（中国では銷金）で製作されている．印金は 10 世紀頃からよく見られようになるが，この祈願文と幡のタイプによりこの幡は 8-9 世紀とされている[627]．寄進者の銷金匠が自ら製作したものであることが祈願文と幡頭に使われた織物の印金によって知ることが出来る．

　ドイツ隊がトヨクで発掘した小花文様と宝尽くし文様の蝋版染め（印花）幡身（MIK Ⅲ 6201）は 9-10 世紀とされているが，アスターナ 105 墓（唐代）や 187 墓（744 文書伴出）から小花文様の印花が出土している[628]．小花文様の染めは盛唐期から出現したらしい．

　上記の植物文の外，遼では伝統的な動物も表される．例えば龍は単独で円文として表され（図 56），鳳凰は飛翔する姿で表される（図 57）．これらの文様は金糸で表されていて，それらに酷似する文様は敦煌莫高窟第 409 窟や西千仏洞第 13 窟の回鶻王の衣服や敦煌莫高窟第 100 窟の貴婦人供養者（甘州回鶻王妃）の衿に描かれている[629]．また，他の龍文は連

---

[623] 陳国安 1984, pp. 78-80, 陳国安・馮玉輝 1984, pp. 75-76.
[624] 内蒙古文物考古研究所他 1996, pp. 28-30；趙豊・斉暁光 1996, pp. 33-35.
[625] 徳・張・韓 1994, pp. 23-25.
[626] Bhattacharya-Haesner 2003, pp. 78-79.
[627] Bhattacharya-Haesner 2003, pp. 350-351, Rong 2003, p. 475
[628] Bhattacharya-Haesner 2003, pp. 72-73. 武 1992, pp. 148-149.
[629] 『敦煌莫高窟』5, 1982, 図版 135;『西千仏洞』1998, p. 34; 莫高窟第 100 窟甬道北壁，西千仏洞第 13 窟甬道西壁の観察による．

第 2 章　トゥルファン出土染織資料に見る文様史

珠円内に盤龍として収まり，鳳凰，雉は円で囲まれることなく対称に表され，足下には山岳があり，そこに根づく植物がある[630]．丸文の場合その内部が回転対称となるものがあり，そのような表現は唐末より見られるのである[631]．

　一時姿を消した連珠円内対称文様が遼に現れるが表現様式はすっかり変わり，円内は上下左右対称に表される．2 色で連珠円内に上下左右対称に表された錦が中国絲綢博物館に所蔵され，遼の 10-11 世紀とされている[632]．同様にドイツ隊発掘の資料は 2 色で上下左右対称に表されている（MIK Ⅲ 7606，図 58）．その外，地文様の中に主文が表された錦が出現する．このドイツ隊発掘資料は七宝繋ぎ文を地文とし主文に四弁花を表していて（MIK Ⅲ 532，図 59）この天蓋は 9-10 世紀とされている[633]．七宝繋ぎ文の内部に四つ菱を填め込んだ夾纈(MIK Ⅲ 980)もある．この幡足は 9-10 世紀とされている[634]．この種の文様，「瑣文」を地文とする錦は耶律羽之墓（941 年墓誌）から数点出土している[635]．

　ドイツ隊が高昌故城で発掘した幡（MIK Ⅲ 7755，図 60）は四弁花や菱が繰り返し表された綾で作られ，12-13 世紀とされている[636]．類似の綾が内蒙古巴林右旗遼慶州白塔出土資料に存在していて数世紀織り続けられたようである[637]．

　上記のトゥルファンにおけるドイツ隊発掘資料の比較資料として遼の遺跡から出土した織物の文様を幾つか例に挙げているが，それらの遼の遺跡出土の織物は北宋から歳幣あるいは交易によってもたらされたものも多く，また遼の地へ連れてこられた漢人によって生産された織物が中心で[638]，唐・五代につづく中国の文様の流れを反映していると思われる．

　従って，敦煌壁画に表された衣服の金襴や上記ドイツ隊発掘資料は宋あるいは遼から敦煌やトゥルファンにもたらされたものであろう．遼と西域諸国との関係は北庭の阿薩蘭回鶻の媒介によって行われ，高昌に互市が置かれていた事実から[639]，上記の織物が東からもたらされたとしても不思議ではない．

　南宋では北宋から続く纏枝牡丹（花の軸や枝が曲線で描かれ織物全体に牡丹が表される）や芙蓉を紗，羅，綾の全体に表すのをはじめ多様な文様が描かれ[640]，北方の金においては金糸が多用され折枝梅花（枝ごと折り取られた梅花）などが金糸で描かれ布全体に散らされる[641]．金の織物には権場（交易の場）を経て南宋から届いたものもあったに違いない．宋・遼・金・元と基本的なモチーフは続くものの，金糸の多用や織り技術の変化によって，まるで

630　趙 2004, pp. 135-141.
631　趙 1999, pp. 148-149; 趙 2004, pp. 171-172.
632　趙 1999, pp. 186-187.
633　Bhattacharya-Haesner 2003, pp. 84-85.
634　Bhattacharya-Haesner 2003, pp. 81.
635　趙 2004, p. 167.
636　Bhattacharya-Haesner 2003, p. 74.
637　趙 2004, p. 73．慶州白塔は遼代の八角形七層の仏塔で仏像・舎利塔・織物などが発見された．
638　島田 1949, pp. 31-32.
639　長沢 1957, p. 80; 1979, p. 327.
640　福建省博物館 1977, pp. 3-4; 鎮江市博物館・金壇文化館 1977, p. 21-27; 周他 1999, pp. 44-56.
641　趙 1999, pp. 216-217; 趙他 2001, 図 2-70.

第4編　トゥルファン出土染織資料に見る織物の発展史

文様が変化したようにみえる．ここではトゥルファン出土資料を中心としているので中国から出土した織物の様々な文様についてこれ以上詳しくは述べないでおく．
　ドイツ隊発掘資料に象を表した錦がある（MIK Ⅲ 6200，図61）．象は目と鼻の位置関係が非写実的であって，中国で表された象の姿である．同じ錦の別の断片に人物が表され，その人物はつばが丸く返り，顎ひものある帽子を被っている．この織物の両面1/4繻子組織緯錦の技術からすると遼以降の製作と思われる．
　また，ドイツ隊発掘資料の花鳥文錦（MIK Ⅲ 162，図62）はランパ組織で平地に別絡みで1/3綾組織で抑えられ，その他に，地文に唐草が表され，花文と童子の足が見える錦（MIK Ⅲ 6992，図63）はランパ組織で1/4繻子組織の別絡みで抑えられている．ランパ組織はモンゴル時代に現れるのでこれらの錦はモンゴル時代のものとみられる．
　大谷探検隊が収集し，現在韓国の国立中央博物館に所蔵される下げ袋はランパ組織で金糸が織り込まれた「納失失」である．織物の縁飾りはニードルループで菱文を連ねている（図64）．織物の縁飾りに同様の刺繡のある織物は内モンゴルやカラホトからも出土していて13-14世紀初めのものである[642]．これらの織物の中央に施された刺繡の文様は中国風である．大谷探検隊収集の織物の出土地は不明であるが探検ルートを考えると中国北部からビシュバリクかトゥルファンにもたらされたものであろう．
　以上述べてきたような9-14世紀のトゥルファン出土織物は僅かではあるが，宋・遼・金・元に於ける文様の発展の一端を示している．それと同時に中国からトゥルファンに多くの織物がもたらされたことを物語っている．

2. 西方における文様と中国への影響

　先に本編第2章第1節西方錦の到来の項で8-9世紀に属するソグド錦について触れておいた．それらは直線的な構成の生命の樹錦（MIK Ⅲ 4926a 図65）や天馬文錦（MIK Ⅲ 6991，図66）[643] である．生命の樹錦は丸い形の実が樹から下がり，樹の幹の両側に鳥の姿が見られる．この錦のような直線的な文様構成はソグド錦に多く，また，天馬文錦の天馬は7世紀の天馬の体躯10cm足らずに比べて20cmと大きく，連珠は見られない．ペンジケントの8世紀前半の壁画の衣服の文様に天馬が表されていて，対向する天馬は連珠環に囲まれるのではなく，連珠の横列と横列の間に配置される構図になっている（図67）[644]．この壁画に類似するドイツ隊が高昌の寺院αで発掘した上記天馬文錦は8-9世紀のソグド製と思われる．また，モシチェヴァヤ＝バルカから行列するライオン錦（МБ 422-2846，図68）[645] や

642　Zhao 2000, pp. 44-47.
643　Sakamoto 2004b, p. 22, pp. 37-38, PL. 8.
644　Marshak 2006, Fig. 32.
645　この錦はモスクワの科学アカデミー考古学研究所発掘の錦で筆者が調査する機会を与えられたが今まで未発表であった．今回ここに発表する．

第 2 章　トゥルファン出土染織資料に見る文様史

グリフォン円文錦（kz 6762, 6587, 8-9 世紀，図 69）[646] が出土し，動物の文様は天馬文錦と同様に一頭およそ高さ 15 ×幅 20cm 大で表されている．ドイツ隊発掘のトゥルファン出土天馬錦とモシチェヴァヤ＝バルカ出土グリフォン錦は体躯や翼の表現の仕方など類似点がある．ライオン錦については，10 あるいは 11 世紀とされるビザンツ錦に対向するライオン錦（マーストリヒト，St. Servatius セント＝セルヴァティウス寺院蔵，図 70）[647] があり，同じライオンの文様であるが，モシチェヴァヤ＝バルカ出土ライオン錦は文様の素朴さや階段状の輪郭からみて 8-9 世紀のソグド製であろう．

　その外，8-9 世紀のソグド錦は第 2 編の挿表 2・4 で挙げた錦のほかモシチェヴァヤ＝バルカ出土対孔雀文錦（No. kz 5075 図 71），連珠対孔雀文錦（No. kz 6981）[648]，敦煌出土経秩の対獅文錦（MAS858, Ch. xlviii. 001），同じ敦煌出土の連珠対鹿対鳥文錦（MAS862a, Ch. 009, MAS862b, Ch00359a）[649]，都蘭出土とされ現在アベック財団所蔵の対獅文錦（No. 4863a, 4864a, 図 72），対羊文錦（No. 4901）[650] などがある．それらは連珠に囲まれている錦もあれば絡縄文（図 71 参照）・鋸歯文（図 7 参照）・葉状文，半円形花弁が付帯した円（図 72 参照）に囲まれている．主文の間に表された副文には四方に伸びるペルシャ風植物文，対鳥文・小動物（図 7 参照）が見られ，円内の付帯文様には羽を広げたような生命の樹の縮小形（図 7 参照），小動物（図 72 参照），ハート形四弁花文などが見られる．これらのソグド錦に見られるように，主文は連珠円内単独から左右対称文へと変化していく．これは本来オリエント伝統の安定的な対称形の復活か，あるいは中国で西方錦を模倣した対称文様の東から西への影響とも見ることが出来る．また，副文は左右対称と上下左右対称の二種類がある．敦煌や都蘭出土資料には，8 世紀初めにおけるソグドの混乱の中，ソグドから中国へ逃れた織工によって生み出された織物も存在する可能性がある．

　上記の敦煌出土の対獅文錦（MAS858, Ch. xlviii. 001）と同文様の錦がサンス大聖堂（図 7），ビクトリア＆アルバート美術館をはじめベルリンやブリュッセルの美術館に所蔵される[651]．ナンシーロレーヌの対獅文錦もソグド錦とされる[652]．これらはソグドからヨーロッパにもたらされたものである．これらの錦によっても，8-9 世紀の僅かなトゥルファン出土染織資料を補い，この時期にソグドで織られた錦の文様がわかるのである．

　述べてきたように，8-9 世紀になると円文は大きく複雑となり，円文でない文様は動物が対向しつつ列をなし，あるいは同方向に行列する形で並べられる錦であった．それらは西へあるいは東へ運ばれ，東へ到来した幾つかがトゥルファンに残ったのである．

　これらの錦はササン朝ペルシアが 642 年に滅亡し，ソグドがイスラム勢力の下にあって

646　Ierusalimskaja 1996, Abb. 210. この錦についてイエルサリムスカヤはビザンツ製と推定している．筆者は 8-9 世紀ソグド製の天馬文錦との大きさや表現法の類似から影響関係にあるのではないかと考えている．
647　Muthesius 1997, pls. 10a・b.
648　Ierusalimskaja 1996, pp. 253-254, Abbs. 214-215.
649　『西域美術』3, 1984, 図 6・40-1,2.
650　Otavsky 1998a, Abbs. 4-6; 許 2002, 図 55・61・62.
651　Muthesius 1997, pls. 45a,b・49a・98a,b.
652　Muthesius 1997, pls. 97a, b. しかしソグド錦より文丈が大きくかなり違う点がある．

第 4 編　トゥルファン出土染織資料に見る織物の発展史

も，多少の変化を伴いながら連珠円や動物文様をテーマとして織り続けられたソグド錦である．

次いで現れる典型的な錦はイスラム錦でアラビア文字が表されている．第 3 編で扱った大谷探検隊収集の三日月文錦や St. Josse の聖遺骸布はその例である．これらの錦は第 3 編で述べたようにイスラム圏東辺で織られたものと思われる．ペルシアで織り出されたものにレイ出土のティラーズ錦がある[653]．その一つには「王中の王に栄光と繁栄あれ，(Bah) ā ad-dawla Diyā 'l-milla, Ghiyā t al'-u (mma, Abu Nasr , son of 'Adud ad-da) wla Taj al-milla, 彼の命長からんことを．…」と織り込まれている．ブワイ朝の皇子バハーダウラ (Bahāad-dawla) は 1012 年に亡くなっているので，このティラーズ錦の年代が 10 世紀 -11 世紀初頭とわかるのである．このティラーズ錦にはハート型四弁花が紋章のように表されている．ハート型四弁花がペルシアで長く愛好されていた様子が窺われる．

一方，中国では，連珠や七宝つなぎの環で囲まれた円内に鷹を背合わせに表した鷹文錦や，植物文様の環に囲まれた円内に羊が相対している球路双羊回文錦（新疆阿拉爾出土 10-12 世紀）[654]，亀甲の地文に十六の弧で作られた円内に背合わせのグリフォンを表したグリフォン錦（内蒙古元集寧路遺址出土，元代，図 73），アラビア文字様の異様文錦（内蒙古達茂旗明水墓地出土 13 世紀）[655] などが出土し，宋～元代に中国本土で一般に普及していた文様と傾向が異なり西方錦の影響を受けている．トゥルファンや新疆焉耆の阿拉爾にソグド錦やイスラム錦が到達していたように中国にも届いていたに違いない．

3. 金糸装飾の発展

金銀の持つ輝きは古代から人々を魅了してきた．装飾として，むしろ権威として身につけていた人々が衣服にその輝きを取り込むのは自然の成り行きであった．とりわけ遊牧の民であった民族にはその傾向が強い．

織物の文様史において，金糸の役割を看過する事は出来ない．最初，「金刺繍はアジアで，アッタロス王によって発明された．」とプリニウスが述べるように純金の細い金線を刺繍したのであろう[656]．金が圧延出来るようになると裁断して糸に巻き付ける撚り金糸として[657]，あるいは裁断したまま糸として使用した[658]．更に薄い金箔が可能になると文様の形に切り貼り付けた[659]．中国では紙をベースとしてその上に金箔を貼り細く裁断して平金糸を作り，また，裁断した平金糸を糸に巻き付けて撚り金糸を作った．この手法による織物

653　Weibel 1972, pp. 111, pl. 110.
654　魏 1960, 図 3・9．新疆阿拉爾は焉耆区若羌県にあり，洞墓から衣服を着たミイラが染織品を伴って発見された．
655　趙 1999, p. 186, pp. 188-189, pp. 190-191．明水墓は蒙古汪古部の墓地である．
656　中野 1986, p. 384.
657　Елкина 1986, p. 133, p. 150 によれば最も早いものはオムスクとアルタイの遊牧民の墓から出土し，紀元前 4-3 世紀である．
658　趙 2002, pp. 100-101.
659　Li 2006, pp. 262-263.

第2章　トゥルファン出土染織資料に見る文様史

は日本にも伝わり法隆寺や正倉院に金糸を織り込んだ綴織が所蔵される[660]。中央アジア以西では皮や腸膜をベースとして金箔を貼り，平金糸や撚り金糸を作った[661]。この手法は中国北方に伝わり遼・代の織物に皮ベースの平金糸や腸膜ベースの撚り金糸が使われている[662]。銀を使った銀糸は中央アジアで用いられた[663]。また金箔の下に銀を敷いて白みがかった金色にした糸や[664]，紙を赤く染めた上に金箔を貼った糸（MIK Ⅲ 7465）も使用されている。

上に挙げた金糸による装飾は西方起源である。早くも古代ギリシャに金糸の出土例がある[665]。紀元前4-3世紀のアルタイ地方やオムスクの墓から圧延金の撚り金糸が出土しているが，他のアルタイ出土の綴織が西アジアから来ているように，アルタイの金糸は西アジアからもたらされたものらしい。先に述べたように金刺繍はアジアで発明され，後漢書西域傳大秦の条に「刺金縷繡，織成金縷罽」（後漢書，巻88，西域傳，中華書局標点本 p. 2919）とあるように，実際，西アジアでは，紀元前1～紀元後3世紀のパルミラに毛に織り込まれた金糸が見られる[666]。その他，紀元1世紀のサカロワ墓から金糸の刺繍が出土する[667]。また，ケルンの大聖堂にもローマ時代の聖遺物として残る綴織に金糸が使われている[668]。これらの金糸は圧延金の撚り金糸であって，上に述べたように西方において早くから使用されていたのである。

中国で紙をベースにした金糸が出現すると織物の一部に使われるようになり，7-8世紀には，先に述べたように法隆寺，正倉院の綴織の一部分に織り込まれ，9世紀の法門寺の錦や刺繍にも撚り金糸が使用されている[669]。

ドイツ隊発掘のトゥルファン出土資料には種々の金糸が使われている。金糸の用い方に関しては，8-12世紀までは文様部分のみ金糸が装飾に用いられたが，時代が下り13世紀に至ると，地全体に金糸が用いられ豪華絢爛たる織物が出現する。

例を挙げると縫取織（MIK Ⅲ 169），浮織の絵緯（MIK Ⅲ 7465），紗の縫取り（TAM Ⅲ 6456）には紙ベースの平金糸が使用され文様部分が金糸で表されている。
経帙の縁に飾られた地絡み金襴の主文である丸文の絵緯には紙ベースの撚り金糸（MIK Ⅲ 7443，図74）が使われている。金の丸文は上記の織物の金文様より大きくなり，金箔はほとんど失われて，現在は巻かれていた糸の色が目立つが，もとは輝くような丸い金の円が表されていた。

第3編で述べたようにドイツ隊によって採集され，ベゼクリク壁画のウイグル仏教供養人の衿に用いられたと同様の花唐草金襴（MIK Ⅲ 6222，図40）は別がらみ金襴である。そ

660　佐々木 1973, pp. 24-31.
661　坂本 2004a, p. 154.
662　Riboud, 1995, pp. 119-120; 趙 1999, pp. 192-193.
663　Serjeant 1972, pp. 100-101.
664　Watt & Wardwell & Rossabi 1997, p. 131.
665　樋口 1988, p. 345.
666　Pfister 1934, pp. 17-18.
667　Елкина 1986, p. 133. サカロワ遺跡については注41を参照されたい.
668　de Jonghe et Tavernier 1981, p. 33.
669　『唐皇帝からの贈り物』1999, p. 23.

第4編　トゥルファン出土染織資料に見る織物の発展史

の文を表す絵緯は腸膜上に貼られた撚り金糸が用いられ，もとは金色に輝く花唐草が赤い線に縁取られて布全面に浮かび上がる豪華で美しい金襴であった．

このように豪華で美しい金襴＝「納失失」は3編で述べたように中国に技術移転され，中国の文様が取り入れられ盛んに織り出された．それらは日本に回賜や交易によってもたらされ[670]，一方では第3編第3章第4節で述べたように西方へもたらされ，遠く北コーカサスの遺跡からも出土している[671]．このように金襴（納失失）は東西に運ばれていった．

金襴ではないが，龍文刻絲（MIK Ⅲ 535，図75）は紙ベースの平金糸が用いられ，龍の体の鱗が金糸で表されていて，刻絲全体に金糸が使われたらしく豪華絢爛たる織物であった．

このように次第に華美な織物を好む風潮が皇帝や貴族，高級官僚にとどまらず一般社会にも蔓延していった．

王惲撰『秋澗先生大全文集』巻85『烏臺筆補』3-23
請禁制異様服色事状
切惟，衣服之制，本以別貴賤定尊卑，故歴代相沿各有定制，今民間以侈靡相高，雖工商皂隷，皆得衣被金綉龍鳳衣物，以致貴賤混淆，無以差別，今国家以倹徳化下，服服不衷，返為妖災．今後，合無将一切金繍異様衣物，除令得服用外，自餘即聴与鞍轡等事，一体厳行禁制．亦辨上下定民志之一端也．[672]

に見られるように異様の文様を禁止するように提議があり，中統二年（1261）段定・毛段上休織金の条（『元典編』巻58，工部1・造作1）の金糸の使用禁止や至元七年（1270）閏十一月戊辰の条（『元史』巻7・世祖本紀4）の日月龍虎の織り込み禁止が出されるのである[673]．この令が厳守されたとすれば，上記の金襴や金糸綴織は1270年までのものか，高貴な人々のための織物であったと考えられる．

670　小笠原 1984, p. 29.
671　Доде 2006, pp. 134-135, pp. 149-153.
672　書下し「異様服色を禁制する事を請う状．切に惟らく，衣服之制は，本貴賎を別するを以て尊卑を定む，故に歴代相沿い各々定制有り．今民間侈靡を以て相高く，工商皂隷と雖も，皆衣を得て金綉龍鳳の衣物を被る，以て貴賎混淆を致し，以て差別無し．今国家倹を以て下を徳化するに，服服の不衷なれば，返って妖災を為さん．今後，合に将って一切の金繍異様の衣物は，服用を得令むるを除くの外，自餘は即ち鞍轡等と聴す事無く，一体に禁制を厳行すべし．亦上下を辨じ民志を定むる之一端也．」；佐藤訳「貴人にのみ許された文様を禁制にすることを求める意見書．衣服の制度というものは，元来は上下貴賎を区別するためにあり，歴代王朝はそれぞれ規定を設けていた．しかし今，巷では華美を競い合い，工匠・商人や皂隷までもがみな金糸の刺繍や龍・鳳凰の柄の付いた衣服をまとうことができ，上下貴賎が入り混じって，区別がつかなくなっている．今，ご公家は質素倹約の行いによって天下を教化しているのに，衣服が不適当であれば，逆に災いを招きかねない．今後はさまざまな金糸の刺繍，貴人にのみ許されている文様の織り込まれている衣服は，特別に着用を許されている場合を除き，鞍や手綱などの規定と同様に禁令を厳しく実施すべきである．そうすることが，上下貴賎を定め，民心を安定させる契機にもなるのである．」佐藤 2004, p. 126．
673　佐藤 2004, pp. 126-128.

第 2 章 トゥルファン出土染織資料に見る文様史

　9-14 世紀の織物は中国においては，自然の風物や伝統的な龍鳳が愛でられ，主文が地文様の上に表される如く，布全体が文様で占められるようになった．禁令によって影を潜めた連珠円も内部の表現を龍鳳に変えて僅かながら再び現れる．

　ソグドにおいては従来から主題とされた動物文様が依然として織り続けられたが，連珠円は更に複雑な装飾を加え，次第に大きくなっていく．連珠円のないものは側面描写の動物が横並びに繰り返し表され段文となっている．

　それらソグド錦やイスラム錦が到来して影響したのであろうか，中国では 7・8 世紀の文様とは違った動物対称丸文やアラビア文字風欄入りの異様文様の錦が出現する．

　この時期の最も顕著な特徴は金糸の使用が時を追って盛んとなり，元代の「納失失」に至っては，金糸が布の全面を覆う豪華絢爛な織物となり，巷にも華美の風が広まった結果，やがて金糸の使用や竜虎文様禁止令に至るのである．

おわりに

　異文化が接触する時，そこには反発・衝突が生じるか，あるいは受容・融合が生じる．織物文化においては，述べてきたように積極的な受容・融合の過程が見られる．

　これらの過程を明らかにしてくれるのは，20世紀初頭におけるヨーロッパ諸国の中央アジア探検ブームと我が国の大谷探検隊によってもたらされた多くの文字資料および染織資料である．加えて1950年代に始まる中国隊の発掘によって新たにもたらされた豊富な資料群である．

　これらの豊富な染織資料が生き延び，現在われわれの眼前にある所以は，紀元前から織物，特に絹織物がシルクロードのネットワークに乗って東西南北に運ばれていった結果，保存条件と合致した土地に残存したことによるのである．その運び手は主としてソグド商人であった．

　絹織物は衣装として使用される外，唐代では貨幣の役割をし，官吏の禄や税・軍費あるいは土地・奴婢の売買などに用いられた．貿易や回賜によって出回った絹織物は遠くまで運ばれ，遊牧民や商人の懐を潤した．絹はそれを産しない土地の人々に渇望されたからである．

　3世紀頃まで，絹の産地は限られていて，毛・絹・綿それぞれの文化圏が形成されていた．それぞれの文化圏では，毛・絹・綿という素材に応じた織り方が発達していて，各文化圏の特徴をなしていた．絹織物文化圏では経錦が，毛織物文化圏では綴織と経錦に範を得た緯錦が発達していた．その緯錦の技術は次第に東へ伝わり，4世紀には綾組織緯錦はペルシアに達し，平組織緯錦はトゥルファンに到達していた．

　トゥルファンにおいては他の遺跡に比べると錦・綾が最も多く出土している．なぜならトゥルファンは西の毛織物文化圏の東端に位置し，東の絹織物文化圏と接し，シルクロードの要衝であったからである．本稿においてトゥルファン出土染織資料を研究の中心に据えたのは4-15世紀の染織文化がそこに凝縮していると考えたからである．

　第1編においては第2編・第3編への導入を念頭に置き，上記にまとめた記述の外，導入のための予備的な解説を加えた．

　その一つは第2編において重要な役割をするペルシア錦・ソグド錦の概説である．ペルシア錦はササン様式の文様を持つ錦で，アンティノエ出土の天馬文錦やヨーロッパに保存されるシムルグ文錦がその例である．そのペルシア錦と同様に重要なソグド錦とは，ザンダニージーの銘によってソグド錦とされたユイの対鹿文錦とそれに類似する錦や北コーカサスのモシチェヴァヤ＝バルカ出土の錦である．上記のように両錦について先行研究に従って祖述した．

　第2編においては錦の生産地の問題が主要なテーマとなった．

　従来染織研究は，概して染織資料の分析と染織に関わる文字資料に拠る研究が個々に行われてきた．染織資料の分析は更に文様の意味付けや文様の起源を探る方向と，技術その

ものの分析に分かれていた．しかし，近年研究者のなかには文様・技術・文字資料に基づいて研究する機運が目覚めている．筆者もその一人である．

　土器のようにどの地域でも生産が可能で，重量のため，移動が困難な物と違って，絹織物はシルクロードのネットワークに乗って縦横に運ばれたことは先に述べたようによく知られる事実である．その事実は逆に織物の生産地を確定することを困難にしている．つまり，発掘された場所が生産地であると決めるわけにはゆかないからである．それゆえ，本稿が扱うカラホージャ・アスターナ出土染織資料の生産地について研究者により見解の相違が生じたのである．

　筆者は第2編において，カラホージャ・アスターナ出土染織資料に特徴的な「連珠円内単独文錦」と「連珠円内対称文錦」を対象として生産地を論じ，「連珠円内単独文錦」の織り技術や糸質から生産地をイラン文化圏に求め，「連珠円内対称文錦」については史料と文様の一致によって蜀製であるとする先行研究を支持し，その説を補強した．そして東西の生産地からトゥルファンに到達したことを明らかにした．

　その際，筆者は文様・技術・文字資料の三方面から資料を分析検討する姿勢を貫き，生産地を求めるよう努めた．とりわけ技術の分析に力を入れ，本稿の対象とするトゥルファン出土染織資料に限らず，中国・日本は勿論のことロシア・イギリス・フランス・ドイツの美術館に所蔵される染織資料の調査を行った．その調査結果と経験をバックにしてはじめて本稿を論じることが出来たのである．実際，本稿には発表の機会がないまま死蔵していた染織資料の分析結果や写真が20点余り公表されている．長年かけて調査した資料の一部であるが，カラホージャ・アスターナ出土染織資料中の連珠円内単独文の比較資料として用い，ソグド製を明らかにすることに役立った．

　筆者が行った調査の出発点は毛織物の分析であった．その時の経験が，第1編で述べたような東の絹織物圏と西の毛織物圏との異なる技術的特徴の把握を可能にし，西で生じた絹織物の特徴を理解することに役立った．つまり，それは織物の耳の処理の違いであり，緯錦や綾組織の西方起源説の再確認である．西方技術の特徴に拠ることもまたカラホージャ・アスターナ出土染織資料中の「連珠円内単独文錦」がイラン文化圏の製作であるとする根拠となった．

　また，史料に現れる「波斯錦」の実体に関して，種々検討の結果，7世紀においてはペルシア錦とともにソグド錦も含まれたという結論に達した．資料から見ればむしろソグド錦の方が数の上で勝っていたのではないかとさえ思われる．これらのソグド錦とペルシア・ソグドの文様を模倣した蜀錦は，長安の都で異国情緒にあこがれた人々にもてはやされたことであろう．

　次に，大谷探検隊収集資料の調査やドイツ隊によって発掘され，長年ベルリンの旧インド美術館に埋もれていた染織資料を調査する機会を得たことは貴重な経験となった．研究者の間で，初めて資料の詳細な技術の分析を行い，その結果を公表でき，またそれらの染織資料のうち棉ベルベットや花唐草金襴に関わる文献史料にも恵まれた．棉ベルベットに

おわりに

については，インドからトゥルファンへ技術がもたらされ，金襴すなわち「納失失」は，その技術がヘラートからビシュバリクを経て中国にもたらされたことを証明出来た．これら両資料のインド・中央アジア・中国にまたがる文化交流を証明出来たことは，本当に幸運に恵まれたと云って良い．勿論，上記織物に関連する文献史料の精密かつ的確な先学の研究に多くを負っているのは云うまでもない．

大谷探検隊収集の三日月文錦は錦の上に表されたクーフィ体アラビア文字・三日月の文様・織り技術が，イスラム圏東辺を生産地と考え，年代を9-10世紀とする大きな決め手となった．クーフィ体アラビア文字の先学による解読あってのことである．

第4編では第2編と第3編の結論に基づき，トゥルファン出土染織資料の技術と文様の発展を論じた．

第3編に加え第4編で記述したように，ドイツ隊発掘染織資料の分析によって，カラホージャ・アスターナ出土染織資料に継ぐ9世紀以降のトゥルファン出土染織資料の文様・技術の発展を明かにすることが出来た．

技術においては原初の平織から経錦・綺・綾・緯錦と発展し，それぞれ綾も錦も織機の発達とともに複雑となって行き，ついに1/7の八枚綾やランパ組織の織物に到達した．技術に関連して史料に現れる「綺」・「綾」の記述と出土資料の平地綾・綾地綾の年代を勘案して，「綺」・「綾」は時代とともにその意味内容を変え，組織とは直接関係がなく，先行研究に述べられるような組織に基づく分類はあり得ないことを明らかにした．

文様に関しては，中国では6世紀半ばよりササン様式の連珠円文が盛んとなり7世紀後半から中国様式の花文が加わった．花文は宝相花となり連珠円文も花文も大きく複雑華麗となっていった．更に牡丹に鳥や蝶などが加わり自然の風物が表現されるように変化していった．

一方，西の方ペルシア・ソグドでは，ササン様式の連珠円文は9世紀に至るも続き，大きく複雑になっていった．トゥルファン出土資料に基づくと，同時に連珠円のない動物文様も存在し，その後9-10世紀から文様はティラーズ錦のようなアラビア文字の入ったものへ変化していった．

西を起源とする金糸文様は織り技術の発展とともに次第に豪華絢爛となり，ついには布全面を金糸でおおう「納失失」を生み出したのである．この「納失失」の技術は中国に技術移転されたことについて第3編で詳しく述べておいた．このようにして中国で織り出された「納失失」がコーカサスで出土していることを考えると更にヨーロッパにもたらされたに違いない．勿論日本にも到達し，それらは神社仏閣に伝わっている．モンゴル時代には世界規模で文化交流がなされたのである．

全編を通じて，織物そのものの移動に始まり，錦・綾の文様や技術の交流，技術移転を論じ文化交流の様相を明らかにした．このような相互の交流によって受容された文化と各地域独自の文化との融合によって染織文化は多大な発展を成し遂げたのである．

あとがき

　本書は 2008 年 3 月大阪大学大学院文学研究科において文学博士を授与され，翌年 2009 年大阪大学学術情報庫 "OUKA" に電子化され登載された博士論文を補訂したものである．補訂出版に際して，20 年余り行ってきた海外の織物調査の成果として，未発表資料のデータを付録として掲載することにした．未発表の資料が多く，その文様を主として考えたため，組織の拡大写真は残念ながら僅かしか掲載することが出来なかった．疑問点を指摘頂ければ過ちを正すことにやぶさかではない．

　本出版に至るまでは実に長い道のりであった．大阪外国語大学露語科を出てのち露語を生かすすべもなく，たまたま鑑賞した染織芸術展に感銘を受け染織品製作を目指した．染料の知識の必要性から故吉岡常雄先生に教えを請い天然染料の手ほどきを受けた．先生は染料の他に染織の歴史に造詣が深く，影響を受けて歴史に興味を覚えた私は正倉院の染織や古代染織に関する露語の考古学論文を読むうち，織物における文化交流に魅されていった．

　時に国士舘大学イラク古代文化研究所の藤井秀夫教授がイラクの洞窟遺跡アッタールに於いて毛織物を発掘され，運良く古代染織の知識をいささか得ていた私は国士舘大学イラク古代文化研究所の共同研究員としてローマ時代の多くの毛織物に接する機会を与えられた．1984 年にはアッタールにおける発掘に参加し，当時の色そのままの綴織などを発掘，考古資料発見の感動を味わった．帰国後消毒のための劇薬にのどを痛めながら丹念に砂を除き調査して発表するという苦しい経験も味わった．いろいろの経験によって毛織物の調査技術を身につけることができたのは藤井先生はじめイラク古代文化研究所の先生方のご好意によるものと感謝している．

　調査研究を行いながら，京都大学・大阪大学・天理大学で考古学や美術史を聴講し，樋口隆康教授，辻成史教授，肥塚隆教授，金関恕教授等の講義や実習に参加し東西の考古学・美術史の知識を深めることが出来た．特に樋口隆康教授にはその後も色々お世話になり，シルクロード学研究センターで「トゥルファン地域と出土絹織物の総合的研究」プロジェクトのメンバーに加えていただき，ウルムチを訪れたときには新疆維吾爾自治区博物館の武敏先生にお話を伺い，絹織物を調査するという貴重な体験をした．お世話になった先生方にお礼を申し上げる．

　古代・中世の染織展を鑑賞しているうち，毛織物の研究に飽きたらず絹織物の文様や複雑な織技術を分析することに魅力を感じて，研究者に開放的であったヨーロッパの美術館を訪ね始めた．国際会議に出席した際に知己を得たり，紹介されたり，手紙を出したりしてロシア・スエーデン・イギリス・ベルギー・ドイツ・フランス・エジプト・シリアと毎年と言っていいくらい各国を訪れた．染織資料に関する論文や著書を読んで写真では飽きたらず実物資料に触れたくなったからにほかならない．

　海外美術館においては特にロシアのエルミタージュ美術館とベルリンの旧インド美術

あとがき

館で資料の調査に関してご配慮をいただいた．エルミタージュ美術館ではノイン＝ウラ・敦煌・ムグ・モシチェヴァヤ＝バルカ・カラホト・パズィルク・アルジャンの資料を調査出来た．故ルボ・レスニチェンコ博士・故マルシャーク博士をはじめ，東洋部の先生方に大変お世話になった．研究室の片隅で博士手作りのサンドをいただき，東洋部の先生方と談笑した思い出はとても懐かしい．故ルボ・レスニチェンコ博士の紹介によって，モスクワの考古学研究所のカメネツキイ博士発掘のモシチェヴァヤ＝バルカ出土の多くの錦・綾類を調査して織物分析の経験を積むことが出来た．カメネツキイ博士のご厚意に感謝してもしきれないくらいである．

ベルリンのインド美術館は組織変えして今はアジア美術館となっているが，ドイツ隊発掘の資料が保管されリラックスした環境で調査することが出来た．当時の館長ヤルディッツ博士・毎日お世話下さったヘスナー博士・織物の写真を撮影してくださったパパドプロス女史に感謝したい．

その間日本では杉村棟先生・吉本忍先生のご厚意で国立民族博物館の共同研究員として，所蔵絨毯などを分析する傍ら織物研究の先生方の発表を拝聴し知識を深め，古代学協会では共同研究員として川西宏幸先生を隊長として発掘されたエジプトのアコリス出土の織物を調査した．色々便宜を図って下さったに先生方にお礼を申し上げる．次に龍谷大学仏教文化研究所で研究プロジェクトの一員として大宮図書館所蔵の大谷探検隊発掘の織物を調査する機会を与えられ，故百済康義先生に大谷探検隊に関する貴重な情報を教えて頂いた．仏教文化研究所では海外調査の限定された日時とは違って充分調査の時間が取れて詳細な分析調査が出来たと自負している．調査中には龍村織物美術研究所の協力を得，その後も何かと織技術上の問いに答えて頂いたここに感謝の意を述べる．

その後仏教大学の日中新疆尼雅発掘調査隊のメンバーに加えて頂き，中国の新疆文物考古研究所で尼雅出土の錦を調査した．この時には仏教大学の先生方はじめ高橋照彦先生，小島康誉先生にお世話になった．お礼を申し上げる．

古代オリエント博物館では故江上波夫先生のご好意で非常勤研究員として研究に参加させて頂き，研究紀要に絹織物に関する研究発表の機会を与えて頂いたことは，非常に織物研究の励みとなった．論文発表の際お手数をお掛けした博物館の先生方にお礼を申し上げる．

再び大阪大学で故山田信夫先生や森安孝夫先生の中央アジア史の聴講を初め，シルクロードの研究を深めるため大阪大学大学院に社会人入学制度が出来たのを機に文学研究科東洋史部に入学して，子供より若い学生と共に勉強することになった．研究室で予習をしながら先輩・同期・後輩の学生・院生と年齢を忘れて語り合い，家族的な雰囲気の中に学生時代に戻ったような気分であった．講義を聴くのは楽しかったが長年のブランクのため漢文や語学の実習には努力が必要であった．私のような社会人学生を受け入れ，博士論文作成にまで導いて下さったのは一重に森安孝夫教授・荒川正晴教授はじめ東洋史研究室の先生方のご指導によるものと感謝している．とりわけ森安孝夫先生には龍谷大学仏教文化

研究所での調査，ベルリンのインド美術館の調査に加えて頂き，またシルクロード科研のメンバーとして先にロシア・ドイツ，次にウルムチ・トゥルファン・ハミ・敦煌の調査に参加させて頂いたことは織物研究の知識を深め，シルクロードの風土を知る上で大いに役立った．論文作成時には九州大学大学院生田先千春さんのお手を煩わせた．お礼を申し上げる．

　本著は多くの方々に支えられた長年の調査に基づく経験と大阪大学大学院文学研究科における懇切なご指導により実を結んだものと思う．本著が織物研究を始める人の手引きとなり，研究者にとって何らかの参考になれば幸甚である．

　最後に出版社に私の論文を紹介下さった胡口靖夫先生や本著の上梓に至るまで遅筆の私を待ち，編集の労をお取り下さった同時代社の高井隆氏に深く御礼を申し上げます．

文献および文献略号　(ABC 順)

AEDTA = Association pour l'Etude et la Documentation des Textiles d'Asie.
BAOM = Bulletin of the Ancient Orient Museum.
CIETA = Centre International d'Étude des Textiles Anciens.

Archaeological Textiles News Letter. No. 12, 1992

『長沙馬王堆』＝湖南省博物館・中国科学院考古研究所, 関野雄他（訳）『長沙馬王堆一号漢墓』上下, 東京, 平凡社, 1976.
『中華文物集刊』＝中華五千年文物集刊編集委員会（編）『中華五千年文物集刊』織繡篇 1, 1988, 2, 1992. 台北, 中華五千年文物集刊編集委員会.
『中国文物精華』中国文物精華編集委員会（編）北京, 文物出版社, 1997.
『中国考古三十年』＝文物編集委員会（編）関野雄（監訳）『中国考古三十年 1949-1979』平凡社, 1981（原著,『文物考古工作三十年』, 北京, 文物出版社, 1979）
『大唐六典』李隆基（撰）李林甫（注）広池千九郎（校注）内田智雄（補訂）西安, 三秦出版社, 1991.
『英蔵敦煌』＝中国社会科学院歴史研究所ほか（編）『英蔵敦煌文献（漢文仏教以外部分）』全 14 巻, 成都, 四川人民出版社, 1990-1995.
『俄蔵黒水城』＝俄羅斯科学院東方研究所聖彼得堡分所・中国社会科学院民族研究所・上海古籍出版（編）『俄羅斯科学院東方研究所聖彼得堡分所蔵黒水城文献』全 11 巻, 上海, 上海古籍出版, 1996-1999.
『俄蔵敦煌』＝俄羅斯科学院東方研究所聖彼得堡分所・俄羅斯科学出版社東方文学部・上海古籍出版社（編）『俄羅斯科学院東方研究所聖彼得堡分所蔵敦煌文献』全 17 巻, 上海, 上海古籍出版社, 俄羅斯科学出版社東方文学部, 1992-2001.
『俄蔵敦煌芸術品』俄羅斯国立艾爾米塔什博物館・上海古籍出版社（編）上海古籍出版社 1998.
『法蔵敦煌』＝『法國國家図書館蔵敦煌西域文献』1-34 巻, 上海, 上海古籍出版社, 1995-2005.
『上代染織文』＝『御物上代染織文』東京, 帝室博物館, 1929.
『徐顕秀墓』＝太原市文物考古研究所（編）『北斉徐顕秀墓』北京, 文物出版社, 2005.
『漢唐の染織』東京, 小学館, 1973.
『献納宝物』＝東京国立博物館（編）『法隆寺献納宝物』（染織 1, 幡と褥）, 京都, 便利堂, 1986.
『国立中央博物館所蔵 西域美術』ソウル, 国立中央博物館, 2003.
『コプト織』カタログ, 東京, 古代オリエント博物館, 1998.
『西千仏洞』＝張学栄（主編）『敦煌西千仏洞石窟』甘粛人民美術出版社, 1998.
『尼雅遺跡報告書』＝中日・日中共同ニヤ遺跡学術調査隊（編）『中日・日中共同尼雅遺跡学術調査報告書』烏魯木斉, 京都, 中日・日中共同ニヤ遺跡学術調査隊, 1999.
『織物用語集』＝『CIETA 織物技術用語集』道明美保子（編）京都, 龍村美術織物研究所, 1999.
『大谷文書』＝小田義久（編）『大谷文書集成』壱（龍谷大学善本叢書 5）1984, 京都, 法蔵館,『大谷文書集成』貳（龍谷大学善本叢書 10）1990.
『楼蘭王国』＝『楼蘭王国と悠久の美女』展覧会カタログ, 東京, 朝日新聞社, 1992.
『沙漠王子遺宝』趙豊・于志勇（編）2000, 芸沙堂, 香港.

『西域美術』東京，講談社，1984.

『西域美術展』カタログ，東京，朝日新聞社，1991.

『西域考古図譜』上・下，東京，国華社，1915，（再版，柏林社，1972）．

『染織の美』29, 30，京都書院，1984.

『正倉院　染織』上・下，奈良，正倉院事務所，1963.

『絲綢之路』（漢唐織物），新疆維吾爾自治区博物館・出土文物展覧工作組（編）文物出版社，1972.

『至宝』＝『絲綢路の至宝』1（西本願寺仏教伝播の道踏査100年展）・2（旅順博物館仏教芸術名品展），滋賀，佐川美術館，2002.

『新疆出土文物』新疆維吾爾自治区博物館（編）文物出版社，1975.

『真跡釈録』＝唐耕耦・陸宏基（編）『敦煌社会経済文献真跡釈録』全5巻，北京，書目文献出版社，1986-1990.

『シルクロード』＝『シルクロード・オアシスと草原の道』奈良県立美術館，なら・シルクロード博協会，1988.

『シルクロード学研究』8, トルファン地域と出土絹織物，奈良，シルクロード学研究センター，2000.

『シルクロード学研究』19, 新疆出土のサーサーン式銀貨，奈良，シルクロード学研究センター，2003.

『シルクロードの遺宝』カタログ，東京国立博物館他（編）1985.

『楚墓』＝ 湖北省柚州地区博物館『広陵馬山一号楚墓』文物出版社，1985.

『敦煌莫高窟』＝ 敦煌文物研究所（編）『敦煌莫高窟』1-5, 東京，平凡社，1980-82.

『敦煌宝蔵』全130巻，台北，新文豊出版公司，1981-1985.

『敦煌北区石窟』I-III ＝ 彭金章・王建軍・敦煌研究院（編）『敦煌莫高窟北区石窟』I, 北京，文物出版社，2000. 彭金章・王建軍・敦煌研究院（編）『敦煌莫高窟北区石窟』II, III , 北京，文物出版社，2004.

『敦煌絲綢芸術全集』英蔵巻，趙豊（編）東華大学出版社，上海，2007.

『都蘭吐蕃墓』北京大学考古文博学院・青海省文物考古研究所（編）北京，科学出版社，2005.

『吐魯番』李蕭（主編），上海辞書出版社，2006.

『吐魯番博物館』吐魯番博物館編委会，烏魯木斉，新疆美術撮影出版社，1992.

『吐魯番文書』＝ 国家文物局考古文献研究室・新疆維吾爾自治区博物館・武漢大学歴史系（編）『吐魯番出土文書』1-10, 北京，文物出版社，1981-1991.

『吐魯番出土文書』壱 – 肆，新疆維吾爾自治区博物館・武漢大学歴史系（編）北京，文物出版社，1992-1996.

『唐大詔令集』宋敏求（編）北京，商務印書館，1956.

『唐皇帝からの贈り物』　新潟県立美術館・朝日新聞社文化企画局・博報堂（編）新潟県立美術館，朝日新聞社文化企画局，博報堂，1999.

『ウイグル文契約文書集成』山田信夫（著）小田壽典・P. ツィーメ・梅村坦・森安孝夫（共編）吹田，大阪大学出版会，1993.

文献目録（著者名 ABC 順）

和文

荒川　正晴　Arakawa Masaharu
 1992　「唐の対西域布帛輸送と客商の活動について」『東洋学報』73-3, 4, pp. 31-63.
 1997　「唐帝国とソグド人の交易活動」『東洋史研究』56-3, pp. 171-204.
 2003　『オアシス国家とキャラバン交易』（世界史リブレット 62），東京，山川出版.
 2010　『ユーラシアの交通・交易と唐帝国』名古屋，名古屋大学出版会.

アリバウム，L. I., Альбаум, Л. И. 加藤　久祚（訳）KatōKyūzō
 1980　『古代サマルカンドの壁画』東京，文化出版社.

道明　美保子　Dōmyō Mihoko
 1981a「ターク・イ・ブスターン大洞猪狩図の服飾文様の分類と復元」『オリエント』24（1981），pp. 49-75, pl. 1-7.
 1981b「絹文化と羊毛文化の交流」並河万里『隊商都市』東京，新潮社，pp. 134-141.
 1987　「ササンの連珠円文錦の成立と意味」『シルクロード美術論集』東京，吉川弘文館，pp. 153-176.

藤枝　晃　Fujieda Akira
 1989　「大谷コレクションの現状」『西域文化資料選』京都，龍谷大学, pp. 109-118.

ギルシュマン R.,　Ghirshman, Roman
 1966　『古代イランの美術』II，東京，新潮社.

後藤　勝　Gotō Masaru
 1987　「ソグド系帰化人何氏について——西域帰化人研究　その 2 ——」『聖徳学園　岐阜教育学紀要』14, pp. 1-20.

原田　淑人　Harada Yosito
 1970　『唐代の服飾』東京，東洋文庫.

林　巳奈夫　Hayasi Minao
 1976　『漢代の文物』京都，京都大学人文科学研究所.

樋口　隆康　Higuchi Takayasu
 1988　「阿武山古墳の金糸を巡って」橿原考古学研究所（編）『橿原考古学研究所論集』9, 東京，吉川弘文館，pp. 339-350.

日野　開三郎　Hino Kaizaburō
 1989　「唐代庸調の布絹課徴額と匹端制」『東洋史学論集』第 12 巻，行政と財政，東京，三一書房（初出『法制史研究』15, 1965）.

本田　実信　Honda Minobu
 1962　「ヘラートのクルト政権の成立」『東洋史研究』21-2, pp. 38-75.［再録：『モンゴル時代史研究』東京，東京大学出版会，1991.］

池田　温　Ikeda On
 1968　「中国古代物価の一考察（一）」『史学雑誌』77, pp. 1-45.
 1982　「中国における吐魯番文書整理研究の進展——唐長孺教授講演の紹介を中心に」『史学雑誌』1982-2, pp. 59-85.

石見　清裕　Iwami Kiyohiro

2001 「唐の国際秩序と交易」『アジア遊学』26, 東京, 勉誠出版, pp. 23-38.
2005 「唐の絹貿易と貢献制」『東洋史論集』33, pp. 61-92.

井筒　俊彦　Izutsu Toshihiko
1978 『コーラン』下,（岩波文庫）, 東京, 岩波書店.

影山　悦子　Kageyama Etsuko
2002 「ソグディアナにおける絹織物の使用と生産」『オリエント』45-1, pp. 37-55.

加藤　繁　KatōShigeru
1944 『支那経済史概説』東京, 弘文堂書房.

気賀沢　保規　Kigasawa Yasunori
1993 「法門寺出土の唐代文物とその背景――碑刻「衣物帳」の整理と分析から――」砺波護（編）『中国中世の文物』京大人文研, pp. 580-641.

木村光雄　Kimura Mitsuo
1997 「染織文化財中の染料の鑑別」『染料と薬品』42巻10号, 化成品工業協会 pp. 3-9.

北村　哲郎　Kitamura Tetsurō
1976 『日本の織物』東京, 源流社.

百済　康義　Kudara Kōgi
1996 「大谷探検隊収集西域文化資料とその関連資料」『龍谷大学仏教文化研究所紀要』35, pp. 41-109.

桑原　隲藏　Kuwabara Shitsuzō
1968 「隋唐時代に支那に来往した西域人について」『桑原隲藏全集』第二巻, 東京, 岩波書店, pp. 270-360（初出1926,『内藤博士還暦祝賀支那学論叢』）

ルボ-レスニチェンコ, E. I., Lubo-Lesnichenko, E. I. 高浜　秀（訳）Takahama Suguru
1985 「六朝時代（三～六世紀）のシルクロード」『ユーラシア』新2号, pp. 91-108.

ルボ-レスニチェンコ, E. I. & 坂本　和子　Lubo-Lesnichenko, E. I. & Sakamoto Kazuko
1987 「双龍連珠円文綾について」『古代オリエント博物館研究紀要』Vol. IX, pp. 93-117, pls. XIII-XVII.

前嶋　信次　Maejima Shinji
1956 「バグダードの文化とその滅亡　上」『史学』28-1/2, pp. 15-58.［再録：『民族・戦争――東西文化交流の諸相――』東京, 誠文堂新光社, 1982.

マルシャーク, B. I.,　Marshak B. I.
1985 「古代と中世初期の東西文化交流」『シルクロードの遺宝――古代中世の東西文化交流――』東京, 日本経済新聞社.

松田　寿男　Matsuda Hisao
1975 「イラン南道論」松田寿男博士古希記念出版委員会（編）『東西文化交流史』東京, 雄山閣, pp. 217-251.
1986 「絹馬貿易に関する史料」『松田寿男著作集』2, 東京, 六興出版, pp. 154-179（初出 1959,『遊牧社会史探究』1）

水谷　真成（訳）Mizutani Sinjyou
1988 玄奘『大唐西域記』東京, 平凡社（初版 1971）

護　雅夫（訳）Mori Masao
1988 カルピニ/ルブルク『中央アジア・蒙古旅行記』東京, 光風社.

森本　公誠（訳）Morimoto Kōsei
2001 イブン＝ハルドゥーン（著）『歴史序説（二）』（岩波文庫）, 東京, 岩波書店.

森安　孝夫　Moriyasu Takao
　　1984　「吐蕃の中央アジア進出」『金沢大学文学部論集　史学科篇』4, pp. 1-85, 2 pls.
　　1988　「敦煌出土元代ウイグル文書中のキンサイ緞子」『東洋史論叢』pp. 417-441.
　　1991　『ウイグル＝マニ教史の研究』(『大阪大学文学部紀要』31, 32), 豊中, 大阪大学文学部.
　　1994　「ウイグル文書箚記（その四）」『内陸アジア言語の研究』9, pp. 63-93.
　　1997　「《シルクロード》のウイグル商人──ソグド商人とオルトク商人のあいだ──」『中央ユーラシアの統合』(岩波講座世界歴史 11), 東京, 岩波書店, pp. 93-119.
　　2007　『シルクロードと唐帝国』(興亡の世界史 5), 東京, 講談社.
村川　堅太郎（訳注）Murakawa Kentarō
　　1948　『エリュートゥラー海案内記』東京, 生活社.
長廣　敏雄（訳注）Nagahiro Toshio
　　1977　張彦遠（著）『歴代名画記』2（東洋文庫　311），東京，平凡社.
長沢　和俊　Nagasawa Kazutosi
　　1957　「遼の西北路経営について」『史学雑誌』66-8, pp. 67-83（再録：『シルクロード史研究』東京, 図書刊行会, 1979）
長沢　和俊・横張　和子　Nagasawa Kazutosi・Yokohari Kazuko
　　2001　『シルクロード染織史』東京, 講談社.
内藤　みどり　Naitō Midori
　　1988　「東ローマと突厥との交渉に関する史料」『西突厥史の研究』東京, 早稲田大学出版会, pp. 374-395（初出 1963,『遊牧社会史探究』22）.
内藤　虎次郎　Naitō Torajirō
　　1936　「染織に関する文献の研究」『東洋文化研究』東京, 弘文堂書房, pp. 49-60（初出 1925,『古代織物』）.
中野　定雄・中野里美・中野美代（訳注）　Nakano Sadao・Nakano Satomi・Nakano Miyo
　　1986　プリニウス『プリニウスの博物誌』第 1 巻, 東京, 雄山閣.
仁井田　陞　Niida Noboru
　　1933　『唐令拾遺』東京, 東京大学出版会.　1960　「吐魯番出土の唐代取引法関係文書」『西域文化研究』3, 京都, 法藏館, pp. 189-214, 図版 19-23.
西村　兵部　Nishamura Hyōbu
　　1973　「漢唐染織の技法と日本古代の染織」『漢唐の染織』, 東京, 小学館, pp. 145-146.
布目　順郎　Nunome Junnrō
　　1988　『絹と布の考古学』東京, 雄山閣.
小笠原　小枝　Ogasawara Sae
　　1984　「金襴」『日本の美術』9, no.220, 東京, 至文堂, pp. 1-80.
尾形　充彦　Ogata Mitsuhiko
　　2001　「吐魯番阿斯塔那古墓出土の絹織物と正倉院の絹織物」『シルクロード学研究』12,（『中国における絹織物のはじまりと発展』），奈良, シルクロード学研究センター, pp. 9-31.
岡崎　敬　Okazaki Takasi
　　1973　『東西交渉の考古学』東京, 平凡社.
太田　英蔵　Ōta Eizō
　　1986　「犀円文錦について」『太田英蔵　染色史著作集』上, 東京, 文化出版局, pp. 173-200（初出 1956,『書陵部紀要』7）.

太田　英蔵・佐々木　信三郎・西村　兵部　Ōta Eizō・Sasaki Sinzaburō・Nisimura Hyōbu
　　1960　「正倉院の錦」『書陵部紀要』13, 東京, pp. 57-125, 図版 1-52.
愛宕　松男（訳注）Otagi Matsuo
　　1970　マルコ・ポーロ（著）『東方見聞録』（東洋文庫 158), 東京, 平凡社.
小澤　重男　Ozawa Shigeo
　　1989　『元朝秘史全釈続攷』下, 東京, 風間書房.
坂本　和子　Sakamoto Kazuko
　　1980　「シルクロードの絹織物にみる東西交流」『服装文化』168, 東京 pp. 64-85.
　　1993　「織物の東西交渉――経錦と緯錦を中心に」『古代オリエント博物館紀要』XIV, pp. 233-249.
　　1996a「染織資料について」百済康義「大谷探検隊収集西域文化資料とその関連資料」『龍谷大学仏教文化研究所紀要』35, 京都, pp. 65-109.
　　1996b「羊毛文化と絹文化の遭遇」『文化遺産』1, 松江, 島根県並河写真財団, pp. 25-33.
　　1999　「ニヤ遺跡出土の織物について」中日・日中共同ニヤ遺跡学術調査隊（編）『中日・日中共同尼雅遺跡学術調査報告書』烏魯木斉, 京都, 中日・日中共同ニヤ遺跡学術調査隊, pp. 327-334.
　　2000a「トルファン出土染織資料解説」『シルクロード学研究』8,（『トルファン地域と出土絹織物』）, 奈良, シルクロード学研究センター, pp. 117-142, pl. 27-109.
　　2000b「トルファン出土染織資料について――錦の特徴にみる東西交流――」『シルクロード学研究』8,（『トルファン地域と出土絹織物』）, 奈良, シルクロード学研究センター, pp. 169-179, pl. 27-109.
　　2001　「連珠文の伝播――アスターナ出土絹織物を中心として――」『シルクロード学研究叢書』4,（シルクロードの世界）奈良, シルクロード学研究センター, pp. 83-96.
　　2004a「トゥルファン出土の三織物断片――西方より将来の証拠として――」森安孝夫（編）『中央アジア出土文物論叢』京都, 朋友書店, pp. 143-161.
　　2004b「織物にみるシルクロードの東西交流」『シルクロード学研究叢書』10,（シルクロードの世界）奈良, シルクロード学研究センター, pp. 1-17.
　　2008　「金糸織物の発展――特に「納失失」について――」『古代オリエント博物館研究紀要』XXVIII, pp. 151-166.
佐々木　信三郎　Sasaki Shinzaburō
　　1958　『上代綾にみる斜子技法』京都, 川島織物研究所.
　　1973　『上代錦綾特異技法』京都, 川島織物研究所（初版 1950-1951）.
　　1976　『日本上代織技の研究』京都, 川島織物研究所（初版 1950-1951）.
佐藤　貴保　SatōTakayasu 他
　　2004　『烏臺筆補』訳註稿（2）『内陸アジア言語の研究』XIX, pp. 109-155.
佐藤　武敏　Satō Taketosi
　　1977　『中国古代絹織物史研究』上, 東京, 風間書房.
　　1978　『中国古代絹織物史研究』下, 東京, 風間書房.
渋谷　誉一郎　Shibuya Yoitirou
　　2000　「スタイン第四次中央アジア踏査について」山本英史（編）『伝統中国の地域像』東京, 慶應義塾大学出版会, pp. 289-326.
嶋田　襄平　Shimada Jyouhei（編）
　　1970　『イスラム帝国の遺産』東西文明の交流 3, 東京, 平凡社.

島田　正郎　Shimada Masao
　　1949 「遼代の絹織物業」『史学雑誌』58-5, pp. 17-32.
白鳥　庫吉　Shiratori Kurakichi
　　1932 「拂菻問題の新解釈（二）」『東洋学報』20-1, 東洋協会学術調査部. pp. 1-60.
鈴木　治　Suzuki Osamu
　　1974 『ユーラシア東西交渉史論攷』東京, 国書刊行会.
龍村　謙　Tatsumura Ken
　　1963 「大谷探検隊将来の錦綾類」『西域文化研究』6, 京都, 法蔵館, pp. 15-46.
土肥　義和　Tohi Yoshikazu
　　1980 「莫高窟千仏洞と大寺と蘭若と」『敦煌の社会』講座敦煌 3, 東京, 大東出版社, pp. 347-369.
　　1988 「敦煌・回鶻間交易関係漢文文書断簡考」『中国古代の法と社会』栗原益男先生古稀記念論文集, 東京, 汲古書院, pp. 399-436.
角山　幸洋　Tsunoyama Yukihiro
　　1968 『日本染織発達史』東京, 田畑書店.
梅原　末治　Umehara Sueharu
　　1960 『蒙古ノイン・ウラ発見の遺物』東京, 東洋文庫.
梅村　坦　Umemura Hiroshi
　　1996 「スタイン」高田時雄（編）『東洋学の系譜』欧米編, 東京, 大修館書店, pp. 81-92.
ウイットフィールド, ロデリック　Whitfield, Roderick　上野アキ（訳）
　　1984 『西域美術』東京, 講談社.
藪内　清（訳）　Yabuuchi Kiyoshi
　　1969 宋應星（撰）『天工開物』（東洋文庫 130）, 東京, 平凡社.
ヤクボーフスキー他　Якубовский А. Ю.　加藤九祚（訳）
　　1969 『西域の秘宝を求めて』東京, 新時代社.
山田　信夫（編）　Yamada Nobuo
　　1971 『ペルシャと唐』東西文明の交流 2, 東京, 平凡社.
山辺　知行　Yamanobe Tomoyuki
　　1979 『シルクロードの染織』京都, 紫紅社.
横張　和子　Yokohari Kazuko
　　1976 「パルミュラに出土の綾に関する二〜三の問題」『美術史』93-96, 東京, pp. 55-78.
　　1986 「アスターナ錦の編年と考察」『古代オリエント博物館研究紀要』VIII, 東京, pp. 87-120, Pls. III-X.
　　1989 「綾について」『古代オリエント博物館研究紀要』X, 東京, pp. 185-215.
　　1990 「複様平組織の緯錦について——大谷探検隊将来絹資料の研究——」『古代オリエント博物館研究紀要』XI, 東京, pp.257-281.
　　1992 「吐魯番文書に見える丘慈錦と疏勒錦について」『古代オリエント博物館研究紀要』XIII, 東京, pp. 167-183.
　　1995 「大谷探検隊将来絹資料の研究：その二錦と羅」『古代オリエント博物館研究紀要』XVI, 東京, pp. 177-195.
　　2000 「新疆維吾爾自治区博物館における「六朝——唐代の錦・綾」調査報告」『シルクロード学研究』8,（『トルファン地域と出土絹織物』）, 奈良, シルクロード学研究センター, pp. 180-203.

　　　　2006　「所謂ザンダニージー Zandaniji 錦をめぐって」『古代オリエント博物館研究紀要』
　　　　　　　XXVI, 東京，pp. 107-142.
吉田　豊　Yoshida Yutaka
　　　　2006　『コータン出土 8-9 世紀のコータン語世俗文書に関する覚え書き』神戸市外国語大学研
　　　　　　　究叢書 38, 神戸，神戸市外国語大学外国学研究所.
吉川　小一郎　Yoshikawa Koichirō
　　　　1937　「支那紀行」上原芳太郎（編）『新西域記』下，東京，有光社，pp. 557-715.（再版 1984）
雪島宏一（訳）Yukishima Kōichi
　　　　1985　イェルサリムスカヤ「シルクロード途上のアラン世界」『ユーラシア』新 2 号，pp. 73-
　　　　　　　90.

中文

薄　小瑩　Bo Xiaoying
　　　　1990　「吐魯番地区発見的連珠文織物」北京大学考古系編『記念北京大学考古専業三十周年論
　　　　　　　文集』1952-1982, 北京，文物出版社，pp. 311-340.
陳　国安　Chen Guoan
　　　　1984　「浅談衡陽県何家皂北宋墓紡織品」『文物』1984-12, pp. 77-81.
陳　国安・馮玉輝　Chen Guoan・Feng Yuhui
　　　　1984　「衡陽県何家皂北宋墓」『文物』1984-12, pp73-76.
陳　景富　Chen Jingfu
　　　　1990　『法門寺史略』西安，陝西人民教育出版社.
陳　娟娟　Chen Juanjuan
　　　　1979　「新疆出土的几種唐代織錦」『文物』1979-2, pp. 64-73.
陳　維稷（編）Chen Weiji（ed.）
　　　　1984　『中国紡織科学技術史』古代部分，北京，科学出版社.
陳　彦妹　Chen Yanmei
　　　　2007　「六世紀中后期的中国聯珠紋織物」『故宮博物院院刊』2007-1, pp. 78-95.
徳新・張漢君・韓仁信　De Xin・Zhang Hanjun・Han Renxin
　　　　1994　「内蒙古巴林右旗慶州白塔発見遼代仏教文物」『文物』1994-12, pp. 4-33.
敦煌文物研究所考古組　Dunhuang wenwu yanjiusuo kaoguzu
　　　　1972　「莫高窟発現的唐代絲織物及其它」『文物』1972-12, pp. 55-67, 71, pls. 1-4.
福建省博物館　Fujianxing bowuguan
　　　　1977　「福州市北郊南宋墓清理簡報」『文物』1977-7, pp. 1-16.
耿　昇（訳）Geng Sheng
　　　　1995　Maillard, M.『古代高昌王国物質文明史』, 北京，中華書局.
黄文弼 Huang Wenbi　土居淑子（訳）
　　　　1994　『トルファン考古記』黄文弼著作集，第二巻，東京，恒文社.
湖北省荊州地区博物館 Hubeisheng jingzhoudiqu bowuguan
　　　　1985　『江陵馬山一号楚墓』北京，文物出版社.
賈　応逸　Jia Yingyi
　　　　1985　「新疆絲織技芸的起源及其特点」『考古』1985-2, pp. 173-148, 図版 7,8.
　　　　1998　「絲綢之路織物」『絲綢考古珍品』上海，上海訳文出版社，pp. 33-43.
姜　伯勤　Jiang Boqin

1994　『敦煌吐魯番文書与絲綢之路』北京，文物出版社.
孔　祥星　Kong Xiangxing
　　　1982　「唐代"絲綢之路"上的紡織品貿易中心西州」『文物』1982-4, pp. 18-23.
勒　柯克　Le Coq　趙　崇民（訳）Zhao Chongmin
　　　1998　『高昌──吐魯番古代芸術珍品』烏魯木斉，新疆人民出版社.
李　仁溥　Li Renpu
　　　1983　『中国古代紡織史稿』長沙，岳麗書社.
李　也貞　Li Yezhen
　　　1976　「有関西周絲織和刺繍的重要発現」『文物』1976-4, pp. 60-63.
林　梅村　Lin Meicun
　　　1995　『西域文明』北京，東方出版社.
隆化県博物館　Longhuaxian bowuguan
　　　2004　「河北隆化鴿子洞元代窖藏」『文物』2004-5, pp. 4-25.
盧　華語　Lu Huayu
　　　1995　『唐代桑蚕絲綢研究』北京，首都師範大学出版社.
　　羅　群　Lou Qun
　　　2005　「元代紋錦被面的組織特色和織造工芸」，『絲綢之路与元代芸術』国際学術討論会論文集，
　　　　　　香港，芸紗堂/服飾出版，pp. 254-258.
馬特巴巴伊夫，趙　豊（編）Matbabaev, B., Zhao Feng（ed.）
　　　2010　『大宛遺錦』上海，上海古籍出版社.
内蒙古文物考古研究所・赤峰市博物館・阿魯科爾沁旗文物管理所　Neimenggu wenwukaogu
　　　　　　yanjiusuo・Chifengshi bowuguan・Alukermiqi wenwu guanlisuo
　　　1996　「遼耶律羽之墓発掘簡報」『文物』1996-1, pp. 4-32.
潘　行栄　Pan Xingrong
　　　1979　「元代集寧路故城出土的窖藏絲織物及其他」『文物』1979-8, pp. 32-36.
銭　伯泉　Qian Boquan
　　　2001　「吐魯番出土魏晋南北朝時期的随葬衣物疏研究」『吐魯番学研究』2001-1, pp. 21-35.
饒　宗頤（編），陳　國燦（著）　Rao Zongyi（ed.），Chen Guocan
　　　2002　『吐魯番出土唐代文献編年』台北，新文豊出版股份有限公司.
饒　宗頤（編），王　素（著）　Rao Zongyi（ed.），Wang Su
　　　1997　『吐魯番出土高昌文献編年』台北，新文豊出版公司.
沙比提　Shabiti
　　　1973　「従考古発掘資料看新疆古代的棉花種植和紡織」『文物』1973-10, pp. 48-51.
尚　剛　Shang Gang
　　　2003　「納失失在中国」『伊朗学在中国論文集』北京，北京大学出版社，pp. 144-160.
　　　2004　「鶴綾絢爛，鳳錦紛葩──隋唐五代的高档絲織品種」『唐研究』10, pp. 459-491.
上海市紡織科学研究院・上海市絲綢工業公司文物研究組　Shanghaishi fangzhikexue yanjiuyuan・
　　　　　　Shanghaishi sichougongyegongsi wenwu yanjiuzu
　　　1980　『長沙馬王堆一号漢墓──出土紡織品の研究──』北京，文物出版社.
沈　従文（編），古田　真一，栗城　延江（訳）　Shen Congwen（ed.）
　　　1995　『中国古代の服飾研究』京都，京都書院.
盛　餘韻　Sheng, Angela
　　　1999　「中国西北辺疆六至七世紀的紡織生産：新品種及其創製人」『敦煌吐魯番研究』4, pp.

         323-373.
唐　長孺　Tang Zhangru
    1985 「吐魯番文書中所見絲織手工業技術在西域各地的伝播」文化部文物局古文献研究室（編）
         『出土文献研究』pp. 146-151.
王　炳華　Wang Binghua
    1973 「塩湖古墓」『文物』1973-10, 北京, pp. 28-35.
    1981 「吐魯番出土唐代庸調布研究」『文物』1981-1, pp. 56-62.
王　進玉，趙　豊　Wang Jingyue, Zhao Feng
    1989 「敦煌文物中的紡織技芸」『敦煌研究』1989-4, pp. 99-105.
汪　亓　Wang Qi
    2000 「唐錦紋様及其演變溯源」『唐研究』8, pp. 433-462.
王　仲犖　Wang Zhongluo
    1976 「唐代西州的䩞布」『文物』1976-1, pp. 85-88.
武　敏　Wu Min
    1962 「新疆出土漢—唐絲織品初探」『文物』1962-7,8, pp. 5-10, 64-75（1983, 再録『新疆考古
         三十年』pp. 420-434）．
    1973 「吐魯番出土絲織物中的唐代印染」『文物』1973-10, pp. 37-47.
    1984 「吐魯番出土蜀錦的研究」『文物』1984-6, 北京, pp. 70-80.
    1987 「從出土文書看古代高昌地区的蚕絲与紡織」『新疆社会科学』1987-5, pp. 92-100.
    1992 『織繍』台北，幼獅文化事業有限公司．
    1996 「從出土文物看唐代以前新疆紡織業的発展」『西域研究』1996-2, pp. 5-14.
    1999 「吐魯番古墓出土絲織品新探」『敦煌吐魯番研究』4, pp. 299-321, 図版 4-9.
    2000 「阿斯塔那古墓出土織錦的研究」『シルクロード学研究』8,（『トルファン地域と出土絹
         織物』），奈良，シルクロード学研究センター，pp. 143-168.
    2006 「吐魯番古墓出土絲織品新探」殷晴（主編）『吐魯番学新論』烏魯木斉，新疆人民出版社,
         pp. 375-392.
呉　淑生・田　自秉　Wu Shusheng・Tian Zibing
    1986 『中国染織史』上海，上海人民出版社．
呉　震　Wu Zhen
    2000 「吐魯番出土文書中的絲織品考辨」『シルクロード学研究』8,（『トルファン地域と出土
         絹織物』），奈良，シルクロード学研究センター，pp. 84-103.
夏　鼐　Xia Nai
    1963 「新疆新発見的古代絲織品——綺、錦和刺繍」『考古学報』1963-1, 北京, pp. 45-76, 彩色
         図版 I-II, 図版 I-XII（1983, 再録『新疆考古三十年』pp.396-419）．
    1972 「我國古代蚕、桑、絲、綢的歴史」『考古』1972-2, pp. 12-27.
    1978 「近年中国出土の薩珊朝文物」『考古』1978-2, pp. 111-116.
新疆博物館考古部　Xinjiang bowuguan kaogubu
    2000a「吐魯番県阿斯塔那第二次発掘簡報」『新疆文物』3-4, pp.1-65.
    2000b「吐魯番県阿斯塔那第三次発掘簡報」『新疆文物』3-4, pp. 66-83.
新疆博物館考古隊　Xinjiang bowuguan kaogudui
    1978 「吐魯番哈喇和卓古墓群発掘簡報」『文物』1978-6, pp. 1-14.
新疆吐魯番地区文管所 Xinjing Tolufan-diqu Wenguansuo
    1983 「吐魯番出土十六国時期的文書」『文物』1983-1, pp. 19-25.

新疆維吾爾自治区博物館 Xinjiang weiwuer zizhiqu bowuguan
- 1960 「新疆吐魯番阿斯塔那北区墓葬発掘簡報」『文物』1960-6 北京 pp. 13-21（1983, 再録『新疆考古三十年』pp.70-79）.
- 1972a「吐魯番県阿斯塔那－哈拉和卓古墓群清理簡報」『文物』1972-1, pp. 8-29, 図版 9（1983, 再録『新疆考古三十年』pp. 91-101）.
- 1972b「吐魯番阿斯塔那 363 号墓発掘簡報」『文物』1972-2, pp. 7-9, 図 1-8（1983, 再録『新疆考古三十年』pp. 103-105）.
- 1973 「吐魯番県阿斯塔那－哈拉和卓古墓群発掘簡報」（1963-1965）『文物』1973-10, pp. 7-27（1983, 再録『新疆考古三十年』pp. 79-91）.

新疆維吾爾自治区博物館・出土文物展覧工作組　Xinjiang weiwuer zizhiqu bowuguan・Chutu wenwu zhanlan gongzuozu
- 1972 「"絲綢之路"上発現的漢唐織物」『文物』1972-3, pp. 14-19, 図版 9-11.

新疆維吾爾自治区博物館・西北大学歴史系考古専業　Xinjiang weiwuer zizhiqu bowuguan・Xibeidaxue lishixi kaoguzhuanye
- 1975 「1973 年吐魯番阿斯塔那古墓群発掘簡報」『文物』1975-7, pp. 8-18, 図版 4-6.

新疆文物考古研究所　Xinjiang wenwu kaogu yanjiusuo
- 2000a「吐魯番県阿斯塔那第十次発掘簡報」『新疆文物』3-4, pp. 84-167.
- 2000b「吐魯番県阿斯塔那第十一次発掘簡報」『新疆文物』3-4, pp. 168-214.

許　新国　Xu Xinguo
- 2000 「都蘭県吐蕃（チベット）古墳群の発掘と研究」大阪経済法科大学, 北京大学考古系（編）『7・8 世紀の東アジア』大阪, 大阪経済法科大学, pp. 13-22.
- 2002 「中国青海省都蘭吐蕃墓群的発現・発掘与研究」『シルクロード学研究』14,（中国・青海省におけるシルクロードの研究）奈良, シルクロード学研究センター, pp.212-225.

許　新国・趙　豊　Xu Xinguo・Zhao Feng
- 1991 「都蘭出土絲織品初探」『中国歴史博物館館刊』1991-15,16, pp. 63-96, 図版 1-5.

楊　博文（校訂・訳注）　Yang Bowen
- 1996 『諸蕃志校釈』北京, 中華書局.

殷　福蘭　Yin Fulan
- 2006 「吐魯番出土紡織品対称紋様的芸術風格探求」新疆吐魯番地区文物局（編）『吐魯番学研究』第二届, 第二届吐魯番学国際学術研討会論文集, 上海, 上海辞書出版社, pp. 294-301.

殷　晴　Yin Qing
- 2001 「絲綢之路与西域経済――対新疆開発史上若干問題的思考」『吐魯番学研究』2000-1, pp. 92-101.

于　志勇　Yu Zhiyong
- 1999 「ニヤ遺跡出土の『五星出東方利中国』錦織について」中日・日中共同ニヤ遺跡学術調査隊（編）『中日・日中共同尼雅遺跡学術調査報告書』烏魯木斉, 京都, 中日・日中共同ニヤ遺跡学術調査隊, pp. 320-326.

張　湘雯　Zhang Xiangwen
- 1988 「彩図説明」「概論」『中華五千年文物集刊』織繡篇 1, 台北, 中華五千年文物集刊編委員会, pp. 98-175.
- 1991 「敦煌写本巻軸中所見特殊紡織品初探」『中華民国建国八十年, 中国芸術文物討論会論文集』器物組第一本, 故宮博物院, pp.369-397.

1992 「彩図説明」「概論」『中華五千年文物集刊』織繍篇 2, 台北, 中華五千年文物集刊編集委員会, pp. 84-187.

趙　承沢　Zhao Chengze
1977 「談福州, 金壇出土的南宋織品和当時的紡織工芸」『文物』1977-7, pp. 28-32.

趙　豊　Zhao Feng
1992a『絲綢芸術史』杭州, 浙江美術学院出版社.
1992b『唐代絲綢与絲綢之路』西安, 三秦出版社.
1999 『織繍珍品』香港, 芸沙堂.
2004 『遼代絲綢』香港, 沐文堂美術出版社.
2005a「新疆地産綿綾織錦研究」『西域研究』2005-1, pp. 51-59.
2005b『中国絲綢芸術史』北京, 文物出版社.

趙　豊（編）Zhao Feng (ed.)
2002 『染織品考古新発現』香港, 芸沙堂.

趙　豊・斉暁光　Zhao Feng・Qi Xiaoguang
1996 「耶律羽之墓絲綢中的団窠和団花図案」『文物』1996-1, pp. 33-35.

趙　豊・于　志勇　Zhao Feng・Yu Zhiyong
2000 『絲綢之路沙漠王子遺宝展』杭州, 中国絲綢博物館.

趙　豊・伊弟利斯　阿不都熱蘇勒　Zhao Feng・Yidilisi Abuduresulei
2007 『大漠聯珠』上海, 東華大学出版社.

趙　評春・趙　鮮姫　Zhao Pingchun・Zhao Xianji
2001 『金代絲織芸術』北京, 科学出版社.

鎮江市博物館・金壇県文化館　Zhenjianshi bowuguan・Jintanxian wenhuaguan
1977 「江蘇金壇南宋周瑀墓発掘簡報」『文物』1977-7, pp. 18-27.

鍾　広言（訳注）　Zhong Guangyan
1978 宋應星（撰）『天工開物』香港, 中華書局.

鍾　遐　Zhong Xia
1976 「从蘭渓出土的棉毯談到我國南方棉紡織的歴史」『文物』1976-1, pp. 89-93.

周　迪人・周　晹・楊　明　Zhou Diren・Zhou Yang・Yang Ming
1999 『德安南宋周氏墓』南昌, 江西人民出版社.

周　偉州　Zhou Weizhou
1980 「試論吐魯番阿斯塔那且渠封戴墓出土文物」『考古与文物』1980-1, pp. 99-102.

竺　敏　Zhu Min
1972 「吐魯番新発現的古代絲綢」『考古』1972-2, pp. 28-31, 図版 5-10.

朱　新予（主編）　Zhu Xinyu
1992 『中国絲綢史』北京, 紡織工業出版社.

欧文

Allsen, Th. T.
1997 *Commodity and Exchange in the Mongol Empire.* Cambridge University Press.

Arberry, J.
1964 *The Koran Interpreted.* London, Oxford University Press (The world's classics).

Арсланова, Ф.Х.

1963 Бобровский Могильник. Известия, Акдемии Наук Казахской СССР, вып. 4 стр. 68-84.

Ascenzi, A. / Bianco, P. / Nicoletti, R. / Ceccarini, G. / Fornaseri, M. / Graziani, M. R. / Rosicarello, R./ Ciuffarella, L. / Granger-Taylor, H.

 1996 The Roman Mummy of Grottarossa. Human Mummies. In: K. Spinder, H. Wilfing, E. Rastbichler-Zissernig, D. zur Nedden and H. Nothdurfter (ed.) *A Global Survey of their Status and the Techniques of Conservation.* Springer Verlag, Wien, pp. 205-217.

Azarpay, Guitty

 1981 *Sogdian Painting — The Pictorial Epic in Oriental Art.* Contributions by A. M. Belenitskii, B. L. Marshak, and Mark J. Dresden, University California Press, Berkeley, Los Angeles, London.

Barber, E. J. W.

 1991 *Prehistoric Textiles.* Princeton University Press.

Беленицкий А. М. и Бентович И. Б.

 1961 Из Истории Среднеазиатского Шелкоткчества. *Советская Археология* No 2, Москва, pp. 66-78.

Bender-Jorgensen, L.

 2000 Mons Claudianus Textile Project. *Archéologie des textiles des origines au Ve siècle.* Monique Mergoil, pp. 253-263.

Benveniste, E.

 1940 *Textes sogdiens. Édités, traduits et commentés.* Librairie Orientaliste Paul Geuthner, Paris.

Bhattacharya-Haesner, C.

 2003 *Central Asian Temple Banners in the Turfan Collection of the Museum für Indische Kunst, Berlin.* Dietrich Reimer Verlag, Berlin.

Винокурова, М. П.

 1957 Ткани из Замка на Горе Муг. *Известия,* Акдемия Наук Таджикской ССР Отделения Общественных Наук, вып. 14, pp. 17-32.

Blair, S. S.

 1998 *Islamic Inscriptions.* Edinburgh, Edinburgh University Press.

Boyle, J. A. (ed.)

 1968 *The Cambridge History of Iran.* Vol. 5 (The Saljuq and Mongol Periods), Cambridge University Press. (Repr.: Cambridge, New York 1993)

Britton, N. P.

 1938 *A Study of Som Eearly Islamic Textiles.* Boston, Museum of Fine Arts.

Burnham D. K.

 1980 *Warp & Weft: Textile Terminology.* Royal Ontrio Museum, Canada (US edition *Warp & Weft, A Dictionary of Textile Terms.* Charles Scribner's Sons, New York 1981)

CIETA

 1973 *Vocabulaire français.* CIETA, Lyon.

Ciszuk, M.

 2000 Taqutés from Mons Claudianus: analyses and reconstruction, *Archéologie des textiles des origins au Ve siècl,* Monique Mergoil, pp. 265-275.

Cammann, Schuyler van R.

 1998 Note on the Origin of Chinese K'ossu Tapestry. Chinese and Asian Textiles Selected articles from Orientations 1983-1997, Orientations Magzine Ltd., Hong Kong, pp. 68-75 (1st. pub. In Artibus Asiae, XI, 1948, pp. 90-110)

Compareti, M.
　　2000　Iranian Divinities in the Decoration of Some Duran and Astana silks. *Annali di ca' Foscari*, XXXIX, Rivista della Facoltà di Lingue e Letterature Straniere dell'Università di Venezia, pp.31-368

de Goeje, M. J. (ed.) 1967　Ibn Khurdādhbih, *Kitāb al-Masālik wa'l-Mamālik*. In: Bibliotheca Geographorum Arabicorum, VI, E. J. Brill, Leiden. (1st. ed.: 1889)

De Jonghe, D. et Tavernier, M.
　　1981　Les damasses de Palmyre. *Bulletin de Liaison du CIETA*, no. 54, Lyon, pp. 20-52.

Dode, Zvezdana
　　2005　Determination of Chinese, Iranian and Central Asian Artistic Tradition in the décor of Silks of Mongolian Period from the Golden Horde Legacy in Ulus Djuchi. 『絲綢之路与元代芸術』国際学術討論会論文集, 香港, 芸紗堂／服飾出版 pp. 265-277.

Доде, З. В.
　　2006　Шелковые Ткани. *Погребения Знати Золотоордынского Времени в Междуречье Дона и Сала* VI. Москва, Памятники Истрической Мысли, pp. 126-167.

Duff, J. D. (trans.)
　　1969　Lucan, *The Civil War*. Harvard University Press, London.

Eastwood, G.
　　1982　Textiles. In: D. S. Whitcomb and J. H. Johnson (ed.) *Quseir al-Qadim 1980*. American Research Center in Egypt, Undena Publications, Malibu, pp. 285-326.

Елкина, А. К.
　　1986　О Тканях и Золотном Шитье из Соколвой Могилы. In: Г. Т. Ковпаненко, *Сарматское Погребение I в н. э., на Южном Буге*. Чаукова Думка, Киев, pp. 132-135.

Falke, Otto von
　　1913　*Kunstgeschichte der Seidenweberei*. 2vols., Ernst Wasmuth, Berlin.

Flanagan, J. F.
　　1917　The Origin of the Drawloom in the Making of Early Byzantine Silks. *Burlington Magazine* XXXV, pp. 167-172 .

Frye, R. N. (trans.)
　　1954　*Narshakhī, The History of Bukhara*. Cambridge, The Mediaeval Academy of America, Massachusetts.

Fujii, H., Sakamoto, K., Ichihasi, M.
　　1989　Textile from at-Tar Caves, Part I: Cave 12, Hill C. *Al-Rafidan* X, Tokyo, pp.109-165, pl. 27-37.
　　1996　Textile from at-Tar Caves, Part II-(4): Cave 16, Hill C. *Al-Rafidan* XVII, Tokyo, pp.145-173, pl. 1-12.

Geijer, A.
　　1964　A silk from Antinoë and the Sasanian Textile Art. *Orientalia Suecana*, XII(1963), pp. 3-36.

Герцигер, А.
　　1973　Антицные Ткани в Собрании Эрмитажа. *Памятники Антицного Прикладного Искусств*. Гос Эрмитаж, Ленинград, pp. 71-100.

Granger-Taylor, H.

1987 Two Silk Textils from Rome and Some Thoughts on the Roman Silk Weaving Industry. Historic Textiles. *CIETA,* Bulletin-no.65, Lyon, pp. 13-31.

Hinds, Martin (trans.)

1990 al-Tabarī, *The History of al-Tabarī,* Vol. XXIII. State University of New York Press, Albany.

Иерусалимская А. А.

1967 О Северокавказском 《Шолковом Пути》 в Раннем Средневековье. *Советская Археология* 1967-2, pp. 55-78.

1972a Новая Находка Так Называемого Сасанидского Шолка с Сенмурвами. *Сообщения Государсттенного Эрмитажа* 34, pp. 11-15.

1972b К Сложению Школы Художественного Шелкткчестова в Согде. *Средняя Азия и Иран,* Аврора, Ленинград, pp. 5-56.

1978 Аланский Мир на 《Шелковом Пути》. *Культура Востока,* Аврора, Ленинград, pp. 151-162.

Ierusalimskaja, A. A.

1996 *Die Gräer der Moščvaja Balka.* Editio Maris, Müchen.

Jarring, G.

1992 *Garments from Top to Toe.* Publications of Royal Society of Letters at Lund, Lund.

Kageyama, Etyuko 影山 悦子

2006 Use and Production of Silk in Sogdiana. *Ērān ud Anērān.* Studies Presented to Boris Il'ič Maršak on the Occasion of His 70th Birthday, Libreria Editrice Cafoscarina, Venezia, pp. 317-332.

Каменецкий, И. С

1982 Разведки и раскопки в бассейне Кубанею. *Археологические Открытия,* pp.121-122.

Klyashtorny, Sergey G.

2006 Ancient Turk Rock Inscriptions in the Talass Ala-Too. A Sogdian word in an Old Turk Inscription. *Ērān ud Anērān.* Studies Presented to Boris Il'ič Maršak on the Occasion of His 70th Birthday, Libreria Editrice Cafoscarina, Venezia, pp. 367-370.

Lamm, C. J.

1937 *Cotton in Mediaeval Textiles of the Near East.* Librairie Orientaliste Paul Geuthner, Paris.

Laufer, B.

1978 *Sino-Iranica.* Ch'eng Wen Publishing Company, Taipei. (1st ed.: 1919)

Le Coq, A. von

1913 *Chotscho.* Facsimile-Wiedergaben der wichtigeren Funde der Ersten Königlich Preussischen Expedition nach Turfan in Ost.-Turkistan. Berlin. (Reprint: Graz 1979)

Ligeti, L.

1969 Glossaire supplémentaire au vocabulaire sino-ouigour du Bureau des Traducteurs. Acta Orientalia *Academiae Scientiarum Hungaricae,* XXII, (1) pp. 1-49; (2) pp. 191-243.

Li Wenying

2006 Textile of the Second to Fifth Century Unearthed from Yingpan Cemetery. *Central Asian Textiles and Their Contexts in the Early Middle Ages.* Abegg-Stiftung, Riggisberg, pp. 243-264.

Liu, Xinru

1998 *Silk and Religion.* Oxford University Press, Delhi. (1st ed.: Oxford University Press 1996)

Лубо-Лесниченко, Е. И.

1961 *Древние Китайские Шолковые Ткани и Вышивки V в до н. э. - III в н. э. В Собрании Государственного Эрмитажа*. Государственний Эрмитаж, Ленинград.

1984 Могильник Астана. *Восточный Туркестан и Средняя Азия*, Наука, Москва, pp. 108-120.

1993 Western Motifs in the Chinese Textiles of the Early Middle Ages. *National Palace Museum Bulletin* XXVIII, pp.1-28.

1994 *Китай на Шелковом Пути*. Наука, Москва.

1997-1998 Dunhuag Textiles. *Dunhuang Art Relics Collected in the State Hermitage Museum of Russia*, I, II. (俄蔵敦煌芸術品) 上海, 上海古籍出版社, pp. 27-32, 71-80, pls. 164-217.

Лыкошнь, Н. (trans.)

1897 Мухаммадь Наршахи, *История Бухры*. Типо-Литография, Ташкенть.

Mackie, Louise W.

1989 Textiles. In: W. Kubiak and G. T. Scanlon (ed.) *Fustāt Expedition Final Report*. The American Research Center in Egypt, Eisenbrauns, Winona lake, pp. 81-97.

Малявкин, А. Г.

1974 *Материалы по Истории Уйгуров в IX-XIIвв*. (The documents concerning the history of Uighur Kingdom), Наука, Новосибирск.

Marshak Boris I.

2006 The so-called Zandanījī Silks: Comparisons with the Art of Sogdia. *Central Asian Textiles and Their Contexts in the Early Middle Ages*. Abegg-Stiftung, Riggisberg, pp. 49-60

Martiniani-Reber, M.

1986 *Lyon, musée historic des tissus, Soieries sassanides, coptes et byzantines Xe-Xie siècles*. Editions de la réunion des musée nationaux, Paris.

Мец Адам

1973 *Мусульманский Ренессанс*. Наука, Москва.

Muthesius, Anna

1997 *Byzantine Silk Weaving AD 400 to AD 1200*. Verlag Fassbaender, Vienna.

Otavsky, Karel

1998a Stoff von der Seidenstrasse: Eine neue Sammlungsgruppe in der Abegg-Stiftung, *Entlang der Seidenstrasse*. Abegg Stiftung, Riggisberg, pp. 13-41.

1998b Zur Kunsthistorischen Einordnung der Stoffe. *Entlang der Seidenstrasse*. Abegg Stiftung, Riggisberg, pp. 119-214.

Pelliot, P.

1927 Une ville musulmane dans la Chine du Nord sous les Mongols. *Journal Asiatique*, 1927, oct.-déc., pp. 261-279.

Pfister, R.

1934 *Textiles du Palmyre*. Paris.

1937 *Nouveaux textiles du Palmyre*. Paris.

1940 *Textiles du Palmyre*. Paris.

Pfister, R. and Beringer, L.

1945 *The excavation at Dura-Europos; Final Report IV; part II*, New Haven.

Pinks, E.

1968 *Die Uiguren von Kan-chou in der frühen Sung-Zeit (960-1028)*. (Asiatische Forschungen, Band 24), Otto Harrassowitz, Wiesbaden.

Pope, U. & Ackerman, P.
    1964   *A Survey of Persian Art.* Meiji-Shobō, Tokyo, (Original edition, Oxford University Press, 1938-9).

Powers, D. S. (trans.)
    1989   al-Tabarī, *The History of al-Tabarī,* Vol. XXIV. State University of New York Press, Albany.

Rackham, H. (trans.)
    1969   Pliny, *Natural History.* vol. II. Harvard University Press, London.

Raschmann, S. C.
    1995   *Baumwolle im türkischen Zentralasien: Philologische und wirtschaftshistorische Untersuchungen anhand der vorislamischen uigurischen Texte.* Harrassowitz Verlag, Wiesbaden.

Riboud, K.
    1975   Further Indication of Changing Techniques in Figured Silks of the Post-Han Period (A.D. 4th to 6th Century). *CIETA* 41-42, pp. 13-40.
    1976   A newly Excavated Caftan from the Northern Caucasus. *Textile Museum Journal* IV, The Textile Museum, Washington, D. C., pp. 21-40.
    1983   Brief Comments on the Depiction of the Simurgh. *Bulletin,* Nos. 4, 5 and 6, National Museum, New Delhi, pp. 107-113, pl. 92-110.
    1995   A Cultural Continuum, A New Group of Liao & Jin Dynasty Silks. *Hali* 1995-8, 9, pp. 92-105, 119-120.

Riboud, K. & Vial, G.
    1970   *Tissus de Touen-houang.* L'Académie des Inscriptions et Belles-letters, Paris.
    1981   Quelques considérations techniques concernant quatre soieries connues. *Documenta Textilia,* (Festschrift für Sigrid Müller Christensen). Deutscher Kunstverlag, pp. 129-155.

Rider, M. L.
    1983   *Sheep & Man.* Duckworth, London.

Rodwell, J. M.
    1971   *The Koran.* Dent & Son's LTD, London (Everyman's library).

Rong Xinjiang　栄　新江
    2003   Chinese Inscriptions on the Turfan Textiles in the Museum of Indian Art, Berlin. In: Chhaya Bhattacharya-Haesner (ed.), *Central Asian Temple Banners in the Turfan Collection of the Museum für Indische Kunst, Berlin.* Appendix II, Dietrich Reimer Verlag, Berlin, pp. 475-476.

Rudenko, S. I.
    1970   *Frozen Tombs of Siberia.* University of California Press, Berkeley & Los Angeles.

Савченко Е. И.
    1980   Исследование Могильника Мощевая балка. *Археологические Открытия,* pp. 116-117.
    1981   Исследование Могильника Мощевая балка. *Археологические Открытия,* pp. 131-132.

Sakamoto, Kazuko　坂本　和子
    2004a   Two Fragments of Luxury Cloth Discovered in Trufan: Evidence of Textile Circulation from West to East. D. Durkin-Meisterernst et al (ed) *Trufan Revisited —— The First Century of Research into the Arts and Cultures of the Silk Road.* Dietrich Reimer Verlag, Berlin, pp. 297-302.
    2004b   Textile excavated in Xinjiang by the German Expeditions. *BAOM,* Tokyo, pp. 17-44.

Sakamoto, Kazuko & Kimura, Mitsuo　坂本　和子 & 木村　光雄

2003   Data of Banners and Banner Fragments. (Analysis of Textiles from Central Asia.) In: Chhaya Bhattacharya-Haesner (ed.), *Central Asian Temple Banners in the Turfan Collection of the Museum für Indische Kunst, Berlin. Appendix IV*, Dietrich Reimer Verlag, Berlin, pp. 491-496.

Schmit-Colinet, A.
  1995   *Palmyre*. Mainz

Schmit-Colinet, A., Stauffer, A. & Al-Asʿad, Khaled
  2000   *Die Textilien aus Palmyra*. Phillipp von Zabern, Mainz.

Schröter, B.
  2003   Central Asian Temple Banners: Techniques of Production, Ornamentation, and Embroidery. In: Chhaya Bhattacharya-Haesner (ed.), *Central Asian Temple Banners in the Turfan Collection of the Museum für Indische Kunst, Berlin*. Appendix III, Dietrich Reimer Verlag, Berlin, pp. 477-489.

Serjeant, R. B.
  1942   Material for a History of Islamic Textiles up to the Mongol Conquest. *Ars Islamica*, vol. 9, pp. 54-92.
  1951   Material for a History of Islamic Textiles up to the Mongol Conquest. *Ars Islamica*, vols. 15-16, pp. 29-85. (Repr.: *Islamic Textiles, Material for a History up to the Mongol Conquest*. Beirut 1972)

Sheng Angela
  1998   Innovations in Textile Techniques on China's Northwest Frontier, 500-700 AD. *Asia Major* XI, part 2, pp. 117-160.

Shepherd, D. G.
  1981   Zandaniji Revisited. In: *Documenta Textilia*. (Festschrift für Sigrid Müller Christensen), Deutscher Kunstverlag, pp. 105-122.

Shepherd D. G. & Henning W. B.
  1959   Zandanījī Identified? *Aus der Welt der islamischen Kunst, Festschrift für Erust Kühnel*. pp. 15-40.

Stein, A.
  1921   *Serindia* I~IV. Oxford University Press. (Repr.: Delhi 1980~1981)
  1928   *Innermost Asia* III. Oxford University Press. (Repr.: New Delhi 1981)

Sylwan, V.
  1949   *Investigation of Silk from Edsen-gol and Lop-nor.* Stockholm.

Trombert, Éric
  1996   Textiles et tissus sur la Route de la Soie. Éléments pour une géographie de la production et des échanges, *La Sérinde, Terre d'Échanges, Art, Religion, Commerce du Ier au Xe siècle*. La Documentation Française, Paris, pp. 107-120.

Vial, Gabriel
  1976   Technical Analysis. *Textile Museum Journal* IV, The Textile Museum, Washington, D. C., pp. 40-42.

Винокулова М. П.
  1957   Ткани из Замка на горе Муг. *Известия Отделения Общественных Наук* 14, Издательство АН Таджикской ССР, pp.17-32.

Vogelsang-Eastwood, G. M.

1990 *Resist Dyed Textiles from Quseir al-Qadim Egypt.* A. E. D. T. A., Paris.

Wardwell A. E.
    1988-1989 Panni Tartarici = Eastern Islamic Silks Woven with Gold and Silver (13th-14th Centuries). *Islamic Art* 3, pp. 95-173.

Watt, J. C. Y. & Wardwell, A. E. & Rossabi, M.
    1997 *When Silk Was Gold, Central Asian and Chinese Textiles.* The Metroporitan Museum of Art, New York.

Weibel, Adèle Coulin
    1972 *Two Thousand Years of Textiles.* Hacker Art Books, New York.

Wild, J. P.
    1967 Two Technical Terms used by Roman Tapestry-weavers. *Philologus: Zeitshrift für das Klassishe Altertum,* 111, pp. 151-155.
    1984 Some Early Silk Finds in Northwest Europe. *Journal,* 23, The Textile Museum, Washington, pp. 17-23.

Wu, Min 武 敏
    1996 Study on Some Ancient Wool Fabrics Unearthed in Recent Years from Xinjiang of China. *Al-Rafidan* vol. XVII, pp. 1-20, pl. 1-7.
    2006 The Exchange of Weaving Technologies between China and Central and Western Asia from the Third to the Eighth Century Based on New Textile Finds in Xinjiang. *Central Asian Textiles and Their Contexts in the Early Middle Ages.* Abegg-Stiftung, Riggisberg, pp. 211-242.

Yokohari, Kazuko 横張 和子
    1991 An Essay on the Debut of the Chinese Samit Based on the Study of Astana Textiles. *Bulletin of the Ancient Orient Museum,* Vol. XII, pp. 41-101.

Yule, H.
    1903 *The Book of sir Marco Polo,* Vol.1. John Murray, London.

Zhao Feng 趙 豊
    1999 Satin Samite: A Bridge from Samite to Satin. *Bulletin of CIETA* 76, pp. 46-63.
    2000 The Chronological Development of Needlelooping Embroidery. *Orientations* vol. 31-2, pp. 44-53.
    2004 *Evolution of Textiles along the Silk Road, China: Dawn of a Golden Age.* The Metropolitan Museum Art, New York, pp. 66-77.

Zieme, P.
    1995 Philologische Bemerkungen zu einigen alttürkischen Stoffnamen. *Acta Orientalia Academiae Scientiarum Hungaricae,* XLVIII (3), pp. 487-494.

シルクロード出土染織資料調査報告

調査項目　Examined items
資料名　Title, 図　Plate, 登録 NO. Inventory no., 出土地　Found place,
所蔵場所　Conserved place, 推定年代 Date, 推定製織地　Woven place　寸法　Size, 厚さ　Thickness, 文様　Design, 文丈　Pattern unit, length of pattern repeat, 襾間幅　Pattern unit, width of pattern repeat, 組織　Weave structure, 経糸 Warp, Color, 緯糸 Weft, Color, 材質 Material, 比率 Proportion, 太さ Apparent diameter, 撚り方向　Twist, 削り（はつり）Découpure（Step）, 糸数 Thread count, 糸順 Arranged order of ends, 備考　Note.

1. モシチェヴァヤ＝バルカ（Мощевая＝балка）出土資料

　モシチェヴァヤ＝バルカは北コーカサス山中，海抜952m, 大ラヴァ河の渓谷に沿ったテラス状プレートにあり，その上に岩が天井のように張り出している．墓はその岩陰や板石で囲まれて列をなしていた．このコーカサス越えの道は中央アジアからビザンツに通じるシルクロードであった．

　出土染織資料については，すでにイェリムスカヤが，エルミタージュ美術館に保存された資料を基に数編の論文を執筆し[1]，1996年に他の同遺跡出土考古学資料とともに報告書をまとめたものがある[2]．
　1980-82年モスクワにある旧ソヴィエト科学アカデミー考古学研究所によって，再度発掘調査が進められた．墓地は七つの区域に分けられ82年までにА-Дまで発掘された．そこには多くの遺物の外，織物断片・衣服・人形の衣服・毛皮・皮革など有機物が残っていた．遺跡の年代は7-10世紀とされている[3]．発掘資料はモスクワの考古学研究所に保存された．筆者は当研究所のカメネツキイ（И. С. Каменецкий）教授のご厚意により，出土染織資料調査の機会を与えられた．出土資料は錦，綾，平織，夾纈で，素材は絹，ウール，棉，苧麻に及ぶ．織組織は平組織緯錦（緯複様平組織），綾組織緯錦（緯複様綾組織），1/2両面綾組織緯錦，平地綾文綾，綾地綾文綾，平組織，繻子組織，と多岐にわたっている．データ調査の結果，ソグド錦にはペルシアの技術的影響を受けたＺ撚り経糸を使うペルシア系錦と中国の技術的影響を受け殆ど撚りのない生糸に近い経糸を使う中国系錦がある．7-8世紀のソグド地域出土資料を見ると，ペルシア系錦は中国系錦に先行するようである．歴史的背景からみて当然といえよう．第2編第2章第2節5で取り上げたソグド錦・アスターナ出土錦はペルシア系錦である．出土資料の製作地はビザンツ，ペルシアか中央アジア（主にソグド），および中国と推定される．染料に関しては数点の調査の結果,貝紫が抽出されている[4]．糸として地中海方面からシルクロードを東に運ばれたに違いない．

　ここに報告するのは，モスクワでの調査資料のうち先に挿表4の5-8に取り上げた4資料を除く，文様・組織・材質においてそれぞれ注目に値する資料20点のデータ，および抽出された染料である．

1. 動物唐草大円文錦　図76a, 76b
登録 NO.：СК-80-Л МБ-А-43, 906
出土地：モシチェヴァヤ＝バルカ
所蔵場所：ロシア科学アカデミー考古学研究所，モスクワ[5]

1　Иерусалимскя 1967, 1972a, 1972b, 1978 など．
2　Ierusalimskaya 1996.
3　Савченко 1980, pp. 116-117, 1981, pp.131-132, Каменецкий 1982, pp.121-122. Ierusalimskaya 1996 では 7-9 世紀となっていて織物のほとんどは 8 世紀以降としている．
4　木村 1997, p. 7.
5　モスクワからクラスノダルスクへ移されたと耳にしたが確認していない．

シルクロード出土染織資料調査報告

推定年代：8-9 世紀，推定製織地：ペルシア or ソグド
寸法 cm（経方向×緯方向）：27.4 × 13.0，10.5 × 13.5
文様：唐草に縁取られた環帯を区切り動物（山羊，獅子？）がはめ込まれている．主文は不明であるが，副文は虎？や馬が表されている．
文丈 cm：不明，窠間幅 cm：不明，70-80cm の大円が想定される．
組織：綾組織緯錦（weft-faced compound twill, samit），厚み /mm：約 0.53
経糸：dull orange 8.0YR5.5/6.0
材質：絹，比率：陰経（main warp）1 対母経（binding warp）1，太さ mm と撚り方向：陰経 0.23, Z 母経 0.26, Z，削り：1，糸数 /cm × 2（陰経＋母経）：(17.0~22.0) × 2
緯糸：(1) dark blue 7.5B3.0/2.0 (2) dull orange 8.0YR5.5/6.0
材質：絹，太さ mm と撚り方向：(1) 0.30, (2) 0.31，撚り無し（no twist），削り：1or2or3，糸数 /cm × 色数（number of color）：(22.0~26.0) × 2，糸順：(1) (2) (1) (2)
備考：環帯に表された動物は Otto von Falke, *Kunngstgeschichte der Sidenweberei*, 1913, Abb. 107 の円環の動物と類似している．

2．対馬文錦　図 77

登録 NO.：CK-81-Л МБ-В-129, 725
出土地：モシチェヴァヤ＝バルカ
所蔵場所：ロシア科学アカデミー考古学研究所，モスクワ
推定年代：8 世紀，推定製織地：ソグド
寸法 cm（経方向×緯方向）：19.2 × 9.5
文様：半楕円に囲まれた円内に対馬頭部が表されて下部に縮小された生命の樹がある．主文は馬，副文として八稜花文が表されている．
文丈 cm：15.0-16.0，窠間幅 cm：6.8（3.4 の屏風 reverse）．
組織：綾組織緯錦，厚み /mm：約 0.55
経糸：dull orange 8.0YR5.5/6.0
材質：絹，比率：陰経 1（2 本引き揃え two ends together）対母経 1，太さ mm と撚り方向：陰経 0.19 × 2（2 本引き揃え），Z，母経 0.16, Z，削り：1，糸数 /cm × 2（陰経＋母経）：(16.0~19.0) × 2
緯糸：(1) brown 2.5YR3.5/2.5 (2) dull orange 8.0YR5.5/6.0, (3) grayish yellow green 2.0G 5.0/1.0 (4) 褪色不明 (2) の色と類似するがやや白い（(1) (2) (3) は切り替え杼 exchanged weft (4) は跳び杼 additional weft）
材質：絹，太さ mm と撚り方向：(1) 0.36, (2) 0.45, (3) 0.44 (4) 0.29 すべて撚り無し，削り：1or2，糸数 /cm × 色数：(15.0~22.0) × 2, (15.0~22.0) × 3，糸順：(2)・(1) (1)・(2)・(2)・(1) (1)・(2), (3)・(1) (1)・(3)・(3)・(1) (1)・(3)（(1) は同口）(3) (2) (4) (3) (2) (4) or (3) (4) (2) (3) (4) (2), (1) (2) (4) (1) (2) (4) or (1) (4) (2) (1) (4) (2)
備考：2 色の部分の綜絖操作は西方式である（挿図 4 参照）．跳び杼によって線条が現れている．

3．対小鳥連珠円文錦　図 78a, 78b

登録 NO.：CK-82-Л МБ-323~325, 1358
出土地：モシチェヴァヤ＝バルカ
所蔵場所：ロシア科学アカデミー考古学研究所，モスクワ
推定年代：7 世紀，推定製織地：中央アジア東部 / ソグド
寸法 cm（経方向×緯方向）：11.0 × 7.8
文様：小連珠の環帯に囲まれた円内に小鳥が表されている．主文は小鳥，副文は四弁花文が表されている．
文丈 cm：推定 10.0，窠間幅 cm：5.5（2.7 の屏風）（同文様連続の場合）．

組織：綾組織緯錦，厚み /mm：約 0.37
経糸：yellowish brown 2.5Y6.5/4.0
材質：絹，比率：陰経 1（2本引き揃え混じる）対母経 1（2本引き揃え混じる），太さ mm と撚り方向：陰経 0.11，母経 0.11，共に殆ど撚りなし，削り：2，糸数 /cm × 2（陰経＋母経）：(19.0~20.0) × 2
緯糸：(1) dark yellow 3.0Y6.0/8.0 (2) dark brown 9.5R3.5/3.0, (3) yellowish brown 2.5Y 6.5/4.0 (4) brown 2.5YR3.5/2.5 (5) brownish gray 7.5YR2.5/0.5, (6) black N1.0
材質：絹，太さ mm と撚り方向：(1) 0.38, (2) 0.43, (3) 0.41 (4) 0.34 (5) 0.37 (6) 0.40 共に撚り無し，削り：2，糸数 /cm ×色数：14.6 × 3，糸順：(1) (4) (5) (1) (4) (5), (1) (3) (6) (1) (3) (6), (3) (4) (5) (3) (4) (5), (1) (3) (5) (1) (3) (5), (2) (1) (6) (2) (1) (6), (2) (4) (5) (2) (4) (5), (4) (3) (5) (4) (3) (5)
備考：切り替え杼によって横帯が現れている．人の形をした木製品を包んでいた．
アスターナ出土資料に類似（『シルクロード学研究』8, 2000, PL85 参照）．

4. 花卉文錦　図 79
登録 NO.：CK-82-Л МБ-374, 2243
出土地：モシチェヴァヤ＝バルカ
所蔵場所：ロシア科学アカデミー考古学研究所，モスクワ
推定年代：7-8 世紀，推定製織地：ペルシア／ソグド
寸法 cm（経方向×緯方向）：6.7 × 10.1
文様：唐草文の環帯に囲まれた円内に花卉が表されている．主文は花卉，副文は不明，円文の接合部に四弁花文が表されている．
文丈 cm：不明，窠間幅 cm：12.0（6.0 の屏風）．推定 12cm の円．
組織：綾組織緯錦，厚み /mm：約 0.45
経糸：dull orange 8.0YR5.5/6.0
材質：絹，比率：陰経 1（2本引き揃え混じる）対母経 1，太さ mm と撚り方向：陰経 0.22,Z 母経 0.26, Z，削り：1，糸数 /cm × 2（陰経＋母経）：(18.0~22.0) × 2
緯糸：(1) dark blue 7.5B3.0/2.0 (2) dull orange 8.0YR5.5/6.0
材質：絹，太さ mm と撚り方向：(1) 0.31, (2) 0.25, 共に撚り無し，削り：2，糸数 /cm ×色数：(26.0~28.0) × 2，糸順：(1)・(2) (2)・(1)・(1) (2) (2)・(1)　((2) は同口に入る)
備考：機拵えのミスか不規則な杉綾になっている．2色の綜絖操作は西方式である（挿図 4 参照）．

5. 唐花文錦　図 80a, 80b
登録 NO.：CK-82-Л МБ-375, 2469
出土地：モシチェヴァヤ＝バルカ
所蔵場所：ロシア科学アカデミー考古学研究所，モスクワ
推定年代：7-8 世紀，推定製織地：中央アジア東部／ソグド
寸法 cm（経方向×緯方向）：36.0 × 20.5（一部袋状）
文様：主文は唐花，副文は四つ葉花文．両者が互の目に表されている．
文丈 cm：9.0（4.5 の打ち返し inverted），窠間幅 cm：6.0（3.0 の屏風）．
組織：綾組織緯錦，厚み /mm：約 0.38
経糸：dull orange 8.0YR5.5/6.0
材質：絹，比率：陰経 1対母経 1，太さ mm と撚り方向：陰経 0.12, 母経 0.11, 共に殆ど撚りなし，削り：1，糸数 /cm × 2（陰経＋母経）：(18.0~22.0) × 2
緯糸：(1) dull orange 8.0YR5.5/6.0 (2) dark blue green9.0BG3.5/4.0 (3) greyish yellow green 2.0G5.0/1.0

材質：絹，太さ mm と撚り方向：(1) 0.42, (2) 0.37, (3) 0.33 すべて撚り無し，削り：1, 主に 2 の倍数，糸数/cm × 色数：(15.0~20.0) × 2, 糸順：(1) (2) (1) (2), (1) (3) (1) (3) ((2) (3) は切り替え杼)
備考：この織物は細長く編んだ髪の袋であった．
敦煌出土資料に類似（『西域美術』第 3 巻,1984, PL9-6 参照）

6. ライオン錦　図 68
登録 NO.：CK-82-Л МБ-422, 2846
出土地：モシチェヴァヤ＝バルカ
所蔵場所：ロシア科学アカデミー考古学研究所，モスクワ
推定年代：8-9 世紀，推定製織地：ソグド
寸法 cm（経方向×緯方向）：28.5 × 17.4
文様：獅子が行列する様で表されている．
文丈 cm：22.8, 窠間幅 cm：13.1
組織：綾組織緯錦，厚み/mm：約 0.34
経糸：dark yellow 3.0Y6.0/8.0
材質：絹，比率：陰経 1（2 本引き揃え）対母経 1, 太さ mm と撚り方向：陰経 0.11 × 2（2 本引き揃え），母経 0.18, 共に殆ど撚り無し，削り：3, 糸数/cm × 2（陰経＋母経）：(15.0~18.0) × 2
緯糸：(1) dark yellow 3.0Y6.0/8.0 (2) dark reddish orange 10.0R2.0/2.0 (3) yellow green 6.5GY7.5/11.0（褪色）
材質：絹，太さ mm と撚り方向：(1) 0.20, (2) 0.20, (3) 0.20, すべて撚り無し，削り：3,4,5,6,9,12 主に 6, 糸数/cm × 色数：(31.0~40.0) × 3, 糸順：(3) (1) (2) (3) (1) (2)
備考：経糸に撚りが見られないが，輪郭が階段状でソグドの特徴を示している．文様 1 単位毎に 1 色の線条が入れられるが表と裏で色が異なる．文様は横織り（文様の縦が緯糸方向）．

7. 対動物連珠円文錦　図 81
登録 NO.：CK-82-Л МБ-443, 3047,（МБ-443, 3045, МБ-469, 3488 は同裂または類裂）
出土地：モシチェヴァヤ＝バルカ
所蔵場所：ロシア科学アカデミー考古学研究所，モスクワ
推定年代：8 世紀，推定製織地：ソグド
寸法 cm（経方向×緯方向）：29.5 × 19.0
文様：六角形をした連珠の環内に十字の幾何学文様（四つ葉花文の変形か）を置きその空間に動物形が対称に四つ嵌められている．副文はハート形四弁花を中心に葉か蕾が十字に伸びている．
文丈 cm：17.0（8.3~8.7 の打ち返し），窠間幅 cm：11.5（5.7~5.8 の屏風）
組織：綾組織緯錦，厚み/mm：約 0.53
経糸：dull orange 8.0YR5.5/6.0
材質：絹, 比率：陰経 1（2 本引き揃え）対母経 1, 太さ mm と撚り方向：陰経 0.16 × 2（2 本引き揃え），母経 0.19, 共に Z, 削り：2, 糸数/cm × 2（陰経＋母経）：(15.0~17.0) × 2
緯糸：(1) pale yellow 2.5Y8.0/4.0 (2) dark yellow 10.0YR6.0/8.0 (3) grayish yellow green 7.5GY5.0/4.0 (4) deep greenish blue 7.5B3.0/4.0 (5) dull blue green 1.5B 5.0/4.0 (6) 不明（褪色）
((3) (4) (5) (6) は切り替え杼)
材質：絹，太さ mm と撚り方向：(1) 0.30, (2) 0.30, (3) 0.30, (4) 0.27 (5) 0.28 すべて撚り無し，削り：2, 3, 4, 糸数/cm × 色数：(27.0~31.0) × 3, 糸順：(1) (2) (3) (1) (2) (3), (1) (2) (4) (1) (2) (4), (1) (2) (5) (1) (2) (5)
備考：文様は直線で構成される部分が多い．

8. 対孔雀文錦　図82
登録 NO.：CK-82-Л МБ-469, 3491
出土地：モシチェヴァヤ＝バルカ
所蔵場所：ロシア科学アカデミー考古学研究所，モスクワ
推定年代：8世紀，推定製織地：ソグド
寸法 cm（経方向×緯方向）：3.4 × 12.1
文様：連珠の環内に向き合った孔雀が表されている．主文：孔雀，副文：不明．
文丈 cm：不明，窠間幅 cm：9.0（4.5 の屏風）（連珠円の大きさ約 8cm）
組織：綾組織緯錦，厚み /mm：約 0.36
経糸：dark yellow 10.0YR6.0/8.0
材質：絹，比率：陰経 1（2 本引き揃え）対母経 1，太さ mm と撚り方向：陰経 0.14 × 2（2 本引き揃え），母経 0.16，共に殆ど撚りなし，削り：1，糸数 / cm × 2（陰経＋母経）：（14.0～15.5）× 2
緯糸：(1) dark yellow 10.0YR6.0/8.0 (2) dull red 5.0R3.0/4.5 (3) light green 3.0G6.0/3.5 (4) dull orange 8.0YR5.5/6.0（(3)(4) は切り替え杼）
材質：絹，太さ mm と撚り方向：(1) 0.19, (2) 0.16, (3) 0.16, (4) 0.14 すべて撚り無し，削り：2, 3，糸数 / cm × 色数：(45.0~51.0) × 3，糸順：(1)(2)(3)(1)(2)(3)，(1)(2)(4)(1)(2)(4)
備考：この錦の外にモシチェヴァヤ＝バルカから対孔雀連珠円文錦が出土しているが，連珠円のサイズは 14cm と大きい（Ierusalimskaja, A.A.1996, Abb 215 参照）．

9. 四葉花連珠円文錦　図83
登録 NO.：CK-82-Л МБ-480, 3734，МБ-Г～Н, 710（指なしミトン形錦手袋）は類裂
出土地：モシチェヴァヤ＝バルカ
所蔵場所：ロシア科学アカデミー考古学研究所，モスクワ
推定年代：8-9世紀，推定製織地：ソグド
寸法 cm（経方向×緯方向）：12.5 × 27.0
文様：連珠の円環内に連珠の花芯を持つ四つ葉花文が表されている．主文：四葉花連珠円文，副文：四つ葉花文．
文丈 cm：12.0（6.0 の打ち返し），窠間幅 cm：14.0（7.0 の屏風）
組織：綾組織緯錦，厚み /mm：未測定
経糸：light brown 3.5YR5.5/7.0
材質：絹，比率：陰経 1 対母経 1，太さ mm と撚り方向：陰経 0.10，母経 0.10，共に殆ど撚りなし，削り：2，糸数 / cm × 2（陰経＋母経）：(13.0~15.0) × 2
緯糸：(1) light brown 3.5YR5.5/7.0 (2) yellowish white 1.0Y8.5/3.0 (3) brown 2.5YR3.5/2.5
材質：絹，太さ mm と撚り方向：(1) 0.40, (2) 0.28, (3) 0.34，光沢のある平糸，すべて撚り無し，削り：2，糸数 /cm × 色数：(15.0~25.0) × 3，糸順：(1)(2)(3)(1)(2)(3)
備考：この錦は枕であった．類裂 МБ-Г～Н, 710 は指無しミトン形手袋であった．被葬者は埋葬儀礼として錦の枕，錦の手袋を用いた身分の高い人であったらしい．四葉花文は Ierusalimskaja, A.A.1996, Abb 215 の副文に類似している．

10. 蕾付き四弁花円文錦　図84
登録 NO.：CK-82-Л МБ-486, 3732
出土地：モシチェヴァヤ＝バルカ
所蔵場所：ロシア科学アカデミー考古学研究所，モスクワ
推定年代：8-9世紀，推定製織地：ソグド
寸法 cm（経方向×緯方向）：23.0 × 19.5

文様：リボン形装飾が連続する環帯内に花文があらわされている．花文は八弁の花芯を方形で囲み四方に花弁が展開し，蕾がその間に表されている．主文：蕾付き四弁花，副文：葉形？．
文丈 cm：30.0（15.0 の打ち返し），竃間幅 cm：不明
組織：綾組織緯錦，厚み /mm：0.52
経糸：dull orange 8.0YR5.5/6.0
材質：絹，比率：陰経 1（2 本引き揃え）対母経 1，太さ mm と撚り方向：陰経 0.15 × 2（2 本引き揃え），母経 0.23，共に殆ど撚りなし，削り：2，糸数 / cm × 2（陰経＋母経）：(17.0~19.0) × 2
緯糸：(1) dull orange 8.0YR5.5/6.0 (2) dark reddish orange 10.0R2.0/2.0 (3) 不明（褪色）
材質：絹，太さ mm と撚り方向：(1) 0.24, (2) 0.22, (3) 0.23, すべて撚り無し，削り：5,6,7，糸数/cm ×色数：(37.0~49.0) × 3，糸順：(1)(3)(2)(1)(3)(2) or (3)(1)(2)(3)(1)(2)，(3) の色が褪色のため (1)(3) の順は不明．
備考：この錦は衣服の袖で，袖口に小さい八弁花文円の別裂カフスが付いている．

11．菱格子内小円文錦　図 85
登録 NO.：CK-82-Л МБ-Д～Г/от, 515
出土地：モシチェヴァヤ＝バルカ
所蔵場所：ロシア科学アカデミー－考古学研究所，モスクワ
推定年代：7-8 世紀，推定製織地：中国
寸法 cm（経方向×緯方向）：7.0 × 23.5 ＋ 6.0 × 14.5（別裂縫いつけ）
文様：菱格子の中に小さな円が嵌められた文様が表されている．
文丈 cm：1.0（0.5 の打ち返し），竃間幅 cm：1.0（0.5 の屏風）．
組織：綾組織緯錦，厚み /mm：0.27
経糸：陰経 dark yellow 10.0YR6.0/8.0，母経 dark reddish orange10.0R 2.0/2.0
材質：絹，比率：陰経 1対母経 1，太さ mm と撚り方向：陰経 0.13，母経 0.13，共に殆ど撚りなし，削り：1，糸数 / cm × 2（陰経＋母経）：(17.0~19.0) × 2
緯糸：(1) dark yellow 10.0YR6.0/8.0 (2) dark reddish orange10.0R 2.0/2.0
材質：絹，太さ mm と撚り方向：(1) 0.35, (2) 0.38，共に撚り無し，削り：1，糸数/cm ×色数：(16.0~19.0) × 2，糸順：(1)(2)(1)(2)．
備考：この錦よりやや大きい菱格子文錦が縫いつけられている．

12．菱格子内八稜星四弁花文錦　図 86
登録 NO.：CK-82-Л МБ-Г～Н（В）отв, 919
出土地：モシチェヴァヤ＝バルカ
所蔵場所：ロシア科学アカデミー－考古学研究所，モスクワ
推定年代：8 世紀，推定製織地：ソグド
寸法 cm（経方向×緯方向）：13.2 × 9.0
文様：菱格子の中に四弁花と連珠を中心にした八稜星の文様が表されている．菱格子の帯に小さなハート形が連続している（ハート形は織り誤りで崩れている）．
文丈 cm：5.0~5.5（2.5~2.7 の打ち返し），竃間幅 cm：5.2~5.4（2.6~2.7 の屏風）．
組織：綾組織緯錦，厚み /mm：0.56
経糸：dull orange 8.0YR5.5/6.0
材質：絹，比率：陰経 1対母経 1，太さ mm と撚り方向：陰経 0.19，母経 0.20，共に Z，削り：1，糸数 / cm × 2（陰経＋母経）：(19.0~27.0) × 2
緯糸：(1) deep blue 3.5PB2.5/5.0 (2) dull orange 8.0YR5.5/6.0 (3) dark green 7.5G4.0/2.5 (4) pale red 1.0R5.5/6.0

（現在褪色）)（3）（4）は跳び杼)
材質：絹，太さ mm と撚り方向：(1) 0.29, (2) 0.30, (3) 0.23, (4) 0.20 共に撚り無し，削り：1，糸数/cm×色数：(22.0~30.0) × 2, (22.0~30.0) × 3, 糸順：(1)（2)（1)（2)，(2)（3)（1)（2)（3)（1).
備考：四弁花は酷似している文様がターク・イ・ブスターンにあり (道明 1981a p.70-10 参照)，八稜星はムグ山城址出土資料に表されている(『シルクロード』1988 PL,188 参照)．八稜星と四弁花の中心にそれぞれ(3)(4) の跳び杼が加わり約 8mm の線条が走る．裏面に経糸の浮きがあるなど織り疵が多い．

13. 植物大文様錦　図87
登録 NO.：CK-82-Л МБ-Г-469, 3522
出土地：モシチェヴァヤ＝バルカ
所蔵場所：ロシア科学アカデミー－考古学研究所，モスクワ
推定年代：7-8世紀，推定製織地：中国
寸法 cm（経方向×緯方向）：18.5 × 8.5 + 20.0 × 14.5（2枚縫い合わせ）
文様：糸の褪色により分かりにくいが，大きい唐花を構成する花弁や副文として上下対象に表された花弁または葉らしい形が見える．
文丈 cm：不明，窠間幅 cm：不明．
組織：平組織緯錦（weft-faced compound tabby, taqueté），厚み/mm：0.27
経糸：dull orange 8.0YR5.5/6.0
材質：絹，比率：陰経1対母経1，太さ mm と撚り方向：陰経 0.17, 母経 0.17, 共に殆ど撚りなし，削り：1，糸数/cm×2（陰経＋母経）：(26.0~27.0) × 2
緯糸：(1) dull orange 8.0YR5.5/6.0 (2) grayish yellow brown 6.5Y4.5/1.0
材質：絹，太さ mm と撚り方向：(1) 0.28, (2) 0.32, 共に殆ど撚り無し，削り：2，糸数/cm×色数：(16.0~19.0) × 2, 糸順：(1)（1)・(2)（2)・(1)（1)・(2)（2).
備考：2枚の布がそれぞれの耳のところで縫い合わされている．2色の緯糸はそれぞれ続けて同じ綜絖に入れられ中国的である（挿図3参照)．

14. 厚地縞入り平織　図88
登録 NO.：CK-82-Л МБ-Г~C（3), 560
出土地：モシチェヴァヤ＝バルカ
所蔵場所：ロシア科学アカデミー－考古学研究所，モスクワ
推定年代：7-8世紀，推定製織地：ソグド
寸法 cm（経方向×緯方向）：11.0 × 13.4, 10.7 × 9.0（2断片）
文様：織組織の違いによる線条 1cm が表されているが線条内の文様は褪色により不明．
文丈 cm：不明，窠間幅 cm：不明．
組織：平組織（tabby）と平組織緯錦，厚み/mm：平組織 0.23, 平組織緯錦 0.37
経糸：brown 2.5YR3.5/2.5
材質：絹，平組織緯錦部比率：陰経1対母経1，太さ mm と撚り方向：陰経 0.10, 母経 0.10, 共に Z, 削り：1，糸数/cm×2（陰経＋母経）：(18.0~19.0) × 2
緯糸：平織部 (1) brown 2.5YR3.5/2.5, 平組織緯錦部 (2), (3) brown 2.5YR3.5/2.5 共に変褪色
材質：絹，太さ mm と撚り方向：(1) 0.10, Z, (2) 0.10, 撚り無し (3) 0.10, 撚り無し，削り：不明，
糸数/cm×色数：平織部 40.0 × 1, 平組織緯錦部 (60.0~62.0) × 2, 糸順：不明．
備考：経糸 (1)・緯糸 (1) とも Z 撚りがきついので「ちれ」を起こしている．

15. 連珠円錦アップリケ方形布　図89

登録 NO.：CK-82-Л MБ-B~Г, отв. 355
出土地：モシチェヴァヤ＝バルカ
所蔵場所：ロシア科学アカデミー考古学研究所，モスクワ
推定年代：アップリケ 7-8 世紀，推定製織地：中国，ハンカチ 7-8 世紀，推定製織地：ソグド
寸法 cm（経方向×緯方向）：ハンカチ 14.5 × 14.5，アップリケ 5.7 × 5.9
アップリケ
文様：連珠円であるが，ダメージによりそれ以上は分からない．
文丈 cm：不明，窠間幅 cm：不明．
組織：綾組織緯錦，厚み /mm：測定不能
経糸：yellowish white 1.0Y8.5/3.0
材質：絹，比率：陰経 1 対母経 1，太さ mm と撚り方向：陰経 0.10，母経 0.10，共に殆ど撚りなし，削り：不明，糸数 / cm × 2（陰経＋母経）：(13.0~15.0) × 2
緯糸：(1) pale orange 5.0YR7.5/6.5 (2) yellowish white 1.0Y8.5/3.0, (3) dark reddish orange 10.0R2.0/2.0, (4) dull yellowish green 6.5GY6.5/3.0, ((3)(4) は切り替え杼)
材質：絹，太さ mm と撚り方向：(1) 0.30, (2) 0.30, (3) 0.30 (4) 0.33 すべて殆ど撚り無し，削り：不明，糸数 /cm ×色数：(18.0~22.0) × 3，糸順：不明．
方形布
組織：平組織，
材質：苧麻[6]，経糸，緯糸：yellowish white 1.0Y 8.5/3.0，太さ mm と撚り方向：経糸 0.40 緯糸 0.35，共に Z，糸数 /cm：経糸 10.0，緯糸 22.0．
備考：方形布の中央に正方形にカットされた錦がアップリケされ，その中央に皮紐が付いている．おそらく腰のベルトに下げていたハンカチであろう．埋葬時に物を包んで入れたらしい（Ierusalimskaja 1996 Abb.18 参照）．

16. 菱格子内菱文錦小袋　図90

登録 NO.：CK-82-Л MБ-435, 2929
出土地：モシチェヴァヤ＝バルカ
所蔵場所：ロシア科学アカデミー考古学研究所，モスクワ
推定年代：9-10 世紀，推定製織地：中国
寸法 cm（縦×横）：6.7 × 5.0（袋状）
文様：菱格子の中に菱形の四つ葉花文や菱文が表されている．
文丈 cm：2.6（1.3 打ち返し），窠間幅 cm：1.9（1.0 の屏風）．
組織：1/2 両面綾組織緯錦変化形（variation of weft-faced compound twill on both sides, variation of Liao samit），
厚み /mm：未測定
経糸：dull orange 8.0YR5.5/6.0
材質：絹，比率：陰経（芯経 padding warp）1 対母経（組織経）1，太さ mm と撚り方向：陰経 0.20，母経 0.20，共に殆ど撚りなし，削り：1，糸数 / cm × 2（陰経＋母経）：(27.0~28.0) × 2
緯糸：(1) dull orange 8.0YR5.5/6.0 (2) dull orange 8.0YR5.5/6.0（変褪色）(3) dull green 8.5G4.5/3.0
材質：絹，太さ mm と撚り方向：(1) 0.33, (2) 0.23, (3) 0.33 すべて殆ど撚り無し，削り：1，糸数 /cm ×色数：(23.0~27.0) × 3，糸順：不明．
備考：この小袋は護符を入れていたものであろう．袋を縫った針目は 1.2~1.3mm と非常に細かい．

---

[6]　材質については奈良大学大学院，村上智見院生により電子顕微鏡で確認された．

17. 入り子菱綾　図91
登録 NO.：CK-82-Л МБ-Г-443, 3052
出土地：モシチェヴァヤ＝バルカ
所蔵場所：ロシア科学アカデミー－考古学研究所，モスクワ
推定年代：7世紀，推定製織地：中国
寸法 cm（経方向×緯方向）：18.5 × 20.4
文様：入り子菱．
文丈 cm：0.8（0.4の打ち返し），窠間幅 cm：0.2（0.1の屏風）．
組織：平地浮文綾（figured twill on the tabby ground），厚み /mm：0.19
経糸：dark yellowish brown 10.0YR3.5/3.0
材質：絹，太さ mm と撚り方向：0.13 殆ど撚りなし，糸数 / cm：64.0~90.0．
緯糸：dark yellowish brown 10.0YR3.5/3.0
材質：絹，太さ mm と撚り方向：0.12, 撚り無し，糸数 /cm：31.0~35.0．
備考：ほとんど正方形に縫われているのでハンカチの可能性がある．

18. 絹棉交織縞　図92
登録 NO.：CK-82-Л МБ-359, 1776
出土地：モシチェヴァヤ＝バルカ
所蔵場所：ロシア科学アカデミー－考古学研究所，モスクワ
推定年代：9世紀，推定製織地：中央アジア
寸法 cm（経方向×緯方向）：4.3 × 11.2
文様：縦縞．
組織：4/1 繻子組織（satin），厚み /mm：0.61
経糸：(1) deep greenish blue 7.5B3.0/4.0 (2) yellowish brown 2.5Y6.5/4.0
材質：絹，太さ mm と撚り方向：(1) 0.16, (2) 0.15, 共に殆ど撚りなし，糸数 / cm：28.0~34.0．
緯糸：yellowish brown 2.5Y6.5/4.0
材質：棉，太さ mm と撚り方向：0.33, Z, 糸数 /cm：20.0~23.0．
備考：経糸（1）を挟んで両側に経糸（2）が残って縦縞となり，その間 0.5~1.0cm が透けている．経糸が脱落したものと思われる．五枚繻子であるが，棉との交織のため繻子特有の光沢は見られない．

19. 絹棉交織縞　図93
登録 NO.：CK-82-Л МБ-469, 3513
出土地：モシチェヴァヤ＝バルカ
所蔵場所：ロシア科学アカデミー－考古学研究所，モスクワ
推定年代：8-9世紀，推定製織地：中央アジア
寸法 cm（経方向×緯方向）：5.0 × 4.0
文様：横縞．
組織：平組織，厚み /mm：0.52
経糸：dull orange 8.0Y5.5/6.0
材質：絹，太さ mm と撚り方向：0.11, 殆ど撚りなし，糸数 / cm：28.0．
緯糸：(1) dull orange 8.0Y5.5/6.0, (2) dark blue 7.5B3.0/2.0
材質：棉，太さ mm と撚り方向：(1) 0.54, (2) 0.46, 共に Z, 糸数 /cm：15.0~17.0．
備考：dark blue の幅 2.0~2.5mm と dull orange の幅 5.0~7.0mm の幅で細い横縞を構成している．経糸は

0.8〜1.0mm の間隔で 2 本ずつ寄っている．やや目の粗い筬の使用が考えられる．

20．苧麻横縞　図 94
登録 NO.：СК-82-Л МБ-380, 2567
出土地：モシチェヴァヤ＝バルカ
所蔵場所：ロシア科学アカデミー考古学研究所，モスクワ
推定年代：8-9 世紀，推定製織地：中央アジア
寸法 cm（経方向×緯方向）：5.0 × 8.5
文様：横縞．
組織：平組織，厚み /mm：0.37
経糸：bluish black 10.0BG2.5/1.0
材質：苧麻[7]，太さ mm と撚り方向：0.29，S，糸数 / cm：17.0〜19.0．
緯糸：(1) bluish black 10.0BG2.5/1.0，(2) dark yellow 3.0Y6.0/8.0
材質：苧麻，太さ mm と撚り方向：(1) 0.28，(2) 0.21，共に S，糸数 / cm：38.0〜42.0．
備考：bluish black 4 列（各 4 本の緯糸）を一組にした縞．Bluish black の糸の芯は染まっていない．後世の唐桟は同じ縞であるが縦縞である．この資料の縞を模倣したのかも知れない．

布の厚さや糸の太さの数値は 10 箇所測定の平均値である．
糸の色はマンセル記号を付しているが，現状の色に応じて色相の最も近いものを記した．

染料[8]
СК-81-Л МБ-В-129, 722
緑色の部分の緯糸………藍＋黄色染料（未詳）の染め重ね．
黄色染料について 9-10 世紀のイスラム世界ではサフランが使用されたという見解がある[9]．

СК-81-Л МБ-В-143（зап.），849
紫色の部分の緯糸………貝紫染めと推定．
黄色部分の緯糸………黄蘖または黄檗の可能性大と推定．

СК-82-Л МБ-375, 2469　（5．唐花文錦）
黄色部分の緯糸………黄蘖または黄檗の可能性大と推定．
緑色の部分の緯糸………藍＋梔子の染め重ねの可能性大と推定．

СК-82-Л МБ-424, 2907
青色部分の緯糸………藍染めと推定．

СК-82-Л МБ-500, 3811
橙〜赤色部分の緯糸………ケルメスまたはラック染めと推定．

СК-82-Л МБ-Г-485, 3718

7　材質については奈良大学大学院，村上智見院生により，電子顕微鏡で確認された．
8　木村光雄三重大学名誉教授の鑑定による．木村 1997, p. 7．
9　Мец 1973, p. 349．

茶色部分の緯糸………紫根染め＋梔子染めが変褪色した可能性が大きい．但し，紫根でなく貝紫であった可能性も否定出来ない．

СК-82-Л МБ-Г～С（з），600
緑色の部分の緯糸………藍以外の青色染料の可能性大と推定．

2．ムグ（Myr）山城址出土資料

　7世紀後半に始まるアラブのソグディアナ遠征によって704～715年にかけて諸都市の征服が行われていた時，次々と降伏する諸都市のうち，ピャンジケントは住民がゼラフシャン河を遡り，山中に去り，ムグ山城にたてこもり抵抗した．しかし，強力なアラブの前に敗れ．住民が持ち込んだ物資は戦利品としてアラブ人やその手先のものとなったが，歴史を明らかにしたソグド文書の外，各種遺物が残された．ここに報告する織物もその一つである．

　織物に関しては，ビノクローワ（М.П.Винокурова）が1957年に調査して分類した[10]．しかしその分類は経糸や緯糸の質や資料の糸密度を基準にしていて組織は考慮されていない．ムグ山城址出土資料はエルミタージュ美術館に保存されていて，棉織物90断片，絹織物44断片，毛織物数片がある．故マルシャーク（В.И.Маршак）博士・ゼイマリ（Т. И. Зеималь）博士のご厚意によって資料を調査した結果，錦・綾・二色綾・平織があり，組織は綾組織経錦（経複様綾組織）・綾組織緯錦（緯複様綾組織）・平地綾文綾・綾地綾文綾・平組織のものがある．多くの織物はソグドで織られたと思われるが，中国から到来したと思われるものがある．ここに報告するのは調査したものの一部である．

1．蓮花連珠円文錦[11]　図95
登録 NO.：CA9169
出土地：ムグ山城址
所蔵場所：エルミタージュ美術館
推定年代：7後半-8世紀初め，推定製織地：中国
寸法 cm（経方向×緯方向）：14.0 × 9.2
文様：連珠の円環の中に開花した蓮花が表されている．副文は十字形の四つ葉花文．
文丈 cm：4.1（2.1の打ち返し），窠間幅 cm：3.9（1.9～2.0の屏風）．
組織：綾組織経錦（warp-faced compound twill）
経糸：(1) 明るい茶色 (2) 緑 (3) ベージュ (4) 灰紫
材質：絹，太さ mm と撚り方向：(1) 0.15～0.20，(2) 0.15～0.20，(3) 0.18～0.20，(4) 0.15～0.18，撚りなし，((2) (4) は切り替え杼），削り：1, 糸数 / cm × 色数：54.0 × 3
緯糸：生の色
材質：絹，比率：陰緯1（2本引き揃え）対母緯1，太さ mm と撚り方向：陰緯 0.08 × 2（2本引き揃え），母緯 0.08 共に撚り無し，削り：1, 糸数 /cm × 2（陰緯＋母緯）：14.0 × 2.
備考：酷似資料として『シルクロード学研究』8, PL. 69 小連珠団花錦，PL. 70 大紅地団花錦が挙げられる．

2．八稜星四弁花錦[12]　図96
登録 NO.：CA9173
出土地：ムグ山城址
所蔵場所：エルミタージュ美術館

10　Винокурова 1957.
11　『シルクロード』1988, PL. 189.
12　『シルクロード』1988, PL. 188.

推定年代：7-8世紀初め，推定製織地：ソグド
寸法 cm（経方向×緯方向）：25.3 × 7.5
文様：連珠を中心に置く八稜星と周囲を多稜で丸く取り囲まれた四弁花が互の目に表されている．
文丈 cm：8.2（4.1 の打ち返し），窠間幅 cm：4.6（2.3 の屏風）．
組織：綾組織緯錦
経糸：赤
材質：絹，比率：陰経 1 対母経 1，太さ mm と撚り方向：陰経 0.15～0.20，母経 0.15～0.20，共に Z，削り：1，糸数 / cm × 2（陰経＋母経）：(10.0～11.0) × 2
緯糸：(1) 紺 (2) ベージュ
材質：絹，太さ mm と撚り方向：(1) 0.20～0.30，(2) 0.20～0.30，共に殆ど撚り無し，削り：2，糸数/cm×色数：(17.0～20.0) × 2．
備考：織りは粗く，経糸は紡ぎ糸のようである．当報告モシチェヴァヤ＝バルカ出土資料 12 に同様の八稜星が表されている．

3. 双龍連珠円文綾[13]　図 97a, 97b
登録 NO.：CA9168
出土地：ムグ山城址
所蔵場所：エルミタージュ美術館
推定年代：7 世紀末-8 世紀初め[14]，推定製織地：中国
寸法 cm（経方向×緯方向）：A 4.2 × 8.7，B 9.8 × 7.8
文様：二重の連珠円内に花柱を挟んで龍が対称的に表され，パルメット唐草の副文をもつ双龍連珠円文綾の一部が見られる．
文丈，窠間幅は小片のため不明．
組織：平地 3/1 綾文綾（経 2，緯 2 ハツリ技法）（3/1figured twll on the tabby ground, 2・2 technique）
A
経糸：赤，材質：絹，撚り方向：撚り無し，糸数 / cm：50.0
緯糸：赤，材質：絹，撚り方向：撚り無し，糸数 /cm：34.0～35.0
B
経糸：ベージュ（生の色），材質：絹，撚り方向：撚り無し，糸数 / cm：47.0
緯糸：ベージュ（生の色），材質：絹，撚り方向：撚り無し，糸数 /cm：30.0
備考：A と B は縫い合わされ小袋となっている．龍文綾の反対側は綾地綾文綾の四つ菱花文（図 97b）と平織の絹である．小袋にされた龍文綾は一幅に二つの文様が並ぶ二窠間の織物である．

4. 植物文二色綾　図 98
登録 NO.：CA9171
出土地：ムグ山城址
所蔵場所：エルミタージュ美術館
推定年代：7-8 世紀初め，推定製織地：中国
寸法 cm（経方向×緯方向）：23.0 × 4.7
文様：葉や芽が唐草様に表されている[15]．

---

13 『シルクロード』1988, PL. 190.
14 ルボーレスニチェンコ，坂本 1987, pp.93-117, PL. XIII-XVII において双龍連珠円文綾について考察している．なお，大双龍連珠円文綾は中国青海省都蘭でも発見されたのを後に知った．
15 文様の図は Винокурова 1957, p. 27 に描かれている．

文丈 cm：不明，窪間幅 cm：不明.
組織：異向綾地綾文綾（figuered twill on the twill ground in the diferent twill direction）
経糸：暗い緑
材質：絹，太さ mm と撚り方向：0.12~0.25, 撚り無し，糸数／cm：38.0~42.0
緯糸：ベージュ（黄味橙の褪色）
材質：絹，太さ mm と撚り方向：0.30~0.40, 撚り無し，糸数／cm：21.0~23.0

5. 絲棉交織平織
登録 NO.：CA8934, 8951
出土地：ムグ山城址
所蔵場所：エルミタージュ美術館
推定年代：7-8 世紀初め，推定製織地：ソグド
寸法 cm（経方向×緯方向）：29.0 × 20.1
文様：材質による縞.
組織：平組織
経糸：白
材質：絹，太さ mm と撚り方向：0.10~0.30, 殆ど撚り無し，糸数／cm：28.0~30.0（2 本引き揃え），材質：棉，太さ mm と撚り方向：0.15~0.70（0.35 前後が多い），Z, 糸数／cm：30.0
緯糸：白
材質：棉，太さ mm と撚り方向：0.15~0.40, Z, 糸数／cm：25.0~26.0
備考：棉 0.9cm, 絹 1.0cm 幅の縦縞に織られている.

3. 東トルキスタンドイツ隊発見資料

　20 世紀のはじめ，グリュンヴェーデル（A. Grünwedel）とルコック（A. von Le Coq）によって組織された東トルキスタン調査において発見された染織資料は，ベルリンのインド美術館（現アジア美術館）に所蔵されていた．筆者は当時の館長ヤルディッツ（M. Yaldiz）博士のご好意によって調査する機会を得た．

　調査結果はバッタチャリア - ヘスナー（C. Bhattacharya-Haesner）博士の著作[16]のなかで付録として報告された．その後，筆者は注目すべき織物を取り上げ解説した[17]．当稿第 3 編にも新知見を加え論じている．

　染織資料は錦・綾・平織・羅・綴織など，組織は平組織・平地綾文綾・綾地綾文綾・綾組織経錦（経複様綾組織）・綾組織緯錦（緯複様綾組織）・風通・縫取織・浮織・両面綾組織緯錦・両面繻子組織緯錦・経綾地絵緯綾とじ裏浮錦（地絡み金襴）・ランパ組織（別絡み金襴を含む）・捩れ組織（紗・羅）・綴組織・パイル組織など多様である．素材は絹・棉・苧麻・ウールが見られる．

　ここに記すデータは本稿にカラー図版として取り上げた錦のデータ，および今まで未発表であった錦・綾のデータである．

1. 縞円形錦
登録 NO.：MIK Ⅲ 4917
出土地：高昌故城（Chotscho alpha）
所蔵場所：アジア美術館
推定年代：7-9 世紀，推定製織地：ソグド
寸法 cm（経方向×緯方向）：未測定

16　Bhattacharya-Haesner 2003, pp. 491-496.
17　坂本 2004a, pp. 143-161. Sakamoto 2004a, pp297-302, Sakamoto 2004b pp. 17-44.

文様：縞.
組織：綾組織緯錦
経糸：greyish yellow brown 6.5Y4.5/1.0
材質：絹，比率：陰経 1 対母経 1, 太さ mm と撚り方向：陰経 0.15~0.20, 母経 0.15~0.20, 共に Z, 糸数 / cm × 2（陰経＋母経）：(21.0~24.0) × 2.
緯糸：(1) greyish yellow brown 6.5Y4.5/1.0 (2) dark yellow 10.0YR6.0/8.0 (3) dark blue green 9.0BG3.5/4.0 (4) yellowish brown 2.5Y6.5/4.0
材質：絹，太さ mm と撚り方向：(1)(2)(3)(4) 0.15~0.20, (1) と (2)(3)(4) の組み合わせ及び (1) のみ，撚りは未測定，糸数/cm×色数：(54.0~57.0) × 2.
備考：円形にカットされているが，用途は不明.

2. 植物文錦　図99

登録NO.：MIK Ⅲ 4919
出土地：高昌故城 Alpha
所蔵場所：アジア美術館
推定年代：7-9 世紀，推定製織地：ソグド
寸法 cm（経方向×緯方向）：12.0 × 8.3
文様：植物の葉か花を思わせる文様が段に表され区切りとして線条が入る．一部に縞文様の方形が埋め込まれる．
文丈 cm：不明，窠間幅 cm：不明.
組織：綾組織緯錦
経糸：yellowish brown 2.5Y6.5/4.0
材質：絹，比率：陰経 1（2 本引き揃え）対母経 1（2 本引き揃え），太さ mm と撚り方向：陰経 0.20~0.30 × 2（2 本引き揃え），母経 0.20~0.30（の 2 本引き揃え），共に諸撚り (ply) or 三諸撚り (3ply) Z, 削り：1, 糸数/cm × 2（陰経＋母経）：(13.0~15.0) × 2
緯糸：(1) yellowish brown 2.5Y6.5/4.0 (2) black N1.0 (3) light yellowish orange 2.0YR6.5/11.5 (4) dull yellowish green 7.5GY4.5/4.0
材質：絹，太さ mm と撚り方向：(1)(2)(3)(4) 0.4, 共に殆ど撚り無し，削り：1, 糸数/cm×色数：25.0 × 2, 27.0 × 3.
備考：2 色で文様を表す部分と 3 色で文様を表す部分があり，2 色の組み合わせは緯糸 (1) と (2), (2) と (3), (2) と (4) で 3 色の組み合わせは (1)(2)(3) である．2 色の糸順は (2)・(1)(1)・(2)・(2)・(1)(1)・(2) で中央アジアの方式を採っている．3 色の糸順は (2)(1)(3)(3)(1)(2)(2)(1)(3) である．

3. 生命の樹錦　図65

登録NO.：MIK Ⅲ 4926A
出土地：高昌故城
所蔵場所：アジア美術館
推定年代：8-9 世紀，推定製織地：ソグド
寸法 cm（経方向×緯方向）：14.8 × 9.0
文様：中央の樹木から丸い形の実が下がり，樹の幹の両側に鳥の姿が見られる．
文丈 cm：16.6, 窠間幅 cm：3.4（1.7 の屏風）.
組織：綾組織緯錦
経糸：dark yellow 10.0YR6.0/8.0
材質：絹，比率：陰経 1（2 本引き揃え）対母経 1, 太さ mm と撚り方向：陰経 0.10 × 2（2 本引き揃え），母経 0.25,

共に Z, 糸数／cm × 2（陰経＋母経）：25.0 × 2.
緯糸：(1) dark yellow 10.0YR6.0/8.0 (2) dark blue 1.5PB3.5/3.5
材質：絹，太さ mm と撚り方向：(1) (2) 0.2~0.3, 共に殆ど撚り無し，糸数/cm × 色数：39.0 × 2.
備考：表はダメージが大きく，裏の方が文様ははっきりしている．糸順 (1) (1) (2) (2).

4. 地文入り円文錦　図100
登録NO.：MIK Ⅲ 6199
出土地：高昌故城　塔Ⅵ（Tower Ⅵ）
所蔵場所：アジア美術館
推定年代：8-9 世紀，推定製織地：中国
寸法 cm（経方向×緯方向）：8.0 × 9.2
文様：植物の葉を思わせる地文が表され，円文のなかに鳥らしいものが表されるがダメージのためはっきりしない．
文丈 cm：不明，窠間幅 cm：不明．
組織：綾組織緯錦
経糸：brown 4.0YR5.0/4.0
材質：絹, 比率：陰経1（3本引き揃え）対母経1, 太さ mm と撚り方向：陰経 0.12 × 3（3本引き揃え），母経 0.18~0.20, 陰経は殆ど撚り無し，母経は S,Z 共に有り，削り：1, 糸数／cm × 2（陰経＋母経）：(16.0~18.0) × 2
緯糸：(1) pale yellowish brown 2.5Y7.5/5.5 (2) deep greenish blue 7.5B3.0/4.0 (3) light brown 2.5YR5.0/9.0 (4) pale blue green 7.5BG6.5/2.5 (5) yellowish brown 5.0Y8.5/1.0
材質：絹，太さ mm と撚り方向：(1) (2) (3) (4) (5) 0.4, 共に撚り無し，削り：1, 糸数/cm × 色数：24.0 × 5.
備考：綾組織緯錦としては織の裏（2/1綾）とみなされる面に1色の糸が出ていて，一方，織の表（1/2綾）とみなされる面に2色の糸が出ている．2/1綾の面が表として織られたのであろう．

5. 紺地小円錦
登録NO.：MIK Ⅲ 6211
出土地：高昌故城　図書館廊下（Library corridor）
所蔵場所：アジア美術館
推定年代：7-9 世紀，推定製織地：中国
寸法 cm（経方向×緯方向）：1.5 × 13.0
文様：植物様の文の間にリング状の円が散らされている．
文丈 cm：不明，窠間幅 cm：7.4.
組織：綾組織緯錦
経糸：pale yellowish brown 2.5Y7.5/5.5
材質：絹，比率：陰経1対母経1（1or2本引き揃え），太さ mm と撚り方向：陰経 0.10~0.20, 母経 0.08~0.10 × 1or2（1or2本引き揃え），共に殆ど撚り無し，削り：1, 糸数／cm × 2（陰経＋母経）：19.0 × 2.
緯糸：(1) deep blue 3.5PB2.5/5.0 (2) pale yellowish brown 2.5Y7.5/5.5
材質：絹，太さ mm と撚り方向：(1) (2) 0.4~0.5, 共に殆ど撚り無し，削り：1, 糸数/cm × 色数：20.0 × 2.
備考：糸順 (1) (2) (1) (2)．

6. 変形連珠円錦　図101
登録NO.：MIK Ⅲ 6262
出土地：不明
所蔵場所：アジア美術館

推定年代：8-9世紀，推定製織地：ソグド
寸法 cm（経方向×緯方向）：6.0 × 4.5
文様：角張った連珠らしい円が見られる．副文はソグド風の葉が四方に正方形に配されている．
文丈 cm：不明，窠間幅 cm：不明．
組織：綾組織緯錦
経糸：dark yellow 10.0YR6.0/8.0
材質：絹，比率：陰経 1 対母経 1，太さ mm と撚り方向：陰経 0.10~0.18，母経 0.10~0.18，共に殆ど撚り無し，削り：1，糸数／cm × 2（陰経＋母経）：(21.0~23.0) × 2．
緯糸：(1) yellowish white 1.0Y8.5/3.0 (2) dark yellow 10.0YR6.0/8.0 (3) deep greenish blue 7.5B3.0/4.0
材質：絹，太さ mm と撚り方向：(1) (2) (3) 0.3~0.4，共に撚り無し，削り：主に 2，糸数／cm × 色数：(23.0~25.0) × 3．
備考：織は余り整っていない．

7．天馬文錦　図66
登録 NO．：MIK Ⅲ 6991
出土地：高昌故城　寺院（Temple）α
所蔵場所：アジア美術館
推定年代：8-9世紀，推定製織地：ソグド
寸法 cm（経方向×緯方向）：13.0 × 20.0
文様：天馬の翼・体上部・鼻面が表され，首には連珠の首輪が見られる．
文丈 cm：不明，窠間幅 cm：不明．
組織：綾組織緯錦
経糸：light brown 2.5YR5.0/9.0
材質：絹，比率：陰経 1（2 本引き揃え）対母経 1，太さ mm と撚り方向：陰経 0.20~0.25 × 2（2 本引き揃え），母経 0.20，共に撚り Z，削り：2，糸数／cm × 2（陰経＋母経）：15.0 × 2
緯糸：(1) dark blue 7.5B3.0/2.0 (2) yellowish white 1.0Y8.5/3.0 (3) pale yellowish brown 1.0Y7.5/2.0
材質：絹，太さ mm と撚り方向：(1) (2) (3) 0.20，共に殆ど撚り無し，削り：2，糸数／cm × 色数：(42.0~45.0) × 3．
備考：織物は斜めに縫い合わされている．全体に緯糸のダメージが大きい．

8．菱形小花文錦　図102
登録 NO．：MIK Ⅲ 8062
出土地：クムトラ（Qumtura）
所蔵場所：アジア美術館
推定年代：8-9世紀，推定製織地：ソグド
寸法 cm（経方向×緯方向）：2.5 × 7.5
文様：菱形にまとめられた花葉文が互の目に散らされている．
文丈 cm：2.6（1.3 の打ち返し），窠間幅 cm：2.9（1.5 の屏風）．
組織：綾組織緯錦
経糸：yellowish white 1.0Y8.5/3.0
材質：絹，比率：陰経 1 対母経 1，太さ mm と撚り方向：陰経 0.08~0.10，母経 0.08~0.10，共に撚り無し，削り：1，糸数／cm × 2（陰経＋母経）：(21.0~22.0) × 2．
緯糸：(1) yellowish brown 2.5Y6.5/4.0 (2) olive green 6.5GY4.5/5.0 (3) dark yellowish brown

7.5YR3.0/1.0 (4) dull orange 7.5YR7.0/7.0
材質：絹, 太さ mm と撚り方向：(1) 0.3~0.4 (2) 0.3 (3) 0.25 (4) 0.3, 共に撚り無し, 削り：2, 糸数 /cm ×色数：(25.0~26.0) × 2.
備考：2色の組み合わせ (1) (2), (1) (3), (1) (4). 糸順 (1) (2) (1) (2), (1) (3) (1) (3), (1) (4) (1) (4).

9. 植物葉文錦　図103
登録 NO.：MIK Ⅲ 6209
出土地：トヨク（Toyoq）
所蔵場所：アジア美術館
推定年代：10-11世紀, 推定製織地：中国
寸法 cm（経方向×緯方向）：6.0 × 5.0
文様：植物の葉を思わせる文様が表されるがダメージのため全体の文様はわからない.
文丈 cm：不明, 窠間幅 cm：不明.
組織：両面 1/2 綾組織緯錦（遼サミット）
経糸：pale brown 2.5YR7.0/3.0
材質：絹, 比率：陰経 1（芯経 2本引き揃え）対母経 1（組織経）, 太さ mm と撚り方向：陰経 0.10~0.15 × 2（2本引き揃え）, 母経 0.20, 殆ど撚り無し, 削り：1, 糸数 / cm × 2（陰経＋母経）：(22.0~24.0) × 2
緯糸：(1) brown 9.5R4.5/7.0 (2) yellowish white 1.0Y8.5/3.0
材質：絹, 太さ mm と撚り方向：(1) 0.5 (2) 0.7, 殆ど撚り無し, 削り：1, 糸数 /cm ×色数：15.0 × 2.
備考：糸順 (1) (2) (1) (2), 布断片の真ん中で綾流れの方向が S から Z に変わっている. 布断片の裏の方に色が良く残っていて文様もはっきりしている.

10. 連珠雲気鳥文錦　図58
登録 NO.：MIK Ⅲ 7606
出土地：不明
所蔵場所：アジア美術館
推定年代：9-11世紀, 推定製織地：中国
寸法 cm（経方向×緯方向）：24.5 × 4.5
文様：小粒の連珠円環内に鳥・雲らしいモチーフが上下左右対称に表される. 副文は不明.
文丈 cm：12.3, 窠間幅 cm：不明.
組織：両面 1/2 綾組織緯錦（遼サミット）（1/2 weft-faced compound twill on both sides, Liao samit）
経糸：dark yellow 3.0Y6.0/8.0
材質：絹, 比率：陰経（芯経）1 対母経（組織経）1, 太さ mm と撚り方向：陰経 0.18~0.20, 母経 0.18~0.20, 殆ど撚り無し, 削り：1, 糸数 / cm × 2（陰経＋母経）：25.0 × 2
緯糸：(1) dark yellow 3.0Y6.0/8.0 (2) deep blue 3.5PB2.5/5.0
材質：絹, 太さ mm と撚り方向：(1) 0.40~0.50 (2) 0.40~0.50, 殆ど撚り無し, 削り：1, 糸数 /cm ×色数：(15.0~16.0) × 2.
備考：緯糸の糸順は (1) (2) (1) (2).

11. 象文錦　図61, *The Chotscho* Pl.49-a,b
登録 NO.：MIK Ⅲ 6200
出土地：高昌故城　図書館廊下
所蔵場所：アジア美術館
推定年代：10-12世紀, 推定製織地：中国

寸法 cm（経方向×緯方向）：3.0 × 9.0
文様：象の顔と鼻が非写実的に表されている．
文丈 cm：不明，窠間幅 cm：不明．
組織：両面 1/4 繻子組織緯錦（サテンサミット）（weft-faced compound satin on both sides, satin samit）
経糸：dark yellow 10.0YR6.0/8.0
材質：絹，比率：陰経（芯経）2 対母経（組織経）2，太さ mm と撚り方向：陰経 0.12 × 2（2本引き揃え），母経 0.12（の 2 本引き揃え），殆ど撚り無し，糸数 / cm × 2（陰経＋母経）：(25.0~26.0) × 2
緯糸：(1) dark yellow 10.0YR6.0/8.0 (2) deep greenish blue 7.5B3.0/4.0, (3) dull green 8.5G4.5/3.0 (4) reddish orange 10.0R4.0/12.0
材質：絹，太さ mm と撚り方向：(1)(2)(3)(4) 0.40~0.50, すべて殆ど撚り無し，糸数 /cm × 色数：(13.0~14.0) × 4.
備考：同一裂れと見なされるものは 5 断片ある（Ⅲ 6198, Ⅲ 6507, Ⅲ 6645, Ⅲ 6646）．その一断片に象遣いとみられる人物が表されている．

12. 円文地絡み金襴　図 74

登録 NO.：MIK Ⅲ 7452A- Ⅲ 7443
出土地：クルトゥカ（Kurutka）
所蔵場所：アジア美術館
推定年代：11-13 世紀，推定製織地：中国
寸法 cm（経方向×緯方向）：5.2 × 22.0（経帙の縁をなす一断片）
文様：植物らしい縁飾りの付いた円文．
文丈 cm：不明，窠間幅 cm：6.5.
組織：経綾地絵緯綾とじ裏浮き錦（supplementary weft patterned warp-faced twill）（地：2/1 綾組織，文：緯浮き，金糸は経糸 1 本置きの半経て使いで地経と 1/2 綾組織に組織）
経糸：brown 9.5R4.5/7.0
材質：絹，太さ mm と撚り方向：0.13, 撚り無し，糸数 / cm：45.0~48.0.
緯糸：地 brown 9.5R4.5/7.0 絵緯 (1) olive green 6.5GY4.5/5.0 (2) blue green 6.5BG4.5/8.5 (3) yellowish brown 5.0YR5.0/5.0 (4) 金糸（gilt paper silk yarn）[紙ベースの金糸と Z 撚り絹芯糸（silk core yarn）を Z 撚りしたもの]
材質：(1)(2)(3) 絹，太さ mm と撚り方向：(1)(2)(3) 0.35~0.40, 金糸 0.25, (1)(2)(3) 撚り殆ど無し，金糸 Z, 糸数 /cm：地 21.0~22.0, 文 21.0~22.0.
備考：金糸は全越，絵緯は表・裏で浮く．この資料は経帙の縁に用いられた．経帙が作られたとき奉納者の名前が織り表されていたが現在は官職名である「右丞」と外に「惟善」と「記」が読み取れるのみである．

13. 菱地文金襴　図 104

登録 NO.：MIK Ⅲ 145
出土地：不明
所蔵場所：アジア美術館
推定年代：13-14 世紀，推定製織地：中央アジア東部
寸法 cm（経方向×緯方向）：4.0 × 4.0
文様：菱形の地文が表され，植物の葉を思わせる文様が見られるが小片のため全体の文様はわからない．
文丈 cm：不明，窠間幅 cm：不明．
組織：ランパ組織（lampas）[地（ground）：1/1 平組織（tabby）or 2/1 綾，文（pattern）：絵緯（pattern weft）・金糸は絡み経（extre binding warp）と平組織に組織]
経糸：(1) 地経（foundation warp）dull yellow 2.5Y7.0/7.5 (2) 絡み経 dull yellow 2.5Y7.0/7.5

材質：絹，地経 8 対絡み経 1，太さ mm と撚り方向：地経 0.12~0.15，絡み経 0.20~0.25，撚り共に Z，糸数 / cm：地経 64.0，絡み経 8.0.
緯糸：地緯（foundation weft）dull yellow 2.5Y7.0/7.5 絵緯 (1) dull blue green 1.5B5.0/4.0 (2) 金糸
材質：絹，太さ mm と撚り方向：地緯 0.3 絵緯 (1) 0.4 (2) 0.35~0.40，地緯・絵緯 (1) 殆ど撚り無し，(2) 腸膜ベース金糸（gilt membrance silk yarn）Z 巻き，絹芯糸 Z 撚り，糸数/cm：各 23.0~25.0.
備考：金糸は全越. 表は金箔が無くなっているが金糸は裏側で観測される. 絵緯も変褪色している部分が多い.

14. 花鳥文錦　図62
登録 NO.：MIK Ⅲ 162
出土地：不明
所蔵場所：アジア美術館
推定年代：13-14 世紀，推定製織地：中国
寸法 cm（経方向×緯方向）：18.0 × 17.2
文様：左右対称に花・葉・鳥らしいものが見られる.
文丈 cm：不明，窠間幅 cm：不明.
組織：ランパ組織（地：平組織，文：絵緯は絡み経と 1/3 綾組織に組織）
経糸：(1) 地経 pale yellowish brown 5.0Y7.5/5.5 (2) 絡み経 deep red 2.5R3.5/7.0（ピンクに褪色している）
材質：絹，地経 2 対絡み経 1，太さ mm と撚り方向：地経 0.10（の 2 本または 3 本の引き揃え），絡み経 0.18，共に Z 撚り，糸数 / cm：地経 40.0~46.0，絡み経 20.0~23.0.
緯糸：地緯 pale yellowish brown 5.0Y7.5/5.5，絵緯 (1) pink 2.5R6.5/8.5（褪色）(2) pale greenish blue 2.5B6.0/6.0 (3) dark reddish orange 10.0R2.0/2.0
材質：絹，太さ mm と撚り方向：地緯 0.40，絵緯 (1) (2) (3) 0.40，すべて殆ど撚り無し，糸数 /cm：各 14.0~19.0.
備考：裏側で絵緯は地経・地緯を覆い，絡み経と 3/1 綾組織に組織している.

15. 花唐草金襴　図40
登録 NO.：MIK Ⅲ 6222
出土地：高昌故城　Ⅵ
所蔵場所：アジア美術館
推定年代：13-14 世紀，推定製織地：中央アジア東部
寸法 cm（経方向×緯方向）：5.2 × 5.5
文様：四弁花を唐草が取り巻いた状態で表される.
文丈 cm：不明，窠間幅 cm：不明.
組織：ランパ組織（地：平組織，2 本引き揃えの金糸は絡み経と 1/3 綾組織に組織）
経糸：(1) 地経 yellowish white 1.0Y8.5/3.0 (2) 絡み経 yellowish white 1.0Y8.5/3.0（共に褪色）
材質：絹，地経 2 対絡み経 1，太さ mm と撚り方向：地経 0.18~0.30 × 2（2 本引き揃え）絡み経 0.18~0.20，共に Z 撚り，糸数 / cm：地経 40.0~43.0，絡み経 20.0~21.0.
緯糸：地緯 red 6.5R4.5/9.5，金糸
材質：地緯 絹，太さ mm と撚り方向：地緯 0.25~0.40 金糸 0.30，地緯は殆ど撚り無し，金糸 腸膜ベースの金糸は Z 巻き，赤味橙の絹芯糸 Z 撚り，糸数 /cm：地緯 12.0 金糸 12.0 × 2（2 本引き揃え）.
備考：表の金箔は殆ど失われているが裏側で金箔を確認出来る. 地経は裏では赤いので表側は褪色したと思われる.

シルクロード出土染織資料調査報告

16. 唐草地童子花文錦　図63
登録NO.：MIK Ⅲ 6992
出土地：高昌故城
所蔵場所：アジア美術館
推定年代：13-14世紀，推定製織地：中国
寸法cm（経方向×緯方向）：4.5 × 49.0
文様：唐草の地文に大きい複弁花文と小花文が表され上部に童子の足が見える．
文丈cm：不明，窠間幅cm：14.8（7.4の屏風）．
組織：ランパ組織（地：平組織，絵緯は絡み経と1/4繻子組織に組織）
経糸：(1) 地経 pale yellow 2.5Y8.0/4.0 (2) 絡み経 pale yellow 2.5Y8.0/4.0
材質：絹，地経1対絡み経1，太さmmと撚り方向：地経0.18~0.20，絡み経0.15~0.18，共に撚り無し，糸数/cm：地経25.0，絡み経25.0．
緯糸：地緯 yellowish white 1.0Y8.5/3.0，絵緯(1) grayish yellow green 5.0GY5.0/2.0 (2) dark blue 7.5B3.0/2.0 (3) grayish yellow green 2.0G7.0/2.0 (4) pale yellow 2.5Y8.0/4.0
材質：絹，太さmmと撚り方向：地緯0.30，絵緯(1)(2)(3)(4) 0.30，すべて殆ど撚り無し，糸数/cm：各22.0~26.0．
備考：裏側でも絡み経は1/4繻子組織として現れる．類似資料：メトロポリタン美術館所蔵　飛雁奔童花卉紋錦荷包[18]．

17. 八弁花文円花文綾　図105
登録NO.：MIK Ⅲ 4922
出土地：不明
所蔵場所：アジア美術館
推定年代：8-9世紀，推定製織地：中国
寸法cm（経方向×緯方向）：14.0 × 8.8
文様：八弁花文と円形の四弁花文が表されている．
文丈cm：1.8~2.2（0.9~1.0の打ち返し？），窠間幅cm：3.6（1.8の屏風？）．
組織：同向 2/1 綾地 1/5 綾文綾 S方向（1/5 figured twill on the 2/1 twill ground in the same direction）
経糸：pale blue green 7.5BG6.5/2.5
材質：絹，太さmmと撚り方向：0.12~0.20，殆ど撚り無し，糸数/cm：50.0~54.0
緯糸：pale blue green 7.5BG6.5/2.5,
材質：絹，太さmmと撚り方向：0.25，撚り無し，糸数/cm：29.0~34.0
備考：色が褪色している面が表として使用されたと見なされる．

18. 龍文刻糸　図75, The Chotscho Pl. 49-c
登録NO.：MIK Ⅲ 535
出土地：高昌故城
所蔵場所：アジア美術館
推定年代：13-14世紀，推定製織地：中国
寸法cm（経方向×緯方向）：12.0 × 35.5
文様：龍の体の一部および唐草様の文様が見られる．
文丈cm：不明，窠間幅cm：不明．

18　趙 2004, p. 239, 図版 300.

組織：平組織（綴織 tapestry weave）
経糸：色未測定
材質：絹，太さ mm と撚り方向：0.25（3本引き揃え）S，糸数 / cm：24.0
緯糸：(1) pale yellowish brown 2.5Y7.5/5.5 (2) greenish blue 6.0B4.0/5.0 (3) dark red purple 2.5RP2.5/7.0 (4) pale blue green 7.5BG6.5/2.5 (5) 紙ベース平金糸（gilt papar strip）
材質：絹，太さ mm と撚り方向：(1)(2)(3)(4) 0.18~0.22，殆ど撚り無し，糸数 /cm：65.0~130.0，(5) 金糸太さ 0.8~1.0，糸数 /cm：11.0.
備考：ダメージのため断片となり全体像は不明.

19. 蝶形棉ベルベット　図39
登録 NO.：MIK Ⅲ 6194
出土地：スイパン（Suipang）
所蔵場所：アジア美術館
推定年代：9-14世紀，推定製織地：中央アジア東部
寸法 cm（経方向×緯方向）：7.0 × 11.0
文様：蝶の眼・頭・胴体・羽が刺繍で表される.
組織：2/1綾？緯パイル（weft pile）
経糸：brownish gray 7.5YR2.5/0.5
材質：棉（cotton），太さ mm と撚り方向：0.20, Z，糸数 / cm：35.0.
緯糸：brownish gray 7.5YR2.5/0.5
材質：棉，太さ mm と撚り方向：0.25, Z，糸数 /cm：19.0.
パイル糸（pile yarn）：brownish gray 7.5YR2.5/0.5
材質：棉，太さ mm と撚り方向：0.20，撚り不明，糸数 / cm：19.0.
備考：幡の手か足の錘として用いられたらしい．

4. バブロフスキー（Бобровский）墓地出土資料
　バブロフスキー墓地はイェニセイ河支流イルティシュ中流域にある古墳群である．1961年にアルスラノワ（Ф. Х. Арсланова）によって発掘調査され，8世紀から10世紀の遺跡と推定されている．その古墳群の6号墳から絹製の衣服断片が発見された．その断片の文様は敦煌出土織物と同様である．この発見によって中国とイェニセイキルギスやアルタイとの交流が明らかとなった[19].

1. 唐花文錦　図106
登録 NO.：不明
出土地：バブロフスキー
所蔵場所：エルミタージュ美術館
推定年代：8-9世紀，推定製織地：中国
寸法 cm（経方向×緯方向）：21.0 × 10.0
文様：主文は唐花，副文は十字形の四つ葉花文で互の目に表される．
文丈 cm：8.7，窠間幅 cm：7.0.
組織：綾組織経錦
経糸：(1) dull orange 8.0YR5.5/6.0 (2) brown 5.0YR4.5/5.5 (3) dark blue 7.5B3.0/2.0 (4) geryishyellow brown 6.5Y4.5/1.0

19　Арсланова 1963, pp. 68-84.

材質：絹，太さmmと撚り方向：(1) 0.20~0.25, (2) 0.20~0.25, (3) 0.15~0.20, (4) 0.15~0.20, 殆ど撚り無し，たまにS, ((3)(4)は切り替え)，削り：1, 糸数/cm×色数：45.0×3
緯糸：dll orange 8.0YR5.5/6.0
材質：絹，比率：陰緯1対母緯1，太さmmと撚り方向：陰緯0.12~0.15, 母緯0.15~0.20 共に撚り無し，削り：1, 糸数/cm×2（陰緯＋母緯）：12.0×2.
備考：唐花は左右対称で，一見すると屏風技法を用いているように見えるが，調査の結果，屏風技法でないことが判明した．類似資料：当報告，敦煌出土宝相花文経錦（図111）[20]；敦煌出土袈裟の一部[21]；モシチェヴァヤ＝バルカ出土唐花文錦（当報告，図80）

5. 敦煌（Dun-huang）出土資料

敦煌は中国甘粛省敦煌にある三カ所の石窟寺院で，そのうち鳴沙山東麓の莫高窟は最も規模が大きい．20世紀初め道士王圓籙が蔵経洞（第17窟）を発見し，そこに多くの経巻・文書・絵画・幡・織物が存在していた．この発見の後，イギリスのスタイン，フランスのペリオ，ロシアのオルデンブルク，日本の大谷探検隊が訪れ遺物を収集した．その中に染織品も含まれる．

オルデンブルクの収集による染織品はエルミタージュ美術館に保存されている．筆者は故ルボ＝レスニチェンコ博士及びマリア＝プチェリーナ（М.Л.Пчелина）博士のご厚意により幡を含む58点の染織品の調査をする機会を与えられた．平織・綾・経錦・緯錦・繻子・羅・染め絹（dyed silk）刺繍（embroidery）があり，また金泥・墨・顔料による彩絵絹（painted silk）がある．材質はすべて絹である．織組織は平組織が多く，綾組織（平地浮文綾・平地綾文綾・綾地綾文綾・斜文綾）・綾組織経錦・両面1/2綾組織緯錦・捩れ組織・繻子組織が見いだされ，染色技術（dyeing technique）では主として夾纈（clamp-resist dyeing），その他版染め（stanp printing）が見出された．

幡の主なものはДХ52（図107）ДХ55（図108）ДХ202（図109）ДХ56,203а,б,208（図110）でスタインの収集資料[22]，ペリオ収集資料[23]に同様の資料がある．

資料の中に寸法の大きい幡頭の縁らしい形の錦がある（ДХ91,92абв 図111）．敦煌文書の沙州某寺交割常住物等點検暦（S2613）[24]に「肆拾参尺大絹幡」とあり，唐尺約31cmで換算すると13m余りの長い幡が記録されている．この資料はおそらくこのような大幡の頭部縁であったのだろう．

幡の懸緒に「恩」の字が書かれたもの（ДХ292 図112a,b）と幡頭縁に「奉」の字が書かれたもの（ДХ170 図113）がある．これらの文字は幡を所有する寺院の名を示していると思われる．なぜならば敦煌仏教教団に属する大寺は敦煌文書の後唐天成3年（928AD）「都僧統海晏於諸寺配借幡傘等帖」（S2575）[25]に，寺院の名が普（普光寺），蓮（蓮台寺），乗（台乗寺），国（安国寺）などと一字で表され，宋太平興国4年（979AD）に書かれた「僧正守志転帖」（S3156）には，報恩寺は「恩」と一字で略称されている[26]からである．

報恩寺は吐蕃占領時代の826,827年に書かれた「諸寺付経暦」による敦煌仏教教団十六寺にその名がある[27]．また，先に述べた「僧正守志転帖」に報恩寺が記載されていることから，この寺院は9世紀以前から数世紀に亘って存続したものと思われる．

一方，略称の例から「奉」の字は奉の文字を含む寺を指しているが，「諸寺付経暦」による敦煌仏教教団十六寺の中にその様な名は見られない．しかし，咸通14年（873AD）の「某寺常住什物交割暦」（P2613）によって奉唐寺という寺の名が確認できる．帰義軍の張議潮の時代には建立されていたのであろう．ところが，曹

---

20 俄蔵敦煌芸術品Ⅱ, 図版176.文様とともに糸の切り替え箇所が同様である.
21 西域美術3, 図版9-6.
22 Stein 1921, 『西域美術』1984, 趙 2007.
23 Riboud & Vial 1970.
24 『新跡釈録』3 1990, p. 9.
25 『新跡釈録』4 1990, p. 131-133.
26 土肥 1980, p. 361.
27 土肥 1980, p. 356.

議金（920頃－934AD）の時代928年の上記「都僧統海晏於諸寺配借幡傘等帖」以後の文書に奉唐寺の名は現れない．おそらく，後唐の滅亡（936AD）によってふさわしくない寺名は改額されたのであろう[28]．

以上の事実から「奉」の字が書かれた幡は奉唐寺が存在した9世紀後半から10世紀初めのものとすることが出来る．また，「恩」の字が書かれた報恩寺の幡は故藤枝晃氏によれば，恩の字のスタイルから9世紀のものとみなされるようである．

ここに報告するのは調査した染織資料のうち，組織の異なる資料およびそれを含む幡である．

1. 菱文綾[29]　図114
登録 NO.：ДХ 45
出土地：敦煌
所蔵場所：エルミタージュ美術館
推定年代：7-9世紀，推定製織地：中国
寸法 cm（経方向×緯方向）：19.0 × 5.8
文様：二重入り子菱．
文丈 cm：1.0（0.5の打ち返し），窠間幅 cm：0.5（0.25の屏風）．
組織：平地浮文綾
経糸：dark yellow 10.0YR6.0/8.0
材質：絹，太さ mm と撚り方向：0.15~0.18, 殆ど撚り無し，糸数 / cm：45.0~54.0
緯糸：dark yellow 10.0YR6.0/8.0
材質：絹，太さ mm と撚り方向：0.20~0.22, 撚り無し，糸数 /cm：25.0~33.0.
備考：緯浮き面が表として使われている．類似資料：ДХ166; Stein 1921, vol.IV, pl.CXXI,Ch.00340; Riboud & Vial 1970, pl. 29, EO. 1205;『西域美術』3, 1984, 図版 28-2, MAS 897（Ch.00340）;『敦煌絲綢芸術全集』2007, 図128.

2. 花鳥連珠円染め幡[30]　図115a,b
登録 NO.：ДХ 51
現状：縁付き幡頭，懸緒が残存している．寸法 cm：（長さ×幅）：26.3 × 45.3
出土地：敦煌
所蔵場所：エルミタージュ美術館
推定年代：8-9世紀，推定製織地：中国
幡頭縁　**図115c**
文様：菱格子．
文丈 cm：0.6~0.7, 窠間幅 cm：0.3~0.35.
組織：平地 5/1 綾文綾（経2, 緯4 ハツリ技法，浮き 3, 7 あり）（5/1 figured twill on the tabby ground, 2・4 technique）
経糸：dark yellow 7.5YR6.5/4.0
材質：絹，太さ mm と撚り方向：0.15~0.20, 撚り無し，糸数 / cm：45.0~50.0
緯糸：dark yellow 7.5YR6.5/4.0
材質：絹，太さ mm と撚り方向：0.20, 撚り無し，糸数 /cm：32.0~34.0.
幡頭
文様：連珠花文環帯のある大連珠円と十字形大花文．円内に鳥の翼が見られる．布を三角に折り幡の両面に

28　土肥 1980, pp. 357, 361.
29　『俄蔵敦煌芸術品』Ⅱ 1998, 図202
30　『俄蔵敦煌芸術品』Ⅱ 1998, 図168

使用.
染色技法：夾纈，文様の色：dull green 7.5GY5.5/2.0, light brown 2.5YR6.0/7.0, dark blue green 10.0BG5.5/1.0, dull orange 5YR7.0/4.0
組織：平組織
経糸：yellowish gray 7.5YR8.5/1.0
材質：絹，太さ mm と撚り方向：0.12~0.20, 撚り無し，糸数 / cm：43.0~48.0
緯糸：yellowish gray 7.5YR8.5/1.0
材質：絹，太さ mm と撚り方向：0.15~0.20, 撚り無し，糸数 /cm：28.0~40.0.
備考：類似資料：Stein 1921, vol.IV, pl.CXIV,Ch.00304;『西域美術』3, 1984, 図版 18-1, MAS 876（Ch.00304a）図版 18-2 MAS877（Ch00304b）；『敦煌絲綢芸術全集』2007, 図 163.

3. 唐花文錦[31]　図 111
登録 NO.：ДХ 91,92а,б,в
出土地：敦煌
所蔵場所：エルミタージュ美術館
推定年代：7 後半 -8 世紀，推定製織地：中国
寸法 cm（経方向×緯方向）：83.0 × 18.0（ДХ 91）
文様：二種の唐花文が互の目に表される.
文丈 cm：6.7~7.3（3.4~3.7 の打ち返し），窠間幅 cm：7.0（3.5 の屏風）.
組織：綾組織経錦
経糸：(1) light brownish gray 10.0YR7.0/2.0 (2) dull yellow orange 7.5YR6.0/3.0 (3) dark blue green 5.0B4.0/3.0 (4) yellowish white 1.0Y8.5/3.0
材質：絹, 太さ mm と撚り方向：(1) 0.15~0.20, (2) 0.15~0.20, (3) 0.12~0.15, (4) 0.12~0.15, 殆ど撚り無し, ((3)(4) は切り替え)，削り：1, 糸数 / cm × 色数：(47.0~50.0) × 3
緯糸：light brownish gray 10.0YR7.0/2.0
材質：絹，比率：陰緯 1 対母緯 1, 太さ mm と撚り方向：陰緯 0.20, 母緯 0.20, 共に撚り無し，削り：1, 糸数 /cm × 2（陰緯 + 母緯）：(12.0~15.0) × 2.
備考：形状から大きい幡の縁と思われる．糸順：(2) (1) (3) (3) (1) (2), (2) (1) (4) (4) (1) (2), 資料を観察すると，同じ色糸が続いて配列されているところで 2 本同じ動きをする箇所と 1 本のみの動きをする箇所がある.
類似資料：『絲綢之路』1972, 図版 44;『正倉院　染織』上 1963, No.13;『西域美術』1984, 図版 9-6,MAS856（Ch.Iv0028）；『敦煌絲綢芸術全集』2007, 図 79-1; 当報告モシチェヴァヤ＝バルカ図 80, パブロフスキー図 106.

4. 羅[32]　図 116
登録 NO.：ДХ 152
出土地：敦煌
所蔵場所：エルミタージュ美術館
推定年代：8-9 世紀，推定製織地：中国
寸法 cm（経方向×緯方向）：10.0 × 11.0
文様：不明.
文丈 cm：不明，窠間幅 cm：不明

---

31 『俄蔵敦煌芸術品』Ⅱ 1998, 図 176.
32 『俄蔵敦煌芸術品』Ⅱ 1998, 図 204.

組織：捩れ組織（gauze）
経糸：dark yellow 3.0Y6.0/8.0
材質：絹，太さ mm と撚り方向：0.10,Z や S の甘撚り，糸数／cm：50.0～60.0
緯糸：dark yellow 3.0Y6.0/8.0
材質：絹，太さ mm と撚り方向：(0.08～0.10)×3（3本引き揃え），撚り無し，糸数/cm：13.0～15.0.
備考：表側がメッシュに貼り付けられ裏側が見える．

5. 奉の字幡[33]　図113
登録NO.：ДХ 170
現状：縁付き幡頭，懸緒あるいは舌が残存している．幡頭縁に「奉」の字の墨書がある．
寸法 cm：（長さ×幅）：74.0 × 34.5
出土地：敦煌
所蔵場所：エルミタージュ美術館
推定年代：9後半－10世紀初め，推定製織地：中国

幡頭縁
組織：平組織
経糸：dull red 7.5R6.5/5.0
材質：絹，太さ mm と撚り方向：0.12～0.20, 撚り無し，糸数／cm：42.0～43.0
緯糸：dull red 7.5R6.5/5.0
材質：絹，太さ mm と撚り方向：0.15～0.22, 撚り無し，糸数/cm：25.0～33.0.

懸緒あるいは舌　図117
組織：2/1 綾地 1/5 綾文異向二色綾
経糸：yellowish brown 2.5Y7.5/4.0
材質：絹，太さ mm と撚り方向：0.12～0.15, 撚り無し，糸数／cm：38.0～45.0
緯糸：dull blue green 2.5B5.0/4.0
材質：絹，太さ mm と撚り方向：0.30～0.35, 撚り無し，糸数/cm：20.0～23.0.

幡頭
文様：入り子菱格子．布を三角に折り幡の両面に使用．
文丈 cm：1.5　窠間幅 cm：1.7
組織：平地 5/1 綾文綾（経2緯4ハツリ技法）
経糸：dark reddish brown 2.5R4.0/2.0
材質：絹，太さ mm と撚り方向：0.20～0.30, 撚り無し，糸数／cm：47.0～50.0
緯糸：dark reddish brown 2.5R4.0/2.0
材質：絹，太さ mm と撚り方向：(0.20～0.30)×2（2本引き揃え），撚り無し，糸数/cm：17.0～20.0.

幡手
寸法 cm：（経方向×緯方向）3.0 × 58.0, 3.0 × 26.0
組織：1/2 斜文組織（1/2 twill）
経糸：dull yellow orange 10.0YR7.0/2.0
材質：絹，太さ mm と撚り方向：0.08～0.15, 撚り無し，糸数／cm：45.0～53.0
緯糸：dull yellow orange 10.0YR7.0/2.0
材質：絹，太さ mm と撚り方向：0.18～0.20, 撚り無し，糸数/cm：12.0～16.0.
備考：耳あり．幡手二本のうち一方は 2/1 斜文の面が表になっている．

33　『俄蔵敦煌芸術品』Ⅱ 1998, 図191

シルクロード出土染織資料調査報告

6. 花卉文幡頭 [34]
登録NO.：ДХ 185
現状：彩絵絹と綾が縫い合わされていて幡頭であったらしい．
出土地：敦煌
所蔵場所：エルミタージュ美術館
推定年代：8－9世紀，推定製織地：中国
幡頭縁　図118
文様：花卉文．文丈 cm：不明，　窠間幅 cm：不明．
寸法：19.5 × 3.0
組織：3/1 綾地 1/3 綾文綾（1/3 figured twill on the 3/1 twill ground）
経糸：dark blue 7.5B3.0/2.0
材質：絹，太さ mm と撚り方向：0.10~0.15，撚り無し，糸数/cm：42.0~43.0
緯糸：dark blue 7.5B3.0/2.0
材質：絹，太さ mm と撚り方向：0.30，撚り無し，糸数/cm：30.0~35.0.
幡頭
彩絵平絹　彩色：dark red 3.5R3.5/6.0, purplish white 3.0RP8.0/4.5, dark green 7.5G4.0/2.5.
寸法：10.0 × 13.3
組織：平組織
経糸：dull yellow green 6.5GY6.5/3.0
材質：絹，太さ mm と撚り方向：0.12~0.15，撚り無し，糸数/cm：40.0
緯糸：dull yellow green 6.5GY6.5/3.0
材質：絹，太さ mm と撚り方向：0.10 × 3（3本引き揃え），撚り無し，糸数/cm：22.0~31.0.
備考：筬目あり．

7. 花卉文綾 [35] 図119
登録NO.：ДХ 287
出土地：敦煌
所蔵場所：エルミタージュ美術館
推定年代：9－10世紀，推定製織地：中国
文様：花卉文．文丈 cm：不明，　窠間幅 cm：5.0.
寸法：5.6 × 25.0
組織：平地 1/5 綾文綾（経4，緯2ハツリ技法，浮き3, 7あり）（1/5 figured twill on the tabby ground, 4・2 technique）
経糸：deep blue 3.5PB2.5/5.0
材質：絹，太さ mm と撚り方向：0.18，撚り無し，糸数/cm：47.0~53.0.
緯糸：deep blue 3.5PB2.5/5.0
材質：絹，太さ mm と撚り方向：0.12~0.22，撚り無し，糸数/cm：55.0~58.0
備考：類似資料：Stein 1921,vol.IV, pl.CXXI, Ch.00343; Riboud et Vial 1970, pl.32 EO.3662；『西域美術』3, 1984, 図版 28-1 MAS 899（Ch.00343）；『敦煌絲綢芸術全集』2007, 図127.

---

[34] 『俄蔵敦煌芸術品』Ⅱ 1998, 図193
[35] 『俄蔵敦煌芸術品』Ⅱ 1998, 図207.

195

8. 花鳥錦 [36] 図120

登録 NO.：ДХ 288
出土地：敦煌
所蔵場所：エルミタージュ美術館
推定年代：9－10世紀，推定製織地：中国
寸法 cm（経方向×緯方向）：2.8 × 10.0
文様：飛鳥と花卉の文様が表されている．
文丈 cm：不明，窠間幅 cm：不明．
組織：両面 1/2 綾組織緯錦変化形（表 1/2 と一部に文浮き，裏 1/2）
経糸：pale brown 7.5YR7.0/3.0
材質：絹，比率：陰経（芯経，2本引き揃え）対母経（組織経）1，太さ mm と撚り方向：陰経（0.10~0.12）× 2（2本引き揃え），母経 0.10~0.12，共に撚り無し，削り：1，糸数/cm × 2（陰経＋母経）：（17.0~20.0）× 2.
緯 糸：(1) light brown 2.5YR5.5/6.0 (2) pale orange 2.5YR8.5/2.0 (3) brownish white 2.5YR8.5/1.0 (4) dull orange 10.0YR6.5/3.0 (5) dull blue green 10.0BG 5.0/3.0 (6) black 10.0R1.5/1.0
材質：絹，太さ mm と撚り方向：(1) 0.30~0.40 (2) 0.30~0.40 (3) 0.40~0.50 (4) 0.25~0.30 (5) 0.25~0.30 (6) 0.30，すべて撚り無し，削り：1，糸数/cm × 色数：(17.0~20.0) × 6.
備考：耳あり．赤紫平絹（1.0 × 6.0cm）と縫い合わされている．

9. 赤繻子 [37] 図121

登録 NO.：ДХ 301
出土地：敦煌
所蔵場所：エルミタージュ美術館
推定年代：9－10世紀，推定製織地：中国
寸法：25.0 × 40.5
組織：4/1 繻子組織
経糸：yellowish red 7.0R4.0/14.0
材質：絹，太さ mm と撚り方向：0.10~0.50，撚り無し，糸数/cm：75.0.
緯糸：yellowish red 7.0R4.0/14.0
材質：絹，太さ mm と撚り方向：0.10~0.80，撚り殆ど無し，糸数/cm：15.0~25.0
備考：1/4 繻子組織の面が表として台紙に貼られている．

---

36 『俄蔵敦煌芸術品』Ⅱ 1998, 図 208
37 『俄蔵敦煌芸術品』Ⅱ 1998, 図 197

表1．トゥルファン出土染織資料

発掘墓NO	年代関係出土資料	Stein,A., Innermost Asia 出土染織資料NO.及びPL.NO.	資料名（和名は坂本による）と文様タイプ	英語分類表示 (Stein, A.)	備考	山辺図版NO
i. 1		Ast. i. 1. 01, LXXX	連珠花卉文錦, Byzantine pattern	Figured silk, Twill weave		
		Ast. i. 1. 02 a, XLIII	綾	Silk damask		
		Ast. i. 1. 010, LXXXIV	四つ菱花文綾	Silk damask		86
		Ast. i. 1. 011, LXXVIII, LXXXIII	八弁花文錦	Figured silk, Twill weave	大谷探検隊収集八弁花文錦（綾経錦）と同文	
i. 2						
i. 3	模造ユスティニアヌスⅠ世金貨（527-65）ササン銀貨ホスローⅠ世（531-79）ササン銀貨ホルムズドⅣ世（579-91）常平五銖（隋代［581-618］発行）	Ast. i. 3. a. 01, LXXIX	樹下対鹿連珠円文錦, Sasanian type	Figured silk, Twill weave	大谷探検隊収集樹下対鹿文錦（綾緯錦）と同文	42
		Ast. i. 3. b. 01	葡萄文錦, Sasanian type	Figured silk		
i. 4	延和7年（608）墓誌 貞観20年（646）墓誌					
i. 5	模造ユスティニアヌスⅠ世金貨（527-65）	Ast. i. 5. 03, LXXVI	猪頭連珠円文錦, Sasanian type	Figured silk, Twill weave	本稿図3	
		Ast. i. 5. a. 01（a）, LXXXIV	菱格子十字文錦	Figured silk		
		Ast. i. 5. a. 01©, LXXXIV	対龍人物文綾	Silk damask		
		Ast. i. 5. b. 01, LXXIX	対鳥連珠円文錦, Sasanian motif, Chinese work	Figured silk, Warp-rib weave		
i. 6	延寿9年（632）墓誌 模造ユスティニアヌスⅠ世金貨（527-65）五銖銭2	Ast. i. 6. 01	小型猪頭文錦, Sasanian type	Figured silk, Twill weave		
i. 7		Ast. i. 7. 03, LXXXIV	小花，葉，飛鶴文綾	Silk damask		
		Ast. i. 7. 04, XXXVI	菱文羅	Silk gauze		51
		Ast. i. 7. 05, LXXIX	入り子四つ菱対鴛鳥文綾	Silk damask		
i. 8		Ast. i. 8. 01, LXXXVII	花文錦	Figured silk		
ii. 1						
ii. 2						
iii. 1						
iii. 2	開元通宝	Ast. iii. 2. 02, XXXVI	方形文平織	silk veiling		
		Ast. iii. 2. 03, LXXVIII	小四弁花，蕾文錦	Figured silk		
iii. 3	開元10年（722）文書 天宝2年（743）文書					
iii. 4	神龍元年（705）文書 載初／天授元年（690）文書 長寿2年（693）文書 景龍3年（709）文書					
iv. 1	神功2（698）墓誌					
v. 1	乾封2年（667）墓誌	Ast. v. 1. 01	連珠円文錦, Sasanian type	Figured silk, Twill weave		47

v. 2	ササン銀貨	Ast. v. 2. 01, LXXVIII	対孔雀，獅子唐草連珠円文錦, Sasanian type, Chinese work	Figured silk, plain with faint rib	法隆寺蔵赤地双鳳獅子唐草連珠円文錦（平経錦）と同文	44
vi. 1	升平8年（364）木板	Ast. vi. 01, from tomb 1, XLV	綾地花唐草刺繍	Silk embroidery on damask		105
		Ast. vi. 02, from tomb 1, LXXVIII	対鳥花文	Figured silk, Warp-rib weave		
		Ast. vi. 1. 02, LXXXVI	纐纈	silk with knot-dyed		76
		Ast.. vi. 1. 03, LXXX	怪獣文錦, Lou-lan silk type	Figured silk	太い耳付き，本稿図1	3
		Ast.. vi. 1. 04, XLV	羅地三日月刺繍	Silk gauze embroidered		50
vi. 2		Ast. vi. 2. 04, XXXVI	怪獣文錦, Lou-lan silk type	Figured silk, Warp-rib weave	紺地点文ろう染布に縫い付け	24
vi. 3		Ast. vi. 3. 07	花文刺繍	Embroidery, Chain stitch		82
vi. 4						
vii. 1		Ast. vii. 1. 01, LXXVII	鳥連珠円文錦, Sasanian type	Figured silk		43
		Ast.vii. 1. 06, LXXX	菱格子四弁花入り八稜星文錦, Similar design from Near East	Figured silk		29
vii. 2						
vii. 3						
vii. 4						
viii. 1		Ast. viii. 1. 01, LXXXV	入り子四つ菱，連珠交円文綾	Silk damask		40
ix. 1	永徽3年（652）墓表 乾封2年（667）墓銘					
ix. 2	神龍2年（706）庸調布 光宅元年（684-5）租布 永昌（689）墓誌 乾封2年（667）墓誌	Ast. ix. 2. 01, LXXIX	側花連珠円文錦, Sasanian type	Figured silk, Warp-rib weave		45
		Ast. ix. 2. 02, LXXXIII	菱格子八弁花文錦	Figured silk		32
		Ast. ix 2. 016, XXXVI	菱文羅	Silk gauze		53
		Ast. ix. 2. 017	猪頭連珠円文，Sasanian type	Figured silk		
		Ast. ix. 2. 022, LXXVIII	開花連珠円文, Modified Sasanian type	Figured silk	大紅地団花錦（TAM 104 綾経錦）と同文	46
ix. 3		Ast. ix. 3. 02, LXXX	対天馬連珠円文，Sasanian type, Chinese work	Figured silk, Warp-rib weave	連珠対馬（59TAM 302 平経錦）と同文	49
		Ast. ix. 3. 03, LXXVIII	対鳳開花段文錦	Figured silk, Twill weave	鳥獣朶花文錦（60TAM 324: 16 平経錦）と同文	22
ix. 4, 5	貞観22年（648）墓誌 永淳元年（682）墓表					
ix. 6						
x. 1		Ast. x. 1. 02, XXXVI	菱文羅	Silk gauze		

		Ast. x. 1. 03, XXXVI	唐花文錦	Figured silk	変体宝相花文錦（68TAM 381 平経錦）と同文	
		Ast. x. 1. 05, LXXXV	植物文綾	Silk damask		
		Ast. x. 1. 05, XXXVI	六弁花段文錦	Figured silk	大谷探検隊収集花鳥段文錦（綾経錦）と酷似	16
		Ast. x. 1. 06, LXXXIII	六弁花段文錦	Figured silk	大谷探検隊収集花鳥段文錦（綾経錦）と酷似	28
		Ast. x. 1. 07, LXXIX	花文錦	Figured silk, Twill weave		

表注
Stein, A. Innermost Asia, II, Oxford University Press, 1928, pp. 587-718 (Repr.: New Delhi 1981).
山辺知行 『シルクロードの染織』京都，紫紅社，1979. による.

表2．トゥルファン出土染織資料

蔵品番号 (発掘年)	蔵品番号 (墓番号)	蔵品番号	資料名 （ ）内別名 または用途	年代	組織 武1962, 1992, 2006, Wu 2006, 夏1963, 竺1972, 陳1979, 陳（編）1984, 賈1985, 1998, 趙1992b, 1999, 新疆博物館考古部＝（新疆博）2000a, b, 文物考古研究所＝（考古研）2000a, b. 吐魯番博物館＝（吐魯番博）1992	組織 張1992, 横張2000,（横）坂本2000a,（坂）尾形2001.（尾）	掲載図書, 図および図版番号	備考および本稿図No. M=TAM
\multicolumn{9}{	c	}{カラホージャ・アスターナ出土錦}
64	TAM005	001	連珠猪頭文錦（連珠熊頭文錦）	668年文書	綾緯（斜紋緯錦, 吐魯番博）	綾緯（坂, 本稿）	『吐魯番博物館』PL.191.	
64	TAM018	005	「胡王」錦	589年墓誌	平経（三重三枚平紋経錦, 新疆博）	平経（平紋経錦, 張）平経（横）	『文物』1973-10, 図版1-2.	M169:14 と同文
64	TAM019	021	対獅対象球文錦	651, 656, 660, 656-661, 673, 674, 676年文書	平経（経顕花夾緯経二重平紋錦, 武92）	平経（横）	『織繍』図69. 『シルクロード学研究』8, PL.31.	
64	TAM020	028	紅地宝相花文錦	656, 659, 706年文書	綾緯（四重五枚斜文緯錦, 新疆博）綾緯（経顕花夾緯経二重2/1経面斜紋組織, 武92）綾緯（1:3斜紋緯二重, 趙92b）	緯錦（緯線顕花, 張）綾緯（横）	『文物』1973-10, 図版1-1. 『織繍』図78.	
64	TAM031	015	対鳥「吉」字文錦	620年衣物疏	平経（三重三枚平紋経錦, 新疆博）	平経（坂, 横）	『シルクロード学研究』8, PL.99, 100. 『文物』1973-10, 図48.	
64	TAM036	003	香色地瑞花錦	705年文書, 713年墨書, 714年墓誌				
64	TAM039	000	『富且昌宜侯王天延命長』織成絲履	367, 370年文書	織成（武92）絞編法織成（趙）	通経断緯法(張)織成（横）	『織繍』図60. 『絲綢之路』図版23. 『織繍珍品』02.10.	
65	TAM042	000	大連珠立鳥文錦（覆面）	651墓誌	綾緯（経顕花夾緯経二重2/1経面斜紋組織, 武92）	綾緯（坂, 横）	『織繍』図83. 『シルクロード学研究』8, PL.51, 52.	図9
66	TAM043	001	猪頭文錦	唐			『文物』1972-1, 図57.	
66	TAM044	023	亀背「王」字錦	655年墓誌	平経（経畦紋, 新疆博）	平緯（坂, 横）	『シルクロード学研究』8, PL.83. 『絲綢之路』図32.	図18
66	TAM048	006	連珠対孔雀「貴」字錦（覆面）	541, 587年文書 596, 604, 617年衣物疏	平経（経畦紋, 新疆博）綾緯（斜紋緯錦, 竺）平緯（1:2平紋緯二重, 趙92b）	平経(坂,横,尾)平経（夾緯経二重平紋, 張）	『シルクロード学研究』8, PL.33 『文物』1972-1, 図59. 『絲綢之路』図28.	図25
66	TAM048	007	藍地小団花錦	541, 587年文書 596, 604, 617年衣物疏	平経（経畦紋, 新疆博）			
66	TAM049	013	彩条錦	東晋				
66	TAM050	027	「天王」錦	622文書	平経（経畦紋, 新疆博）	経錦（経線顕花, 張）	『絲綢之路』図26.	

66	TAM055	018	鹿文錦(覆面)	唐	綾経(経斜紋, 新疆博)綾経(経顕花夾緯経二重 2/1 経面斜紋組織, 武92)	綾緯(坂, 横)	『シルクロード学研究』8, PL. 47, 48. 『織繍』図87.. 『絲綢之路』図版 35.
66	TAM069	002	天馬騎士錦	唐			
66	TAM070	012	対鳥文錦	唐	綾経(経斜紋, 新疆博)		
66	TAM073	025	小団花錦	623, 627, 636 年文書 M138 と同文により	綾経(経斜紋, 新疆博)		M138:7,9 と同文
67	TAM076	003	紅地団花文錦	唐			『絲綢之路』図39.
67	TAM076	019	小団花錦	唐	綾緯(斜紋緯錦, 竺) 綾経(経斜紋, 新疆博)	綾経(2/1経面斜紋, 張) 綾経(横)	『絲綢之路』図39.
67	TAM077	006	天馬騎士錦	ヤズデギルドⅢ世(642年発行)『シルクロード学研究』19, 2003.	綾緯(斜紋緯錦, 竺) 綾経(経斜紋, 新疆博) 綾緯(1:2 斜紋緯二重, 趙92b)	緯緯(緯線顕花, 張) 綾経(坂, 横) 綾緯(尾)	『シルクロード学研究』8, PL. 55. 『文物』1972-1, 図51. 『絲綢之路』図34.	図30
67	TAM084	005	鹿文錦(覆面)	唐, 574 年文書	綾経(経斜紋, 新疆博)	綾緯(横)	『絲綢之路』図33.
67	TAM088	002	夔文錦	567 年墓表, 衣物疏	平経(経畦紋, 新疆博)	平経(平紋経錦, 張) 平経(坂, 横, 尾)	『シルクロード学研究』8, PL. 58, 59 『文物』1972-1, 図版 9. 『絲綢之路』図25.
67	TAM090	025	套環樹文錦	558 文書, 568 墓誌			
67	TAM090	026	方格幾何文錦	558 文書, 568 墓表			
67	TAM092	004	対鴨文錦	639, 668 年墓誌	綾経(経斜紋, 新疆博) 緯錦(緯線顕花, 陳編) 綾緯(斜紋緯錦, 竺) 綾緯(1:2 斜紋緯二重, 趙92b)	綾緯(緯線斜紋起花, 張) 綾緯(横)	『文物』1972-1, 図53. 『絲綢之路』図30.
67	TAM092	037	対鳥対獅『同』字文錦	639, 668 年墓誌	平経(経畦紋, 新疆博)	平経(経畦紋, 張)平緯(横) 平経(坂, 本稿)	『絲綢之路』図29.
67	TAM093	006	棋局文錦	702, 703 年文書			
68	TAM099	001	瑞獣文錦(方勝獣文錦)	631 文書	平経(経畦紋, 新疆博) 平経(経顕花夾緯経二重平紋錦, 武92) 経錦(経線顕花, 竺)	経錦(経線顕花, 張) 平経(横)	『文物』1972-1, 図54. 『絲綢之路』図版27. 『織繍』図63.
68	TAM101	005	盤縧騎士狩猟文錦	唐	平経(経顕花夾緯経二重平紋錦, 武92)	経錦(張) 平経(坂, 横, 尾)	『シルクロード学研究』8, PL. 43, 44. 『新疆出土文物』図版 80. 『織繍』図70.	図47
68	TAM103	000	人面獣身文錦	644 文書			『文物』1972-1, 図50.
68	TAM104	000	大紅地団花錦	唐		綾経(坂, 横)	『シルクロード学研究』8, PL. 70, 71b.

68	TAM105	001	彩条文錦（八彩暈繝提花綾）	唐	単経三枚経斜紋, (新疆博) 3/1 地緯浮花, (趙92b)	綾緯（斜紋緯錦, 張）経四枚緯浮文綾（坂）三枚綾地絵緯固文縫取（横）	『シルクロード学研究』8, PL. 72. 『文物』1972-1, 図62. 『織繡』図104. 『絲綢之路』図42.	綺, 綾の表にも記載
68	TAM108	005	彩条文錦	707, 715文書, 721年調布		綾経（斜紋経錦, 張）	『絲綢之路』図41.	
69	TAM117	047	宝相花文錦	627-646年文書 683墓誌	綾経（経斜紋, 新疆博）	綾経（経斜文組織, 張）綾緯（坂, 横）	『シルクロード学研究』8, PL. 60, 61. 『文物』1972-1, 図56. 『絲綢之路』図40.	
69	TAM134	001	連珠対鳥文錦	665年文書, 662年墓誌	綾経（経斜紋, 新疆博）綾経（経顕花夾緯経二重 2/1 経面斜紋組織, 武92）	綾緯（坂, 横）綾経（尾）	『シルクロード学研究』8, PL. 40, 41b. 『文物』1972-1, 図55. 『織繡』図88. 『絲綢之路』図36.	図51
69	TAM138	007/0-0	小団花錦	623, 627, 636年文書	綾経（経斜紋, 新疆博）			M138:9と同文
69	TAM138	009/2-1	熊頭文錦（覆面）（連珠猪頭文錦）	623, 627, 636年文書	綾経（経斜紋, 新疆博）綾緯（斜紋緯錦, 竺）綾緯（1:2斜紋緯二重, 趙92b）	綾緯（斜紋緯錦, 張）綾緯（横）綾緯（坂, 本稿）	『絲綢之路』図38.	図11
69	TAM138	009/2-2	小団花錦	623, 627, 636年文書	綾経（経斜紋, 新疆博）			M138:7と同文
69	TAM138	010/0-0	連珠立鳥文錦	623, 627, 636年文書	綾経（経斜紋, 新疆博）			
69	TAM138	017/0-0	連珠立鳥文錦（連珠鸞鳥文錦）	623, 627, 636年文書	綾緯（斜紋緯錦, 竺）綾経（経斜紋, 新疆博）綾緯（1:1斜紋緯二重, 趙92b）	綾経（緯線斜紋起花, 張）綾緯（坂, 横, 尾）	『絲綢之路』図37. 『シルクロード学研究』8, PL. 42.	M138:10と同文
69	TAM139	001	藍地棋局文錦	隋		綾緯（斜紋緯錦, 張）	『絲綢之路』図31.	図17
72	TAM150	013	連珠文錦	645年文書				
72	TAM151	017	紅地連珠対馬文錦	609, 613-618年文書 620年墓誌, 衣物疏 644年文書	綾経（経顕花夾緯経二重 2/1 経面斜文組織, 武92）	綾経（坂）平経（横）	『シルクロード学研究』8, PL. 34, 35. 『織繡』図89.	図26
72	TAM151	021	藍地対鳥対祥樹文錦	609, 614-618年文書 620年墓誌, 衣物疏 644年文書	平経（経顕花夾緯経二重平紋組織, 武92）	平経（坂, 横）	『シルクロード学研究』8, PL. 101, 102. 『織繡』図77.	図45
72	TAM152	012	連珠天馬文錦	566, 577, 594, 645年文書				
72	TAM153	017	土紅地四角花文錦	596, 597年文書				
72	TAM154	002	褐地三葉文錦	621年文書				
72	TAM155	003	菱形幾何文錦	621-625, 627, 629, 631, 633年文書				
72	TAM155	005	幾何文錦	621-625, 627, 629, 631, 633年文書	平経（平紋経二重組織, 考古研）			
72	TAM161	002	彩條錦	唐				

72	TAM161	003	朱紅地連珠対馬文錦	唐			
72	TAM169	004	対獅対象文錦（盤球獅象錦）	558年墓表,衣物疏, 576年衣物疏	平経（1/1平紋経二重, 考古研）	平経（横）	
72	TAM169	014	牽駝胡王文錦（盤球胡王錦）	558年墓表,衣物疏, 576年衣物疏	平経（経顕花夾緯経二重平紋錦, 武92）	平経(坂, 横, 尾)	『シルクロード学研究』8, PL. 29, 30.『織繡』図68.	図46
72	TAM169	016	緑地鳳花文錦	558年墓表,衣物疏, 576年衣物疏			
72	TAM169	017	獣文錦	558年墓表,衣物疏, 576年衣物疏			
72	TAM169	019	朱紅地錦	558年墓表,衣物疏, 576年衣物疏			
72	TAM169	021	樹葉文錦	558年墓表,衣物疏, 576年衣物疏			
72	TAM169	034	連珠対鳳文錦（覆面）（朱紅地連珠孔雀文錦）	558年墓表,衣物疏, 576年衣物疏	平経（経顕花夾緯経二重平紋錦, 武92）	平経（坂, 横）	『シルクロード学研究』8, PL. 28.『新疆出土文物』図版78.『織繡』図72.	図24
72	TAM169	050	紅地吉字錦（手套）	558年墓表,衣物疏, 576年衣物疏			『新疆文物』2000, 3-4 図版4-1.	M169:48,72(1)-(3)同文
72	TAM169	051	大吉字文錦（被）	558年墓表,衣物疏, 576年衣物疏	平緯（1/1平紋緯二重, 考古研）	平緯（経畦紋, 張）平緯（坂, 横）	『新疆出土文物』図版81.	M169:28と同文
72	TAM170	011-(1)	樹葉文錦	543, 548衣物疏 562墓表, 衣物疏	経錦（経二重組織, 考古研）			M170:11-(2)と縫い合わせ
72	TAM170	011-(2)	吹奏人物文錦	543, 548衣物疏 562墓表, 衣物疏	平経（平紋経錦, 考古研）		『新疆文物』2000-3, 4, 図版4-3.	M170:11-(1)と縫い合わせ
72	TAM170	012-(0)	樹葉文錦	543, 548衣物疏 562墓表, 衣物疏			
72	TAM170	014-(0)	緑地対鳥対羊灯樹文錦	543, 548衣物疏 562墓表, 衣物疏			
72	TAM170	025-(0)	鶏鳴錦（枕）	543, 548衣物疏 562墓表, 衣物疏	経錦（経二重組織, 考古研）		『新疆文物』2000-3, 4, 図版3-3.	
72	TAM170	038-(0)	樹葉文錦	543, 548衣物疏 562墓表, 衣物疏	平経（経顕花夾緯経二重平紋錦, 武92）	平経（坂, 横, 尾）	『シルクロード学研究』8, PL. 79, 81a.『織繡』図65.	M170:45, 50, 58同文, 図16
72	TAM170	056-(0)	宝塔文錦	543, 548衣物疏 562墓表, 衣物疏			
72	TAM170	060-(0)	紅地人面鳥獣文錦	543, 548衣物疏 562墓表, 衣物疏	平緯（1/1平紋緯二重, 考古研）		『新疆文物』2000, 3-4, 図版3-2.	
72	TAM170	066-(0)	緑地対羊文錦（覆面）	543, 548衣物疏 562墓表, 衣物疏	平緯（趙99）	経錦（張）平緯（坂, 横）	『シルクロード学研究』8, PL. 77, 78.『新疆出土文物』図版77.	

72	TAM170	069-(0)	樹葉文錦	543, 548 衣物疏 562 墓表, 衣物疏				M170:85 同文
72	TAM171	002	菱形幾何文錦	637 文書, 642 墓誌				
72	TAM175	003	連珠戴勝鳥文錦	唐西州	綾経（2/1 斜紋経錦，考古研）			
72	TAM177	033	紅黄双色錦	455 墓誌（周 1980）	平経（経顕花平紋二重組織，考古研）			
72	TAM177	038	紅地対鳥幾何文錦	455 墓誌	平経（1/1 平紋二重組織夾緯，考古研）			
72	TAM177	048(1)-(13)	蔵青地禽獣文錦（被）	455 墓誌	平経（経二重平紋経錦，考古研）平経（経顕花夾緯経二重平紋錦，武92）	平経（坂，横，尾）	『シルクロード学研究』8, PL. 73, 74.『新疆出土文物』図版 56.『織繡』図 61.	M177:36,54 同文, 図 43
72	TAM186	018-0	対羊対鶏樹文錦	麹氏高昌	平経（平紋経二重組織，考古研）平経（経顕花夾緯経二重平紋錦，武92）	経錦（経二重夾緯経線顕花，張）平経（横，尾）	『新疆出土文物』図版 79.『織繡』図 64.	M186:24 同文
72	TAM186	025-0	樹葉文錦	麹氏高昌				M186:28,42-44 同文
72	TAM186	041-1	填花樹葉文錦	麹氏高昌	平経（平紋経二重組織，考古研）			
72	TAM186	041-2	素地条文錦	麹氏高昌	平経（平紋経二重組織，考古研）			
72	TAM187	024	黄緑条文錦	687～744 文書				
72	TAM187	115	四葉彩条文錦	687～744 文書				
72	TAM187	150	団花錦（白地朵花双面錦）	687～744 文書	（平紋）風通・双層織物組織（武92）	平地平文風通（坂）平両面錦（横）	『シルクロード学研究』8, PL. 91, 92b.『織繡』図 96.	
72	TAM188	029	海藍地宝相花文錦	706, 707 文書, 715 墓誌, 716 文書	綾経（経顕花夾緯経二重 2/1 経面斜紋組織，武92）	綾経（坂，横，尾）	『シルクロード学研究』8, PL. 65, 67a.『織繡』図 81.	図 48
72	TAM189	006	大連珠文錦	705, 705-707, 716, 722 文書				
72	TAM189	010	大連珠猪頭文錦	705, 705-707, 716, 722 文書	2/1 斜紋二重組織（考古研）			
72	TAM195	002	蔵藍地連珠菱文錦	唐西州	綾緯（斜紋緯錦，考古研）			
72	TAM195	003	大連珠文錦	唐西州	綾緯（五枚斜紋緯錦，考古研）			
72	TAM195	004	菱形幾何文錦（褥）	唐西州	緯錦（考古研）			
72	TAM200	004/0	「王」字連珠星月文錦	麹氏高昌				
72	TAM200	004/3	「王」字菱格文錦	麹氏高昌				
72	TAM200	005/0	黄地杯花鷹文錦	麹氏高昌	綾経（斜紋経錦，考古研）			
72	TAM200	A	「王」字文錦	麹氏高昌				
72	TAM200	B	紅地連珠亀甲星月文錦	麹氏高昌	平緯（平紋緯二重組織，考古研）			
72	TAM202	005	連珠変体如意巻草文錦	675 文書, 664, 677 墓誌				
72	TAM202	010	連珠戴勝鹿文錦	675 文書, 664, 677 墓誌				
72	TAM204	061	十字棋局文錦	632 墓誌, 648 文書	経錦（経二重組織，考古研）			M204:12, 13, 58 同文

72	TAM205	007	絳地黄色套環対鳥文錦	620 衣物疏	平緯（平紋緯二重組織，考古研）		『新疆文物』2000-3, 4, p.101 図 11-1.	
72	TAM205	011	連環対鳥文錦	620 衣物疏				
72	TAM205	015	連珠圏幾何文錦（環点幾何文錦）	620 衣物疏	平緯（平紋緯二重組織，考古研）			M205:5, 57 同文
72	TAM205	059	草葉吉字文錦（褥）	620 衣物疏				
73	TAM206	000/0	七点梅花錦（小半臂）	633 年埋葬記録，689 年墓誌	綾経（経顕花夾緯経二重 2/1 経面斜紋組織，武 92）	綾経（坂，横）	『シルクロード学研究』8, PL.93.『文物』1975-7, 図版 6-2.『織繡』図 82.	
73	TAM206	000/0	菱形網格填花双面錦	633 年埋葬記録，689 年墓誌	双層組織（新疆博，西北大）	平地平文風通（坂）平両面錦（横）	『シルクロード学研究』8, PL.98.『文物』1975-7, 図版 6-1.『織繡』図 130.	
73	TAM206	000/0	鳥獣団花錦（小半臂）	633 年埋葬記録，689 年墓誌	綾経（経顕花夾緯経二重 2/1 経面斜紋組織，武 92）	綾緯（坂，横）	『シルクロード学研究』8, PL.97.『文物』1975-7, 図版 6-3.『新疆出土文物』図版 148.『織繡』図 93.	
73	TAM206	000/0	緑地団花錦（枕）	633 年埋葬記録，689 年墓誌	綾経（経顕花夾緯経二重 2/1 経面斜紋組織，武 92）	綾緯（坂，横）	『織繡』図 80.『シルクロード学研究』8, PL.68.	
73	TAM206	048/1	連珠対鵲文錦（小半臂）	633 年埋葬記録，689 年墓誌	綾経（経顕花夾緯経二重 2/1 経面斜紋組織，武 92）	綾緯（坂，横）	『織繡』図 92.『シルクロード学研究』8, PL.53.	図 23
73	TAM206	048/2	連珠対羊文錦（小半臂）	633 年埋葬記録，689 年墓誌	綾経（経顕花夾緯経二重 2/1 経面斜紋組織，武 92）	綾緯（坂，横）	『シルクロード学研究』8, PL.54.『文物』1975-7, 図版 6-5.『織繡』図 94.	
73	TAM211	009	小連珠団花錦	633 墓誌（武 1984, p.75）	綾経（経顕花夾緯経二重 2/1 経面斜紋組織，武 92）	綾経（夾緯経二重斜紋，張）綾緯（坂，横）	『シルクロード学研究』8, PL.69, 71a.『新疆出土文物』図版 147.『織繡』図 91.	
73	TAM214	114	宝相団花文錦	665 墓誌	綾経（経顕花夾緯経二重 2/1 経面斜紋組織，武 92）	綾緯（坂，横，尾）	『織繡』図 79.『シルクロード学研究』8, PL.62, 64a.	図 49
72	TAM218	016	条文提花錦	唐西州				
72	TAM226	032	団花幾何文錦	722, 723 文書				
72	TAM226	033	絳地小団花文錦	722, 723 文書				
72	TAM226	034	暈繝彩条文錦	722, 723 文書				
72	TAM228	025	彩条錦（鞋）	731, 733, 744, 742-755 文書				
72	TAM228	026	褐地錦（鞋）	731, 733, 744, 742-755 文書				
72	TAM230	006	紅色小錦衣（紅地団花小半臂錦料）	678, 684, 691 文書，702 墓誌，714, 721 文書	綾緯（緯顕花含心経緯二重 1/2 緯面斜紋組織，武 92）	綾緯（坂，横，尾）	『シルクロード学研究』8, PL.63, 64b.『織繡』図 95.	

205

59	TAM301	000	香地菱文錦（菱花錦）	643年衣物疏	綾経（二枚経斜紋，武62）綾緯（二重三枚斜紋緯錦，賈85）		『文物』1960-6,表紙裏図8.『考古学報』1963-1,図版10.	
59	TAM301	000	規矩文錦	643年衣物疏	綾経（二枚経斜紋，武62）綾緯（二重三枚斜紋緯錦，賈85）綾緯（1:1斜紋緯二重，趙92b）		『文物』1960-6,表紙裏図7.『考古学報』1963-1,図版10.	
59	TAM302	004	対馬文錦（球路対馬）	637, 649, 650年文書, 653年墓誌	綾経（二枚経斜紋，武62）綾経（経顕花夾緯経二重2/1経面斜紋組織，武92）綾錦（経線起花，夏）綾経（1:2斜紋経二重，趙92b）	綾経（経斜紋，張）綾経（坂，横）	『シルクロード学研究』8, PL.37, 38b.『文物』1960-6, p.2図1.『考古学報』1963-1,図版11.『織繡』図129.	Ast.ix.3.02 (625,628年) 同文錦
59	TAM302	022	対馬文錦	637, 649, 650年文書, 653年墓誌	平経（二枚経畦紋，武62）平経（経顕花夾緯経二重平紋組織，武92）経錦（経線起花，夏）平経1:2平紋経二重，趙92b）	平経（経畦紋，張）平経（坂，横）	『シルクロード学研究』8, PL.36, 38a.『考古学報』1963-1,カラー図版3.『織繡』図128.	図15
59	TAM302	028	小団花文錦	637,649,650年文書,653年墓誌	綾経（二枚経斜紋，武62）	平経（横）	『文物』1960-6,カラー図版.『文物精華』1963, p.15-1.	
59	TAM303	000	樹文錦	551墓表	平経（経畦紋，武62）平経（経顕花夾緯経二重平紋錦，武92）	経錦（張）	『考古学報』1963-1,図版7-2, 8-2.『織繡』図66.『絲綢之路』図24.	M315（2点），309, 310（麹氏衣物疏）同文錦出土
59	TAM303	012	双獣対鳥文錦（鳥獣文錦）	551年墓表	平経（経畦紋，武62）平経（経顕花夾緯経二重平紋錦，武92）	平経（坂，横）	『シルクロード学研究』8, PL.27.『文物』1960-6,表紙.『考古学報』1963-1,図版6-2.『織繡』図71.	
59	TAM306	010	鳥獣樹木文錦（鳥獣繡文錦）	541年写紙	平経（経畦紋，武62）平経（経顕花夾緯経二重平紋錦，武92）	平経（坂，横）	『シルクロード学研究』8, PL. 80, 81b.『考古学報』1963-1,図版6-1.『文物』1960-6, p.4図23.『織繡』図67.	図14
60	TAM307	008	忍冬菱文錦	632年文書	平経（経畦紋，武62）	平経（坂，横）	『シルクロード学研究』8, PL.94.	
60	TAM307	010	条帯連珠文錦	632年文書	平経（経畦紋，武62）			
60	TAM308	029	棋局錦	588年文書	平経（経畦紋，武62）			
60	TAM309	047	樹文錦	麹氏衣物疏,551年（M303より）				M303（551墓表），315（2点），310（麹氏衣物疏）同文錦出土
60	TAM309	048	幾何文錦	麹氏衣物疏,551年（M303より）	平経（経畦紋，武62）平緯（緯二重平紋，賈85）		『考古』1985-2,図版7-1.	絲棉交織（賈85, p.178），M303（551年）とM309共に樹紋錦出土

60	TAM313	012	瑞獣文錦（倣獅文錦）	548 衣物疏 598 文書	平緯（緯顕花含心経緯二重平紋錦，武92）平緯（緯二重平紋，賈85）	平緯(坂,横,尾)	『シルクロード学研究』8, PL.56, 57.	「綿経綿緯」図19
60	TAM315	018/1	樹文錦	551 年（M303より）	平経（経畦紋，武62）		『文物』1960-6, p.3 図9.	M303（551墓表），315（2点），309, 310（麹氏衣物疏）同文錦出土
60	TAM315	018/2	海青色絲文小錦被	551 年（M303より）				
60	TAM315	028/1	菱花錦	551 年（M303より）	平経（経畦紋，武62）			
60	TAM315	028/2	獅文錦	551 年（M303より）	平経（経畦紋，武62）			
60	TAM317	031/1, 2, 3	小団花錦	662 年墓表				
60	TAM317	031/4	亀背文錦（覆面）	662 年墓表	綾経（二枚経斜紋，武62）綾経（経二重 2/1 経面斜紋，新疆博）	綾緯(坂,横)	『シルクロード学研究』8, PL.95, 96.	
60	TAM317	033/7	黄地球路套団花文錦	662 年墓表	綾経（経二重夾緯 3/1 斜紋，新疆博）			
60	TAM317	033/8	棕地菱格四弁花文錦	662 年墓表	綾経（経二重 3/1 斜紋，新疆博）			
60	TAM322	022/1	騎士文錦	663 年墓誌		綾緯(坂,横)	『シルクロード学研究』8, PL.45, 46.『織繡』図127.	図29
60	TAM322	022-1	鴛鴦文錦	663 年墓誌	綾経（二枚経斜紋，武62）			在故宮博
60	TAM322	029/0	双鳥文錦（覆面）	663 年墓誌	綾経（二枚経斜紋，武62）綾経（2/1 経面斜紋，新疆博）綾緯（二重三枚緯斜紋，賈85）	綾緯(坂,横)	『シルクロード学研究』8, PL.86.	
60	TAM322	030/0	大鹿文錦	663 年墓誌	綾経（二枚経斜紋，武62）綾経（経二重 2/1 経面斜紋，新疆博）	綾経（経斜紋，張）綾緯（横）	『文物』1962-7,8 図3.	M334墓同文錦出土『新疆文物』2000-3,4, p.32の図は緯錦
60	TAM323	010/0	彩条錦	587 年文書	平経（経畦紋，武62）			
60	TAM323	013/1	双鴨文錦	587 年文書				
60	TAM323	013/2	彩条錦	587 年文書	平経（経畦紋，新疆博）			
60	TAM323	013/3	連珠小花錦	587 年文書	平経（経畦紋，武62）	平緯(坂)綾緯(横)	『シルクロード学研究』8, PL.32.	図31
60	TAM324	016	鳥獣朶花縧文錦	625, 628 年墓誌 Ast.ix.3 より		平経(坂,横)平緯(尾)	『シルクロード学研究』8, PL.82.	Ast.ix.3.03（625,628年）同文錦
60	TAM325	001	猪頭文錦	659, 663 年文書,	綾経（二枚経斜紋，武62）綾経（2/1 経面斜紋，新疆博）綾経（経顕花夾緯経二重 2/1 経面斜紋組織，武92）綾経（斜紋緯錦，夏）綾緯（斜紋緯重双夾経，趙99）	綾緯（斜紋緯錦，張）綾緯（横）	『考古学報』1963-1, 図版12-2.『新疆出土文物』図版143.『織繡』図84.『織繡珍品』03.06	図12
60	TAM325	023	小団花文錦	659, 663 年文書,	綾経（二枚経斜紋，武62）	綾経（横）	『文物』1960-6, カラー図版	M317（662年墓），M302（653年墓）同文錦出土
60	TAM326	005/1	樹文錦	551, 583, 584 文書, 586 墓誌				
60	TAM327	001/0	幾何瑞花錦	655 衣物疏				

60	TAM327	002/3	鳥獣欄桿錦	655 衣物疏				
60	TAM328	005	獣文錦	北朝期	平経（経畦紋，武62） 平緯（緯二重平紋，賈85）			
60	TAM330	010-1, 2	黄地球路文小宝照錦	668, 674年文書 672年墓誌	綾経（二枚経斜紋，武62） 綾経（3/1経面斜紋，新疆博）			
60	TAM330	012-00	瑞花遍地錦	668, 674年文書 672年墓誌	綾経（経斜紋，武62）	綾緯（坂，横）	『シルクロード学研究』8, PL.90, 92a.	
60	TAM330	060-00	対鹿文錦	668, 674年文書 672年墓誌	綾経（二枚経斜紋，武62） 綾経（経二重2/1斜紋，新疆博）	綾緯（坂，横）	『シルクロード学研究』8, PL.87, 89a.	図50
60	TAM331	004/1	獣頭錦	619年文書	綾経（二枚経斜紋，武62） 綾経（2/1経面斜紋，新疆博）			
60	TAM331	005/0	幾何瑞花錦	619年文書	綾経（二枚経斜紋，武62） 綾経（2/1経面斜紋，新疆博）	綾緯（坂，横）	『シルクロード学研究』8, PL.88, 89b.	M331（2点）出土
60	TAM332	005/0	大鹿文錦	661, 662, 665年文書	綾経（二枚経斜紋，武62） 綾経（経顕花夾緯経二重2/1経面斜紋組織，武92） 綾経（1/2斜紋緯錦，賈98）	綾経（経斜紋，張） 綾緯（坂，横）	『シルクロード学研究』8, PL.49, 50. 『新疆出土文物』図版142. 『織繍』85.	図10
60	TAM332	005/2	双鳥文錦	661, 662, 665年文書	綾経（2/1経面斜紋，新疆博）			
60	TAM332	017/0	鶯鳥文錦	661, 662, 665年文書	綾経（二枚経斜紋，新疆博） 綾経（経二重2/1斜紋，新疆博） 綾経（経顕花夾緯経二重2/1経面斜紋組織，武92） 綾緯（斜紋緯錦，）	綾緯（斜紋緯線起花，張）	『考古学報』1963-1, 図版12-1. 『新疆出土文物』図版141. 『織繍』図86.	
60	TAM334	012	猪頭文錦					
60	TAM334	020	鹿文錦			綾経（経斜紋，張）		
60	TAM337	012-3	小宝相花文錦	568, 649, 650, 656, 663年文書, 657年墓誌				
60	TAM337	013/1	大鹿文錦	568, 649, 650, 656, 663年文書, 657年墓誌	綾経（2/1経面斜紋，新疆博）	綾経（経斜紋，張） 綾緯（横）	『文物』1962-7,8 図17.	
60	TAM337	013/2	鴛鴦文錦	568, 649, 650, 656, 663年文書, 657年墓誌	綾経（二枚経斜紋，武62） 綾経（2/1経面斜紋，新疆博）	綾緯（坂，横）	『文物』1962-7,8 図16. 『シルクロード学研究』8, PL.84, 85.	M322（663年墓）類似文錦出土
60	TAM337	015/0	騎士文錦	568, 649, 650, 656, 663年文書 657年墓誌	綾経（二枚経斜紋，武62） 綾経（2/1経面斜紋，新疆博）	綾緯（横）	『文物』1962-7,8 図4.	
60	TAM338	016/2	連珠宝相花文錦	625～664文書, 667墓誌				
60	TAM338	022-1	幾何花卉文錦	625-664文書, 667墓誌	平紋（新疆博）			
60	TAM339	055/1, 2	大吉錦（吉字文錦）	620年文書, 626年墓表	平経（経畦紋，武62）			
67	TAM363	002	連珠対鴨文錦	665, 677, 676-679, 710年文書	綾経（経絲顕花，二支経斜紋，新疆博） 綾経（斜紋経二重, 趙92b）	綾緯（横） 綾経（坂，本稿）	『文物』1972-2, 図2. 『吐魯番博物館』PL.180.	
67	TAM379	002	連珠猪頭文錦			綾緯（坂，本稿）		

	蔵品番号	蔵品番号	資料名	年代	組織	組織	掲載図書	備考
68	TAM381	000	深紅牡丹鳳文錦	778年文書	綾経（経顕花夾緯経二重2/1経面斜紋組織, 武92）綾緯（斜紋緯錦, 陳）綾緯（1:4斜紋緯二重, 趙92b）緯錦（緯線顕紋, 陳編）	綾緯（緯線斜紋起花, 張）綾緯（坂, 横,尾）	『シルクロード学研究』8, PL.66, 67b.『文物』1972-1 図版 10.『絲綢之路』図版 45.『織繍』図 90.	図48
68	TAM381	000	宝相花文錦	778年文書	綾経（斜紋経錦, 陳）綾経（1:3斜紋経二重, 趙92b）	綾経（経斜文, 張）綾経（横）	『絲綢之路』図版 43, 44.	
68	TAM381	000	暈繝花鳥文錦	778年文書	綾経（斜紋経錦, 陳）綾経（1:1斜紋経二重, 趙92b）	綾経（斜文経錦, 張）綾経（横）	『絲綢之路』図版 43.	
79	TAM382	000	獣文錦（枕）	424, 425, 436, 437, 441年文書				
	TAM386		対馬錦	619 墓誌（武2006）	綾経（武2006）			
	TAM507	000	双人対飲文錦	北朝末～隋	平経（1:2平紋経錦, 趙99）		『織繍珍品』03.04『シルクロード学研究』8, p.156 図 21.	
	TAM507	000	連珠文錦（1）	北朝末～隋	平緯（Wu2006）	平緯（坂, 本稿）	CAT&CEMAfig. 158	
	TAM507	000	連珠文錦（2）	北朝末～隋	平緯（Wu2006）	平緯（坂, 本稿）	CAT&CEMAfig. 158	
	TAM519	000	対馬錦				『シルクロード学研究』8, p.156 図 20.	
69	TKM048	001	連珠孔雀文錦	649, 650年文書		綾経（経斜文組織, 張）綾緯（坂, 横）	『シルクロード学研究』8, PL.39, 41a.『文物』1972-1, 図 52.『絲綢之路』図 63.	
75	TKM071	018	大連珠藏勝鹿文錦	唐西州	経錦（新疆博）	綾緯（横）	『文物』1978-6, 図 29.『中国五千年文物集刊』織繍篇 2 付図 3.	
75	TKM071	023	小連珠双人侍壇錦	唐西州	平経（経畦紋, 新疆博）平経（1:2平紋経二重, 趙92b）	平経（横）	『文物』1978-6, 図 30.	
75	TKM096	012	回文錦（鞋）	423, 424, 432年文書, 425衣物疏				
66	TKM303	000	連珠天馬文錦	麹氏高昌	綾緯（斜紋緯錦, 吐魯番博）	綾緯（坂, 本稿）	『吐魯番博物館』PL. 141.	

アスターナ出土綺・綾

蔵品番号（発掘年）	蔵品番号（墓番号）	蔵品番号	資料名（）内別名および用途	年代	組織 武敏1962, 1992 新疆博物館考古部＝（新疆博）2000a, b, 文物考古研究所＝（考古研）2000a, b. 趙1992b	組織 張1992, 坂本2000a,（坂）横張2000,（横）尾形2001,（尾）	掲載図書, 図および図版番号	備考および本稿図 No. M=TAM
64	TAM029	039	杏黄色綺	672, 675, 682, 685年文書	平紋地経綾起花（新疆博）			
66	TAM048	014	貴字套環綺	541, 587年文書, 596, 604, 617衣物疏	平織地3/1四枚斜紋顕花（武92）	平地経浮文綾（坂）平地綾（横）平織経緯斜紋顕花（張）	『シルクロード学研究』8, PL.106, 107.『織繍』図 99.『絲綢之路』図 46.	図44

209

68	TAM099	001	連珠套環綺	631 文書	平紋地斜紋起花（新疆博）	平地綾（横） 平織斜紋起花（張）	『絲綢之路』図47.	
68	TAM105	001	八彩暈繝提花綾	唐	3/1 斜紋緯浮線顕花（武92）	経四枚緯浮文綾（坂） 三枚綾地絵緯固文縫取（横）	『シルクロード学研究』8, PL.72. 『文物』1972-1, 図62. 『織繡』図104.	錦の表にも記載
73	TAM116	047	紫色連珠環鳥獣文綺	619, 620 年文書, 614, 621 年墓表.	平紋地起6枚斜紋花（5/1）組織（考古研）		『新疆文物』3-4, p.173, 図5-3, 図版8-2.	
72	TAM151	030	紫綺	609, 613-618, 644 年文書, 620 年墓誌, 衣物疏				
72	TAM151	031	黄綺	609, 613-618, 644 年文書, 620 年墓誌, 衣物疏				
72	TAM167	012	暈繝細綾	唐西州				
72	TAM169	070	黄色巻雲套環舞人対獣文綺	558 年墓表, 衣物疏, 576 年衣物疏	3/1 斜紋逐経顕花（考古研）			
72	TAM169	074	白綺	558 年墓表, 衣物疏, 576 年衣物疏				
72	TAM170	020	天青綺（天青色幡文綺）	543, 548 年衣物疏, 562 年墓表, 衣物疏	平紋地 3/1 相対斜紋顕花（武92）	平地経浮文綾（坂） 平地綾（横） 平地浮文綾（尾） 平文地三枚経斜紋起花（張）	『シルクロード学研究』8, PL.104. 『新疆出土文物』図版83. 『織繡』図73.	
72	TAM170	059	絳紫色幡文嵌対鳳立人獣面綺	543, 548 年衣物疏, 562 年墓表, 衣物疏	平紋地 3/1 斜紋逐経顕花（考古研）		『新疆文物』3-4, p.100, 図10-1	
72	TAM170	059	絳色大連珠対獅文綺	543, 548 年衣物疏, 562 年墓表, 衣物疏	平紋地 5/1 嵌合組織顕花（考古研）			
72	TAM170	099	黄綺	543, 548 年衣物疏, 562 年墓表, 衣物疏				
72	TAM170	A	黄色亀甲填花綺	543, 548 年衣物疏, 562 年墓表, 衣物疏	平紋地 3/1 四股経浮逐経顕花（考古研）		『新疆文物』3-4, p.101, 図11-2	
72	TAM174	005	白綺（衣）	高昌郡				
72	TAM177	047 (00)	烟色回文綺	高昌郡				
72	TAM177	048 (20)	菱文綺	高昌郡				
72	TAM177	081 (00)	紅綺	高昌郡				
72	TAM177	082 (00)	紅綺	高昌郡				
72	TAM177	083 (00)	紅綺	高昌郡				
72	TAM177	087 (00)	深紅綺	高昌郡	平紋地 5/1 嵌合組織経向斜紋顕花（考古研）			
72	TAM177	088 (00)	浅黄色綺	高昌郡				
72	TAM183	002	黄綺	唐西州				
72	TAM183	005	黄色「人」字文綺	唐西州	平紋地 2/1 隔経顕花（考古研）			
72	TAM186	006	宝藍色亀甲文綺	麹氏高昌				
72	TAM186	026	黄綺（裙）	麹氏高昌				

72	TAM187	008	米黄色綺(裳)	687, 743, 744, 742-743, 689-704, 744 年文書			
72	TAM187	016	黄綺帯	687, 743, 744, 742-743, 689-704, 744 年文書			
72	TAM187	117	茶色方谷文綺	687, 743, 744, 742-743, 689-704, 744 年文書	平紋地单向斜紋 3/1 右斜紋顕花(考古研)		『新疆文物』3-4, p.119, 図 24-3.
72	TAM187	173	紫綺	687, 743, 744, 742-743, 689-704, 744 年文書			
72	TAM187	206	紫菱文綺	687, 743, 744, 742-743, 689-704, 744 年文書			
72	TAM187	A	暈繝菱文綺	687, 743, 744, 742-743, 689-704, 744 年文書	平紋地逐経顕花 3/1 対称斜紋組織(考古研)		『新疆文物』3-4, p.119, 図 24-2.
72	TAM187	B	白色斜文綺	687, 743, 744, 742-743, 689-704, 744 年文書	平紋地上嵌合組織顕花(考古研)		『新疆文物』3-4, p.119, 図 24-4.
72	TAM187	C	黄色団花綾	687, 743, 744, 742-743, 689-704, 744 年文書	1/3 緯面斜紋 3/1 経面斜紋(考古研, 武 92)	綾地綾(横)	『織繍』図 103.
72	TAM188	B	絳紫色菱格蝉文綺	706, 707, 716 年文書, 715 年墓誌	平紋地 3/1 四枚経斜紋顕花(考古研)		『新疆文物』3-4, p.119, 図 24-1, 図版 6-2.
72	TAM189	002	緑色対波葡萄文綺	705, 705-707, 716, 722 年文書	平紋地 3/1 逐経顕花(考古研)		
72	TAM189	016	絵画綺				
72	TAM189	032	黄緑綺				
72	TAM189	034	黄綾				
72	TAM189	037	暈繝提花綾(暈繝彩条綾)		3/1 斜紋地 2/1 異向顕花(考古研)		M189:7, 20, 28 同文
72	TAM189	052	綾				
72	TAM189	055	緑地彩条綾				
72	TAM189	059	暈繝彩条綺				
73	TAM191	084 (0)	絞纈染花綺	680, 681 年文書	平紋地 3/1 左向経面斜紋顕花(考古研)		『新疆文物』3-4, p.189, 図 18-7, 8.
73	TAM191	118 (2)	紅緑綺(百納袋)	680, 681 年文書			
73	TAM191	129 (0)	彩色暈繝柿蒂文綺	680, 681 年文書	平紋地 3/1 逐経顕花(考古研)		
73	TAM196	015	褐色綺	唐西州			
72	TAM204	017	菱文綺	648 年文書, 632 墓誌			
72	TAM204	057	絳綺	648 年文書, 632 墓誌			
72	TAM204	060	綺	648 年文書, 632 墓誌			

73	TAM206	000	柿蒂文綺	618, 672-674, 684 年文書, 633（墓誌より）, 689 年墓誌	平織地 3/1 四枚斜紋顕花（武 92）	平地綾（横）	『織繍』図 102.
73	TAM208	006	綺	653 年墓誌			
73	TAM211	004	黄色菱格文綺	唐西州	平紋地 3/1 右向経顕花（考古研）		『新疆文物』3-4, p.189, 図 18-3.
73	TAM213	035	黄緑双色閃花綾	唐西州	1/3 緯面斜紋地 3/1 経面斜紋顕花（考古研）		『新疆文物』3-4, p.190, 図 19-4, 図版 8-4.
73	TAM213	045	熟褐色谷文綺（烟色菱文綺）	唐西州	平紋地 1/3 緯浮対称顕花（考古研）		『新疆文物』3-4, p.189, 図 18-2.
73	TAM213	054	熟褐色柿蒂文綺	唐西州	平紋地 1/3 緯浮顕花（考古研）		『新疆文物』3-4, p.189, 図 18-4, 5.
73	TAM214	003	黄綺	665 年墓誌			
73	TAM214	101	花青色対波文綺	665 年墓誌	平紋地 1/3 緯浮顕花（考古研）		『新疆文物』3-4, p.189, 図 18-6.
73	TAM214	132①	浅棕色宝花葡萄文綺	665 年墓誌	平紋地 1/3 緯浮顕花（考古研）		『新疆文物』3-4, p.190, 図 19-2.
73	TAM214	132②	浅棕色巻藤花柿蒂文綺	665 年墓誌	平紋地 1/3 対称斜紋緯浮顕花（考古研）		『新疆文物』3-4, p.190, 図 19-3.
72	TAM217	009	緑綺	唐西州			
72	TAM217	010	暈繝綺	唐西州			
72	TAM218	009	暈繝提花綾	唐西州			
72	TAM218	031	紫綾	唐西州			
72	TAM218	032	藍綾	唐西州			
73	TAM221	004	紅色亀甲文綺	644, 648, 647-649, 650, 652, 678 年文書, 653 年墓誌	平紋地 1/3 緯浮顕花（考古研）		
73	TAM221	012	黄色団窠対龍文綺	644, 648, 647-649, 650, 652, 678 年文書, 653 年墓誌	平紋地 3/1 四枚右斜紋顕花（考古研, 武 92）	平地綾（横）	『新疆文物』3-4, p.120, 図 25. 『新疆出土文物』図版 155. 『織繍』図 100.	図 27
72	TAM223	006	菱文紅綾	708, 723 年文書			
72	TAM226	016	景雲元年双流県折調細綾（双龍文綺）	710 年	平織地 3/1 四枚斜紋顕花（武 92）		『織繍』図 101.	景雲元年双流県折調細綾の銘, 図 28
72	TAM226	021	暈繝彩条綺	722, 723 年文書	平紋地 3/1 逐経顕花（考古研）		
72	TAM226	025	団花紅綺	722, 723 年文書			
72	TAM226	027	白綺	722, 723 年文書			
72	TAM226	030	天青綺	722, 723 年文書			
72	TAM226	031	緑綺	722, 723 年文書			
72	TAM227	004	暈繝彩条提花綾（裙）	唐西州				絹裏に益州都督府の印
72	TAM227	016	緑綺（衣）	唐西州			
72	TAM227	027	緑綺（褥）	唐西州			
72	TAM227	029	暈繝彩条綺（被）	唐西州			

72	TAM227	035	緑色菱格填花綺	唐西州	平紋地 3/1 逐経顕花（考古研）			
72	TAM227	036	棕黄色菱文綺	唐西州	平紋地 3/1 逐経顕花（考古研）			
72	TAM227	037	米黄色綺	唐西州				
72	TAM229	012	綺	723年文書				
73	TAM232	009	深藍地宝相花綺	唐西州（開元以前）			『新疆文物』3-4, p.190, 図19-1, 図版8-5.	
72	TAM234	008	熟褐色七点梅花綺	唐西州				
59	TAM303	001	対鳥対獣文綺	551 墓表	平紋三枚経斜紋（武62）	平地経浮文綾（坂）平地綾（横）	『文物』1960-6, p.3 図8. 『シルクロード学研究』8, PL.105. 『文物精華』図13-2.	
60	TAM307	011-2	棕色宝照文綺	632年文書	平地 3/1 経面斜紋（新疆博）			
60	TAM308	005/0	藍色連珠環文綺	588年文書	平地 5/1 経面斜紋（新疆博）			
60	TAM308	005/1	藍色文綺	588年文書	平地 3/1 経面斜紋（新疆博）			
60	TAM308	029/0	連珠套環団花綺	588年文書	平紋三枚経斜紋（武62）平地 3/1 経面斜紋（新疆博）	平地綾（横）		
60	TAM309	030-3	黄色菱格幾何文綺	麹氏衣物疏, 551年頃（M303より）	平地 5/1 経面斜紋（新疆博）			M303とM309に樹文錦が出土する
60	TAM309	036-0	棕紅色環文綺	麹氏衣物疏, 551年頃（M303より）	平地 3/1 経面斜紋（新疆博）			
60	TAM309	045-0	棕紅色綺	麹氏衣物疏, 551年頃（M303より）	平地 5/1 経面斜紋（新疆博）			
60	TAM312	016-1	桔黄色連珠套環文綺	麹氏高昌	平地 3/1 経面斜紋（新疆博）			
60	TAM313	012-0	亀背文綺	548年衣物疏, 598年文書	平紋三枚経斜紋（武62）平地 3/1 経面斜紋（新疆博）			
60	TAM313	016-2	原白色連珠文綺	548年衣物疏, 598年文書	平地 5/1 経面斜紋（新疆博）			
60	TAM317	033-2	棕色綺	662 墓表	平地 5/1 経面斜紋（新疆博）			
60	TAM319		棕色綺	麹氏高昌	平地 5/1 経面斜紋（新疆博）			
60	TAM325	002	棋局団花文綺（棋局団花双鳥綾）	659, 663年文書	平紋三枚経斜紋（武62）平地 3/1 経面斜紋（新疆博）1/1 地 3/1 花（趙92b）			
60	TAM326	007-2	棕色套環連珠文綺	551, 583, 584文書, 586墓誌	平地 5/1 経面斜紋（新疆博）			
60	TAM326	007-3	桔黄色綺	551, 583, 584文書, 586墓誌	平地 5/1 経面斜紋（新疆博）			
60	TAM326	007-4	黄色連珠圏文綺	551, 583, 584文書, 586墓誌	平地 5/1 経面斜紋（新疆博）			
60	TAM326	012-1	棕紅色綺	551, 583, 584文書, 586墓誌				同ナンバー：棕色綺 平地 5/1 経斜紋
60	TAM326	012-2	姜黄色綺	551, 583, 584文書, 586墓誌	平地 5/1 経面斜紋（新疆博）			同ナンバー：桔黄色綺 平地 3/1 経斜紋

60	TAM326	012-3	姜黄色綺	551, 583, 584 文書, 586 墓誌	平地 3/1 経面斜紋（新疆博）				
60	TAM328	005/1	連珠套環菱文綺	唐西州	平紋三枚経斜紋（武 62） 平地 3/1 経面斜紋（新疆博）				
60	TAM329	022	原白色菱格文綺	麹氏高昌	平地 3/1 経面斜紋（新疆博）				
60	TAM329	007-2	黄色文綺	麹氏高昌	平地 5/1 経面斜紋（新疆博）				
60	TAM329	007-3	棕色文綺	麹氏高昌	平地 3/1 経面斜紋（新疆博）				
60	TAM335	011-0	回文綺	592 年衣物疏	平紋三枚経斜紋（武 62）				
60	TAM335	014-0	連珠套環菱文綺	592 年衣物疏	平紋三枚経斜紋（武 62）	平地綾（横）			
60	TAM335	015-2	原白色綺	592 年衣物疏	平地 5/1 経面斜紋（新疆博）				
60	TAM337	014	花樹孔雀文綺（套環花樹孔雀綾）	568, 649, 650, 656, 663 年文書, 657 年墓誌	平紋三枚経斜紋（武 62） 平地 3/1 経面斜紋（新疆博） 1/1 地 3/1 花（趙 92b）				
60	TAM338	023-1	棕色菱格文綺	625-664 文書, 667 墓誌	平地 3/1 経面斜紋（新疆博）				
	TAM340	003/0	黄色菱格文綺	唐西州	平地 3/1 経面斜紋（新疆博）				
60	TAM340	003/2	棕色菱格花草文綺	唐西州	平地 3/1 経面斜紋（新疆博）				
60	TAM340	012/0	黄色回文綺	唐西州	平地 5/1 経面斜紋（新疆博）				

表 2，錦，綺，綾の表注
＊蔵品番号，資料名は 1960〜2000 年の間に出版された中国の報告書（本文参照）に基づく．報告書の本文と報告書の表の表記が異なる場合，本文に従った．
　以下同じ．
＊年代は主に『吐魯番出土文書』1-10, 文物出版社, 1981-1991 に基づく．その他，周偉州 1980 論文,『シルクロード学研究』19, 2003, 武 2006 論文，および同様出土墓の年代による．唐や唐西州などの表記は報告書に従う．
　年号 A〜E は A 年から E 年の間に文書の年号が A 年 C 年 E 年などとある場合，年号 A-E は一文書が A 年から E 年の間にわたる年号である場合，および各文書の年号が A 年から E 年の間 A 年 B 年 C 年 D 年 E 年と続く場合を略している．
＊錦について括弧内の組織に関する用語と文字は中華人民共和国および中華民國の報告書や図版集に基づいている．それらの漢語表記に日本の用語を付した．日本の用語と文字は日本の報告書に基づき，次のように略している．平組織経錦：平経，綾組織経錦：綾経，平組織緯錦：平緯，綾組織緯錦：綾緯．
＊掲載図および図版はカラー図版を記すことを心がけた．
＊"CAT&CEMA" は Central Asian Textiles and Their Contexts in the Early Middle Ages, Abegg Stiftung, 2006 を指す．

表3．トゥルファン出土染織資料（年代順）

蔵品番号(発掘年)	蔵品番号(墓番号)	蔵品番号	資料名（）内別名または用途	年代 M=TAM	組織 武1962, 1992, 2006, 夏1963, 竺1972, 陳1979, 陳（編）1984, 賈1985, 1998, 趙1992b, 1999 新疆博物館考古部＝（新疆博）2000a, b, 文物考古研究所＝（考古研）2000a, b. 吐魯番博物館＝（吐魯番博）1992.	組織 張1992, 横張2000,（横）坂本2000a,（坂）尾形2001.（尾）	掲載図書，図および図版番号	備考 M=TAM
\multicolumn{9}{	c	}{カラホージャ・アスターナ出土錦}
64	TAM039	000	『富且昌宜侯王天延命長』織成絲履	367, 370年文書	織成（武92）絞編法織成（趙）	通経断緯法（張）織成（横）	『織繡』図60. 『絲綢之路』図版23. 『織繡珍品』02. 10.	
66	TAM049	013	彩条錦	東晋				
75	TKM096	012	回文錦（鞋）	423, 424, 432年文書, 425衣物疏				
79	TAM382	000	獣文錦（枕）	424, 425, 436, 437, 441年文書				
60	TAM328	005	獣文錦	北朝期	平経（経畦紋，武62）平緯（緯二重平紋，賈85）			
72	TAM177	033	紅黄双色錦	455墓誌（周1980）	平経（経顕花平紋二重組織，考古研）			
72	TAM177	038	紅地対鳥幾何文錦	455墓誌	平経（1/1平紋二重組織夾緯，考古研）			
72	TAM177	048 (1)-(13)	蔵青地禽獣文錦（被）	455墓誌	平経（経二重平紋経錦，考古研）平経（経顕花夾緯経二重平紋錦，武92）	平経（坂，横，尾）	『シルクロード学研究』8, PL.73, 74. 『新疆出土文物』図版56. 『織繡』図61.	M177:36, 54同文
59	TAM306	010	鳥獣樹木文錦（鳥獣繧文錦）	541年写紙	平経（経畦紋，武62）平経（経顕花夾緯経二重平紋錦，武92）	平経（坂，横）	『シルクロード学研究』8, PL. 80, 81b. 『考古学報』1963-1, 図版6-1, p.4 図23. 『文物』1960-6, p.4 図23. 『織繡』図67.	
59	TAM303	000	樹文錦	551墓表	平経（経畦紋，武62）平経（経顕花夾緯経二重平紋錦，武92）	経錦（張）	『考古学報』1963-1, 図版7-2, 8-2. 『織繡』図66. 『絲綢之路』図24.	M315（2点），309, 310（麹氏衣物疏）同文錦出土
59	TAM303	012	双獣対鳥文錦（鳥獣文錦）	551年墓表	平経（経畦紋，武62）平経（経顕花夾緯経二重平紋錦，武92）	平経（坂，横）	『シルクロード学研究』8, PL.27. 『文物』1960-6, 表紙. 『考古学報』1963-1, 図版6-2. 『織繡』図71.	
60	TAM309	047	樹文錦	麹氏衣物疏, 551年（M303より）				M303（551墓表），315（2点），310（麹氏衣物疏）同文錦出土

60	TAM309	048	幾何文錦	麴氏衣物疏, 551年 (M303より)	平経 (経畦紋, 武62) 平緯 (緯二重平紋, 賈85)		『考古』1985-2, 図版7-1.	絲棉交織 (賈85, p.178), M303 (551年) とM309共に樹文錦出土
60	TAM315	018/1	樹文錦	551年 (M303より)	平経 (経畦紋, 武62)		『文物』1960-6, p.3 図9.	M303 (墓表), 315 (2点), 309, 310 (麴氏衣物疏) 同文錦出土
60	TAM315	018/2	海青色絲文小錦被	551年 (M303より)				
60	TAM315	028/1	菱花錦	551年 (M303より)	平経 (経畦紋, 武62)			
60	TAM315	028/2	獅文錦	551年 (M303より)	平経 (経畦紋, 武62)			
72	TAM170	011-(1)	樹葉文錦	543, 548衣物疏 562墓表, 衣物疏	経錦 (経二重組織, 考古研)			M170:11-(2) と縫い合わせ
72	TAM170	011-(2)	吹奏人物文錦	543, 548衣物疏 562墓表, 衣物疏	平経 (平紋経錦, 考古研)		『新疆文物』2000-3, 4, 図版4-3.	M170:11-(1) と縫い合わせ
72	TAM170	012-(0)	樹葉文錦	543, 548衣物疏 562墓表, 衣物疏				
72	TAM170	014-(0)	緑地対鳥対羊灯樹文錦	543, 548衣物疏 562墓表, 衣物疏				
72	TAM170	025-(0)	鶏鳴錦 (枕)	543, 548衣物疏 562墓表, 衣物疏	経錦 (経二重組織, 考古研)		『新疆文物』2000-3, 4, 図版3-3.	
72	TAM170	038-(0)	樹葉文錦	543, 548衣物疏 562墓表, 衣物疏	平経 (経顕花夾緯経二重平紋錦, 武92)	平経 (坂, 横, 尾)	『シルクロード学研究』8, PL.79, 81a. 『織繡』図65.	M170:45, 50, 58同文
72	TAM170	056-(0)	宝塔文錦	543, 548衣物疏 562墓表, 衣物疏				
72	TAM170	060-(0)	紅地人面鳥獣文錦	543, 548衣物疏 562墓表, 衣物疏	平緯 (1/1平紋緯二重, 考古研)		『新疆文物』2000, 3-4, 図版3-2.	
72	TAM170	066-(0)	緑地対羊文錦 (覆面)	543, 548衣物疏 562墓表, 衣物疏	平緯 (趙99)	経錦 (張) 平緯 (坂, 横)	『シルクロード学研究』8, PL.77, 78. 『新疆出土文物』図版77.	
72	TAM170	069-(0)	樹葉文錦	543, 548衣物疏 562墓表, 衣物疏				M170:85同文
72	TAM186	018-0	対羊対鶏樹文錦	麴氏高昌	平経 (平紋経二重組織, 考古研) 平経 (経顕花夾緯経二重平紋錦, 武92)	経錦 (経二重夾緯経線顕花, 張) 平経 (横, 尾)	『新疆出土文物』図版79. 『織繡』図64.	M186:24同文
72	TAM186	025-0	樹葉文錦	麴氏高昌				M186:28, 42-44同文
72	TAM186	041-1	填花樹葉文錦	麴氏高昌	平経 (平紋経二重組織, 考古研)			
72	TAM186	041-2	素地条文錦	麴氏高昌	平経 (平紋経二重組織, 考古研)			

67	TAM088	002	夔文錦	567年墓表, 衣物疏	平経（経畦紋, 新疆博）	平経（平紋経錦, 張）平経（坂, 横, 尾）	『シルクロード学研究』8, PL.58, 59 『文物』1972-1, 図版9. 『絲綢之路』図25.	
67	TAM090	025	套環樹文錦	558文書, 568墓誌				
67	TAM090	026	方格幾何文錦	558文書, 568墓表				
72	TAM169	004	対獅対象文錦（盤球獅象錦）	558年墓表, 衣物疏, 576年衣物疏	平経（1/1平紋経二重, 考古研）	平経（横）		
72	TAM169	014	牽駝胡王文錦（盤球胡王錦）	558年墓表, 衣物疏, 576年衣物疏	平経（経顕花夾緯経二重平紋錦, 武92）	平経（坂, 横, 尾）	『シルクロード学研究』8, PL.29, 30. 『織繡』図68.	
72	TAM169	016	緑地鳳花文錦	558年墓表, 衣物疏, 576年衣物疏				
72	TAM169	017	獣文錦	558年墓表, 衣物疏, 576年衣物疏				
72	TAM169	019	朱紅地錦	558年墓表, 衣物疏, 576年衣物疏				
72	TAM169	021	樹葉文錦	558年墓表, 衣物疏, 576年衣物疏				
72	TAM169	034	連珠対鳳文錦（覆面）（朱紅地連珠孔雀文錦）	558年墓表, 衣物疏, 576年衣物疏	平経（経顕花夾緯経二重平紋錦, 武92）	平経（坂, 横）	『シルクロード学研究』8, PL.28. 『新疆出土文物』図版78. 『織繡』図72.	
72	TAM169	050	紅地吉字錦（手套）	558年墓表, 衣物疏, 576年衣物疏			『新疆文物』2000, 3-4図版4-1.	M169:48, 72(1)-(3)同文
72	TAM169	051	大吉字文錦（被）	558年墓表, 衣物疏, 576年衣物疏	平緯（1/1平紋緯二重, 考古研）	平緯（経畦紋, 張）平緯（坂, 横）	『新疆出土文物』図版81.	M169:28と同文
60	TAM326	005/1	樹文錦	551, 583, 584文書, 586墓誌				
60	TAM323	010/0	彩条錦	587年文書	平経（経畦紋, 武62）			
60	TAM323	013/1	双鴨文錦	587年文書				
60	TAM323	013/2	彩条錦	587年文書	平経（経畦紋, 新疆博）			
60	TAM323	013/3	連珠小花錦	587年文書	平経（経畦紋, 武62）	平緯（坂）綾緯（横）	『シルクロード学研究』8, PL.32.	
60	TAM308	029	棋局錦	588年文書	平経（経畦紋, 武62）			
64	TAM018	005	「胡王」錦	589年墓誌	平経（三重三枚平紋経錦, 新疆博）	平経（平紋経錦, 張）平経（横）	『文物』1973-10, 図版1-2.	M169:14と同文
	TAM507	000	双人対飲文錦	北朝末〜隋	平経（1:2平紋経錦, 趙99）		『織繡珍品』03.04 『シルクロード学研究』8, p.156 図21.	
	TAM507	000	連珠文錦（1）	北朝末〜隋	平緯（Wu2006）	平緯（坂, 本稿）	CAT&TCEM fig. 158	

217

	TAM507	000	連珠文錦（2）	北朝末～隋	平緯（Wu2006）	平緯（坂，本稿）	CAT&TCEM fig. 158	
72	TAM153	017	土紅地四角花文錦	596, 597 年文書				
60	TAM313	012	瑞獣文錦（倣獅文錦）	548 衣物疏 598 文書	平緯（緯顕花含心経緯二重平紋錦，武 92） 平緯（緯二重平紋，賈 85）	平緯（坂，横，尾）	『シルクロード学研究』8, PL.56, 57.	「綿経綿緯」
69	TAM139	001	藍地棋局文錦	隋		綾緯（斜紋緯錦，張）	『絲綢之路』図 31.	
66	TKM303	000	連珠天馬文錦	麹氏高昌	綾緯（斜紋緯錦，吐魯番博）	綾緯（坂，本稿）	『吐魯番博物館』PL. 141.	
66	TAM048	006	連珠対孔雀「貴」字錦（覆面）	541, 587 年文書 596, 604, 617 年衣物疏	平経（経畦紋，新疆博） 綾緯（斜紋緯錦，竺） 平緯（1:2 平紋緯二重，趙 92b）	平経（坂，横，尾） 平経（夾緯経二重平紋，張）	『シルクロード学研究』8, PL.33 『文物』1972-1, 図 59. 『絲綢之路』図 28.	
66	TAM048	007	藍地小団花錦	541, 587 年文書 596, 604, 617 年衣物疏	平経（経畦紋，新疆博）			
68	TAM101	005	盤縧騎士狩猟文錦	唐	平緯（経顕花夾緯経二重平紋錦，武 92）	経錦（張） 平経（坂，横，尾）	『シルクロード学研究』8, PL.43, 44. 『新疆出土文物』図版 80. 『織繡』図 70.	
	TAM386		対馬錦	619 墓誌（武 2006）	綾経（武 2006）			
60	TAM331	004/1	獣頭錦	619 年文書	綾経（二枚経斜紋，武 62） 綾経（2/1 経面斜紋，新疆博）			
60	TAM331	005/0	幾何瑞花錦	619 年文書	綾経（二枚経斜紋，武 62） 綾経（2/1 経面斜紋，新疆博）	綾緯（坂，横）	『シルクロード学研究』8, PL.88, 89b.	M331（2 点）出土
64	TAM031	015	対鳥「吉」字文錦	620 年衣物疏	平経（三重三枚平紋経錦，新疆博）	平経（坂，横）	『シルクロード学研究』8, PL.99, 100. 『文物』1973-10, 図 48.	
72	TAM205	007	絳地黄色套環対鳥文錦	620 衣物疏	平緯（平紋緯二重組織，考古研）		『新疆文物』2000-3, 4, p.101 図 11-1.	
72	TAM205	011	連環対鳥文錦	620 衣物疏				
72	TAM205	015	連珠圏幾何文錦（環点幾何文錦）	620 衣物疏	平緯（平紋緯二重組織，考古研）			M205:5, 57 同文
72	TAM205	059	草葉吉字文錦（褥）	620 衣物疏				
72	TAM154	002	褐地三葉文錦	621 年文書				
66	TAM050	027	「天王」錦	622 文書	平経（経畦紋，新疆博）	経錦（経線顕花，張）	『絲綢之路』図 26.	
60	TAM339	055/1, 2	大吉錦（吉字文錦）	620 年文書，626 年墓表	平経（経畦紋，武 62）			
60	TAM324	016	鳥獣朶花縧文錦	625, 628 年墓誌 Ast.ix.3 より		平経（坂，横） 平緯（尾）	『シルクロード学研究』8, PL.82.	Ast.ix.3.03（625, 628 年）同文錦
72	TAM200	004/0	「王」字連珠星月文錦	麹氏高昌				
72	TAM200	004/3	「王」字菱格文錦	麹氏高昌				

72	TAM200	005/0	黄地杯花鷹文錦	麹氏高昌	綾経（斜紋経錦, 考古研）		
72	TAM200	A	「王」字文錦	麹氏高昌			
72	TAM200	B	紅地連珠亀甲星月文錦	麹氏高昌	平緯（平紋緯二重組織, 考古研）		
68	TAM099	001	瑞獣文錦（方勝獣文錦）	631文書	平経（経畦紋, 新疆博）平経（経顕花夾緯経二重平紋錦, 武92）経錦（経線顕花, 竺）	経錦（経線顕花, 張）平経（横）	『文物』1972-1, 図54.『絲綢之路』図版27.『織繡』図63.
60	TAM307	010	条帯連珠文錦	632年文書	平経（経畦紋, 武62）		
60	TAM307	008	忍冬菱文錦	632年文書	平経（経畦紋, 武62）	平経（, 坂, 横）	『シルクロード学研究』8, PL.94.
72	TAM155	003	菱形幾何文錦	621-625, 627, 629, 631, 633年文書			
72	TAM155	005	幾何文錦	621-625, 627, 629, 631, 633年文書	平経（平紋経二重組織, 考古研）		
73	TAM211	009	小連珠団花錦	633墓誌（武1984, p.75）	綾経（経顕花夾緯経二重2/1経面斜紋組織, 武92）	綾経（夾緯経二重斜紋, 張）綾経（坂, 横）	『シルクロード学研究』8, PL.69, 71a.『新疆出土文物』図版147.『織繡』図91.
66	TAM073	025	小団花錦	623, 627, 636年文書 M138と同文により	綾経（経斜紋, 新疆博）			M138:7, 9と同文
67	TAM076	019	小団花錦	唐	綾緯（斜紋緯錦, 竺）綾経（経斜紋, 新疆博）	綾経（2/1経面斜紋, 張）綾経（横）	『絲綢之路』図39.
69	TAM138	007/0-0	小団花錦	623, 627, 636年文書	綾経（経斜紋, 新疆博）			M138:9と同文
69	TAM138	009/2-1	熊頭文錦（覆面）（連珠猪頭文錦）	623, 627, 636年文書	綾経（経斜紋, 新疆博）綾緯（斜紋緯錦, 竺）綾緯（1:2斜紋緯二重, 趙92b）	綾緯（斜紋緯錦, 張）綾緯（横）綾緯（坂, 本稿）	『絲綢之路』図38.
69	TAM138	009/2-2	小団花錦	623, 627, 636年文書	綾経（経斜紋, 新疆博）			M138:7と同文
69	TAM138	010/0-0	連珠立鳥文錦	623, 627, 636年文書	綾経（経斜紋, 新疆博）		
69	TAM138	017/0-0	連珠立鳥文錦（連珠鷺鳥文錦）	623, 627, 636年文書	綾経（斜紋緯錦, 竺）綾経（経斜紋, 新疆博）綾緯（1:1斜紋緯二重, 趙92b）	綾緯（緯線斜紋起花, 張）綾緯（坂, 横, 尾）	『絲綢之路』図37.『シルクロード学研究』8, PL.42.	M138:10と同文
72	TAM175	003	連珠戴勝鳥文錦	唐西州	綾経（2/1斜紋経錦, 考古研）		
67	TAM084	005	鹿文錦（覆面）	唐, 574年文書	綾経（経斜紋, 新疆博）	綾緯（横）	『絲綢之路』図33.
72	TAM171	002	菱形幾何文錦	637文書, 642墓誌			
67	TAM077	006	天馬騎士錦	ヤズデギルドⅢ世コイン（642年発行）『シルクロード学研究』19, 2003	綾緯（斜紋緯錦, 竺）綾経（経斜紋, 新疆博）綾緯（1:2斜紋緯二重, 趙92b）	緯錦（緯線顕花, 張）綾緯（坂, 横）綾経（尾）	『シルクロード学研究』8, PL.55.『文物』1972-1, 図51.『絲綢之路』図34.
66	TAM069	002	天馬騎士錦	唐			
59	TAM301	000	香地菱文錦（菱花錦）	643年衣物疏	綾経（二枚経斜紋, 武62）綾緯（二重三枚斜紋緯錦, 賈85）		『文物』1960-6, 表紙裏図8.『考古学報』1963-1, 図版10.

59	TAM301	000	規矩文錦	643年衣物疏	綾経（二枚経斜紋，武62）綾緯（二重三枚斜紋緯錦，賈85）綾緯（1:1斜紋緯二重，趙92b）		『文物』1960-6, 表紙裏図7.『考古学報』1963-1, 図版10.	
68	TAM103	000	人面獣身文錦	644文書			『文物』1972-1, 図50.	
72	TAM151	017	紅地連珠対馬文錦	609, 613-618年文書 620年墓誌，衣物疏 644年文書	綾経（経顕花夾緯経二重2/1経面斜文組織，武92）	綾経（坂）平経（横）	『シルクロード学研究』8, PL.34, 35.『織繡』図89.	
72	TAM151	021	藍地対鳥対祥樹文錦	609, 614-618年文書 620年墓誌，衣物疏 644年文書	平経（経顕花夾緯経二重平紋組織，武92）	平経（坂，横）	『シルクロード学研究』8, PL.101, 102.『織繡』図77.	
72	TAM150	013	連珠文錦	645年文書				
72	TAM152	012	連珠天馬文錦	566, 577, 594, 645年文書				
72	TAM161	002	彩條錦	唐				
72	TAM161	003	朱紅地連珠対馬文錦	唐				
72	TAM204	061	十字棋局文錦	632墓誌, 648文書	経錦（経二重組織，考古研）			M204:12, 13, 58同文
69	TKM048	001	連珠孔雀文錦	649, 650年文書		綾経（経斜文組織，張）綾緯（坂，横）	『シルクロード学研究』8, PL.39, 41a.『文物』1972-1, 図52.『絲綢之路』図63.	
65	TAM042	000	大連珠立鳥文錦（覆面）	651墓誌	綾経（経顕花夾緯経二重2/1経面斜紋組織，武92）	綾緯（坂，横）	『織繡』図83.『シルクロード学研究』8, PL.51, 52.	
59	TAM302	004	対馬文錦（球路対馬）	637, 649, 650年文書, 653年墓誌	綾経（二枚経斜紋，武62）綾経（経顕花夾緯経二重2/1経面斜紋組織，武92）経錦（経線起花，夏）綾経（1:2斜紋経二重，趙92b）	綾経（経斜紋，張）綾経（坂，横）	『シルクロード学研究』8, PL.37, 38b.『文物』1960-6, p.2 図1.『考古学報』1963-1, 図版11.『織繡』図129.	Ast.ix.3.02（625, 628年）同文錦
59	TAM302	022	対馬文錦	637, 649, 650年文書, 653年墓誌	平経（二枚経畦紋，武62）平経（経顕花夾緯経二重平紋組織，武92）経錦（経線起花，夏）平経1:2平紋経二重，趙92b）	平経（経畦紋，張）平経（坂，横）	『シルクロード学研究』8, PL.36, 38a.『考古学報』1963-1, カラー図版3.『織繡』図128.	
59	TAM302	028	小団花文錦	637, 649, 650年文書, 653年墓誌	綾経（二枚経斜紋，武62）	平経（横）	『文物』1960-6, カラー図版.『文物精華』1963, p.15-1.	
	TAM519	000	対馬錦				『シルクロード学研究』8, p.156 図20.	
66	TAM044	023	亀背「王」字錦	655年墓誌	平経（経畦紋，新疆博）	平緯（坂，横）	『シルクロード学研究』8, PL.83.『絲綢之路』図32.	
60	TAM327	001/0	幾何瑞花錦	655衣物疏				
60	TAM327	002/3	鳥獣欄桿錦	655衣物疏				

66	TAM055	018	鹿文錦（覆面）	唐	綾経（経斜紋，新疆博） 綾経（経顕花夾緯経二重2/1経面斜紋組織，武92）	綾緯（坂，横）	『シルクロード学研究』8, PL.47, 48. 『織繡』図87.. 『絲綢之路』図版35.	
66	TAM070	012	対鳥文錦	唐	綾経（経斜紋，新疆博）			
67	TAM076	003	紅地団花文錦	唐			『絲綢之路』図39.	
69	TAM134	001	連珠対鳥文錦	665年文書，662年墓誌	綾経（経斜紋，新疆博） 綾経（経顕花夾緯経二重2/1経面斜紋組織，武92）	綾緯（坂，横） 綾経（尾）	『シルクロード学研究』8, PL.40, 41b. 『文物』1972-1, 図55. 『織繡』図88. 『絲綢之路』図36.	
60	TAM317	031/1, 2, 3	小団花錦	662年墓表				
60	TAM317	031/4	亀背文錦（覆面）	662年墓表	綾経（二枚経斜紋，武62） 綾経（経二重2/1経面斜紋，新疆博）	綾緯（坂，横）	『シルクロード学研究』8, PL.95, 96.	
60	TAM317	033/7	黄地球路套団花文錦	662年墓表	綾経（経二重夾緯3/1斜紋，新疆博）			
60	TAM317	033/8	棕地菱格四弁花文錦	662年墓表	綾経（経二重3/1斜紋，新疆博）			
66	TAM043	001	猪頭文錦	唐			『文物』1972-1, 図57.	
60	TAM322	022/1	騎士文錦	663年墓誌		綾緯（坂，横）	『シルクロード学研究』8, PL.45, 46. 『織繡』図127.	
60	TAM322	022-1	鴛鴦文錦	663年墓誌	綾経（二枚経斜紋，武62）			在故宮博
60	TAM322	029/0	双鳥文錦（覆面）	663年墓誌	綾経（二枚経斜紋，武62） 綾経（2/1経面斜紋，新疆博） 綾緯（二重三枚緯斜紋，賈85）	綾緯（坂，横）	『シルクロード学研究』8, PL.86.	
60	TAM322	030/0	大鹿文錦	663年墓誌	綾経（二枚経斜紋，武62） 綾経（経二重2/1経面斜紋，新疆博）	綾経（経斜紋，張） 綾緯（横）	『文物』1962-7, 8 図3.	M334墓同文錦出土『新疆文物』2000-3, 4, p.32の図は緯錦
60	TAM325	001	猪頭文錦	659, 663年文書，	綾経（二枚経斜紋，武62） 綾経（2/1経面斜紋，新疆博） 綾経（経顕花夾緯経二重2/1経面斜紋組織，武92） 綾緯（斜紋緯錦，夏） 綾緯（斜紋緯重双夾経，趙99）	綾緯（斜紋緯錦，張） 綾緯（横）	『考古学報』1963-1, 図版12-2. 『新疆出土文物』図版143. 『織繡』図84. 『織繡珍品』03.06	
60	TAM325	023	小団花文錦	659, 663年文書，	綾経（二枚経斜紋，武62）	綾経（横）	『文物』1960-6, カラー図版	M317（662年墓），M302（653年墓）同文錦出土
60	TAM334	012	猪頭文錦					
60	TAM334	020	鹿文錦			綾経（経斜紋，張）		
60	TAM337	012-3	小宝相花文錦	568, 649, 650, 656, 663年文書，657年墓誌				
60	TAM337	013/1	大鹿文錦	568, 649, 650, 656, 663年文書，657年墓誌	綾経（2/1経面斜紋，新疆博）	綾経（経斜紋，張） 綾緯（横）	『文物』1962-7, 8 図17.	

60	TAM337	013/2	鴛鴦文錦	568, 649, 650, 656, 663 年文書, 657 年墓誌	綾経（二枚経斜紋，武62） 綾経（2/1 経面斜紋，新疆博）	綾緯（坂，横）	『文物』1962-7, 8 図 16. 『シルクロード学研究』8, PL.84, 85.	M322（663年墓）類似文錦出土
60	TAM337	015/0	騎士文錦	568, 649, 650, 656, 663 年文書 657 年墓誌	綾経（二枚経斜紋，武62） 綾経（2/1 経面斜紋，新疆博）	綾緯（横）	『文物』1962-7, 8 図 4.	
68	TAM104	000	大紅地団花錦	唐		綾経（坂，横）	『シルクロード学研究』8, PL.70, 71b.	
60	TAM332	005/0	大鹿文錦	661, 662, 665 年文書	綾経（二枚経斜紋，武62） 綾経（経顕花夾緯経二重 2/1 経面斜紋組織，武92） 綾緯（1/2 斜紋緯錦，賈 98）	綾経（経斜紋，張） 綾緯（坂，横）	『シルクロード学研究』8, PL.49, 50. 『新疆出土文物』図版 142. 『織繡』85.	
60	TAM332	005/2	双鳥文錦	661, 662, 665 年文書	綾経（2/1 経面斜紋，新疆博）			
60	TAM332	017/0	鸞鳥文錦	661, 662, 665 年文書	綾経（二枚経斜紋，武62） 綾経（経二重 2/1 斜紋，新疆博） 綾経（経顕花夾緯経二重 2/1 経面斜紋組織，武92） 綾緯（斜紋緯錦，夏）	綾緯（斜紋緯線起花，張）	『考古学報』1963-1, 図版 12-1. 『新疆出土文物』図版 141. 『織繡』図 86.	
73	TAM214	114	宝相団花文錦	665 墓誌	綾経（経顕花夾緯経二重 2/1 経面斜紋組織，武92）	綾緯（坂，横，尾）	『織繡』図 79. 『シルクロード学研究』8, PL.62, 64a.	
60	TAM338	016/2	連珠宝相花文錦	625～664 文書, 667 墓誌				
60	TAM338	022-1	幾何花卉文錦	625-664 文書, 667 墓誌	平紋（新疆博）			
67	TAM092	004	対鴨文錦	639, 668 年墓誌	綾経（経斜紋，新疆博） 綾錦（緯線顕花，陳編） 綾緯（斜紋緯錦，竺） 綾緯（1:2 斜紋緯二重，趙92b）	綾緯（緯線斜紋起花，張） 綾緯（横）	『文物』1972-1, 図 53. 『絲綢之路』図 30.	
67	TAM092	037	対鳥対獅『同』字文錦	639, 668 年墓誌	平経（経畦紋，新疆博）	平経（経畦紋，張） 平緯（横） 平経（坂，本稿）	『絲綢之路』図 29.	
64	TAM005	001	連珠猪頭文錦（連珠熊頭文錦）	668 年文書	綾緯（斜紋緯錦，吐魯番博）	綾緯（坂，本稿）	『吐魯番博物館』PL. 191.	
67	TAM379	002	連珠猪頭文錦（連珠熊頭文錦）			綾緯（坂，本稿）		
60	TAM330	012-00	瑞花遍地錦	668, 674 年文書 672 年墓誌	綾経（経斜紋，武62）	綾緯（坂，横）	『シルクロード学研究』8, PL.90, 92a.	
60	TAM330	010-1, 2	黄地球路小宝照錦	668, 674 年文書 672 年墓誌	綾経（二枚経斜紋，武62） 綾経（3/1 経面斜紋，新疆博）			
60	TAM330	060-00	対鹿文錦	668, 674 年文書 672 年墓誌	綾経（二枚経斜紋，武62） 綾経（経二重 2/1 斜紋，新疆博）	綾緯（坂，横）	『シルクロード学研究』8, PL.87, 89a.	
64	TAM019	021	対獅対象球文錦	651, 656, 660, 656-661, 673, 674, 676 年文書	平緯（経顕花夾緯経二重平紋錦，武92）	平経（横）	『織繡』図 69. 『シルクロード学研究』8, PL.31.	
72	TAM202	005	連珠変体如意巻草文錦	675 文書, 664, 677 墓誌				
72	TAM202	010	連珠戴勝鹿文錦	675 文書, 664, 677 墓誌				

75	TKM071	018	大連珠戴勝鹿文錦	唐西州	経錦（新疆博）	綾緯（横）	『文物』1978-6, 図29.『中国五千年文物集刊』織繍篇2付図3.
69	TAM117	047	宝相花文錦	627-646年文書 683墓誌	綾経（経斜紋，新疆博）	綾緯（経斜文組織，張）綾緯（坂,横）	『シルクロード学研究』8, PL.60, 61.『文物』1972-1, 図56.『絲綢之路』図40.
73	TAM206	000/0	七点梅花錦（小半臂）	633年埋葬記録, 689年墓誌	綾経（経顕花夾緯経二重2/1経面斜紋組織, 武92）	綾緯（坂,横）	『シルクロード学研究』8, PL.93.『文物』1975-7, 図版6-2.『織繍』図82.
73	TAM206	000/0	菱形網格填花双面錦	633年埋葬記録, 689年墓誌	双層組織（新疆博，西北大）	平地平文風通（坂）平両面錦（横）	『シルクロード学研究』8, PL.98.『文物』1975-7, 図版6-1.『織繍』図130.
73	TAM206	000/0	鳥獣団花錦（小半臂）	633年埋葬記録, 689年墓誌	綾経（経顕花夾緯経二重2/1経面斜紋組織, 武92）	綾緯（坂,横）	『シルクロード学研究』8, PL.97.『文物』1975-7, 図版6-3.『新疆出土文物』図版148.『織繍』図93.
73	TAM206	000/0	緑地団花錦（枕）	633年埋葬記録, 689年墓誌	綾経（経顕花夾緯経二重2/1経面斜紋組織, 武92）	綾緯（坂,横）	『織繍』図80.『シルクロード学研究』8, PL.68.
73	TAM206	048/1	連珠対鵲文錦（小半臂）	633年埋葬記録, 689年墓誌	綾経（経顕花夾緯経二重2/1経面斜紋組織, 武92）	綾緯（坂,横）	『織繍』図92.『シルクロード学研究』8, PL.53.
73	TAM206	048/2	連珠対羊文錦（小半臂）	633年埋葬記録, 689年墓誌	綾経（経顕花夾緯経二重2/1経面斜紋組織, 武92）	綾緯（坂,横）	『シルクロード学研究』8, PL.54.『文物』1975-7, 図版6-5.『織繍』図94.
75	TKM071	023	小連珠双人侍壇錦	唐西州	平経（畦紋，新疆博）平経（1:2平紋経二重, 趙92b）	平経（横）	『文物』1978-6, 図30.
67	TAM093	006	棋局文錦	702, 703年文書			
64	TAM020	028	紅地宝相花錦	656, 659, 706年文書	綾経（四重五枚斜文緯錦, 新疆博）綾経（経顕花夾緯経二重2/1経面斜紋組織, 武92）綾緯（1:3斜紋緯二重, 趙92b）	経錦（緯線顕花, 張）綾緯（横）	『文物』1973-10, 図版1-1.『織繍』図78.
67	TAM363	000	連珠対鴨文錦	665, 677, 676-679, 710年文書	綾経（経絲顕花, 二支経斜紋, 新疆博）綾経（斜紋経二重, 趙92b）	綾緯（横）綾経（坂,本稿）	『文物』1972-2, 図2.『吐魯番博物館』PL. 180
64	TAM036	003	香色地瑞花錦	705年文書, 713年墨書, 714年墓誌			
72	TAM188	029	海藍地宝相花文錦	706, 707文書, 715墓誌, 716文書	綾経（経顕花夾緯経二重2/1経面斜紋組織, 武92）	綾経（坂,横,尾）	『シルクロード学研究』8, PL.65, 67a.『織繍』図81.
68	TAM108	005	彩条文錦	707, 715文書, 721年調布		綾経（斜紋経錦, 張）	『絲綢之路』図41.
72	TAM230	006	紅色小錦衣（紅地団花小半臂錦料）	678, 684, 691文書, 702墓誌, 714, 721文書	綾緯（緯顕花含心経緯二重1/2緯面斜紋組織, 武92）	綾緯（坂,横,尾）	『シルクロード学研究』8, PL.63, 64b.『織繍』図95.

223

72	TAM189	006	大連珠文錦	705, 705-707, 716, 722 文書				
72	TAM189	010	大連珠猪頭文錦	705, 705-707, 716, 722 文書	2/1 斜紋二重組織（考古研）			
72	TAM195	002	藏藍地連珠菱文錦	唐西州	綾緯（斜紋緯錦，考古研）			
72	TAM195	003	大連珠文錦	唐西州	綾緯（五枚斜紋緯錦，考古研）			
72	TAM195	004	菱形幾何文錦（褥）	唐西州	緯錦（考古研）			
72	TAM226	032	団花幾何文錦	722, 723 文書				
72	TAM226	033	絳地小団花文錦	722, 723 文書				
72	TAM226	034	暈繝彩条文錦	722, 723 文書				
72	TAM187	024	黄緑条文錦	687～744 文書				
72	TAM187	115	四葉彩条文錦	687～744 文書				
72	TAM187	150	団花錦（白地朵花双面錦）	687～744 文書	（平紋）風通・双層織物組織（武92）	平地平文風通（坂） 平両面錦（横）	『シルクロード学研究』8, PL.91, 92b. 『織繡』図96.	
68	TAM105	001	彩条文錦（八彩暈繝提花綾）	唐	単経三枚経斜紋，（新疆博）3/1地緯浮花，趙92b）	綾緯（斜紋緯錦，張） 経四枚緯浮文綾（坂） 三枚綾地絵緯固文縫取（横）	『シルクロード学研究』8, PL.72. 『文物』1972-1，図62. 『織繡』図104. 『絲綢之路』図42.	綺，綾の表にも記載
72	TAM218	016	条文提花錦	唐西州				
72	TAM228	025	彩条錦（鞋）	731, 733, 744, 742-755 文書				
72	TAM228	026	褐地錦（鞋）	731, 733, 744, 742-755 文書				
68	TAM381	000	深紅牡丹鳳文錦	778 年文書	綾経（経顕花夾緯経二重2/1経面斜紋組織，武92） 綾緯（斜紋緯錦，陳） 綾緯（1:4 斜紋緯二重，趙92b） 緯錦（緯線顕花，陳編）	綾緯（緯線斜紋起花，張） 綾緯（坂，横，尾）	『シルクロード学研究』8, PL.66, 67b. 『文物』1972-1 図版10. 『絲綢之路』図版45. 『織繡』図90.	
68	TAM381	000	宝相花文錦	778 年文書	綾経（斜紋経錦，陳） 綾経（1:3 斜紋経二重，趙92b）	綾経（経斜文，張） 綾経（横）	『絲綢之路』図版43, 44.	
68	TAM381	000	暈繝花鳥文錦	778 年文書	綾経（斜紋経錦，陳） 綾経（1:1 斜紋経二重，趙92b）	綾経（斜文経錦，張） 綾経（横）	『絲綢之路』図版43.	

アスターナ出土綺・綾

蔵品番号（発掘年）	蔵品番号（墓号）	蔵品番号	資料名 （　）内別名および用途	年代	組織 武敏1962, 1992 新疆博物館考古部＝（新疆博）2000a, b, 文物考古研究所＝（考古研）2000a, b. 趙1992b	組織 張1992, 坂本2000a, b（坂） 横張2000,（横） 尾形2001.（尾）	掲載図書，図および図版番号	備考 M=TAM
72	TAM174	005	白綺（衣）	高昌郡				
72	TAM177	047 (00)	烟色回文綺	高昌郡				
72	TAM177	048 (20)	菱文綺	高昌郡				
72	TAM177	081 (00)	紅綺	高昌郡				
72	TAM177	082 (00)	紅綺	高昌郡				
72	TAM177	083 (00)	紅綺	高昌郡				
72	TAM177	087 (00)	深紅綺	高昌郡	平紋地 5/1 嵌合組織経向斜紋顕花（考古研）			

72	TAM177	088 (00)	浅黄色綺	高昌郡				
59	TAM303	001	対鳥対獣文綺	551 墓表	平紋三枚経斜紋（武62）	平地経浮文綾（坂）平地綾（横）	『文物』1960-6, p.3 図 8.『シルクロード学研究』8, PL.105.『文物精華』図 13-2.	
60	TAM309	030-3	黄色菱格幾何文綺	麹氏衣物疏，551年頃（M303より）	平地 5/1 経面斜紋（新疆博）			M303 と M309 に樹木文錦出土
60	TAM309	036-0	棕紅色環文綺	麹氏衣物疏，551年頃（M303より）	平地 3/1 経面斜紋（新疆博）			
60	TAM309	045-0	棕紅色綺	麹氏衣物疏，551年頃（M303より）	平地 5/1 経面斜紋（新疆博）			
72	TAM170	020	天青綺（天青色幡文綺）	543, 548年衣物疏，562年墓表，衣物疏	平紋地 3/1 相対斜紋顕花（武92）	平地経浮文綾（坂）平地綾（横）平地浮文綾（尾）平文地三枚経斜紋起花（張）	『シルクロード学研究』8, PL.104.『新疆出土文物』図版 83.『織繍』図 73.	
72	TAM170	059	絳紫色幡文嵌対鳳立人獣面綺	543, 548年衣物疏，562年墓表，衣物疏	平紋地 3/1 斜紋逐経顕花（考古研）		『新疆文物』3-4, p.100, 図 10-1	
72	TAM170	059	絳色大連珠対獅文綺	543, 548年衣物疏，562年墓表，衣物疏	平紋地 5/1 嵌合組織顕花（考古研）			
72	TAM170	099	黄綺	543, 548年衣物疏，562年墓表，衣物疏				
72	TAM170	A	黄色亀甲填花綺	543, 548年衣物疏，562年墓表，衣物疏	平紋地 3/1 四股経浮逐経顕花（考古研）		『新疆文物』3-4, p.101, 図 11-2	
72	TAM169	070	黄色巻雲套環舞人対獣文綺	558年墓表，衣物疏，576年衣物疏	3/1 斜紋逐経顕花（考古研）			
72	TAM169	074	白綺	558年墓表，衣物疏，576年衣物疏				
60	TAM326	007-2	棕色套環連珠文綺	551, 583, 584 文書，586 墓誌	平地 5/1 経面斜紋（新疆博）			
60	TAM326	007-3	桔黄色綺	551, 583, 584 文書，586 墓誌	平地 3/1 経面斜紋（新疆博）			
60	TAM326	007-4	黄色連珠圏文綺	551, 583, 584 文書，586 墓誌	平地 5/1 経面斜紋（新疆博）			
60	TAM326	012-1	棕紅色綺	551, 583, 584 文書，586 墓誌	平地 5/1 経面斜紋（新疆博）			同ナンバー：棕色綺平地 5/1 経斜紋
60	TAM326	012-2	姜黄色綺	551, 583, 584 文書，586 墓誌	平地 3/1 経面斜紋（新疆博）			同ナンバー：枯黄色綺平地 3/1 経斜紋
60	TAM326	012-3	姜黄色綺	551, 583, 584 文書，586 墓誌	平地 3/1 経面斜紋（新疆博）			
60	TAM308	005/0	藍色連珠環文綺	588年文書	平地 5/1 経面斜紋（新疆博）			

60	TAM308	005/1	藍色文綺	588 年文書	平地 3/1 経面斜紋（新疆博）		
60	TAM308	029/0	連珠套環団花綺	588 年文書	平紋三枚経斜紋（武 62）平地 3/1 経面斜紋（新疆博）	平地綾（横）	
60	TAM335	011-0	回文綺	592 年衣物疏	平紋三枚経斜紋（武 62）		
60	TAM335	014-0	連珠套環菱文綺	592 年衣物疏	平紋三枚経斜紋（武 62）	平地綾（横）	
60	TAM335	015-2	原白色綺	592 年衣物疏	平地 5/1 経面斜紋（新疆博）		
60	TAM313	012-0	亀背文綺	548 年衣物疏, 598 年文書	平紋三枚経斜紋（武 62）平地 3/1 経面斜紋（新疆博）		
60	TAM313	016-2	原白色連珠文綺	548 年衣物疏, 598 年文書	平地 5/1 経面斜紋（新疆博）		
72	TAM186	006	宝藍色亀甲文綺	麹氏高昌			
72	TAM186	026	黄綺（裙）	麹氏高昌			
60	TAM312	016-1	桔黄色連珠套環文綺	麹氏高昌	平地 3/1 経面斜紋（新疆博）		
60	TAM319		棕色綺	麹氏高昌	平地 5/1 経面斜紋（新疆博）		
60	TAM329	022	原白色菱格文綺	麹氏高昌	平地 3/1 経面斜紋（新疆博）		
60	TAM329	007-2	黄色文綺	麹氏高昌	平地 5/1 経面斜紋（新疆博）		
60	TAM329	007-3	棕色文綺	麹氏高昌	平地 3/1 経面斜紋（新疆博）		
66	TAM048	014	貴字套環綺	541, 587 年文書, 596, 604, 617 衣物疏	平織地 3/1 四枚斜紋顕花（武 92）	平地経浮文綾（坂）平地綾（横）平織経緯斜紋顕花（張）	『シルクロード学研究』8, PL.106, 107.『織繍』図 99.『絲綢之路』図 46.
73	TAM116	047	紫色連珠環鳥獣文綺	619, 620 年文書, 614, 621 年墓表.	平紋地起 6 枚斜紋花（5/1）組織（考古研）		『新疆文物』3-4, p.173, 図 5-3, 図版 8-2.
68	TAM099	001	連珠套環綺	631 文書	平紋地斜紋起花（新疆博）	平地綾（横）平織斜紋起花（張）	『絲綢之路』図 47.
60	TAM307	011-2	棕色宝照文綺	632 年文書	平地 3/1 経面斜紋（新疆博）		
72	TAM151	030	紫綺	609, 613-618, 644 年文書, 620 年墓誌, 衣物疏			
72	TAM151	031	黄綺	609, 613-618, 644 年文書, 620 年墓誌, 衣物疏			
72	TAM204	017	菱文綺	648 年文書, 632 墓誌			
72	TAM204	057	絳綺	648 年文書, 632 墓誌			
72	TAM204	060	綺	648 年文書, 632 墓誌			
73	TAM208	006	綺	653 年墓誌			
60	TAM317	033-2	棕色綺	662 墓表	平地 5/1 経面斜紋（新疆博）		
60	TAM325	002	棋局団花文綺（棋局団花双鳥綾）	659, 663 年文書	平紋三枚経斜紋（武 62）平地 3/1 経面斜紋（新疆博）1/1 地 3/1 花（趙 92b）		
60	TAM337	014	花樹孔雀文綺（套環花樹孔雀綾）	568, 649, 650, 656, 663 年文書, 657 墓誌	平紋三枚経斜紋（武 62）平地 3/1 経面斜紋（新疆博）1/1 地 3/1 花（趙 92b）		
73	TAM214	003	黄綺	665 年墓誌			
73	TAM214	101	花青色対波文綺	665 年墓誌	平紋地 1/3 緯浮顕花（考古研）		『新疆文物』3-4, p.189, 図 18-6.

73	TAM214	132①	浅棕色宝花葡萄文綺	665 年墓誌	平紋地 1/3 緯浮顕花（考古研）		『新疆文物』3-4, p.190, 図 19-2.	
73	TAM214	132②	浅棕色巻藤蓮花柿蒂文綺	665 年墓誌	平紋地 1/3 対称斜紋緯浮顕花（考古研）		『新疆文物』3-4, p.190, 図 19-3.	
60	TAM338	023-1	棕色菱格文綺	625-664 文書, 667 墓誌	平地 3/1 経斜紋（新疆博）			
73	TAM221	004	紅色亀甲文綺	644, 648, 647-649, 650, 652, 678 年文書, 653 年墓誌	平紋地 1/3 緯浮顕花（考古研）			
73	TAM221	012	黄色団窠対龍文綺	644, 648, 647-649, 650, 652, 678 年文書, 653 年墓誌	平紋地 3/1 四枚右斜紋顕花（考古研, 武 92）	平地綾（横）	『新疆文物』3-4, p.120, 図 25. 『新疆出土文物』図版 155. 『織繍』図 100.	
73	TAM191	084 (0)	絞纈朶花綺	680, 681 年文書	平紋地 3/1 左向経面斜紋顕花（考古研）		『新疆文物』3-4, p.189, 図 18-7, 8.	
73	TAM191	118 (2)	紅緑綺（百納袋）	680, 681 年文書				
73	TAM191	129 (0)	彩色暈繝柿蒂文綺	680, 681 年文書	平紋地 3/1 逐経顕花（考古研）			
64	TAM029	039	杏黄色綺	672, 675, 682, 685 年文書	平紋地経綾起花（新疆博）			
73	TAM206	000	柿蒂文綺	618, 672-674, 684 年文書, 633（墓誌より）, 689 年墓誌	平織地 3/1 四枚斜紋顕花（武 92）	平地綾（横）	『織繍』図 102.	
72	TAM167	012	暈繝細綾	唐西州				
72	TAM183	002	黄綺	唐西州				
72	TAM183	005	黄色「人」字文綺	唐西州	平紋地 2/1 隔経顕花（考古研）			
73	TAM196	015	褐色綺	唐西州				
73	TAM211	004	黄色菱格文綺	唐西州	平紋地 3/1 右向経顕花（考古研）		『新疆文物』3-4, p.189, 図 18-3.	
73	TAM213	035	黄緑双色閃花綾	唐西州	1/3 緯面斜紋地 3/1 経面斜紋顕花（考古研）		『新疆文物』3-4, p.190, 図 19-4, 図版 8-4.	
73	TAM213	045	熟褐色谷文綺（烟色菱文綺）	唐西州	平紋地 1/3 緯浮対称顕花（考古研）		『新疆文物』3-4, p.189, 図 18-2.	
73	TAM213	054	熟褐色柿蒂文綺	唐西州	平紋地 1/3 緯浮顕花（考古研）		『新疆文物』3-4, p.189, 図 18-4, 5.	
72	TAM217	009	緑綺	唐西州				
72	TAM217	010	暈繝綺	唐西州				
72	TAM218	009	暈繝提花綾	唐西州				
72	TAM218	031	紫綾	唐西州				
72	TAM218	032	藍綾	唐西州				
72	TAM227	004	暈繝彩条提花綾（裙）	唐西州				絹裏に益州都督府の印
72	TAM227	016	緑綺（衣）	唐西州				
72	TAM227	027	緑綺（襠）	唐西州				
72	TAM227	029	暈繝彩条綺（被）	唐西州				
72	TAM227	035	緑色菱格填花綺	唐西州	平紋地 3/1 逐経顕花（考古研）			
72	TAM227	036	棕黄色菱文綺	唐西州	平紋地 3/1 逐経顕花（考古研）			
72	TAM227	037	米黄色綺	唐西州				

73	TAM232	009	深藍地宝相花綺	唐西州（開元以前）			『新疆文物』3-4, p.190, 図 19-1, 図版 8-5.
72	TAM234	008	熟褐色七点梅花綺	唐西州			
60	TAM328	005/1	連珠套環菱文綺	唐西州	平紋三枚経斜紋（武62）平地 3/1 経面斜紋（新疆博）		
	TAM340	003/0	黄色菱格文綺	唐西州	平地 3/1 経面斜紋（新疆博）		
60	TAM340	003/2	棕色菱格花草文綺	唐西州	平地 3/1 経面斜紋（新疆博）		
60	TAM340	012/0	黄色回文綺	唐西州	平地 5/1 経面斜紋（新疆博）		
72	TAM226	016	景雲元年双流県折調紬綾（双龍文綺）	710 年	平織地 3/1 四枚斜紋顕花（武92）		『織繡』図 101.	景雲元年双流県折調細綾の銘
72	TAM188	B	絳紫色菱格蟬文綺	706, 707, 716 年文書, 715 年墓誌	平紋地 3/1 四枚経斜紋顕花（考古研）		『新疆文物』3-4, p.119, 図 24-1, 図版 6-2.
68	TAM105	001	八彩暈繝提花綾	唐	3/1 斜紋緯浮線顕花（武92）	経四枚緯浮文綾（坂）三枚綾地絵緯固文縫取（横）	『シルクロード学研究』8, PL.72.『文物』1972-1, 図 62.『織繡』図 104.	錦の表にも記載
72	TAM189	002	緑色対波葡萄文綺	705, 705-707, 716, 722 年文書	平紋地 3/1 逐経顕花（考古研）		
72	TAM189	016	絵画綺	705, 705-707, 716, 722 年文書			
72	TAM189	032	黄緑綺	705, 705-707, 716, 722 年文書			
72	TAM189	034	黄綾	705, 705-707, 716, 722 年文書			
72	TAM189	037	暈繝提花綾（暈繝彩条綾）	705, 705-707, 716, 722 年文書	3/1 斜紋地 2/1 異向顕花(考古研)			M189:7, 20, 28 同文
72	TAM189	052	綾	705, 705-707, 716, 722 年文書			
72	TAM189	055	緑地彩条綾	705, 705-707, 716, 722 年文書			
72	TAM189	059	暈繝彩条綺	705, 705-707, 716, 722 年文書			
72	TAM223	006	菱文紅綾	708, 723 年文書			
72	TAM226	021	暈繝彩条綺	722, 723 年文書	平紋地 3/1 逐経顕花（考古研）		
72	TAM226	025	団花紅綺	722, 723 年文書			
72	TAM226	027	白綺	722, 723 年文書			
72	TAM226	030	天青綺	722, 723 年文書			
72	TAM226	031	緑綺	722, 723 年文書			
72	TAM229	012	綺	723 年文書			

72	TAM187	008	米黄色綺(裳)	687, 743, 744, 742-743, 689-704, 744 年文書				
72	TAM187	016	黄綺帯	687, 743, 744, 742-743, 689-704, 744 年文書				
72	TAM187	117	茶色方谷文綺	687, 743, 744, 742-743, 689-704, 744 年文書	平紋地単向斜紋 3/1 右斜顕花(考古研)		『新疆文物』3-4, p.119, 図 24-3.	
72	TAM187	173	紫綺	687, 743, 744, 742-743, 689-704, 744 年文書				
72	TAM187	206	紫菱文綺	687, 743, 744, 742-743, 689-704, 744 年文書				
72	TAM187	A	暈繝菱文綺	687, 743, 744, 742-743, 689-704, 744 年文書	平紋地逐経顕花 3/1 対称斜紋組織(考古研)		『新疆文物』3-4, p.119, 図 24-2.	
72	TAM187	B	白色斜文綺	687, 743, 744, 742-743, 689-704, 744 年文書	平紋地上嵌合組織顕花(考古研)		『新疆文物』3-4, p.119, 図 24-4.	
72	TAM187	C	黄色団花綾	687, 743, 744, 742-743, 689-704, 744 年文書	1/3 緯面斜紋 3/1 経面斜紋(考古研, 武 92)	綾地綾(横)	『織繍』図 103.	
表 3 は表 2 の注を参照								

Cultural Exchanges on the Silk Road Found in Its Textile Fabrics:
Dyeing and weaving products excavated from Turfan
- focusing on compound weave and twill silk

When we pay our attention to silk fabrics, which have a history of nearly 6,000 years in the cultural history of mankind, we can find evidence of magnificent cultural exchanges in Eurasian history by pursuing the developments in the techniques and the changes of the designs condensed in the history of the silk fabrics. Among silk fabrics, Chinese *warp faced compound weave* in particular was often taken to the West during the period of the Han dynasty. Around the second century A.D., in the cultural area of woolen fabrics, *weft faced compound weave* influenced by the technique of *warp faced compound weave* was invented. In Egypt woolen *weft faced compound weave* was woven, and soon after silk *weft faced compound weave* began to be woven, and, in turn, the *weft faced compound weave* technique was brought back to the East. As early as the fourth century, silk *weft faced compound twill* reached Persia, and *weft faced compound tabby* reached Turfan in Central Asia. What this thesis will focus on are various products of silk fabrics themselves excavated from Turfan.

Since Turfan, located in the east end of the ancient cultural area of woolen fabrics, was an important traffic region bordering on the easterly cultural area of silk fabrics, many fabrics came and went, and lots of silk fabrics kept by the local people have been excavated from ruins. They were divided broadly into two groups; one from the fourth to the eighth century and the other from the ninth to the fourteenth century.

Of these groups, the older representatives are the dyeing and weaving products excavated from the Karakhoja-Astana grave group. What is most noticeable, when we trace the cultural exchanges, is that the *compound weave* with a pattern where an animal is shown singly within a pearl medallion ("the *compound weave* with a single pattern within a pearl medallion") and the *compound weave* with a pattern where a pair of animals is shown symmetrically within a pearl medallion ("the *compound weave* with a symmetrical pattern within a pearl medallion"). According to a past study, the former has been the source of debate with regard to its place of production. The difference in opinions is caused by whether it is regarded as a *weft faced compound weave* (the product in the cultural area of woolen fabrics) or as a *warp faced compound weave* (the product in the cultural area of silk fabrics). Specifically, it is summed up in theory that the product was produced in the Persia-Sogd region (Iranian cultural area) or in Turfan (Chinese cultural area). When I consider the theory, I studied the products spread all over Europe thought of as Persian *samit* and Sogdian *samit* as the object of comparison. As a result of my study from a technical viewpoint found in the actual products and from the historical background including art history, I reached the conclusion that the *compound weave* with a single pattern within a pearl medallion is a *weft faced compound twill, samit* produced in the Iranian cultural area. On the other hand, concerning the latter, I supported the theory that it was produced in Shu (Sichuan) in China proper.

Next, regarding the materials belonging to the group from the ninth to the fourteenth century group, I studied the *samit* with a crescent moon pattern collected by the Otani mission, and the cotton velvet and gold brocade with flowers and arabesque patterns collected by the German expeditions. In the *samit* with a crescent moon pattern I saw a special feature of a western technique, and from the letters and the patterns woven in, I learned that it had a close connection to Islamic culture. I concluded that it was woven in the eastern part of the Islamic area and was brought to Turfan sometime between the ninth and tenth centuries. With regard to the cotton velvet, it was made clear to me from historical sources that it originated in India and I studied the process in which it could be produced in Turfan. Concerning the gold brocade with flowers and arabesque patterns, I ascertained the fact that it was woven in *lampas* (the most complicated way of weaving) and the substance under the gold foil of the gold thread was a membrane, different from Chinese gold thread made of paper, and concluded that it had a technical feature of *"nasich"* weave in West Asia. As the background factors, a historical fact has been highlighted that in 1221 at the time of Genghis Khan's expedition to the west the *nasich* weavers in Herat were taken to Bishbaligh in the northern part of Turfan; and there is a possibility that *"nashishi"* (a mixture of *"nasich"* in the West and original Chinese patterns) was created in the latter half of the thirteenth century, when the weavers of Bishbaligh were moved to Dadu (Beijing), the capital of the Yuan dynasty, where a textile bureau was established.

Lastly, I made a comprehensive survey of the history of the developments in the techniques and the pattern of the silk fabrics. Multicolor Silk, the *warp faced compound tabby* had been completed by the Han era and after that, *weft faced compound tabby, weft faced compound twill* and *warp faced compound twill* appeared. Furthermore, after the ninth century, *1/2 weft faced compound twill on both sides, 1/4 weft faced compound satin on both sides*, gold brocade which has gilt thread bound with binding warp (*warp faced twill* patterned with supplementary weft), and gold brocade which has gilt thread bound with *extra binding warp* (*lampas*) appeared. The technical exchanges and the developments in the textile structure have been made known to us in this manner. On the other hand, following the developments in the patterns based on the products excavated mainly in Turfan, we can see changes from the traces of the Han patterns to the pearl medallion patterns affected by the Persian patterns, then to the flower patterns, and we can see that the patterns gradually became more complicated and larger. Thus gorgeous textile patterns appeared. However, full-width medallion patterns and animal patterns disappeared due to an Imperial ordinance, which prohibited splendid patterns in 771. Instead, natural objects like birds, butterflies and peonies were represented, and this tendency to express a love of nature continued from North Song to South Song and from Liao to the Jin dynasty. However, dragons and Chinese phoenixes were still loved. In the Mongolian Imperial era, the technique of *"nasich"* which developed in West Asia was introduced to China, and spread to the East and West of Eurasia as new and gorgeous *"nashishi"* which adopted Chinese patterns.

As I have described above, silk fabrics have experienced repeated cultural exchanges and developments.

索引

C

CIETA　23, 24, 89, 151, 163, 164, 165, 167, 169, 250

ア行

アブシャール　12
アフラシアブ　27, 42, 50, 258
アミダ　14
網捉れ　237, 249
綾地綾文綾　104, 105, 109, 110, 112, 114, 119, 170, 180, 181, 182, 191, 237
綾地浮文綾　104, 109, 110, 112, 114, 115, 119, 237
綾組織緯錦　12, 13, 14, 25, 28, 36, 44, 51, 52, 54, 56, 60, 61, 62, 64, 68, 74, 85, 104, 105, 108, 109, 110, 111, 116, 117, 118, 125, 128, 129, 135, 145, 170, 171, 172, 173, 174, 175, 177, 180, 181, 182, 183, 184, 185, 186, 191, 196, 214, 237, 250
綾組織経錦　43, 44, 46, 60, 62, 104, 105, 106, 108, 109, 110, 116, 117, 127, 128, 180, 182, 190, 191, 193, 214, 237
安息　11, 12
アンティノエ　25, 27, 28, 54, 57, 68, 82, 130, 145, 251
イスラム史料　31, 32
イラン文化圏　1, 2, 6, 27, 40, 41, 44, 45, 49, 50, 56, 57, 59, 67, 70, 77, 79, 80, 146
印金　136, 238
飲水馬錦　71, 80
殷墟出土の鉞　106
ウイグル文字　88
浮織　104, 105, 107, 109, 141, 182, 238
オルデンブルク　26, 27, 33, 191

カ行

緙絲　21, 110, 238, 239
籠捉れ　106, 238, 249
過渡期の文様　125
窠間幅　51, 52, 54, 57, 62, 170, 171, 172, 173, 174, 175, 176, 177, 178, 180, 181, 182, 183, 184, 185, 186, 187, 188, 189, 190, 192, 193, 194, 195, 196, 238
カラホージャ・アスターナ出土資料　1, 2, 110
カリフ　33, 58, 84, 88
カルカ＝デ＝レーダン　14
河北隆化鴿子洞　111, 112, 117, 159
河南省滎陽県青台村　106
顔師古　121, 122
漢籍による織物研究　32
漢代文様を残す錦　125
魏錦　71, 129
麴氏高昌国　20, 21, 38, 78
綺と綾　118, 124
絹織物文化圏　6, 7, 8, 9, 10, 15, 145
絹棉混織　37
丘慈錦　13, 38, 71, 72, 73, 74, 76, 79, 129, 157
夾纈　19, 20, 137, 170, 191, 193, 239
ギルシュマン　28, 49, 50, 54, 153, 251, 252, 258
金糸装飾　140
金襴　6, 81, 96, 97, 98, 99, 100, 102, 103, 104, 105, 111, 117, 118, 137, 141, 142, 146, 147, 155, 182, 187, 188, 241, 249, 265, 266, 271, 272, 277, 289
クーフィ体アラビア文字　82, 84, 85, 86, 87, 88, 147
クタイバ　58
クチャ　16, 18, 38, 82
グリュンヴェーデル　17, 182
罽賓　77, 78
毛織物文化圏　6, 7, 8, 9, 10, 13, 14, 15, 36, 42, 48, 145
元史　91, 98, 101, 142
玄奘　38, 48, 74, 78, 154
縑　11, 19, 133, 239
交錯点　46
高昌故城　1, 16, 17, 96, 111, 114, 117, 125, 137, 182, 183, 184, 185, 186, 188, 189, 265, 271, 273, 274, 275, 278, 287
江陵馬山　105, 106, 107, 114, 129, 158
絞纈　19, 20, 21, 37, 211, 227, 239
コーラン　82, 83, 85, 87, 154

サ行

西域考古図譜　18, 39, 61, 81, 126, 128, 152

233

西域出土文書　33
サカロワ古墳　11
ササン様式　27, 35, 40, 41, 43, 45, 48, 64, 75, 145, 147
ザンダニージー　29, 30, 46, 51, 59, 79, 145, 158
地絡み　100, 104, 105, 111, 117, 141, 182, 187, 241, 277
シムルグ文　27, 28, 49, 50, 54, 57, 135, 145, 252
紗　5, 20, 21, 103, 105, 106, 109, 123, 137, 141, 159, 164, 182, 239, 247
シャーナーメ　50
シャープールⅡ世　14
集寧路故城　111, 112, 117, 159
繻子組織　104, 105, 110, 111, 116, 117, 118, 138, 170, 178, 182, 187, 189, 191, 196, 240, 246, 249, 250
勝金口　21, 109, 110, 114, 115
松漠紀聞　93, 94
織金　26, 27, 100, 101, 102, 110, 111, 142
シルクロード　1, 2, 5, 6, 10, 14, 15, 17, 19, 21, 24, 25, 26, 30, 39, 48, 52, 60, 62, 76, 78, 95, 113, 116, 125, 126, 127, 128, 129, 145, 146, 148, 149, 150, 152, 153, 154, 155, 156, 157, 158, 160, 161, 170, 172, 176, 180, 181, 199, 200, 201, 202, 203, 204, 205, 206, 207, 208, 209, 210, 213, 214, 215, 216, 217, 218, 219, 220, 221, 222, 223, 224, 225, 226, 228, 254, 256, 257, 259, 260, 261, 262, 267, 268, 269, 270, 299
スイパン　1, 95, 110, 111, 190, 265
スーサ　14
スースター　14
スタイン隊　2
聖遺骸布　84, 87, 88, 140, 264
西欧の古典史料　31
正置対称　129
西方到来錦　125
西方錦の影響　127, 131, 140
生命の樹　29, 54, 62, 67, 138, 139, 171, 183, 274
セーレスの絹　11
ゼマルコス　32
センギム　17, 18, 21
綜絖　9, 13, 47, 57, 61, 64, 86, 87, 113, 115, 116, 171, 172, 176, 237, 239, 240, 242, 244, 247, 248
双面錦　21, 109, 110, 204, 205, 223, 224, 240, 246
ソグド商人　5, 44, 58, 79, 145, 155

ソグド錦　27, 28, 29, 30, 33, 44, 45, 46, 48, 51, 54, 56, 57, 59, 67, 68, 79, 80, 131, 132, 135, 138, 139, 140, 143, 145, 146, 170
ソグド文字　29
空引機　47, 64, 69, 86, 116, 240, 241, 244, 247
疏勒錦　13, 71, 72, 73, 74, 76, 79, 157

タ行

ターク＝イ＝ブスターン　28, 49, 50, 82, 135
経綾地絵緯綾とじ裏浮錦　104, 105, 117, 182, 241
大連珠鹿文錦　39, 46, 48, 52, 68, 126, 254
竪欄　133
経錦　2, 8, 10, 11, 12, 22, 24, 26, 27, 36, 41, 43, 44, 45, 46, 47, 48, 60, 62, 64, 73, 74, 103, 104, 105, 106, 107, 108, 109, 110, 116, 117, 125, 127, 128, 129, 130, 134, 135, 145, 147, 156, 180, 182, 190, 191, 193, 197, 198, 199, 200, 201, 202, 203, 204, 206, 209, 214, 215, 216, 217, 218, 219, 220, 223, 224, 237, 238, 241, 246, 247, 248, 298
経耳　36, 45, 46
ダムガン　49, 50, 258
段文錦　41, 61, 134, 135, 198, 199
竹簡　120
チコトン　18
中国隊　1, 2, 40, 41, 42, 43, 103, 108, 109, 145
中国で発達した花文　128
長沙馬王堆　107, 114, 120, 121, 151, 159
腸膜　96, 99, 102, 141, 142, 188
張騫　65
綴織　7, 8, 10, 11, 12, 13, 18, 24, 25, 26, 31, 84, 103, 104, 105, 108, 109, 110, 141, 142, 145, 148, 182, 190, 238, 240, 243
ティラーズ　33, 79, 83, 84, 85, 87, 88, 140, 147
ティラーズ＝システム　83, 84, 85, 88
天工開物　90, 91, 157, 162
点線現象　46, 47, 48, 62, 64
ドイツ隊　1, 2, 17, 18, 81, 89, 96, 99, 103, 109, 110, 111, 131, 136, 137, 138, 139, 141, 146, 147, 149, 182
唐西州　20, 21, 78, 94, 204, 205, 209, 210, 211, 212, 213, 214, 219, 223, 224, 227, 228
道宣　38, 49, 74
倒置対称　129, 130, 135
東方見聞録　32, 97, 101, 156

ドゥラ＝エウロポス　13, 24, 25
トゥルファン出土染織資料　1, 2, 14, 15, 16, 21, 26, 27, 32, 35, 46, 103, 105, 106, 108, 110, 125, 131, 139, 145, 146, 147, 197, 200, 215, 241
トゥルファンの位置づけ　14
吐蕃　26, 77, 78, 152, 155, 161, 191, 262
跳び杼　51, 52, 54, 56, 85, 171, 176, 243
トヨク　1, 2, 16, 17, 18, 110, 125, 136, 186, 271, 288
都蘭　26, 79, 82, 112, 114, 115, 131, 132, 139, 152, 161, 181, 262
吐魯番文書　33, 37, 38, 71, 72, 75, 76, 80, 152, 153, 157, 159, 160
敦煌　16, 17, 18, 26, 27, 29, 33, 64, 75, 77, 78, 80, 114, 115, 116, 129, 136, 137, 139, 149, 150, 151, 152, 155, 157, 158, 159, 160, 161, 166, 173, 190, 191, 192, 193, 194, 195, 196, 290, 291, 292, 293, 294, 295, 296

ナ行

ナシチ　97, 98
ナック　97, 101
ニヤ（尼雅）　11, 16, 20, 37, 43, 149, 151, 156, 161, 255
縫取織　104, 105, 107, 109, 141, 182, 243, 244
ノインウラ墳墓群　10
納失失　6, 97, 98, 99, 100, 101, 102, 118, 138, 142, 143, 147, 156, 159

ハ行

バーミヤン　41, 50
パイル織物　94, 107, 244
博物誌　13, 31, 155
波斯錦　2, 14, 71, 72, 75, 76, 77, 78, 79, 80, 146
パズィルク墳墓群　10
削り（はつり）　46, 47, 68, 170
パラリク＝テペ　50
バリュガザ　12
バルバリコン　12
パルミラ遺跡　11
パルメット文　57
伴出文書　19, 38, 79, 108
パンティカパイオン古墓群　11
ビシュバリク（別失八里）　97, 98, 99, 101, 102, 118, 138, 147

平地綾文綾　60, 64, 104, 105, 107, 112, 113, 119, 121, 122, 170, 180, 182, 191, 245
平地浮文綾　104, 105, 106, 107, 112, 113, 118, 119, 121, 178, 191, 192, 210, 225, 245
平地浮文同口錦　245
ファルケ　18, 22, 25, 27, 28
フィスター　24, 25
フージスターン　14
副文の独立　132
房耳　45, 46, 48, 51, 52, 54, 56
ブハラ　29, 31, 46, 83, 87, 88
プリニウス　11, 13, 31, 140, 155
フワルナフ　50
ペーローズ　57, 58
別絡み　96, 102, 104, 105, 117, 138, 182, 249, 250
ヘラート史記　97
ベルクレ　51, 52, 54, 62, 70, 247
ペルシア錦　14, 25, 27, 28, 30, 35, 42, 50, 51, 54, 56, 57, 67, 68, 69, 79, 80, 130, 131, 135, 145, 146
ベレニーケー　12
ペンジケント　27, 50, 138, 275
法顕　38
法門寺地宮　110, 116
墨書銘　119
墓誌　2, 19, 21, 39, 52, 60, 61, 62, 108, 109, 110, 113, 114, 117, 125, 126, 127, 128, 129, 130, 132, 133, 134, 136, 137, 197, 198, 200, 201, 202, 204, 205, 206, 207, 208, 209, 210, 211, 212, 213, 214, 215, 217, 218, 219, 220, 221, 222, 223, 225, 226, 227, 228
ホスローⅡ世　49, 82
ホラーサーン　84

マ行

マスーディ　14
マルコ・ポーロ　91, 156
三日月文錦　81, 82, 84, 85, 87, 88, 140, 147, 263, 264, 265
耳　7, 9, 10, 30, 36, 37, 43, 45, 46, 47, 48, 51, 52, 54, 56, 62, 93, 120, 146, 170, 176, 194, 196, 198, 238, 243, 247
ミラーシンメトリー　85
ムージリス　12
ムルトゥク　16, 17, 39, 126, 130, 131

メナンドロス 30, 32
棉織物文化圏 6, 9, 10
棉ベルベット 81, 89, 91, 92, 93, 94, 95, 96, 111, 146, 190, 265
文字資料 31, 33, 37, 42, 80, 106, 107, 108, 145, 146
モシチェヴァヤ＝バルカ 25, 26, 28, 30, 54, 56, 57, 68, 79, 86, 116, 131, 135, 138, 139, 145, 170, 171, 172, 173, 174, 175, 176, 177, 178, 179, 191, 193, 259, 275, 276, 278, 279, 280, 281, 282, 283, 284, 285
モヘンジョダロ 9
モンス＝クラウディアヌス 13, 25
文丈 47, 51, 52, 54, 57, 61, 62, 64, 67, 139, 170, 171, 172, 173, 174, 175, 176, 177, 178, 180, 181, 182, 183, 184, 185, 186, 187, 188, 189, 190, 192, 193, 194, 195, 196, 247

ヤ行

ヤールホト 18
ヤズデギルドⅢ世 57, 201, 219
耶律羽之 111, 114, 117, 137, 159, 162, 270
横置 130, 135
緯錦 2, 10, 12, 13, 14, 22, 25, 26, 27, 28, 31, 36, 37, 41, 42, 43, 44, 45, 46, 47, 48, 51, 52, 54, 56, 60, 61, 62, 64, 68, 70, 74, 85, 103, 104, 105, 106, 108, 109, 110, 111, 116, 117, 118, 125, 128, 129, 130, 134, 135, 138, 145, 146, 147, 156, 157, 170, 171, 172, 173, 174, 175, 176, 177, 180, 181, 182, 183, 184, 185, 186, 187, 191, 196, 197, 200, 201, 202, 204, 206, 207, 208, 209, 214, 218, 219, 220, 221, 222, 223, 224, 237, 238, 246, 247, 250
緯耳 36, 45, 46
撚り 7, 8, 9, 10, 12, 28, 36, 37, 41, 44, 46, 49, 51, 52, 54, 56, 62, 64, 66, 68, 74, 85, 96, 102, 140, 141, 142, 170, 171, 172, 173, 174, 175, 176, 177, 178, 179, 180, 181, 182, 183, 184, 185, 186, 187, 188, 189, 190, 191, 192, 193, 194, 195, 196, 243, 249

ラ行

羅 5, 19, 20, 21, 22, 26, 27, 93, 94, 103, 105, 106, 107, 109, 111, 118, 120, 121, 123, 133, 137, 151, 157, 159, 182, 191, 193, 197, 198, 237, 238, 247, 249, 262, 295
ランパ組織 96, 100, 102, 103, 104, 105, 111, 112, 117, 118, 138, 147, 182, 187, 188, 189, 246, 249, 250
両面1/2綾組織緯錦 105, 110, 116, 186, 191, 196, 250
両面1/4繻子組織緯錦 104, 105, 110, 116, 138, 187, 250
リヨン織物美術館 25, 54, 251
ル＝コック 17, 18, 19, 24
ルカヌス 11
縷皮伝金 99
歴史序説 32, 83, 154
連珠円内対称文錦 35, 41, 42, 56, 60, 61, 62, 64, 66, 67, 68, 70, 76, 80, 103, 135, 146
連珠円内単独文錦 35, 36, 39, 40, 41, 42, 43, 44, 45, 46, 47, 48, 49, 50, 51, 52, 56, 57, 58, 59, 67, 68, 77, 79, 80, 103, 131, 135, 146
連珠天馬騎士文錦 61, 62, 68, 70, 128, 262
楼機 64
楼蘭 11, 16, 113, 151

ワ行

綿経綿緯 38, 48, 71, 72, 73, 74, 129, 207, 218
倭緞 90, 91

染織用語解説（あいうえお順）

網捩れ（あみもじれ）	羅, 参照
綾（あや）	綾地に浮き糸や綾流れで文様が表された織物（ただし史料用語ではなく現代中国の織物用語．第4編第1章第4節参照）．日本では平地に浮き糸や綾流れの平地綾もこれに含まれる．
綾地綾（あやじあや）	地が綾流れ，文は不規則な浮きで表された綾地浮文綾と地も文様も規則的な浮きの綾流れで表される綾地綾文綾がある．綾地綾文綾には綾流れの方向が異なる異向綾文綾と同じ方向の同向綾文綾がある．

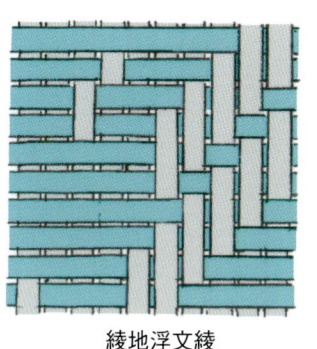

綾地浮文綾 　　　　　綾地異向綾文綾 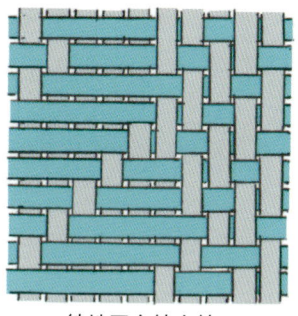　　　　綾地同向綾文綾

綾地綾文綾（あやじあやもんあや）	綾地綾参照
綾地浮文綾（あやじうきもんあや）	綾地綾参照
綾組織（あやそしき）	斜文組織ともいう．緯糸を通す毎にすべての組織点が経1本分右または左方向に移動して出来る斜め方向の斜文線（綾流れ）によって特徴づけられる組織．最低3枚の綜絖を必要とする．

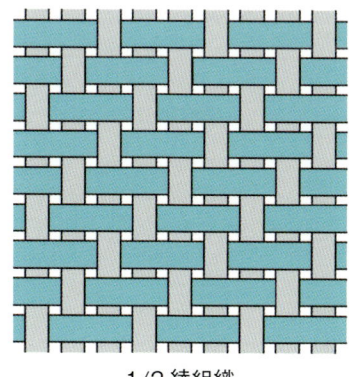

1/2 綾組織

綾組織経錦（あやそしきたてにしき）	経複様綾組織（p.242）で織られた織物または組織．
綾組織緯錦（あやそしきよこ／ぬきにしき）	緯複様綾組織（p.247）で織られた織物または組織．
綾流れ（あやながれ）	斜文織や綾において斜めに流れる斜文線．

印花（いんか）	文様を型でプリントしたもの．
印金（いんきん）	文様の型に糊あるいは膠など接着剤を塗り，その接着剤の上に金銀箔や金銀粉をのせ文様からはみ出た分を除き文様を表す．中国では銷金という．
浮き（うき）	経糸が，連続する2越以上の緯糸の上をまたいだ状態，あるいは緯糸が，連続する2本以上の経糸の上をまたいだ状態．
浮織（うきおり）	地の組織とは別に，耳から耳まで通される通し絵緯で文様が表される組織あるいは織物で緯込みである．
絵緯（えぬき）	地緯に対して文様を表すための緯糸をいう．
母経（おもだて，binding warp）	役割の違う数種の経糸をもつ織物において，ここでは緯錦において，緯糸と組織して地をつくる経糸．（緯複様平組織・緯複様綾組織の図を参照）
母緯（おもぬき，binding weft）	役割の違う数種の緯糸をもつ織物において，ここでは経錦において，経糸と組織して地をつくる緯糸．（経複様平組織・経複様綾組織の図を参照）
開口（かいこう）	経糸の上下運動で，それによって経糸は上下2面に開かれ，その間に杼が通される．
緙絲（かくし）	綴織（p.243）のこと．多色文様の織物の一つで各緯糸は，それぞれ文様モチーフに必要な範囲に限って用いられ経糸を覆う．

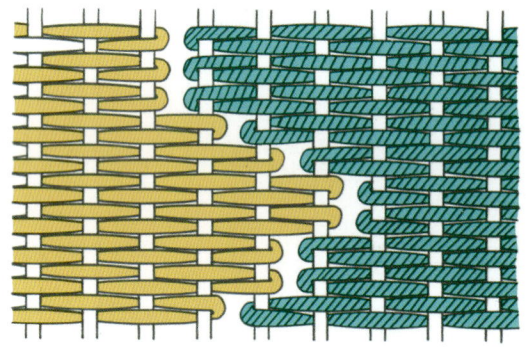

綴織組織

陰経（かげだて，main warp）	役割の違う数種の経糸をもつ織物において，ここでは緯錦において，文様に関わる緯糸を表に出す役割をする経糸．（緯複様平組織・緯複様綾組織の図を参照）
陰緯（かげぬき，main weft）	役割の違う数種の緯糸をもつ織物において，ここでは経錦において文様に関わる経糸を表に出す役割をする緯糸．（経複様平組織・経複様綾組織の図を参照）
籠捩れ（かごもじれ）	羅，参照
窠間幅（かまはば）	文様が緯糸方向に繰り返されるその一単位．
綺（き）	平地に綾流れで文様が表された織物（ただし史料用語ではなく現代中国の織物用語）．

染織用語解説

夾纈（きょうけち）	2枚の板に文様を彫り，布をたたみ，布の両面をその板で夾み，浸染した布．
絹（けん）	絹糸で平組織に織られた織物．素絹は無文で白地のもの
縑（けん）	ふたこ絹といわれ経糸か緯糸が，2本引き揃えて平組織に組織された織物とされる．ただし，「縑」と記された漢代の出土織物は経糸・緯糸とも1本の平組織である．
絞纈（こうけち）	糸で縫って絞り，または糸で括り防染して染めた布．
刻絲（こくし）	緙絲と同じ
地組織（じそしき）	1. 織物の地部分を構成している組織で，文様部分とはっきり区別される． 2. 経または緯の浮きの下地となる組織．
地経（じだて）	地組織を構成する経糸．
地緯（じぬき）	地組織を構成する緯糸．
紗（しゃ）	透かし目のある織物で，平組織で粗く織ったものと2本単位3本単位の綟れ組織で織ったものがある．日本では平組織のものを含まない．

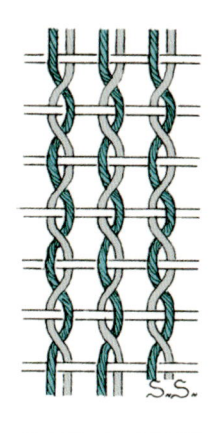

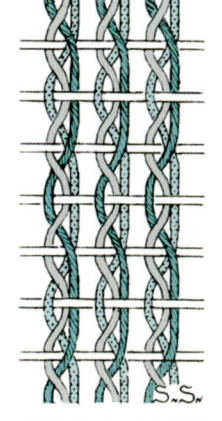

紗組織（2本単位）　　紗組織（3本単位）
（原図佐々木 1976, 図 28・29）

斜文織（しゃもんおり）	1/2, 2/2, 1/3 などの斜文組織で，無地で無文と有文があり，有文は山形，方形の昼夜（表裏が逆の浮き文様）など幾何文様の織物．
斜文組織（しゃもんそしき）	綾組織と同じ．
繍（しゅう）	刺繍あるいは刺繍した布．

繻子組織（しゅすそしき）	綾流れのように浮きが組織点1つ移動して連続するのでなく，浮きが飛んでいる組織．最低5枚の綜絖を必要とする．

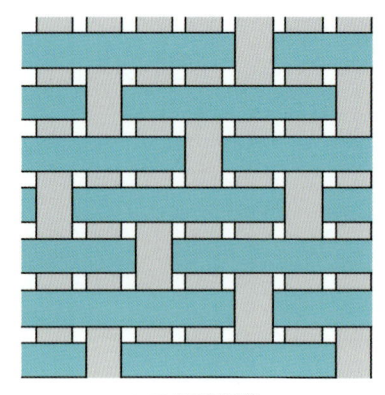

1/5 繻子組織

上下打ち返し（じょうげうちかえし）	文様に応じて経糸が通された綜絖 ABCDEF を FEDCBA と逆に操作すること．文様は経糸方向に上下対称となる．
織成（しょくせい）	綴織の組織の緯糸1本毎に全幅にわたって緯糸が通される織物．
綜絖（そうこう）	上下2本の綜絖棒に糸を渡し並べられ，経糸を通す目のあるものか，綜絖枠に固定され，経糸を通す目のあるもの一式．材料は糸や木などが使われる．その目に経糸が組織，文様に応じて通される．
双面錦（そうめんきん）	表の地色が裏の文様の色となり，表の文様の色が裏の地色となる錦．二色錦，風通などをそのように呼ぶことがある．
空引機（そらびきばた）	紋織物を織る機．機は織り手と引き手の二人によって操作される．紋綜絖に通され水平に張られた経糸は，まず綜絖に連結した糸（通糸）によって文様に応じて一つに束ねられる．次にその束に連結し，垂直に配置された糸（大通糸）を，横綜（よこべ）によって引くことで文様が得られる．横綜は空引機においては，他の機における綜絖の役割をする．空引機においては，各大通糸に対応する各釜（1文様）の通糸と連結することによって自動的に織り幅の方向における文様の繰返しが出来る．織物の丈方向の繰返しは大通糸に取り付けられた横綜の操作によって得られる．

染織用語解説

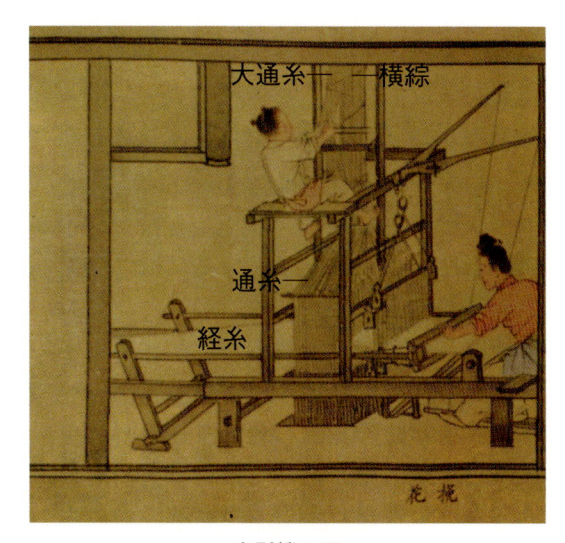

空引機の図
(『文物』1984-10, カラー図版宋『蚕織図』文字は筆者が加筆)

経綾地絵緯綾とじ裏浮錦（たてあやじえぬきあやとじうらうきにしき）	本稿の資料を例にとると経の2/1綾地に絵緯を半経使い（経糸1本置きに）による地絡みの1/2緯綾で抑え，織り出した組織である．絵緯は裏で浮いている（トゥルファン出土染織資料の場合）．絵緯の一つに金糸が用いられた場合地絡み金襴と呼ばれる．

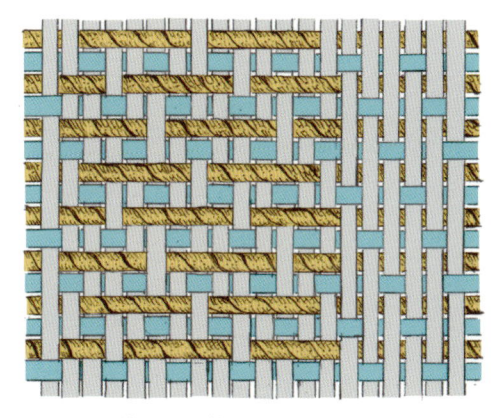

経綾地絵緯綾とじ裏浮錦（1例）

経綾地絵緯固文錦（たてあやじえぬきかたもんにしき）	経の2/1綾地に文様が絵緯で表され，絵緯は地絡み（経糸が組織する）の1/5綾で織り出される組織で経て込みである．絵緯に金糸が用いられた場合，地絡み金襴と呼ばれる．
経込み（たてこみ）	単位間の経糸数が緯糸数より大であること．
経錦（たてにしき）	経糸によって文様が表された複様織物．経複様平組織・経複様綾組織参照．

241

経複様綾組織（たてふくようあやそしき）　表となる面が経の綾組織によって完全に覆われている織物で，この組織は地と文様を作るために配列した数色の経で作られている．色経の一組を経糸1本とみなすと，緯糸の半数（母緯）は経糸と2/1の綾を作っている．もう半数の緯糸（陰緯）は専ら経糸を選り分ける．すなわちそれぞれの色経を必要な所だけ表に出し，その他の色の経糸を裏にまわす．その結果，経糸は2層となり，表では経糸は最大5越浮き，経糸を分ける緯糸を完全に覆っている．綜絖は紋綜絖と地綜絖に分かれ，各色経は紋綜絖に，経糸の各組は地綜絖に通されている．

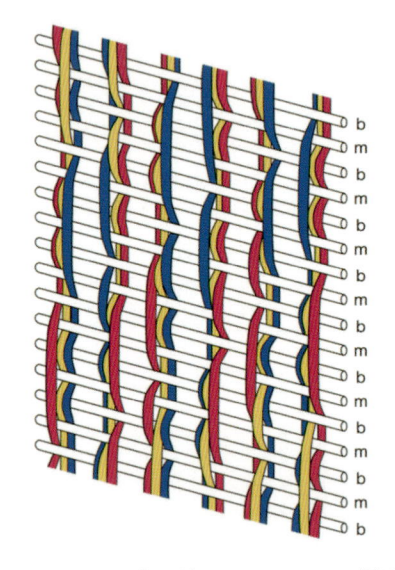

b: binding weft（母緯）　m: main weft（陰緯）

経複様綾組織

経複様平組織（たてふくようひらそしき）　色違いの経糸一組が緯糸の半数（母緯）と平組織に組織する．もう半数の緯糸（陰緯）は経糸を文様に応じて表か裏かに仕分ける．すなわち陰緯は文様に必要な場所で色経のうち1色だけ表に出し，その他の色経を裏に沈める．従って経糸は2層になる．経糸は表も裏も最大で3越にまたがり，その経浮きが互い違いに配されて経糸を仕分ける緯糸を完全に覆ってしまう．綜絖は紋綜絖と地綜絖に分かれ，各色経は紋綜絖に，経糸の各組は地綜絖に通されている．

染織用語解説

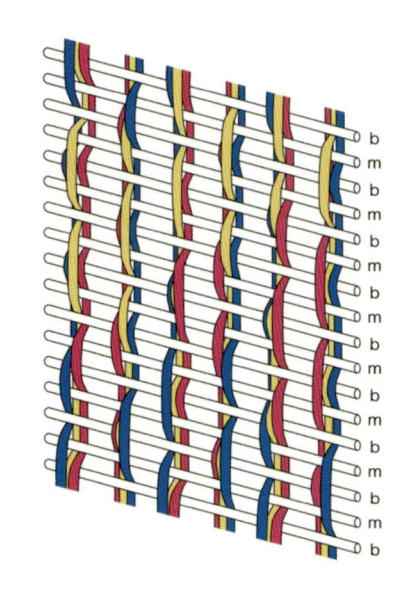

b: binding weft（母緯） m: main weft（陰緯）
経複様平組織

単層（たんそう）	織物の経糸あるいは緯糸が，全体を通して上下に層をなさない状態．2層または複様でないこと．
綴織（つづれおり）	多色文織物の一つ．経糸と緯糸は1:1に交錯し，単層である．緯糸は織物の耳から耳まで通されることなく，各モチーフの色違いの緯糸は文様に応じてそれぞれ途中で引き返される．引き返しを繰り返しながら文様が表される．引き返しの箇所で，はつり目が出来るので，それに対処する幾つかの方法がある．
紡ぎ糸（つむぎいと）	繊維には絹のような長繊維と棉や毛のような短繊維があり，短繊維を糸にする場合，撚りをかけて短繊維をつなぎあわせ糸にする．そのようにして出来た糸を紡ぎ糸という．絹の場合も蚕が飛び出た後の繭や二つひっついた繭は，一般に真綿にされ，真綿から糸を紡ぎ出し，紡ぎ糸を作る．
跳び杼（とびどう）	織り初めから通される緯糸ではなく，必要なところにのみ通される緯糸あるいは杼．
斜子技法（ななこぎほう）	2-2技法ともいわれ，経糸2本，緯糸2越のハツリに基づく技法．
ニードルループ	編み針で作られた連続した環状のループ．
錦（にしき）	多色で文様のある織物．縞，チェックを除く．
縫取り（ぬいとり）	文様を表す技法の一つで，緯糸方向において，地緯とは別に絵緯が文様の幅以内で折り返され文様が表される技法．
縫取織（ぬいとりおり）	地の組織とは別に，文様の幅以内で折り返される縫取り絵緯で文様が表される織物．

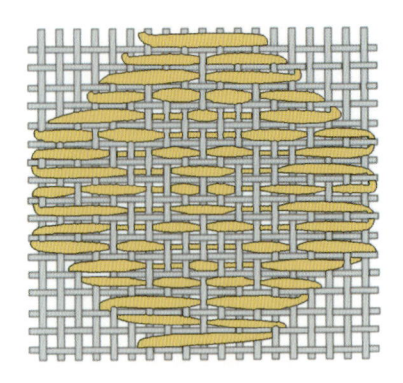

縫取織組織（原図『コプト織』1998, 図3）

削り，ハツリ（はつり）	文様の輪郭に段をつくる，いいかえれば刻み目をつくる経糸または緯糸のグループ．空引機では文様を大きくする場合，複数の経糸が《通糸》を経て《把釣り》でひとつに束ねられる．その数が《把釣り数》である．《把釣り》を介して束ねられた糸は《大通糸》によって引かれる．束ねられた経糸の数は，1本の《大通糸》によって操作される経糸の本数に当たる．その結果，文様の輪郭に水平線の《経の削り》を生ずる．《経の削り》の最小数値が把釣り数である．同じ綜絖を繰り返し使用し，緯糸を通すことによって，《緯の削り》を生じ，その結果，文様の輪郭に垂直の線を生じる．本稿においては織機上だけでなくデザイン上生ずる段をつくる経糸のグループ，または緯のグループも削りとして記述している．
パイル織物（パイルおりもの）	地組織にパイル経，あるいはパイル緯を用いループや切り毛（毛羽）を加えた織物．タオル，ベルベット，絨毯など．絨毯のパイル糸の結び方に対称結び（通称トルコ結び），非対称結び（通称ペルシャ結び）などがある．

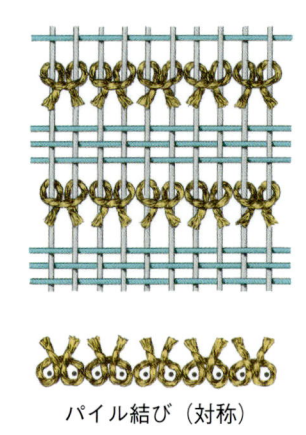

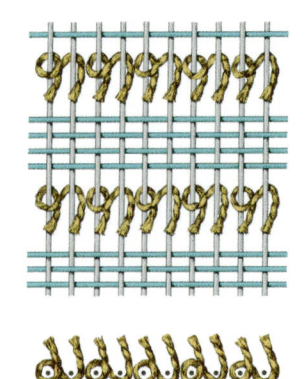

パイル結び（対称）　　パイル結び（非対称）　　緯パイル結び

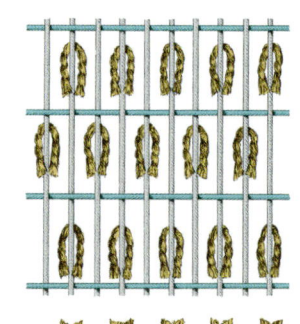

平地綾（ひらじあや） 　地は平組織で文様が綾流れで表される組織または織物．平地に不規則な浮きで文様が表れるもの，あるいは不規則な浮きで，綾流れが両方向に流れる平地浮文綾，および平地に経糸1本おきに経浮きがあるその変化形と，規則的な浮きで綾流れが一方向に流れる平地綾文綾がある．これには斜子技法(経2-緯2技法)，経2-緯4，経4-緯2技法によるものがある．

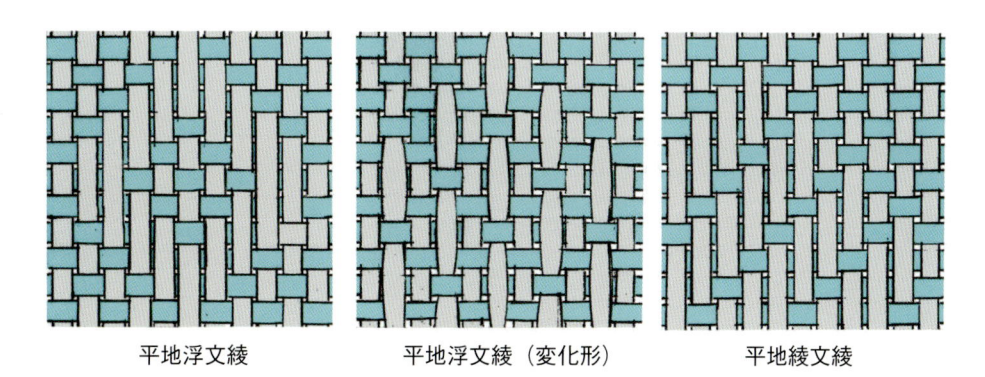

　　平地浮文綾　　　　　平地浮文綾（変化形）　　　平地綾文綾

平地綾文綾（ひらじあやもんあや）	平地綾参照
平地浮文綾（ひらじうきもんあや）	平地綾参照
平地浮文同口錦（ひらじうきもんどうこうにしき）	地は平地で緯糸には地緯と絵緯が用いられ，絵緯は浮文を作る以外は地緯と同じ動きをする．地が綾地のものもある．

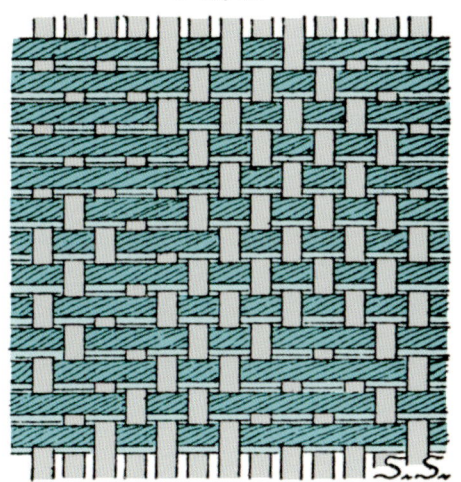

平地浮文同口錦（原図佐々木1973,図31）

平組織（ひらそしき）　　　　　　経糸2本，緯糸2越を1単位として，緯糸1越に対し
　　　　　　　　　　　　　　　　奇数番目の経糸と偶数番目の経糸とが交互に浮き沈み
　　　　　　　　　　　　　　　　する組織．また，経糸1本に対し奇数番目の緯糸と偶
　　　　　　　　　　　　　　　　数番目の緯糸とが交互に浮き沈みする組織．1:1の組
　　　　　　　　　　　　　　　　織という．

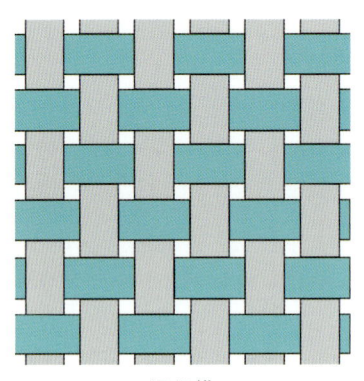

平組織

平組織経錦（ひらそしきたてにしき）　　経複様平組織（p.242）で織られた織物または組織．
平組織緯錦（ひらそしきよこ／ぬきにしき）　緯複様平組織（p.248）で織られた織物または組織．
風通（ふうつう）　　　　　　　　経糸2色，緯糸2色共に同じ色の組み合わせで交互に
　　　　　　　　　　　　　　　　配され，織物または織物の一部が上下二層に織られて
　　　　　　　　　　　　　　　　いるもの．双面錦ともいう．

風通　（原図佐々木1976, 図85）

伏機（ふぐせ）　　　　　　　　　機の前部に備えられた装置（前機装置）において文様
　　　　　　　　　　　　　　　　部分の緯糸を抑えるために経糸を下へ下げる装置．
別搦（絡）み経（べつがらみだて）　ランパ組織において地経と違った役割をする経．すな
　　　　　　　　　　　　　　　　わち文様を表す絵緯の緯浮きを平組織あるいは綾組織
　　　　　　　　　　　　　　　　あるいは繻子組織で交錯して押さえる役割をする．（ラ
　　　　　　　　　　　　　　　　ンパ組織の図を参照）

染織用語解説

ベルクレ	色合いの異なる二種の緯糸によって作り出される効果でそれぞれの色の緯浮きが交互に現れる．それによって二種の色のぼかし効果があり，立体感を表す．
耳（みみ）	織物を織る時，緯糸を引き返す箇所で，織物の端に当たる．
捩れ組織（もじれそしき）	経糸を2本か3本か4本単位で左右に絡ませて織る組織．紗や羅の組織．
紋綜絖（もんそうこう）	文様に応じて経糸が通されていて，緯糸を入れる杼口をあけるために，経糸を上下させる装置．
文丈（もんたけ）	文様が経方向に繰り返されるその一単位．
文紗（もんしゃ）	捩組織と平組織あるいは綾組織によって構成され，文様は捩組織あるいは平・綾組織，また両方の組織によって表される．

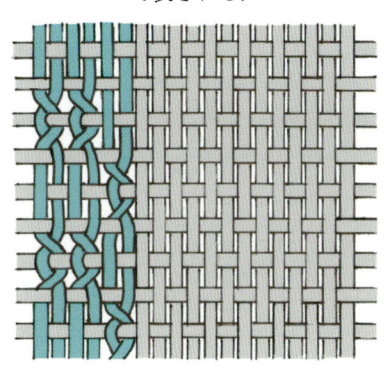

文紗

緯込み（よここみ）	単位間の緯糸数が経糸数より大であること．
横綜（よこべ）	空引機において紋綜絖と同じ機能の装置．
緯錦（よこ／ぬきにしき）	緯糸で文様が表された複様織物．（緯複様平組織・緯複様綾組織参照）．
緯複様綾組織（よこふくようあやそしき）	表では緯浮きで文様を表し，裏では経浮きになっている．経糸は母経と陰経が規則正しく交互に置かれる．母経は一組の緯糸と1/2または1/3に組織され緯糸と地を作り，陰経は文様に応じて必要な緯糸を選び文様を作る．その他の緯糸は裏にまわされる．陰経は緯糸の間に隠され，緯糸は2層となる．綜絖は紋綜絖と地綜絖にわかれ，陰経は紋綜絖に通され，母経は地綜絖に通される．紋綜絖は緯糸1本毎に異なるのでその数は経錦に比べて非常に多くなる．

b: binding warp（母経）m: main warp（陰経）

緯複様綾組織

緯複様平組織（よこふくようひらそしき）　母経と陰経が交互に置かれ，母経は緯糸一組と平組織に組織する．陰経は緯糸の間に隠れ，各部分で文様に必要な色緯を選び出し，不必要な緯糸を裏にまわすように緯糸を仕分ける働きをする．従って緯糸は2層となる．この陰経の働きによって文様が表される．綜絖は紋綜絖と地綜絖にわかれ，陰経は紋綜絖に通され，母経は地綜絖に通される．紋綜絖は緯糸1本毎に異なるのでその数は経錦に比べて非常に多くなる．

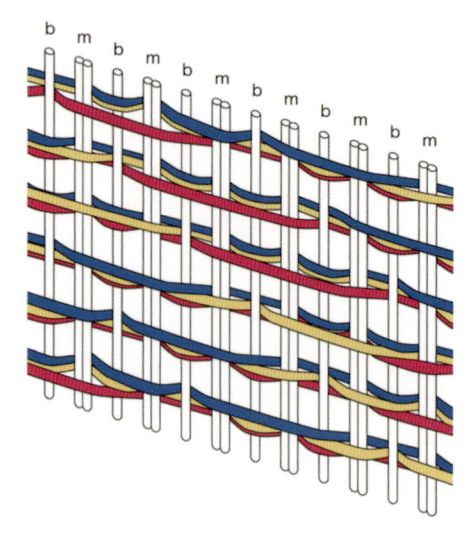

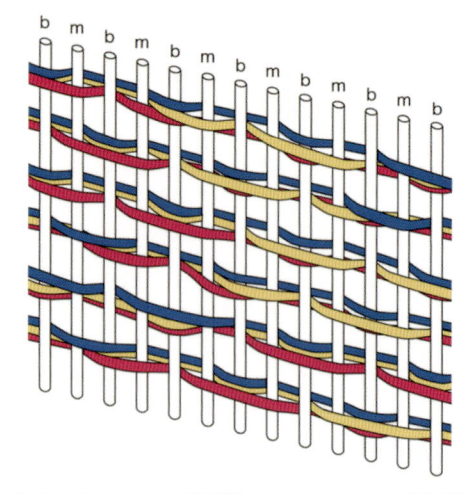

b: binding warp（母経）m: main warp（陰経）

緯複様平組織

染織用語解説

撚り（より）　　　　　　　　糸を回転させて糸に強度，硬さ，伸張力を加えること．
　　　　　　　　　　　　　　回転方向にSとZがある．

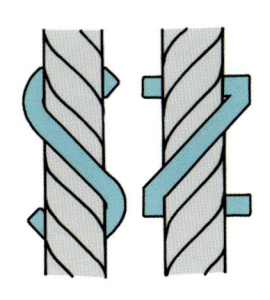

羅（ら）　　　　　　　　　　透かし目のある組織で織られた織物．文様がある場合
　　　　　　　　　　　　　　は4本単位の経糸で構成される二種の捩れ組織，つま
　　　　　　　　　　　　　　り経糸の交差の仕方によって透け目の細かい網捩れと
　　　　　　　　　　　　　　透け目の粗い籠捩れを組み合わせた複雑な組織の織物．
　　　　　　　　　　　　　　透かし目の小さい方の網捩れ組織が文様を表す．

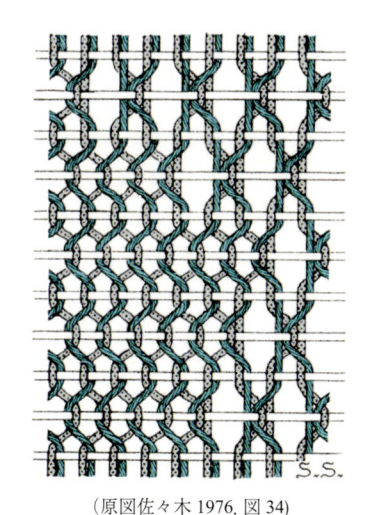

（原図佐々木 1976，図 34）
羅組織　左下が網捩れ，右が籠捩れ

ランパ組織（らんぱそしき）　文様が絵緯の緯浮きで表され，それらの緯浮きは地経
　　　　　　　　　　　　　　の間に配置された別絡み経と平組織か綾組織か繻子組
　　　　　　　　　　　　　　織に交錯する．この様に組織された文様は地組織の上
　　　　　　　　　　　　　　にある．地組織は地経と地緯で平組織か経綾組織か経
　　　　　　　　　　　　　　繻子組織に組織される．地文のある場合は地緯で表さ
　　　　　　　　　　　　　　れる．絵緯が金糸の場合，別絡み金襴と呼ばれる．

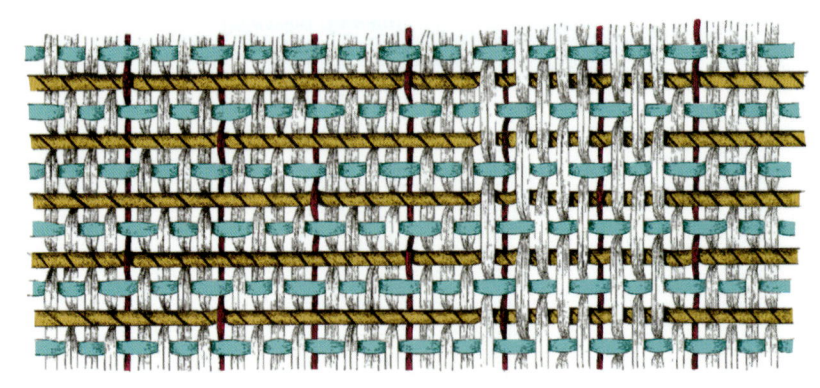

地：平組織，文：別絡み（赤糸）と 1/2 綾組織
ランパ組織（原図 Додe 2006, fig.36）

両面 1/2 綾組織緯錦（りょうめん 1/2 あやそしきよこにしき）	綾組織緯錦とは違って，表も裏も 1/2 の緯浮きの綾になる組織．母経は緯糸の一組と綾組織をつくる以外に文様を表す緯糸を選ぶ役割も兼ねている．陰経は文様を選ぶ役割より芯糸として織物のふくらみを増す役割となっている．

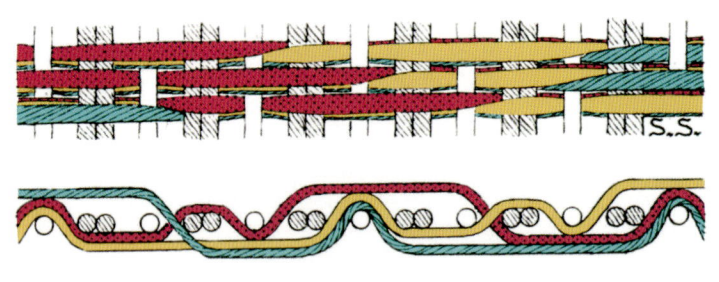

両面 1/2 綾組織緯錦（原図佐々木 1976, 図 82）

両面 1/4 繻子組織緯錦（りょうめん 1/4 しゅすそしきよこにしき）	両面綾組織緯錦とは違って，表も裏も 1/4 の緯浮きの繻子になる組織．母経は緯糸の一組と繻子組織をつくる以外に文様を表す緯糸を選ぶ役割も兼ねている．陰経は文様を選ぶ役割より芯糸として織物のふくらみを増す役割となっている．
練（れん）	平組織に織られた絹織物に練りを施して柔らかくした艶のある織物．
蝋纈（ろうけち）	蝋によって防染され文様が染め出された布．

原図が単色の場合も読者に織組織の理解を深めるためカラーを付加した．

参考文献
佐々木信三郎『日本上代織技術の研究』川島織物研究所，1976.
京都市染織試験場『時代裂織組織一覧（図と解説）』1985.
道明美保子（編）
『CIETA 織物用語集』龍村美術織物研究所，1999.
趙豊『織繡珍品』芸沙堂，1999.

図1：アスターナ出土 動物雲気文錦（ヴィクトリア・アルバート美術館蔵 Ast. vi. 1. 03）
（出典：『染織の美』30, pl. 7）

図2：アンティノエ出土 連珠天馬文錦
（リヨン織物美術館蔵 897.III. 5）
（リヨン織物美術館提供）

図3：アスターナ出土 猪頭文錦（インド国立美術館蔵 Ast. i.5.03）
（出典：ギルシュマン『古代イランの美術』II ,1996, PL. 281）

図4：モシチェヴァヤ＝バルカ出土 シムルグ文錦カフタン（エルミタージュ美術館蔵 Kz 6584-a）
（著者撮影）

図6：対羊（鹿）文錦（ユイ ノートルダム教会蔵）
（出典：趙豊『織繡珍品』1999, 03.07b）

図5：聖ルー シムルグ文錦（パリ装飾美術館蔵 no.16364）
（出典：ギルシュマン『古代イランの美術』Ⅱ ,1996, PL. 275）

図 7：対獅錦（Sens, Cathedral Treasury）（出典：Muthesius , *Byzantine Silk Weaving AD 400 to AD 1200*, 1997, 49A）

図8：モシチェヴァヤ＝バルカ出土 ダブルアクス文錦（モスクワ考古学研究所蔵 МБ-469, 3497）（著者撮影）

図9：アスターナ出土 大連珠立鳥文錦（新疆博物館蔵 TAM 42）
（出典：『シルクロード学研究』8, PL. 52）

図10：アスターナ出土 大連珠鹿文錦（新疆博物館蔵 TAM 332:5）
（出典：『シルクロード学研究』8, PL. 49-a）

図11：アスターナ出土 連珠猪頭文錦
（新疆博物館蔵 TAM 138:9/2-1）
（出典：『絲綢之路』1972, 図38）

図12：アスターナ出土 猪頭文錦（新疆博物館蔵
TAM 325:1）
（出典：『新疆出土文物』1975, 図143）

図13：尼雅出土「延年益寿大宜子孫」錦（新疆博物館蔵）
（出典：『絲綢之路』1972, 図5）

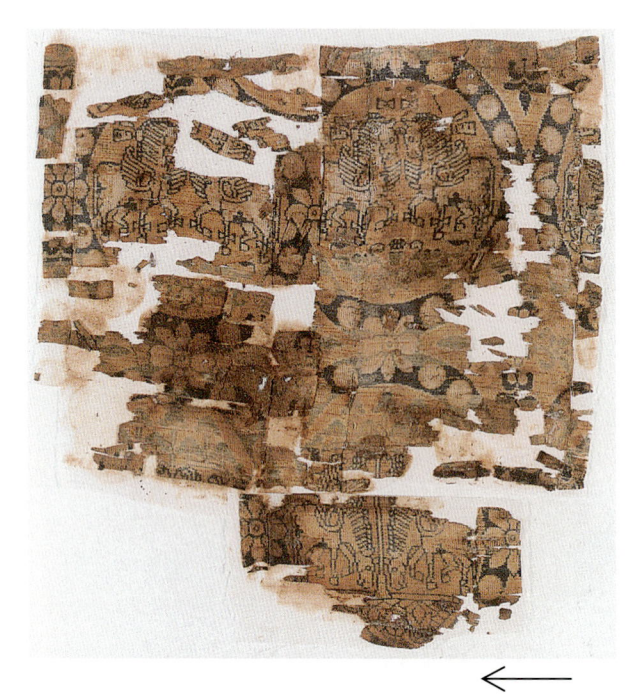

図15：アスターナ出土 連珠対馬錦（新疆博物館蔵 TAM 302:22）
（出典：『シルクロード学研究』8, PL.36-a）

図16：アスターナ出土 樹文錦（新疆博物館蔵 TAM 170:38）
（出典：『シルクロード学研究』8, PL. 79-a）

図14：アスターナ出土 鳥獣条文錦（新疆博物館蔵 TAM 306:10）
（出典：『シルクロード学研究』8, PL.81-b）

図17：アスターナ出土 棋文錦
（新疆博物館蔵 TAM 139:1）
（出典：『絲綢之路』1972, 図31）

図18：アスターナ出土 亀甲「王」字
文錦（新疆博物館蔵 TAM 44:23）
（出典：『シルクロード学研究』8, PL. 83-b）

図19：アスターナ出土 倣獅文錦
（新疆博物館蔵 TAM 313:12）
（出典：『シルクロード学研究』8,
PL. 56-a）

図20：ダムガン猪頭文ストゥッコ
（テヘラン考古博物館蔵）
（出典：ギルシュマン『古代イランの美術』1996, PL. 239）

図21：アフラシアブの壁画
（出典：アリバウム　加藤訳『古代サマルカンドの壁画』1980, 図版6）

図22：モシチェヴァヤ＝バルカ出土
連珠重八弁花文錦
（モスクワ考古学研究所蔵МБ-Г～Н-（3），
1036）
（著者撮影）

図23：アスターナ出土 連珠対鵲文錦
（新疆博物館蔵 TAM 206:48/1）
（出典：『シルクロード学研究』8, PL. 53）

図24：アスターナ出土 朱紅地連珠孔雀文錦（新疆博物館蔵 TAM 169:34）
（出典：『シルクロード学研究』8, PL. 28-a）

図25：アスターナ出土 連珠対孔雀「貴」字文錦（新疆博物館蔵 TAM 48:6）
（出典：『シルクロード学研究』8, PL. 33-b）

図26：アスターナ出土
紅地連珠対馬錦
（新疆博物館蔵 TAM 151:17）
（出典：『シルクロード学研究』8, PL. 34-a）

図27：アスターナ出土 双龍連珠円文綺
（新疆博物館蔵 TAM 221:12）
（出典：『新疆出土文物』1975, 図155）

図 28：アスターナ出土 双龍文綺
（新疆博物館蔵 TAM 226:16）
（出典：武『織繡』1992, 図 101）

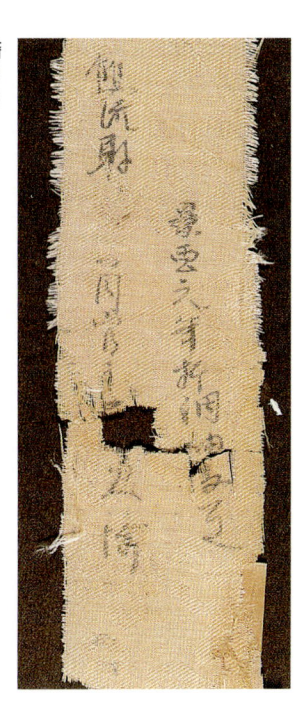

図 29-a アスターナ出土 騎士文錦
（新疆博物館蔵 TAM 322:22/1）
（出典：『シルクロード学研究』8, PL. 45-a）

図 29-b アスターナ出土 騎士文錦副文（新疆博物館蔵 TAM 322:22/1）
（出典：『シルクロード学研究』8, PL. 46-b）

図31：アスターナ出土
連珠小花錦（新疆博物館蔵 TAM 323:13/3）
（出典：『シルクロード学研究』8, PL. 32-a）

図32：都蘭熱水郷血渭吐蕃墓出土　紅地波斯婆羅鉢文字錦
（出典：『中国文物精華』1997, PL. 129）

図30：アスターナ出土 連珠天馬騎士文錦（新疆博物館蔵 TAM 77:6）
（出典：『シルクロード学研究』8, PL. 55）

図33：大谷探検隊収集三日月文錦（龍谷大学大宮図書館蔵）
（著者撮影）

図34：キジル十六帯剣者窟の寄進者（ベルリン，アジア美術館蔵）
（出典：『西域美術展』1991，図29）

図35：キジル最大窟の連珠鴨文
（ベルリン，アジア美術館蔵）
（出典：『西域美術展』1991，図31）

図36：St. Josse の聖遺骸布（ルーブル美術館蔵）
（出典：Muthesius *Byzantine Silk Weaving AD 400 to AD 1200*, 1997, PL. 9B）

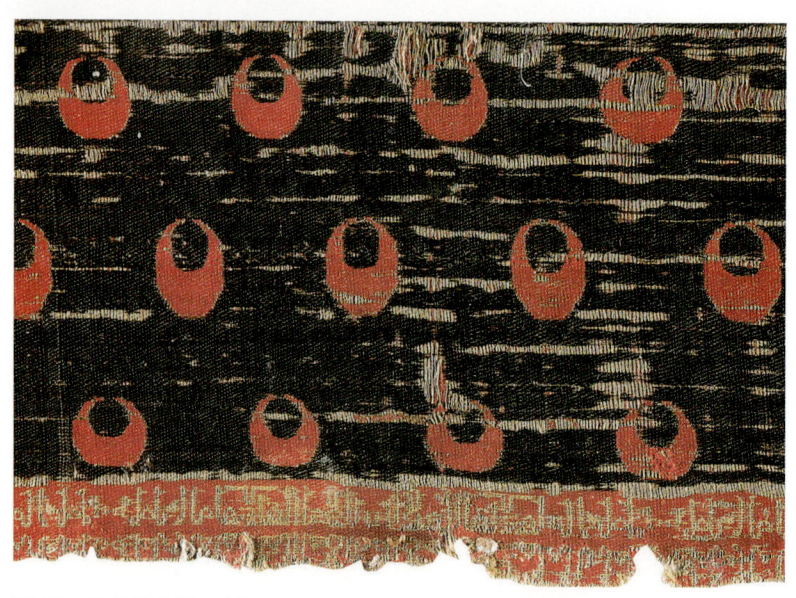

図37：三日月文錦 （ヴィクトリア・アルバート美術館蔵）
（出典：『染織の美』29，図25）

図38：大谷探検隊収集三日月文錦 裏面（龍谷大学大宮図書館蔵）（著者撮影）

図39：スイパン出土 蝶形棉ベルベット
（ベルリン，アジア美術館蔵 MIK Ⅲ 6194）
（旧インド美術館提供，I. Papadopoulos 撮影）

図40：高昌故城出土 花唐草金襴（ベルリン，アジア美術館蔵 MIK Ⅲ 6222）（著者撮影）

図41：ジュフタ出土龍文金襴
（出典：Dode "The mongolian period from the Golden Hord Legacy in Ulus Jjuchi"『絲綢之路与元代芸術』2005, fig. 1）

図42：ノヴォパヴロフスキイ出土牡丹文金襴
（出典：Dode "The mongolian period from the Golden Hord Legacy in Ulus Jjuchi"『絲綢之路与元代芸術』2005, fig. 4）

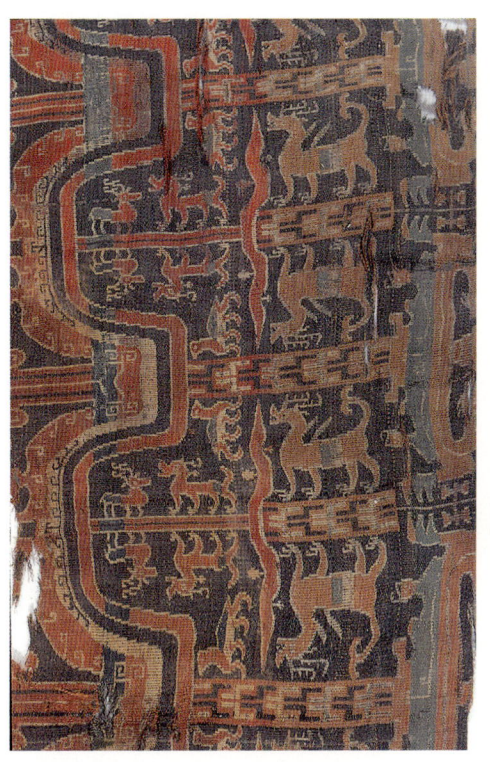

図43：アスターナ出土 藏青地禽獣文錦
（新疆博物館蔵 TAM 177:48（1））
（出典：『シルクロード学研究』8, PL.73）

図44：アスターナ出土 盤条「貴」字団花綺
（新疆博物館蔵 TAM 48:14）
（出典：『シルクロード学研究』8, PL.107）

図45：アスターナ出土 藍地対鶏対羊灯樹文錦（新疆博物館蔵 TAM 151:21）
（出典：『シルクロード学研究』8, PL.101）

267

図46：アスターナ出土「胡王」錦
（新疆博物館蔵 TAM 169:14）
（出典：『シルクロード学研究』8, PL. 29）

図47：アスターナ出土 盤条騎士狩猟文錦
（新疆博物館蔵 TAM 101:5）
（出典：『シルクロード学研究』8, PL. 43）

図48：アスターナ出土 海藍地宝相花文（新疆博物館蔵 TAM 188:29）
（出典：『シルクロード学研究』8, PL. 65）

図49：アスターナ出土 宝相団花錦（新疆博物館蔵 TAM 214:114）
（出典：『シルクロード学研究』8, PL. 64）

図50：アスターナ出土 深紅牡丹鳳文錦（新疆博物館蔵 TAM 381）
（出典：『シルクロード学研究』8, PL. 66）

269

図51：アスターナ出土 連珠対鳥文錦
（新疆博物館蔵 TAM 134:1）
（出典：『シルクロード学研究』8, PL. 40）

図52：アスターナ出土 対鹿文錦
（新疆博物館蔵 TAM 330:60）
（出典：『シルクロード学研究』8, PL. 87）

図53：耶律羽之墓出土 花樹獅鳥文綾
（中国絲綢博物館蔵）
（出典：趙豊『遼代絲綢』2004, p. 86）

図54：高昌故城出土 牡丹文刺繍（ベルリン，アジア美術館蔵 MIK Ⅲ 4908,4909）
（旧インド美術館提供，I. Papadopoulos 撮影）

図55：トヨク出土の幡
（ベルリン，アジア美術館蔵 MIK Ⅲ 6639）
（旧インド美術館提供，I. Papadopoulos 撮影）

図56：龍円文金襴 （AEDTA 蔵 no. 3270）
（出典：Riboud "Cultural Continuum" *Hali*,1995, p. 94）

図57：鳳凰文金襴
（AEDTA 蔵 no. 3086）
（出典：Riboud "Cultural Continuum" *Hali*, 1995, p. 95）

図58：連珠雲気鳥文錦（ベルリン，アジア美術館蔵 MIK Ⅲ 7606）（著者撮影）

図59：七宝繋ぎ地四弁花錦（ベルリン，アジア美術館蔵 MIK Ⅲ 532）
（旧インド美術館提供，I. Papadopoulos 撮影）

図60：高昌故城出土 菱繋ぎ四弁花文綾
（ベルリン，アジア美術館蔵 MIK Ⅲ 7755）
（旧インド美術館提供，I. Papadopoulos 撮影）

図61：高昌故城出土 象文錦
（ベルリン，アジア美術館蔵 MIK Ⅲ 6200）
（著者撮影）

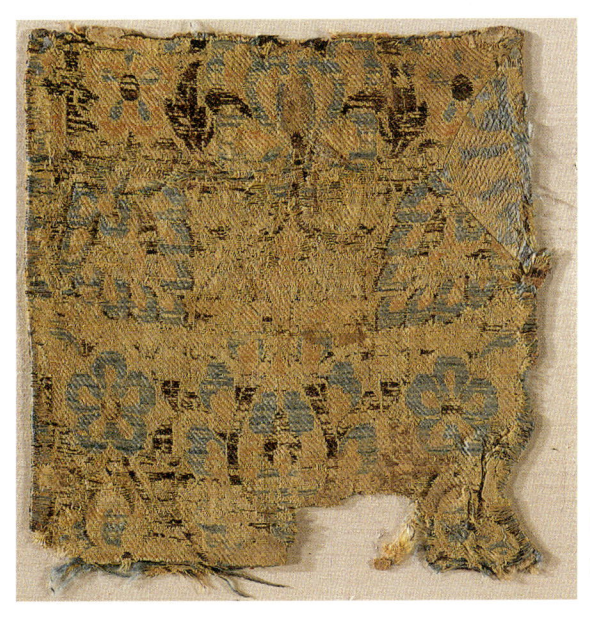

図62：花鳥文錦
（ベルリン，アジア美術館蔵
MIK Ⅲ 162）
（旧インド美術館提供，I. Papadopoulos 撮影）

図63：高昌故城出土 唐草地童子花文錦（ベルリン，アジア美術館蔵 MIK Ⅲ 6992）
（著者撮影）

図64：刺繍小袋
（韓国国立中央博物館蔵）
（出典：『国立中央博物館所蔵　西域美術』2003, p. 118）

図65：図高昌故城出土 生命の樹錦
（ベルリン，アジア美術館蔵 MIK Ⅲ 4926A）
（旧インド美術館提供，I. Papadopoulos 撮影）

図66：高昌故城出土 天馬文錦（ベルリン，アジア美術館蔵 MIK Ⅲ 6991）
（旧インド美術館提供，I. Papadopoulos 撮影）

図67：ペンジケント壁画の衣服の文様
（出典：Marshak "The so-called Zandanījī silk: Comparisons with the Art of Sogdia" 2006, Fig. 32）

図68：モシチェヴァヤ＝バルカ出土 ライオン錦
（モスクワ考古学研究所蔵 С К-82 Л　М Б-422, 2846）（著者撮影）

図69：モシチェヴァヤ＝バルカ出土 グリフォン錦（エルミタージュ美術館蔵 Kz 6762, 6587）
（出典：Ierusalimskaja *Die Gräer der Moščvaja Balka*, 1996, Abb. 210）

図70：対向するライオン錦（マーストリヒト、St. Servatius 寺院蔵）
（出典：Muthesius *Byzantine Silk Weaving AD 400 to AD 1200*, 1997, 4B）

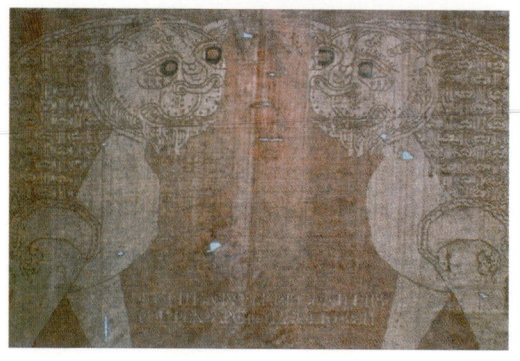

図71：モシチェヴァヤ＝バルカ出土 対孔雀文錦（エルミタージュ美術館蔵 Kz 5075）
（出典：Ierusalimskaja *Die Gräer der Moščvaja Balka*, 1996, Abb. 214）

図72：対獅文錦（アベック財団蔵 no. 4863a）
(出典：Otavsky "Stoff von der Seidenstrasse: Ein neue Sammlungsgruppe in der Abegg-Stiftung"1998, Abb. 5)

図73：内蒙古元集寧路遺址出土 亀甲地グリフォン錦（内蒙古博物館蔵）
(出典：趙豊『織繍珍品』1999, p. 191)

図74：クルトカ出土 円文地絡み金襴（ベルリン，アジア美術館蔵 MIK Ⅲ 7443）（著者撮影）

図76a：モシチェヴァヤ＝バルカ出土　動物唐草大円文錦（モスクワ考古学研究所蔵　СК-80-Л МБ-А-43, 906）
（著者撮影）

図76b：動物唐草大円文錦（著者撮影）

図75：高昌故城出土　龍文刻絲（ベルリン，アジア美術館蔵 MIK Ⅲ 535）
（出典：Le Coq *Chotscho*, Tafel 49-c）

図77：モシチェヴァヤ＝バルカ出土　対馬文錦（モスクワ考古学研究所蔵　СК-81-Л МБ-В-129, 725）（著者撮影）

図78a：モシチェヴァヤ＝バルカ出土　対小鳥連珠円文錦（モスクワ考古学研究所蔵　СК-82-Л МБ-323～325, 1358）（著者撮影）

図78b：対小鳥連珠円文錦拡大（著者撮影）

図79：モシチェヴァヤ＝バルカ出土　花卉文錦（モスクワ考古学研究所蔵　СК-82-Л　МБ-374, 2243）（著者撮影）

図80a：モシチェヴァヤ＝バルカ出土　唐花文錦（モスクワ考古学研究所蔵　СК-82-Л　МБ-375, 2469）（著者撮影）

図80b：唐花文錦拡大（著者撮影）

図81：モシチェヴァヤ＝バルカ出土 対動物連珠円文錦（モスクワ考古学研究所蔵 СК-82-Л МБ-443, 3047）（著者撮影）

図82：モシチェヴァヤ＝バルカ出土 対孔雀文錦（モスクワ考古学研究所蔵 СК-82-Л МБ-469, 3491）（著者撮影）

図83：モシチェヴァヤ＝バルカ出土　四葉花連珠円文錦（モスクワ考古学研究所蔵　СК-82-Л МБ-480, 3734）（著者撮影）

図85：モシチェヴァヤ＝バルカ出土　菱格子内小円文錦（モスクワ考古学研究所蔵　СК-82-Л МБ-Д～Г/от, 515）（著者撮影）

図84：モシチェヴァヤ＝バルカ出土　蕾付き四弁花円文錦（モスクワ考古学研究所蔵　СК-82-Л МБ-486, 3732）（著者撮影）

図86：モシチェヴァヤ＝バルカ出土 菱格子内八稜星四弁花文錦（モスクワ考古学研究所蔵 СК-82-Л МБ-Г～Н（В）отв, 919）（著者撮影）

図87：モシチェヴァヤ＝バルカ出土 植物大文様錦拡大（モスクワ考古学研究所蔵 СК-82-Л МБ-Г-469, 3522）
（著者撮影）

図88：モシチェヴァヤ＝バルカ出土　厚地縞入り平織拡大（モスクワ考古学研究所蔵 СК-82-Л МБ-Г～С(з), 560）（著者撮影）

図89：モシチェヴァヤ＝バルカ出土　連珠円錦アップリケ方形布（モスクワ考古学研究所蔵 СК-82-Л МБ-В～Г,отв, 355）（著者撮影）

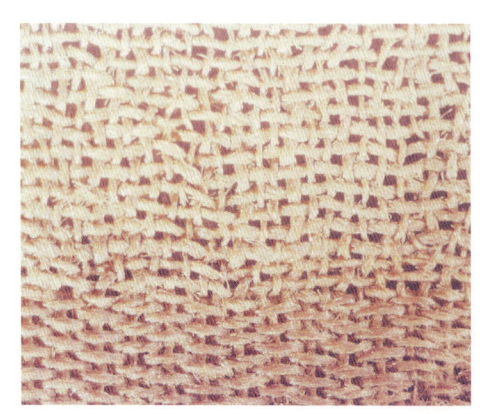

図90：モシチェヴァヤ＝バルカ出土　菱格子内菱文錦小袋（モスクワ考古学研究所蔵 СК-82-Л МБ-435, 2929）（著者撮影）

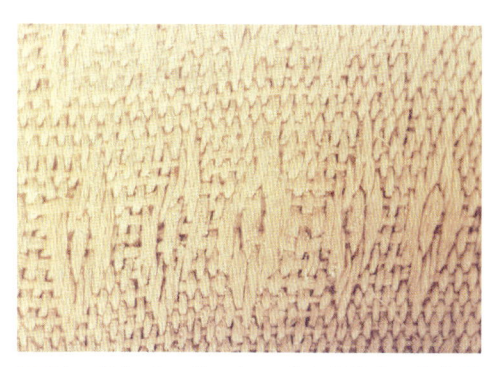

図91：モシチェヴァヤ＝バルカ出土　入り子菱綾拡大（モスクワ考古学研究所蔵　ＣК-82-Л МБ-Г-443, 3052）（著者撮影）

図92：モシチェヴァヤ＝バルカ出土絹棉交織縞拡大（モスクワ考古学研究所蔵　ＣК-82-Л МБ-359, 1776）（著者撮影）

図93：モシチェヴァヤ＝バルカ出土絹棉交織縞拡大（モスクワ考古学研究所蔵　ＣК-82-Л МБ-469, 3513）（著者撮影）

図94：モシチェヴァヤ＝バルカ出土　苧麻横縞（モスクワ考古学研究所蔵　ＣК-82-Л МБ-380, 2567）（著者撮影）

図95：ムグ出土　蓮花連珠円文錦（エルミタージュ美術館蔵 CA9169）（著者撮影）

図96：ムグ出土　八稜星四弁花錦（エルミタージュ美術館蔵 CA9173）（著者撮影）

図97a：ムグ出土　双龍連珠円文綾
（エルミタージュ美術館蔵 CA9168）（著者撮影）　図97b：双龍連珠円文綾小袋裏面（著者撮影）

図98：ムグ出土　植物文二色綾（エルミタージュ美術館蔵 CA9171）（著者撮影）

図99：高昌故城出土　植物文錦（ベルリン，アジア美術館蔵 MIK Ⅲ 4919）
（旧インド美術館提供　I. Papadopoulos 撮影）

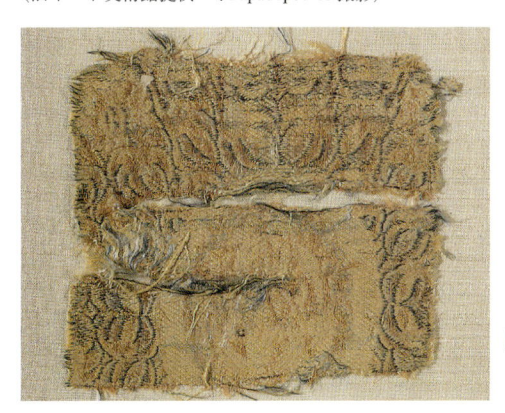

図100：高昌故城出土　地文入り円文錦
（ベルリン，アジア美術館蔵 MIK Ⅲ 6199）
（旧インド美術館提供　I. Papadopoulos 撮影）

図101：変形連珠円錦（ベルリン，アジア美術館蔵 MIK Ⅲ 6262）
（旧インド美術館提供　I. Papadopoulos 撮影）

図102：クムトラ出土　菱形小花文錦（ベルリン，アジア美術館蔵 MIK Ⅲ 8062）
（旧インド美術館提供　I. Papadopoulos 撮影）

図103：トヨク出土　植物葉文錦（ベルリン，アジア美術館蔵 MIK Ⅲ 6209）
（旧インド美術館提供　I. Papadopoulos 撮影）

図 104a：菱地文金襴（ベルリン，アジア美術館蔵 MIK Ⅲ 145）（著者撮影）

図 104b：菱地文金襴拡大（著者撮影）

図 105：八弁花文円花文綾（ベルリン，アジア美術館蔵 MIK Ⅲ 4922）
（旧インド美術館提供　I. Papadopoulos 撮影）

図106：バブロフスキー出土　唐花文錦（エルミタージュ美術館蔵）（著者撮影）

図107：敦煌出土　菱格花卉文幡
（エルミタージュ美術館蔵　ДХ52）（著者撮影）

図108：敦煌出土　対鹿花樹連珠文幡
（エルミタージュ美術館蔵　ДХ55）（著者撮影）

図109：敦煌出土　宝相花文幡（エルミタージュ美術館蔵　Д Ｘ202）（著者撮影）

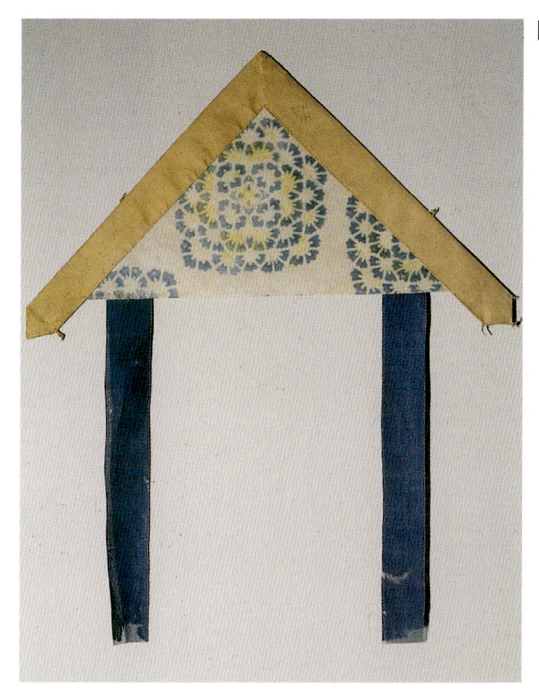

図110：敦煌出土　菊花文幡（エルミタージュ美術館蔵　Д Ｘ56, 203a, б, 208）（著者撮影）

図111：敦煌出土　唐花文錦
（エルミタージュ美術館蔵　ДХ91）（著者撮影）

図112a: 敦煌出土　牡丹文幡（エルミタージュ美術館蔵 ДХ292）（著者撮影）

図112b：牡丹文幡　恩の字（著者撮影）

図113：敦煌出土　奉の字幡（エルミタージュ美術館蔵　ДＸ170）（著者撮影）

図114：敦煌出土　菱文綾（エルミタージュ美術館蔵　ДＸ45）（著者撮影）

図115a：敦煌出土　花鳥連珠円染め幡（エルミタージュ美術館蔵　ДХ 51）（著者撮影）

図115b：花鳥連珠円染め幡　幡頭裏面（著者撮影）

図115c：花鳥連珠円染め幡　幡頭縁（著者撮影）

294

図116：敦煌出土　羅拡大
（エルミタージュ美術館蔵　ДХ 152）
（著者撮影）

図117：敦煌出土　懸緒あるいは舌拡大
（エルミタージュ美術館蔵　ДХ 170）
（著者撮影）

図118：敦煌出土　幡頭縁
（エルミタージュ美術館蔵　ДХ 185）
（著者撮影）

図119：敦煌出土　花卉文綾（エルミタージュ美術館蔵　ДX 287）（著者撮影）

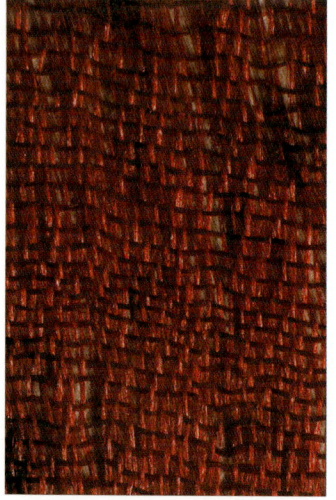

図121：敦煌出土　赤繻子（エルミタージュ美術館蔵　ДX 301）（著者撮影）

図120：敦煌出土　花鳥錦（エルミタージュ美術館蔵　ДX 288）（著者撮影）

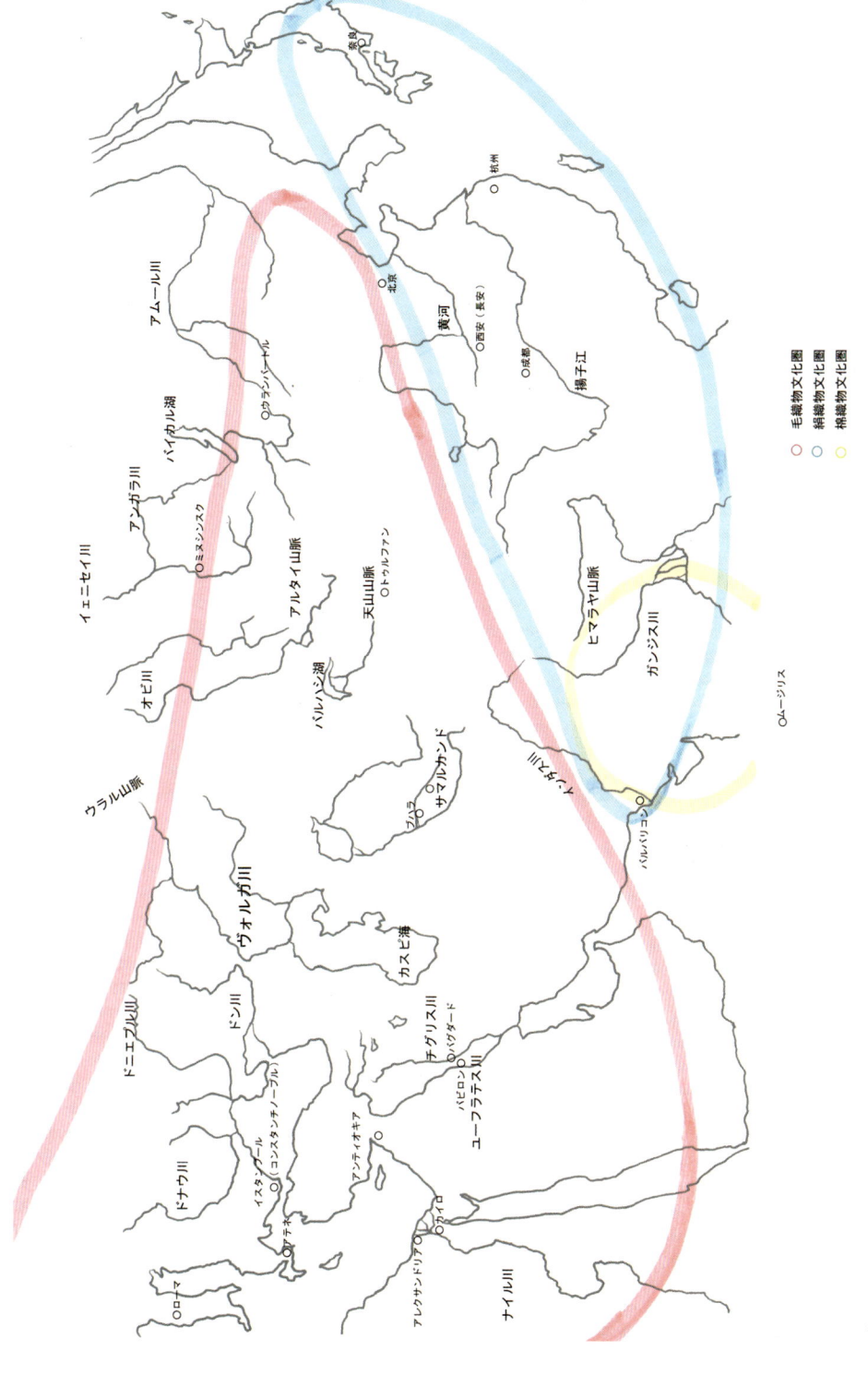

地図1　三世紀までの三大織物文化圏

○ 毛織物文化圏
○ 絹織物文化圏
○ 棉織物文化圏

奈良
杭州
北京
黄河
西安(長安)
成都
揚子江
アムール川
ウランバートル
バイカル湖
アンガラ川
イェニセイ川
オビ川
ミヌシンスク
アルタイ山脈
バルハシ湖
天山山脈
トゥルファン
ヒマラヤ山脈
ガンジス川
ムーリリス
インダス川
サマルカンド
ブハラ
ウラル山脈
ヴォルガ川
カスピ海
ドン川
ドニエプル川
ドナウ川
イスタンブール(コンスタンチノープル)
アテネ
ローマ
アレクサンドリア
カイロ
ナイル川
アンティオキア
チグリス川
バビロン
バグダード
ユーフラテス川

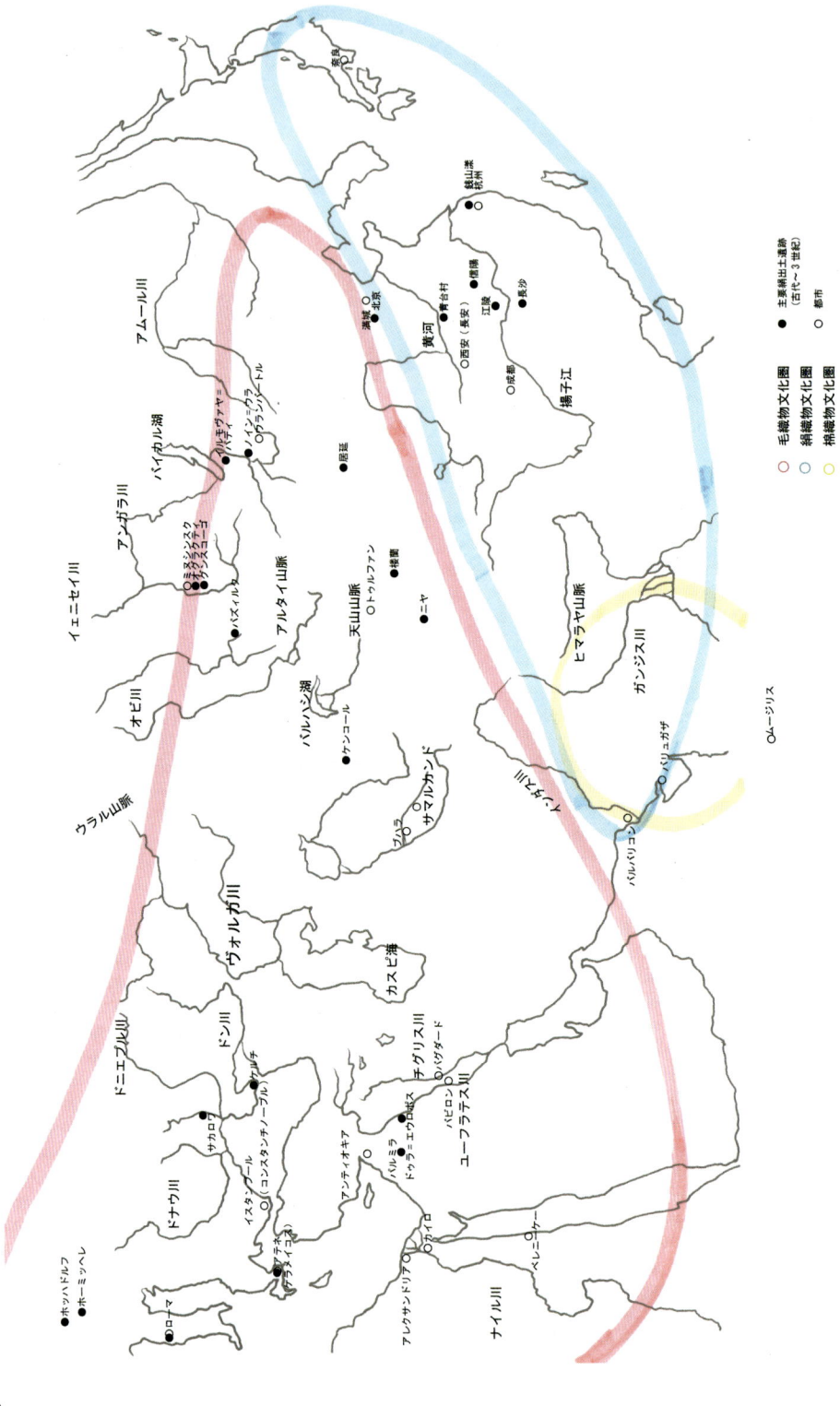

地図 2　経錦・平地綾の西漸

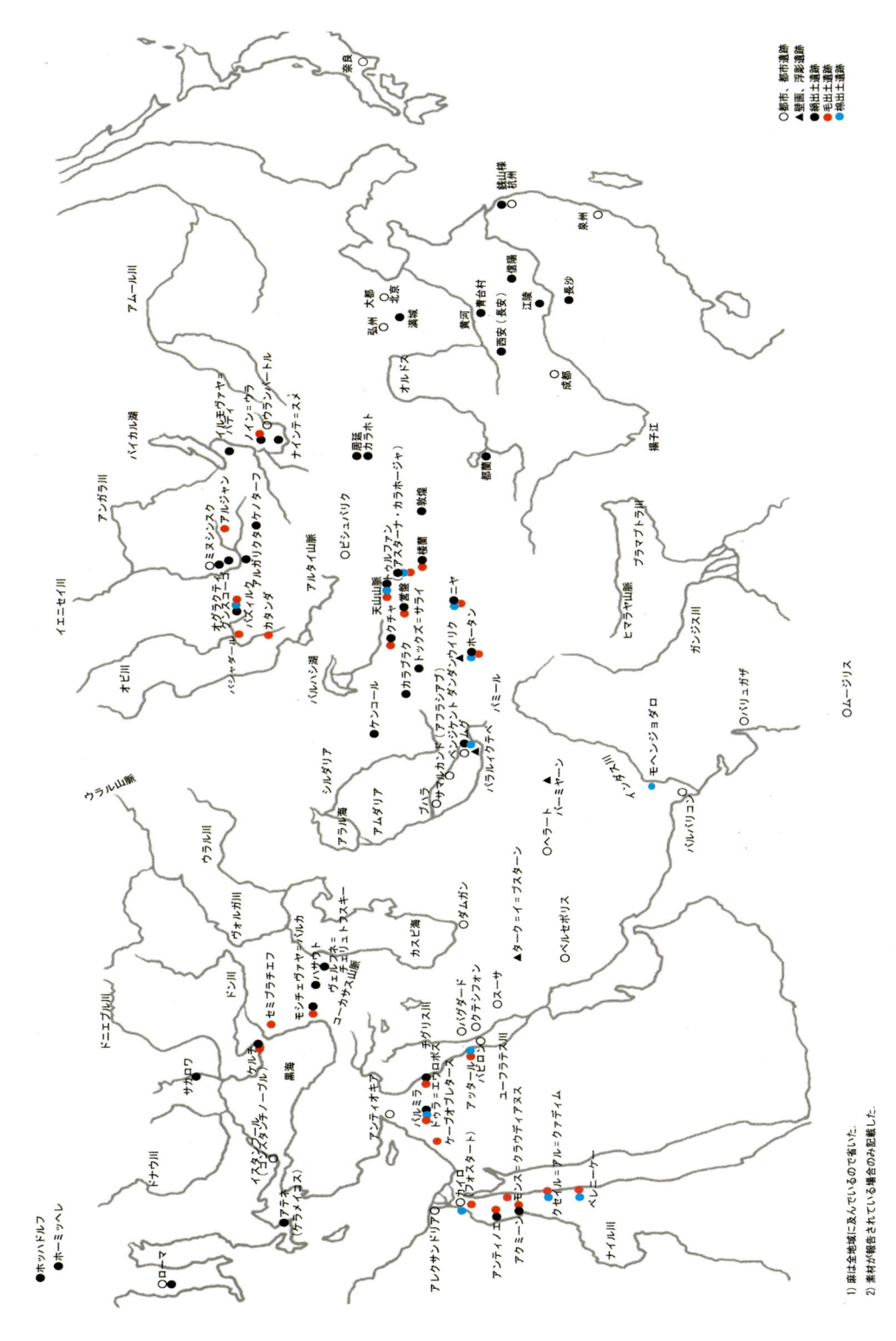

地図 3　シルクロード染織関係主要遺跡図

1) 麻は全地域に及んでいるので省いた。
2) 素材が報告されていない場合のみ記載した。

著者略歴

坂本和子（さかもと・かずこ）

1935 年大阪府堺市生まれ。
1970 年大阪外国語大学露語科卒業。
2006 年大阪大学大学院文学研究科後期課程単位取得退学。
2008 年文学博士。
国士舘大学イラク古代文化研究所共同研究員。
大学卒業後、博物館や研究所の共同研究員として
出土染織資料の海外調査に携わり、論文・報告書多数。

織物に見るシルクロードの文化交流
トゥルファン出土染織資料──錦綾を中心に

2012 年 5 月 18 日　　初版第 1 刷発行

著　者　　坂本和子
発行者　　高井隆
発行所　　株式会社同時代社
　　　　　〒 101-0065　東京都千代田区西神田 2-7-6
　　　　　電話 03（3261）3149　FAX03（3261）3237
装　幀
組　版　　有限会社閏月社
印　刷　　モリモト印刷株式会社
ISBN978-4-88683-719-6